担保法

前沿问题与判解研究

（第七卷）

——民法典及其担保制度司法解释新制度新规则的解释与适用

高圣平·著

担保物权的功能化专题·公司担保专题

民法典担保制度司法解释新规则的解释与适用

人民法院出版社

图书在版编目（CIP）数据

担保法前沿问题与判解研究. 第七卷, 民法典及其担保制度司法解释新制度新规则的解释与适用 / 高圣平著. 北京 : 人民法院出版社, 2024. 12. -- ISBN 978-7-5109-4390-4

Ⅰ. D923.24

中国国家版本馆CIP数据核字第2024X2M205号

担保法前沿问题与判解研究（第七卷）

民法典及其担保制度司法解释新制度新规则的解释与适用

高圣平　著

责任编辑　王　婷
执行编辑　高　晖
出版发行　人民法院出版社
地　　址　北京市东城区东交民巷 27 号（100745）
电　　话　（010）67550673（执行编辑）　67550558（发行部查询）
　　　　　　65223677（读者服务部）
客 服 QQ　2092078039
网　　址　http://www.courtbook.com.cn
E - mail　courtpress@sohu.com
印　　刷　保定市中画美凯印刷有限公司
经　　销　新华书店

开　　本　787 毫米×1092 毫米　1/16
字　　数　300 千字
印　　张　18.25
版　　次　2024 年 12 月第 1 版　2024 年 12 月第 1 次印刷
书　　号　ISBN 978-7-5109-4390-4
定　　价　68.00 元

序　言

市场经济是法治经济，同时以信用为王，以担保为重。担保制度越发达，债权越有保障，金融安全越能实现，资金融通更为便利，正是这一原因，各国法律十分重视担保制度的构建。我国在 20 世纪 90 年代就颁布了《担保法》，近些年，随着市场经济的迅速发展以及经济全球化的影响，担保制度也发生了重大的变化。《物权法》在原来《担保法》的基础上系统地规定了担保物权制度，无论从体系上还是从具体规则的设计上都对《担保法》做了重大的完善。我国《民法典》适应担保现代化和改善营商环境的需要，着力推动动产和权利担保登记的现代化，对原有的担保制度做了重大的修改和完善，广泛扩大了动产担保的范围，统一了动产担保以及浮动担保、融资租赁、保理、所有权保留等担保方式的规则；确认了担保物权竞存时的优先顺位规则；通过减轻担保人责任，鼓励担保交易，促进物尽其用；基于现代社会财富增长出现大量的新型财产权利势态，将其纳入可供担保的财产范围；缓和物权法定，承认非典型担保，扩大了当事人设立担保物权的意思自治空间。可以说，《民法典》对担保制度的重大完善充分彰显了中国特色、实践特色、时代特色，也是该法典的重大亮点。

“法与时转则治”。《民法典》担保制度虽然亮点很多，但就其中新制度、新规则的解释与适用，仍然存在较大的争议。例如，功能主义担保观之下，权利人在融资租赁、保理、所有权保留等交易中享有的权利被功能化为担保物权，这就意味着这些交易中具有担保功能的部分应参照适用或者类推适用《民法典》物权编担保物权分编中的相应规则，但《民法典》合同编典型合同分编中又规定了基于交易形式的违约救济规则。如此即出现了规则之间的冲突，亟待经由解释论而得到纾解。再如，融资租赁、所有权保留等交易中的出租人、出卖人在承租人或者买受人破产的情形之下，是主张担保物权，还是主张破产取回权，就直接反映着功能主义和形式主义相结合情形下的体系冲突。虽然最高人民法院在《最高人民法院关于适用〈中华人民共和国民法典〉有关担保制度的解释》（以下简称《民法典担保制度解释》）中部分解决了这些解释分歧，但也搁置了其中争议较大、尚未形成共识的部分，因此，不少问题仍然有待于裁判和学说进一步发展和完善。

圣平教授长期以来，一直潜心于担保法领域的研究，成果颇丰。他不仅深度参与《民法典》物权编、《民法典担保制度解释》的起草和论证，先后承担全国哲学社会科学规划办、教育部、司法部、世界银行集团国际金融公司以及其他部门委托的担保法研究课题10余项，而且还深入担保登记实践、信贷实践和司法实践，广泛了解《担保法》《物权法》以及《民法典》担保制度的实施现状，并撰写了百余篇调研报告和专题论文，得到了学界和业界的广泛认同。可以说，圣平教授在担保法领域已经形成了自己独到的学术见解，为学说和裁判的发展作出了自己的理论贡献。

本书中，圣平教授选取目前实践中和理论上争议较大的问题从学理上展开了充分的研讨，对于担保物权的功能化、公司担保、动产担保、不动产担保、保证合同等均作了颇有见地的深入研究。这些专题研究都较好地回应了登记实践、信贷实践和司法实践中的疑难问题。看到他不断有专论和新作问世，我感到由衷的高兴。我衷心希望圣平教授在今后的研究工作中取得新的进步，也热切期望更多的年青一代的学者投身于民法学的研究，为我国民法学的繁荣和发展作出贡献。

是为序。

目 录

【担保物权的功能化专题】

【公司担保专题】

【民法典担保制度司法解释新规则的解释与适用】

【担保物权的功能化专题】

论《民法典》上保理交易的担保功能

《民法典》上保理交易规则是功能主义和形式主义相结合的产物，保理交易中涉及与担保功能相关的纠纷应适用或类推适用《民法典》担保物权分编的相关规则。保理合同就应收账款的描述须达到可得特定的程度，否则保理人就应收账款的担保权利不成立。保理交易中应收账款债务人确认应收账款真实性的效力与保理人在诉讼中的举证责任可分别类推适用《最高人民法院关于适用〈中华人民共和国民法典〉有关担保制度的解释》(以下简称《民法典担保制度解释》)第61条第1款、第2款之规定。同一应收账款上存在保理与其他交易竞存时，应参照《民法典》第768条确定其优先顺位。在保理合同中约定的保理融资款债权届期之时，如应收账款债务人尚未清偿应收账款，保理人即在“向应收账款债权人主张返还保理融资款本息或者回购应收账款债权”与“向应收账款债务人主张应收账款债权”之间“择一请求”或者“同时请求”。应收账款债权人和应收账款债务人对于保理融资款债权的清偿承担连带责任。

一、问题的提出

为了拓宽中小企业融资渠道，缓解中小企业“融资难”“融资贵”的问题，规范保理业务，促进保理行业健康、有序发展，优化营商环境，《民法典》在合同编典型合同分编新增了“保理合同”一章，对保理合同的概念、内容和形式、虚构应收账款叙做保理的效力、转让通知、基础交易合同变更或者终止的效力、有追索权保理和无追索权保理的效力以及多重保理的顺位等作出了规定。[①] 但是，《民法典》第388条第1款中规定：“担保合同包括抵押合同、质押合同和其他具有担保功能的合同。”我国《民法典》对保理交易采取了形式主义与功能主义相

① 参见黄薇主编：《中华人民共和国民法典合同编释义》，法律出版社2020年版，第600~601页。

结合的立法方法，[①] 既尊重了当事人之间对于应收账款融资交易模式和结构的选择，基于交易形式上的表象，将保理交易作为一类典型交易形态予以规定，又置重于保理交易的经济功能和担保实质，基于一体调整动产担保交易的制度需求，将保理交易作为一类非典型担保交易形态加以看待。由此带来的问题是，就保理交易纠纷而言，在多大程度上和范围内应当适用或者类推适用《民法典》物权编担保物权分编的相关规则。《最高人民法院关于适用〈中华人民共和国民法典〉有关担保制度的解释》（以下简称《民法典担保制度解释》）对此已作相应政策选择。

二、形式主义与功能主义相结合之下保理交易的定性

保理交易是一种以应收账款转让为基础的综合性金融服务方式。[②] 基于当事人的意志，保理交易存在着不同的架构。其中，基于应收账款债权未获清偿的风险是否在应收账款债权人与保理人之间发生移转，亦即应收账款债务人未清偿应收账款债权之时，保理人是否可以向应收账款债权人求偿，保理交易可分为无追索权的保理和有追索权的保理。[③] 无追索权保理系以应收账款的彻底转让为核心，保理人受让应收账款并享有应收账款的全部清偿利益、负担应收账款不能受偿的风险，保理融资款实际上是应收账款转让的对价，[④] 即所谓保理人提供的“应收账款债务人付款担保”，[⑤] 但这并非保理交易本身的担保功能。[⑥] 因此，无追索权保理中，应收账款的转让并无担保功能，[⑦] 不能由《民法典》第388条第1款的文义所涵盖，本书不将其纳入讨论对象。

（一）形式主义之下的有追索权保理交易

《民法典》上奉行交易类型化上的形式主义立法方法，置重于当事人就交易安排的表象，并依交易的形式在其不同部分予以规定。就应收账款融资交易而言，《民法典》在形式上采取了三种不同的法律结构：应收账款质押融资交易、

---

① 参见高圣平：《动产担保交易的功能主义与形式主义——中国〈民法典〉的处理模式及其影响》，载《国外社会科学》2020年第4期。

② 参见黄和新：《保理合同：混合合同的首个立法样本》，载《清华法学》2020年第3期。

③ See Ivor Istuk, *The Potential of Factoring for Improving SME Access to Finance*, in Frederique Dahan ed., *Research Handbook on Secured Financing in Commercial Transactions*, Edward Elgar Publishing Limited, 2015, p. 219.

④ 参见黄薇主编：《中华人民共和国民法典合同编释义》，法律出版社2020年版，第614页。

⑤ 应收账款债务人付款担保仅出现于无追索权保理之中，系指由保理人承担应收账款债务人不清偿应收账款债权的风险。参见最高人民法院民法典贯彻实施工作领导小组主编：《中华人民共和国民法典合同编理解与适用》（三），人民法院出版社2020年版，第1767页。

⑥ 参见刘贵祥：《民法典关于担保的几个重大问题》，载《法律适用》2021年第1期。

⑦ 参见刘保玉：《民法典担保物权制度新规释评》，载《法商研究》2020年第5期。

保理交易、应收账款转让交易（应收账款证券化交易即以此为基础而展开），分别规定于物权编担保物权分编、合同编典型合同分编和合同编通则分编。此外，《民法典担保制度解释》还规定了应收账款让与担保。就保理交易，《民法典》第761条规定："保理合同是应收账款债权人将现有的或者将有的应收账款转让给保理人，保理人提供资金融通、应收账款管理或者催收、应收账款债务人付款担保等服务的合同。"这里，应收账款债权人向保理人转让应收账款为应收账款债权人的主给付义务，保理人向应收账款债权人"提供资金融通、应收账款管理或者催收、应收账款债务人付款担保等服务"为保理人的主给付义务。正是这些主给付义务的独特性，才成了《民法典》将保理交易在形式上典型化的主要依据。

保理交易实质上是应收账款的转让与资金融通、应收账款管理或者催收、应收账款债务人付款担保等服务要素的组合体，是以合同形式表现的应收账款转让与综合性金融服务的叠加，具有混合合同的属性。① 由此可见，保理交易具有融资功能、服务功能及保付功能，且服务功能并不以"应收账款管理""应收账款催收"为限，② 资信调查与评估、信用风险控制等其他可认定为保理性质的金融服务亦应包括在内。③ 但无论保理人提供何种服务，均须以应收账款的转让为前提。"保理合同必须具备的要素是应收账款债权的转让，没有应收账款的转让就不能构成保理合同"，④ 除此之外，保理合同尚须保理人提供资金融通、应收账款管理或者催收、应收账款债务人付款担保等服务。⑤

《民法典》第761条并未明确保理人应提供四项服务中的哪几项即可构成保理交易。⑥《民法典各分编草案》曾将本条规定为"保理人需提供四项服务中的至少两项"，但自《民法典各分编草案（二次审议稿）》开始不再出现这一表述。即使其间有专家建议"保理人提供的服务至少要有第一款列举的四项服务中的两项"⑦，但最终并未被采纳。学说中多数观点认为，保理合同体现为"要素+任一

---

① 参见黄和新：《保理合同：混合合同的首个立法样本》，载《清华法学》2020年第3期。

② 《民法典》第761条将保理交易的服务功能界定为"应收账款管理或者催收"，并不表明"应收账款管理或者催收"是一项服务内容。学说上多认为，"应收账款管理""应收账款催收"系各别的服务。参见黄薇主编：《中华人民共和国民法典合同编释义》，法律出版社2020年版，第602~603页；黄茂荣：《论保理合同》，载《法治研究》2021年第3期。

③ 参见黄薇主编：《中华人民共和国民法典合同编释义》，法律出版社2020年版，第603页；李阿侠：《保理合同原理与裁判精要》，人民法院出版社2020年版，第53页。

④ 黄薇主编：《中华人民共和国民法典总则编释义》，法律出版社2020年版，第601页。

⑤ 参见黄薇主编：《中华人民共和国民法典总则编释义》，法律出版社2020年版，第601页；最高人民法院民法典贯彻实施工作领导小组主编：《中华人民共和国民法典合同编理解与适用》（三），人民法院出版社2020年版，第1768页。

⑥ 参见黄茂荣：《论保理合同》，载《法治研究》2021年第3期。

⑦ 《民法典立法背景与观点全集》编写组编：《民法典立法背景与观点全集》，法律出版社2020年版，第348页。

偶素”的独特法律构造，应收账款转让是要素，提供资金融通、应收账款管理或者催收、应收账款债务人付款担保为偶素，要素必备，偶素择一与要素组合，才成立保理合同。① 监管规章、行业惯例和司法裁判中也大多认为，这四项服务仅为或然关系，保理人提供其中一项服务即可构成保理交易。②

这里尚存疑问的是，“应收账款转让”这一要素加上任一偶素是否均构成保理交易？如以“应收账款转让” + “应收账款催收”为例。在这一交易结构中，保理人并未提供资金融通或者应收账款债务人付款担保等服务，其受让应收账款只是为了“应收账款催收”，即单纯受托代收应收账款。保理人的主给付义务，是收取或受领应收账款债权人（委托人）对应收账款债务人的应收账款，并将所收取或受领的款项交付予应收账款债权人。③ 基于此，有学者认为，这一交易结构没有资金融通或者应收账款债务人付款担保，也就没有金融属性，因此，并不是保理交易。④ 这一交易结构在保理实践和司法实践中鲜有采用，⑤ 监管规范也明确规定商业保理企业不得专门从事或受托开展与商业保理无关的催收业务、讨债业务。⑥

本书作者认为，尽管绝大多数保理交易具有融资功能，保理交易也通常被解释为融资工具，但是，保理交易首先是一种旨在促进贸易发展的服务，融资仅为次要的、可选择性的服务。⑦ 正是基于此，国际保理商联合会（FCI）2019 年版《国际保理业务通用规则》第 1 条即未将“是否出于融资目的”作为保理合同的要素之一。在我国，行业规范允许商业银行在保理业务中采取“应收账款转让” + “应收账款管理或者催收”这一交易结构。⑧ 从教义法学的视角分析，此交易结构仍然不失为保理交易的一种类型。首先，这一交易模式以应收账款的转让为表

---

① 参见李宇：《保理合同立法论》，载《法学》2019 年第 12 期；徐同远：《论民法典中保理合同典型义务条款的设计——以〈民法典合同编（草案）（二次审议稿）〉第 525 条之一第 1 款为中心》，载《内蒙古社会科学（汉文版）》2019 年第 4 期；黄和新：《保理合同：混合合同的首个立法样本》，载《清华法学》2020 年第 3 期。

② 参见《商业银行保理业务管理暂行办法》第 6 条、《中国银行业保理业务规范》第 4 条第 2 款、《天津市高级人民法院关于审理保理合同纠纷案件若干问题的审判委员会纪要（一）》第 2 条、《北京市高级人民法院关于当前商事审判中需要注意的几个法律问题》第 3 条。

③ 参见黄茂荣：《论保理合同》，载《法治研究》2021 年第 3 期。

④ 参见方新军：《〈民法典〉保理合同适用范围的解释论问题》，载《法制与社会发展》2020 年第 4 期；宋天骐：《论保理合同的担保功能》，载《金融发展研究》2021 年第 12 期。

⑤ 参见宋天骐：《论保理合同的担保功能》，载《金融发展研究》2021 年第 12 期。

⑥ 《中国银行保险监督管理委员会办公厅关于加强商业保理企业监督管理的通知》（银保监办发〔2019〕205 号）。

⑦ See Yüce Uyanik, *Understanding the General Rules for International Factoring: A Comprehensive Guide*, FCI Legal Committee, 2021, p. 86.

⑧ 参见《中国银行业保理业务规范》第 11 条第 1 项。

象，已与委托合同相区分。其次，这一基于收款目的的转让并非纯粹的应收账款转让，也就不同于应收账款的彻底转让。如此，在应收账款债务人破产之时，应收账款回购或者反转让条件成就，应收账款债权人即基于反转让取得标的应收账款。此际，应收账款债权人自可申报破产债权。最后，《民法典》第768条关于“既未登记也未通知的，按照保理融资款或者服务报酬的比例取得应收账款”的规定，已经承认非融资性保理。这里，“在担保性的保理中，涉及保理融资款，此时按照保理融资款的比例取得应收账款；而在服务性的保理中，并不涉及保理融资款，此时按照服务报酬的比例取得应收账款。”① 基于此，本书作者赞成通说见解，即“应收账款转让”要素加上任一偶素均构成保理交易。只不过，“应收账款转让” + “应收账款管理或者催收”这一交易结构并不具有融资功能或者担保功能。本书也不将此类交易结构纳入讨论范围。

应收账款融资交易的几种不同交易结构，并不存在本质上的差异，②《民法典》上本应就债权人权利的设立、公示、效力、优先顺位规则、违约救济采行大体一致的规则。但是，《民法典》采取了不同的制度安排。例如，应收账款质押融资采取的是登记生效主义，不登记即应收账款质权不设立；保理交易采取的是登记对抗主义，保理合同生效，保理人即取得标的应收账款，但未经登记不得对抗第三人；应收账款转让作为债权转让的一种形式，在《民法典》合同编通则分编又没有规定以登记作为公示方法；应收账款的让与担保取得物权效力的前提是“完成财产权利变动的公示”。如此，各种交易模式之间不仅在交易规则上存在差异，而且相关规则之间的冲突和矛盾明显存在，③ 亟须经由解释论的发展而消解。

（二）功能主义之下的有追索权保理交易

在《民法典》已经在形式上将保理交易典型化的情形之下，当事人的权利和义务除了另有特别约定之外，自应依保理合同章的规定予以判断。由于该章仅仅6个条文并不足以全面反映保理交易的内容，准确把握有追索权保理的性质，对于《民法典》相关规则的解释与适用至为重要。就此而言，学说和裁判分歧较大。第一种观点认为，有追索权保理交易是在应收账款转让的基础上增加了追索

---

① 黄薇主编：《中华人民共和国民法典合同编释义》，法律出版社2020年版，第618页。

② See Gerard Mc Cormack, The Law Commission Consultative Report on Company Security Interests: An Irreverent Riposte, 68 *Modern Law Review*, 302 (2005).

③ 参见谢鸿飞：《〈民法典〉实质担保观的规则适用与冲突化解》，载《法学》2020年第9期。

权的内容，其本质仍为应收账款的转让；① 第二种观点认为，有追索权保理交易的实质即为应收账款的让与担保。② 应收账款债权人将其应收账款转让给保理人，保理人受让取得应收账款，仅在于担保保理融资款的清偿，而非为了取得应收账款的溢价收益；③ 第三种观点认为，有追索权保理交易中应收账款转让的法律性质并非纯正的债权让与，而应认定为具有担保债务履行功能的间接给付契约。④

三种学说的争议主要在于：其一，保理人就其收取的应收账款是否负有清算义务。应收账款转让说多认为保理人没有清算义务；应收账款让与担保说和间接给付说均认为保理人有清算义务；其二，保理人实现其权利是否存在顺序。应收账款转让说和间接给付说均认为，保理人应先向应收账款债务人主张应收账款债权，仅在保理人未获清偿之时才能向应收账款债权人主张权利；应收账款让与担保说认为，保理人既可以向应收账款债务人主张应收账款债权，也可以向应收账款债权人主张权利，二者之间并无顺序关系。

为了减少学说和裁判中的分歧，《民法典》第766条对有追索权保理交易作了专门规定。从该条后句的文义来看，"保理人向应收账款债务人主张应收账款债权，在扣除保理融资款本息和相关费用后有剩余的，剩余部分应当返还给应收账款债权人"，表明保理人应就其所收取的应收账款与保理融资款及服务报酬之间进行清算，保理人并未受让取得应收账款债权的完整权利。就此而言，保理人在有追索权保理交易中的权利，已经不同于应收账款的转让。其中，应收账款虽然名义上已经转让给保理人，但其目的在于担保保理人对应收账款债权人的保理融资款的清偿，⑤ 并非为了取得应收账款的溢价收益。《民法典》第766条前句规定："当事人约定有追索权保理的，保理人可以向应收账款债权人主张返还保理

---

① 参见黄斌：《国际保理——金融创新及法律实务》，法律出版社2006年版，第22～23页；许多奇：《保理融资的本质特色及其法律规制》，载《中南财经政法大学学报》2004年第2期；陈学辉：《国内保理合同性质认定及司法效果考证》，载《西北民族大学学报（哲学社会科学版）》2019年第2期。案例参见最高人民法院（2018）最高法民申1479号民事裁定书；最高人民法院（2018）最高法民申1513号民事裁定书；最高人民法院（2019）最高法民申2994号民事裁定书。

② 参见陈本寒：《新类型担保的法律定位》，载《清华法学》2014年第2期；林秀榕、陈光卓：《有追索权国内保理的法律性质》，载《人民司法·案例》2016年第32期。案例参见浙江省杭州市西湖区人民法院（2012）杭西商初字第751号民事判决书；福建省福州市中级人民法院（2013）榕民初字第1287号民事判决书；福建省福州市中级人民法院（2014）榕民初字第1167号民事判决书；福建省福州市中级人民法院（2015）榕民终字第1734号民事判决书。

③ 参见何颖来：《〈民法典〉中有追索权保理的法律构造》，载《中州学刊》2020年第6期。

④ 参见顾权、赵瑾：《商业保理合同纠纷的裁判路径》，载《人民司法·案例》2016年第32期。案例参见最高人民法院（2017）最高法民再164号民事判决书。

⑤ 参见刘贵祥、林文学、杨永清、麻锦亮、吴光荣：《"关于非典型担保"及"附则"部分重点条文解读》，载最高人民法院民事审判第二庭编：《最高人民法院民法典担保制度司法解释理解与适用》，人民法院出版社2021年版，第136页。

融资款本息或者回购应收账款债权，也可以向应收账款债务人主张应收账款债权"，至少表明保理人实现其权利时具有选择权，应收账款债权人与应收账款债务人之间对于保理人的融资款债权而言，并不存在顺序利益。如此，保理人实现其在有追索权保理交易中的权利，已经不同于间接给付。应收账款让与担保说不仅揭示了保理人受让应收账款债权的担保功能，而且更为直接、明确地表明了保理合同与物权编担保物权分编之间的内在体系联系，更为可取。[①] 与应收账款让与担保交易不同的是，有追索权保理中，保理人所受让的应收账款并非仅为保理人的融资款及其从债权提供担保，而且还为其中保理人提供其他金融服务的相关费用的清偿提供担保；保理人向应收账款债务人主张应收账款债权并不仅以保理融资款为限。

《民法典》秉承功能主义立场，于第 388 条第 1 款将保理合同定性为非典型担保合同。如此看来，有追索权保理既不同于应收账款质押交易，也不同于应收账款让与担保交易，而属于担保交易的一种独立类型。其一，担保交易的从属性。在有追索权保理交易中，虽然只存在一个合同，但保理人受让取得的应收账款债权（从权利）从属于保理融资款及服务报酬债权（主权利）。如此，保理人受让取得的应收账款债权为保理融资款及服务报酬债权的清偿提供担保，而不是应收账款债权人为应收账款债务人的债务清偿能力提供担保。其二，保理人实现其权利的顺序。在有追索权保理交易中，保理人所享有的权利既包括请求应收账款债权人返还保理融资款，也包括请求应收账款债务人清偿应收账款债权。有观点认为，在应收账款让与担保法律关系之中，保理人应首先请求应收账款债权人清偿债务。[②] 这是对让与担保交易的误解。依据《民法典担保制度解释》第 68 条的规定，在主债务届期未获清偿的情形之下，债权人自可径行实现其让与担保权，且不以适用"实现担保物权案件"特别程序为限。在解释上，债权人基于主债务届期未获清偿的事实，当然可以向主债务人主张主债权。如此，债权人实现其权利并无先后顺序之分。有追索权保理交易自应作相同解释。

《民法典担保制度解释》第 1 条后句指出："所有权保留买卖、融资租赁、保理等涉及担保功能发生的纠纷，适用本解释的有关规定。"整体上把握《民法典》上的保理交易规则体系，可以认为，但凡涉及保理合同当事人之间具有相对效力的问题，《民法典》将之置于合同编典型合同分编保理合同章中加以规定。基于《民法典》第 388 条第 1 款的规定，保理合同又被功能化为担保合同，由此带来的体系效应就是，保理交易中涉及与担保功能相关的纠纷，即应适用或者类推适

---

① 参见刘保玉：《民法典担保物权制度新规释评》，载《法商研究》2020 年第 5 期；何颖来：《〈民法典〉中有追索权保理的法律构造》，载《中州学刊》2020 年第 6 期。

② 参见包晓丽：《保理项下应收账款转让纠纷的裁判分歧与应然路径》，载《当代法学》2020 年第 3 期；陈辛迪、胡爱民：《有追索权保理法律性质研究》，载《地方财政研究》2020 年第 7 期。

用《民法典》担保物权分编的相关规则。

三、保理交易中应收账款的特定化与真实性

保理交易中，应收账款债权人的主给付义务是应收账款的转让，客体也一定为应收账款。[①] 如此，如何界定应收账款的范围，如何在物权客体特定性原则之下把握应收账款的特定化与真实性，就成了理解保理交易的担保功能的关键内容之一。

（一）保理交易中应收账款的范围

应收账款本是一个会计学上的术语。根据《企业会计制度》《企业会计准则》的相关规定，应收账款是指企业因销售商品、提供劳务等经营活动，应向购货单位或接受劳务单位收取的款项。[②] 我国法上对应收账款作出全面界定的是《动产和权利担保统一登记办法》（中国人民银行令〔2021〕第7号）。根据该办法第3条第1款的规定，[③] 应收账款是指应收账款债权人因提供一定的货物、服务或设施而获得的要求应收账款债务人付款的权利以及依法享有的其他付款请求权，包括现有的以及将有的金钱债权，但不包括因票据或其他有价证券而产生的付款请求权，[④] 以及法律、行政法规禁止转让的付款请求权。但《商业银行保理业务管理暂行办法》（中国银监会令2014年第5号，以下简称《银行保理管理办法》）第8条又规定："本办法所称应收账款，是指企业因提供商品、服务或者出租资产而形成的金钱债权及其产生的收益，但不包括因票据或其他有价证券而产生的付款请求权。"《中国银行业保理业务规范》（银协发〔2016〕127号）第4条与此基本相同。这里明显对前述应收账款的内涵和外延进行了限缩。由此产生了非贸易背景所产生的应收账款是否可以叙做保理业务的问题。

《民法典》第761条、第440条规定，"现有的以及将有的应收账款"均可叙做保理交易和权利质押交易。尚存疑问的是，在二者交易之间在应收账款的范围上是否存在差异？在解释上，《民法典》关于应收账款的表述在"保理合同"章和"权利质权"节之间并无区别，且《动产和权利担保统一登记办法》规定的登

---

① 参见詹诗渊：《保理合同客体适格的判断标准及效力展开》，载《环球法律评论》2021年第5期。

② 参见方新军：《〈民法典〉保理合同适用范围的解释论问题》，载《法制与社会发展》2020年第4期。

③ 《动产和权利担保统一登记办法》第3条与《应收账款质押登记办法》第2条关于应收账款的内涵与外延的界定几近相同，以下基于《应收账款质押登记办法》对于学说和裁判的梳理也就具有了正当性。特此叙明。

④ 有学者认为，囿于原《应收账款质押登记办法》的调整范围，因票据或其他有价证券而产生的付款请求权，并无登记公示的必要，证券化本身就是一种公示方法。但不能据此认为，因有价证券所产生的付款请求权，即排除于保理业务范围之外。参见方新军：《〈民法典〉保理合同适用范围的解释论问题》，载《法制与社会发展》2020年第4期。

记范围既包括保理，也包括应收账款质押，又对其中“应收账款”作了统一界定。基于此，保理交易和应收账款质押交易中的应收账款范围应作同一解释。不过，从不同行政规章的视角，《银行保理管理办法》基于保理交易的贸易融资背景，强调保理交易的标的应收账款主要是基于贸易（提供商品或者服务）而产生。[①] 本书作者认为，在《民法典》就应收账款的范围在保理交易中未作特别限定的背景之下，不宜对其进行限缩解释。一是增加融资渠道，优化营商环境，满足不同市场主体的融资需求。尤其是在应收账款债权人不能达到商业银行借款条件的情形之下，可以借道保理交易“因物称信”的属性获得融资支持；二是秉承“法无禁止，即为允许”的私法自治理念。在后颁布的《动产和权利担保统一登记办法》一体规定应收账款范围的情形之下，在先颁布的监管规章即应作相应修改。基于此，《动产和权利担保统一登记办法》所规定的应收账款均可叙做保理业务。《动产和权利担保统一登记办法》第3条第2款第2项、第3项将“提供医疗、教育、旅游等服务或劳务产生的债权”“能源、交通运输、水利、环境保护、市政工程等基础设施和公用事业项目收益权”纳入应收账款的范围。虽然此类基于行政许可所产生的权利在定性上尚存争议，[②] 但在解释上可以认为，此类应收账款是集合债权，是债权人未来与具体的个别债务人之间的服务或劳务合同所可得产生的应收账款之和，具有将有应收账款的属性。与已存在基础法律关系的将有应收账款不同的是，此类应收账款的债务人不确定、具体数额不确定。

就保理交易中的应收账款是否包括将有的金钱债权，实践中呈现出由否定说向肯定说的转变。《银行保理管理办法》第13条第1款明确指出，商业银行不得基于未来应收账款开展保理融资业务。司法实践中即有裁判据此认为，应收账款必须是确定的、已经存在的债权，从而否定未来应收账款保理的效力。但多数裁判认为，上述行政规章的禁止性规定并非法律、行政法规的强制性规定，不能据此否定标的为将来应收账款的保理合同的效力。基于此，《中国银行保险监督管理委员会办公厅关于加强商业保理企业监督管理的通知》（银保监办发〔2019〕205号）又删除了《银行保理管理办法》第13条第1款的前述禁止性规定；《民

---

① 根据《商务部关于商业保理试点有关工作的通知》（商资函［2012］419号），天津市和上海市制定的商业保理试点办法中均强调商业保理的贸易融资属性。如《天津市商业保理业试点管理办法》第2条规定：“本办法所称商业保理，是指销售商（债权人）将其与买方（债务人）订立的货物销售（服务）合同所产生的应收账款转让给商业保理公司，由商业保理公司为其提供贸易融资、应收账款管理与催收等综合性商贸服务。”这里将应收账款的发生依据限于货物销售或服务合同。《银行保理管理办法》第8条又扩及“出租资产”，这实际上已经脱离了贸易融资的范畴。

② 参见崔建远：《关于债权质的思考》，载《法学杂志》2019年第7期。

法典》第 761 条明确承认了以将有应收账款开展保理业务的有效性。[①]

《民法典》第 761 条中，“现有的应收账款”与企业会计制度中的应收账款同其意义，即债权人基于双务合同已经履行其给付义务，但对方尚未履行对待金钱给付义务之时的金钱债权。金钱给付义务的履行期限是否届至，均无不可，[②] 即使履行期限尚未届至的金钱债权，也属于以未来金钱给付为内容的现有应收账款。[③]“将有的应收账款”所谓何指，学说和实务中争议较大。《银行保理管理办法》第 13 条第 2 款规定：“未来应收账款是指合同项下卖方义务未履行完毕的预期应收账款。”这一规定的文义涵摄范围较为狭窄，限于“提供商品、服务或者出租资产”等合同。

学说上以为，将有的应收账款包括两类：一是已有基础法律关系的将有应收账款，如附生效条件、附生效期限、继续性合同所产生的将有应收账款，债权人自身的给付行为尚未完成但一旦完成即可产生的应收账款等；二是没有基础法律关系的纯粹的将有应收账款，如未订立合同的买卖、租赁、提供服务等产生的应收账款等。[④] 司法实践中就前者争议不大，但就后者则存在较大争议。如有裁判认为，“没有基础法律关系便不存在应收账款，当事人约定以营业收入作为转让标的，且仅约定了债权产生的期间，对具体交易额、交易对象及所产生债权的性质均未作出约定，不应当认为具有确定性。”并据此否定了案涉将有应收账款保理合同的效力。但更多的裁判认为，只要将有应收账款具有合理可期待性和发生可能性，即应肯定相关保理合同的效力。这一多数观点还得到了学说的支持。[⑤]

本书作者认为，就将有应收账款签订保理合同的效力与保理人是否可得就该应收账款主张权利是两个不同层次的问题。[⑥] 后者涉及案涉将有应收账款是否特定化及实际发生的问题。就将有应收账款签订保理合同，本属当事人意思自治范畴，将有应收账款是否具有合理可期待性和发生可能性，亦属保理人在从事保理

---

① 但《民法典》第 761 条的规定并不必然排斥行政监管机关从金融安全、金融风险防控角度对被监管主体作出更为严格的风控要求。参见李志刚：《〈民法典〉保理合同章的三维视角：交易实践、规范要旨与审判实务》，载《法律适用》2020 年第 15 期。

② 参见最高人民法院民事审判第二庭编：《最高人民法院民法典担保制度司法解释理解与适用》，人民法院出版社 2021 年版，第 519 页。

③ 参见张静：《将有债权处分的法律构造与顺位安排》，载《法学》2022 年第 2 期。

④ 参见黄立：《民法债编总论》，中国政法大学出版社 2002 年版，第 616 ~ 617 页；黄薇主编：《中华人民共和国民法典合同编释义》，法律出版社 2020 年版，第 602 页。

⑤ 参见曹士兵：《中国担保制度与担保方法》（第四版），中国法制出版社 2017 年版，第 369 ~ 370 页；王利明：《我国民法典物权编中担保物权制度的发展与完善》，载《法学评论》2017 年第 3 期。

⑥ 参见包晓丽：《保理项下应收账款转让纠纷的裁判分歧与应然路径》，载《当代法学》2020 年第 3 期。

交易之时的尽职调查范围，法律原则上没有必要予以否定。[①]

（二）保理交易中应收账款的特定化

在将具有担保功能的保理合同界定为担保合同的情形之下，保理人就其受让取得的应收账款所享有的权利就具有了担保物权的属性。依据《民法典》第 114 条第 2 款的规定，“物权是权利人依法对特定的物享有直接支配和排他的权利”。保理人就其受让取得的应收账款所享有的权利作为物权的一种，自然也是针对“特定的物”的权利。依据《民法典》第 115 条的规定，“物包括不动产和动产。法律规定权利作为物权客体的，依照其规定。”因此，应收账款作为权利的一种，基于法律的规定，也可以作为物权的客体。如此，保理人权利的客体——应收账款，也应当达到特定化的标准。

1. 物权特定原则在保理交易中的缓和

与其他物权种类不同的是，担保物权的效力体现为，在担保物权可得实现之时，权利人可就“特定的物”进行变价并优先受偿。因此，作为物权法结构原则的物权（客体）特定原则，[②] 在担保物权制度中也就有了特殊性。在担保物权设立之时，标的财产仅须可得特定即可，但在担保物权实现之时，标的财产必须是特定的。[③] 在此背景之下，《民法典》就标的财产的特定化问题作了相应的变通规定，其第 427 条第 2 款将质押合同内容中对标的财产的描述由《物权法》上的“质押财产的名称、数量、质量、状况”修改为“质押财产的名称、数量等情况”，这就允许了对应收账款进行概括描述。[④] 值得注意的是，《民法典》的这一修改虽然仅及于担保合同的内容，但在解释上，动产和权利担保登记簿上就标的应收账款的记载，亦应允许概括描述。

但是，允许对标的应收账款的概括描述，并不是没有边界的，也必须使他人能够合理地识别标的应收账款。也就是说，以应收账款叙做保理业务之时，保理合同中和登记簿上就应收账款的描述，均应使他人能够将标的应收账款与债务人的其他应收账款相互区分，以达到担保权利客体特定的标准，如此方能使第三人清晰地判定据此描述的担保权利登记的范围，使担保权利具有对抗第三人的效力。《民法典担保制度解释》第 53 条在总结审判经验的基础上，对这一问题做了统一的规定，其中指出：“当事人在动产和权利担保合同中对担保财产进行概括

---

① 参见庄加园：《〈合同法〉第 79 条（债权让与）评注》，载《法学家》2017 年第 3 期；张静：《将有债权处分的法律构造与顺位安排》，载《法学》2022 年第 2 期。

② 参见王泽鉴：《民法物权（第二版）》，北京大学出版社 2009 年版，第 15 页。

③ 参见高圣平：《民法典担保从属性规则的适用及其限度》，载《法学》2020 年第 7 期。

④ 参见沈春耀：《全国人民代表大会宪法和法律委员会关于〈民法典物权编（草案）〉修改情况的汇报——2019 年 4 月 20 日在第十三届全国人民代表大会常务委员会第十次会议上》，载《民法典立法背景与观点全集》编写组：《民法典立法背景与观点全集》，法律出版社 2020 年版，第 42 页。

描述，该描述能够合理识别担保财产的，人民法院应当认定担保成立。”① 这里所说的“动产和权利担保合同”，自当涵盖保理合同。登记簿上对应收账款的描述，可以是概括描述，也可以是具体描述，但应达到合理识别标的应收账款的程度。②

2. 保理交易中应收账款特定化之标准

关于对应收账款的描述是否达到特定化的程度，司法实践中争议较大。应收账款的要素包括：应收账款债权人、应收账款债务人、产生应收账款的基础法律关系、应收账款的发生期间、应收账款的数额等。应收账款的种类不同，这些常素的表现形式也不同。其一，应收账款债权人既是保理合同的当事人，也是应收账款债权债务关系的当事人，自是特定的；其二，对于现有应收账款而言，应收账款债务人是确定的，但就将有应收账款而言，应收账款债务人可能是确定的，也可能是不确定的。没有特定的应收账款债务人的，当事人只须载明相对特定的应收账款债务人；其三，产生应收账款的基础法律关系和应收账款的发生期间须为确定，应收账款的发生期间可由应收账款履行期限代替；其四，对于现有应收账款而言，应收账款的数额是确定的或可得确定的，但就将有应收账款而言，应收账款的数额可能是不确定的。其中，“应收账款债权人”“产生应收账款的基础法律关系”“应收账款的发生期间”是要素；“应收账款债务人”“应收账款的数额”等属于偶素。

产生应收账款的基础法律关系，包括销售、出租产生的债权，包括销售货物，供应水、电、气、暖，知识产权的许可使用，出租动产或不动产等；提供医疗、教育、旅游等服务或劳务；能源、交通运输、水利、环境保护、市政工程等基础设施和公用事业项目收益权；提供贷款或其他信用活动；其他产生金钱给付内容的合同。③ 这些基础法律关系，具体表现为：其一，交易合同（包括未来的交易合同）。具体描述为“应收账款债权人”“应收账款债务人”“合同标的”“合同编号”“应收账款履行期限”“应收账款的数额”“发票号码”（如有）。概括描述为“应收账款债权人”“合同标的”“应收账款的发生期间”“应收账款债务人”（债务人不特定时不指明此项），如“应收账款债权人2022年出租其所有的甲写字楼所产生的租金收入”，仅记载“债权人出租所产生的租金收入”即没有达到合理识别标准。其二，收费许可。概括描述为“应收账款债权人”“收费

---

① 值得注意的是，这里“该描述能够合理识别担保财产的，人民法院应当认定担保成立”的规定，不够周延。在登记为应收账款质权设立的生效要件之情形，仅有“该描述能够合理识别担保财产”，但未办理登记的，担保仍不成立。参见崔建远：《对非典型担保司法解释的解读》，载《法治研究》2021年第4期。

② 参见广东省深圳市中级人民法院（2015）深中法商初字第8号民事判决书。

③ 参见《动产和权利担保统一登记办法》第3条第2款。不过，就该款中所列举的应收账款类型，学者间存有不同意见。本书就此搁置不论，留待另撰专文探讨。

项目”[1]“收费许可证编号”“应收账款的发生期间”等，如“应收账款债权人自2022年1月1日至2022年12月31日期间的收费收入，收费项目为门诊收费、住院收费、治疗收费、药品收费、其他收费项目，收费许可证号为：×××”。其三，特许经营许可。概括描述为“应收账款债权人”“项目具体名称”“收费依据”[2]“应收账款的发生期间”等，如“应收账款债权人自2022年1月1日至2022年12月31日期间的高速公路项目的收益权，项目具体名称是×××，收费许可证号为：×××”。值得注意的是，将有应收账款的特定化，并非在保理合同签订之时已经被特定化，而是在将有应收账款实际产生时能够被识别为被之前订立的保理合同所涉及。[3]

3. 保理交易中应收账款未达到特定化标准之后果

依据《民法典担保制度解释》第53条的规定，如保理合同中对标的应收账款的概括描述没有达到能够合理识别担保财产的标准，则应当认定“担保不成立”。有观点认为，这里的“担保不成立”，指的是担保合同和担保物权均不成立。[4] 本书作者认为，在物权变动的原因与结果相区分原则之下，所谓“担保不成立”是指担保物权不成立，但不影响合同效力。亦即，保理合同中对标的应收账款的概括性描述，即使不满足“合理识别”的标准，保理合同的效力亦不受影响，但是保理人没有取得对标的应收账款的权利，保理人就应收账款的担保物权不成立。

值得注意的是，以不具备合理可期待性和发生可能性的将有应收账款为标的的“保理合同”，并不具备保理交易所必备的应收账款转让要件，就不是保理交易，应以当事人之间真实的交易关系判断合同的效力和当事人的权利义务。这里，所谓合理可期待性和发生可能性，是指虽然保理合同订立时该将有应收账款尚未产生，但于保理合同确定的未来时点其将会产生，保理人对该应收账款有合理期待。[5]

（三）保理交易中应收账款的真实性

确保应收账款的真实性，是保理交易中保理人控制交易风险的主要方法。

---

① 以学校为例：学杂费、学生住宿费等，根据具体情况分别列出；以医院为例：门诊收费、住院收费、治疗收费、药品收费、其他收费项目等。参见《应收账款质押/转让登记财产描述示例》。

② 如政府相关部门的批复，与政府签订的购买协议，政府相关文件通知等。参见《应收账款质押/转让登记财产描述示例》。

③ 黄薇主编：《中华人民共和国民法典合同编释义》，法律出版社2020年版，第602页。

④ 参见最高人民法院民事审判第二庭编：《最高人民法院民法典担保制度司法解释理解与适用》，人民法院出版社2021年版，第465～466页；谢鸿飞：《担保财产的概括描述及其充分性》，载《法学》2021年第11期。

⑤ 参见李志刚：《〈民法典〉保理合同章的三维视角：交易实践、规范要旨与审判实务》，载《法律适用》2020年第15期。

《民法典》第763条规定："应收账款债权人与债务人虚构应收账款作为转让标的，与保理人订立保理合同的，应收账款债务人不得以应收账款不存在为由对抗保理人，但是保理人明知虚构的除外。"这里，"应收账款债权人与债务人虚构应收账款"将导致基础交易合同不成立或者无效，除非保理人明知应收账款债权人和债务人虚构应收账款，保理合同的效力不因基础交易合同的不成立或者无效而受到影响。①

《民法典》第763条将除外情形界定为"保理人明知虚构"，在一定程度上表明立法者确立的保理人审查标准较低。这里的"明知"，应以一个普通人的常识作为判断标准。亦即，保理人对基础交易合同或者应收账款确认书的审查，应采取形式审查标准，不应苛求保理人对产生应收账款的基础交易关系及所有可能的交易凭证进行实质审查，更不应苛求保理人去实地勘察。②

保理实践中，保理人在尽职调查过程中通常会向应收账款债务人核实应收账款的真实性，由应收账款债务人在征询函或其他文书上确认该应收账款真实存在。此时，应收账款债务人制造了虚假应收账款的外观，对据此产生信赖的保理人应当予以保护。③ 就此时的法律后果，《民法典》第763条并未作出明确规定。"债权转让、应收账款质押以及保理三者具有密切的联系，一般认为，相关制度可以相互准用。"④ 如此，类推适用《民法典担保制度解释》第61条第1款的规定，以现有的应收账款叙做保理业务，应收账款债务人向保理人确认应收账款的真实性后，不得再以应收账款不存在或者已经消灭为由主张不承担责任。不过，应收账款债务人的确认并不能排除保理人对虚构事实的明知，保理人不能仅因应收账款债务人的确认即全然不对应收账款进行任何的调查核实，在保理人完全可以通过成本较低的审核措施就能够发现应收账款不存在的情形之下，即足以认定保理人明知应收账款不存在。⑤

值得注意的是，应收账款债务人在"应收账款转让通知回执"上签章，是否构成对应收账款真实性的承认？有观点认为，应收账款债务人在"应收账款转让通知回执"上签章，仅表明其收到了该转让通知，并无承认债务的意思，也就不构成单方承认债务。应收账款债务人单方承认债务，须有向保理人表示愿意清偿

---

① 参见崔建远：《保理合同探微》，载《法律适用》2021年第4期。

② 参见李志刚：《〈民法典〉保理合同章的三维视角：交易实践、规范要旨与审判实务》，载《法律适用》2020年第15期。

③ 参见黄薇主编：《中华人民共和国民法典合同编释义》，法律出版社2020年版，第602、607～608页。

④ 最高人民法院民事审判第二庭编：《最高人民法院民法典担保制度司法解释理解与适用》，人民法院出版社2021年版，第520页。

⑤ 参见黄薇主编：《中华人民共和国民法典合同编释义》，法律出版社2020年版，第608页。

应收账款债权的意思。[①] 本书作者以为，此际仍须结合“应收账款转让通知”的内容对应收账款债务人的意思表示进行解释。虽然从保理交易的通常流程来看，保理人是先向应收账款债务人征询应收账款的真实性，而后签订保理合同，再通知应收账款债务人，但也不排除保理人在“应收账款转让通知”中一并请求应收账款债务人确认应收账款的真实性。如“应收账款转让通知”中已有此等文义，应收账款债务人在回执上签章即足以表明对应收账款真实存在的确认。此际，至少在解释上可以认为，应收账款债务人不得再主张应收账款并不真实存在的抗辩。

保理人没有要求应收账款债务人对应收账款的真实性进行确认的，类推适用《民法典担保制度解释》第61条第2款的规定，保理人应就应收账款的真实存在负担证明责任。不过，应收账款债务人主张应收账款已经消灭的，表明承认应收账款的真实性。基于此，应收账款债务人应就该项抗辩负担证明责任。

四、应收账款之上保理与其他交易竞存时的优先顺位规则

由于保理交易通常以架构约款概括界定转让的应收账款的范围，因此，在其履行的层次，容易引起应收账款重复转让、保理、出质。此际，如何决定各权利人就标的应收账款的受偿顺序，即成为棘手的问题。[②]

就同一应收账款存在数个应收账款质权的情形，《民法典》第414条第2款规定：“其他可以登记的担保物权，清偿顺序参照适用前款规定。”应收账款质权即为典型的“其他可以登记的担保物权”，因此，同一应收账款如设立了两个或者两个以上的应收账款质权，即应准用《民法典》第414条第1款第1项“抵押权已经登记的，按照登记的时间先后确定清偿顺序”的规定。在解释上，该款第2项、第3项自无准用余地。应收账款质权采取登记生效主义，如某一应收账款质权没有登记，即该应收账款质权不成立，自不存在与其他应收账款质权竞存的可能。由此可见，应收账款质权竞存之时的优先顺位判断标准仅有一个，即登记的先后。登记者和未登记者之间、未登记者之间不发生竞存关系。

就同一应收账款存在数个保理的情形，《民法典》第768条规定保理人之间的优先顺位判断标准包括了登记和通知应收账款债务人。登记在先，顺位优先；均未登记的，转让通知先到达债务人的优先；既未登记也未通知的，顺位平等，彼此之间不发生先后顺序关系，按照保理融资款或者服务报酬的比例取得应收账

① 参见朱晓喆、刘剑峰：《虚假应收账款保理交易中保理人的信赖保护》，载《人民司法·应用》2021年第4期。案例参见最高人民法院（2017）民申字第3132号民事裁决书。

② 参见黄茂荣：《论保理合同》，载《法治研究》2021年第3期。

款。这一规则亦可类推适用于同一应收账款多重转让的情形。[①] 该条中的“取得应收账款”在特定的情形之下，是指取得就应收账款的优先顺位。[②]

由此可见，《民法典》上就不同的应收账款融资交易模式中权利冲突处理规则所作的政策选择并不一致。虽然《民法典》第768条规定了应收账款转让登记问题，明确以登记先后作为首要的顺位依据，[③] 但由此带来的问题是，就同一应收账款，同时存在保理、应收账款质押和债权转让的情形，如何确定竞存权利之间的优先顺位？是准用《民法典》第414条第1款，还是类推适用《民法典》第768条？裁判实践就此存在较大争议。以应收账款质押与保理发生先后为标准，可以分为“质押在先，保理在后”与“保理在先，质押在后”两种情形。[④]

第一种情形，“质押在先，保理在后”。依据《民法典》第445条的规定，应收账款质权设立后，未经质权人同意，出质人不得转让该应收账款。由此，司法实践中均认可依法设立的应收账款质权优先于保理人的权利，如应收账款质权依法有效设立且先于应收账款转让发生，应收账款质权人与受让人权利竞存时，根据物权公信和公示原则，质权具有效力上的优先性，质权人先于应收账款受让人享有应收账款项下的权利。[⑤] 但对于《民法典》第445条中“应收账款出质后，不得转让”的含义存在不同理解。

第一种观点认为，在应收账款质权依法设立后，未经质权人同意，转让该应收账款的行为因违反实定法上的强制性规定而无效，或者不成立，或者属于无权处分行为（效力待定）。[⑥] 第二种观点认为，应收账款质权设立在先并不影响之后签订的保理合同的效力。“应收账款出质后，不得转让”的规定，并非效力性强制性规定。质权设立之后至质权实现期间，出质人享有期限利益，且该质权是否实现有待主债权的履行情况而确定。第三种观点认为，在应收账款质权已经依法登记之后，应收账款债权人仍隐瞒质押事实订立保理合同的，构成欺诈，如保理人不以欺诈为由请求撤销保理合同，该合同有效，但不能发生应收账款转让的效力，保理人不得请求应收账款债务人履行债务，但可以请求应收账款债权人承担

---

① 值得注意的是，债权转让在《民法典》上并未被赋予登记能力。不过，就交易数额较大的债权让与而言，为保全其权利顺位，防止权利冲突，受让人亦可在动产和权利担保统一登记系统中登记其对应收账款的权利。

② 参见蔡睿：《保理合同中债权让与的公示对抗问题》，载《政治与法律》2021年第10期。

③ 参见李志刚：《〈民法典〉保理合同章的三维视角：交易实践、规范要旨与审判实务》，载《法律适用》2020年第15期。

④ 基于保理交易以应收账款转让为核心的立场，本处仅涉及保理。至于应收账款转让，当可类推适用保理交易相关规则。

⑤ 参见最高人民法院（2017）最高法民再409号民事判决书。

⑥ 参见《天津市高级人民法院关于审理保理合同纠纷案件若干问题的审判委员会纪要（一）》（津高法〔2014〕251号）。

违约责任。同时，应收账款债务人明知该应收账款被质押而协助应收账款债权人隐瞒质押事实的，应对该违约责任承担补充赔偿责任。

在《民法典》强调金钱债权流通性价值的背景下，[①] 否定入质应收账款的转让行为的效力，既与《民法典》的立法政策选择不一致，也不利于实现应收账款效益的最大化。当保理人认可标的应收账款的价值大于被担保的主债权的事实，且愿意受让该应收账款时，限制标的应收账款的转让，正当性不足。[②] 此外，应收账款出质之后，出质人仍然保有其应收账款债权人地位，尽管《民法典》第445条对出质人转让标的应收账款作出限制，但并未限制出质人就标的应收账款再次出质。如此，秉承《民法典》第414条所确立的允许担保财产重复担保以充分发挥担保财产的金融价值的法政策选择，《民法典》第445条中的“转让”的文义应进行限缩解释，不包括出质在内。在保理交易功能化为担保交易之后，应收账款的转让仅起担保作用。因此，应收账款出质后，自然也就不影响出质人就标的应收账款叙做保理业务。此际，因为应收账款质权登记在先，不管此后保理交易是否登记，应收账款质权人的权利均优先于保理人。

有观点认为，即使应收账款转让合同订立于质权登记之前，只要质押合同先于应收账款转让合同订立，该应收账款转让合同不影响应收账款质权的设立及其优先顺位，应收账款受让人不得先于质权人受偿，如其不能受偿，只能请求应收账款债权人承担违约责任。本书作者认为，在《民法典》实施之后，这一司法态度应当转变。即使就标的应收账款签订质押合同，但应收账款质权未经登记即不设立，自然也不得对抗第三人。后继保理人无从自登记簿查知标的应收账款之上的质权负担，在签订保理合同之后及时在先办理了保理登记，此际，保理人就标的应收账款的权利自应优先。

第二种情形，“保理在先，质押在后”。对于在保理合同订立之后，又以同一应收账款设立质权的情形，实践中就应收账款质权能否设立仍存争议。第一种观点认为，在应收账款已经转让后又以其设立质权的，属于无权处分，[③] 除非质权人善意，应收账款质权未设立；第二种观点则认为应收账款质权设立，但质权人应在扣除应收账款受让人受偿金额后的范围内优先受偿，即清偿顺位劣后。

本书作者认为，在《民法典》第388条第1款将保理合同重构为担保合同之后，保理人就标的应收账款即仅取得担保权利，并未取得其完整权能。此际，即使标的应收账款已经转让予保理人，应收账款债权人也不失其就标的应收账款的剩余权能，也不影响其在同一应收账款上为他人设立质权。由此可见，应收账款

---

① 参见黄薇主编：《中华人民共和国民法典合同编释义》，法律出版社2020年版，第191页。

② 参见罗帅：《应收账款质押的权利竞存顺位》，载《甘肃政法学院学报》2020年第3期。

③ 参见严良胜：《论应收账款上的质押和保理之优先权》，载《金融与经济》2009年第11期；田浩为：《保理法律问题研究》，载《法律适用》2015年第5期。

债权人在与保理人签订保理合同之后，又以同一应收账款设立质权的，并不构成无权处分。基于《民法典》第414条和第768条所规定的权利竞存顺位确定规则，如在先的保理在应收账款质权之前登记，则保理人的权利优先；如在先的保理在应收账款质权之后登记，或者在先的保理并未登记，则应收账款质权人的权利优先。

尚存争议的是，就在先的保理未登记、在后的质权已登记的情形，如质权人知道标的应收账款已经转让予保理人，基于《民法典》第768条所间接确立的登记对抗规则，未登记的保理人权利可得对抗恶意的应收账款质权人。但从《民法典》第414条和第768条的文义来看，同一应收账款之上的不同担保物权之间优先顺位的确定，并不考虑在后的担保物权人主观上的善恶意。[①] 如此，此际，应收账款质权人的权利优先。

为防杜裁判分歧，《民法典担保制度解释》第66条第1款明确规定，同一应收账款既有保理人的权利、又有应收账款质权人的权利，还有受让人的权利，彼此之间顺位的确定，不适用《民法典》第414条，而是准用《民法典》第768条。这里秉承了依公示的先后确立竞存权利之间优先顺位的一般规则。其一，无论是“质押在先，保理在后”还是“保理在先，质押在后”，应收账款债权人在设立先一权利之后，对后一权利的设立均不构成无权处分，《民法典》上关于无权处分和善意取得的相关规则自无适用余地；其二，相较于登记对抗规则，竞存权利之间的优先顺位规则不考虑在后权利的权利人是否善意。不管在后权利设立之时，权利人是否善意，均依客观化的公示时间确立其与在先权利之间的顺位关系；其三，在登记可以自主在线便捷完成的情形之下，依登记先后判断竞存权利之间的优先顺位，增加了交易的确定性。当事人在从事应收账款融资交易之时，基于法律规定，自应首先查询动产和权利担保统一登记系统，以探知标的应收账款之上是否存在权利负担，从而控制交易风险。否则，应承担顺位劣后的风险；其四，在竞存权利均未登记的情形之下，将应收账款转让的事实通知应收账款债务人，在一定程度上起着公示的作用。此际，以转让通知到达应收账款债务人的先后确定竞存权利之间的优先顺位，在一定程度上有利于应收账款债务人履行债务；其五，在竞存权利均未登记和通知的情形之下，彼此之间顺位平等，不发生对抗关系，按照保理融资款或者服务报酬的比例就应收账款受偿。这一规则与《民法典》第414条第1款第3项规定的抵押权均未登记时按照被担保的债权比例清偿的法政策选择相一致。[②]

值得注意的是，在适用《民法典担保制度解释》第66条第1款之时，保理

---

① 参见高圣平：《民法典动产担保权优先顺位规则的解释论》，载《清华法学》2020年第3期。

② 参见蔡睿：《保理合同中债权让与的公示对抗问题》，载《政治与法律》2021年第10期。

和应收账款转让均不以登记为前提，但应收账款质权则以登记为生效要件。应收账款质权未登记的，应收账款质权未设立，自无与保理、应收账款转让之间发生竞存的可能。“参照民法典第七百六十八条的规定”自然不是完全适用，如此，《民法典》第768条第三分句、第四分句关于“均未登记的，由最先到达应收账款债务人的转让通知中载明的保理人取得应收账款；既未登记也未通知的，按照保理融资款或者服务报酬的比例取得应收账款”的规定，不能适用于应收账款质权与其他权利相竞存的情形。[①] 当然，即使适用《民法典》第768条确定竞存的多数应收账款质权之间的优先顺位，其解释结论也无差异。此时，多数应收账款质权均已登记，第768条中间一句“均已经登记的，按照登记时间的先后顺序取得应收账款”的适用，与适用《民法典》第414条的后果并无二致。

五、保理人的违约救济权利

《民法典》第766条前句规定了有追索权保理中保理人的两种权利行使方式：“向应收账款债权人主张返还保理融资款本息或者回购应收账款债权”以及“向应收账款债务人主张应收账款债权”。这里未予明确的是，二者之间是“先后请求”“择一请求”，还是“同时请求”？对于保理人之间的权利主张，应收账款债权人和应收账款债务人之间的责任形态是连带责任，还是补充责任？

就此，实践中争议较大。第一种观点认为，保理人在其融资款债权届期未获受偿的情形下，保理人尚须先向应收账款债务人主张应收账款债权，只有在该主张无法得以实现的情形下，保理人才能向应收账款债权人请求返还融资款。如此，在应收账款债权人和应收账款债务人之间，前者仅对保理人承担补充责任。第二种观点认为，保理人在其融资款债权届期未获受偿的情形下，既可以向应收账款债务人主张应收账款债权，也可以同时请求应收账款债权人一并偿还保理融资款。应收账款债务人对保理融资款负有首要偿还责任，应收账款债权人在应收账款金额范围内承担连带清偿责任、共同清偿责任，但一方的履行导致另一方责任的扣减。第三种观点认为，有追索权的保理属于具有担保债务履行功能的间接给付契约。只有在保理人行使追索权时明确表达出“反转让债权”的意思表示时才发生解除债权转让合同之法效果，保理人进而不得再向债务人主张债权。如保理人在请求债权人返还融资款时并没有反转让债权的意思，而具有希望债权人与债务人一同承担债务的意思，则其行使追索权后仍可以向债务人求偿。第四种观点则认为，追索权即为回购权，保理人行使此权利即丧失对应收账款债务人所享有的应收账款债权，该应收账款的债权人即刻回归为原债权人，保理人不得再向应收账款债务人求偿。

① 参见崔建远：《对非典型担保司法解释的解读》，载《法治研究》2021年第4期。

（一）保理人实现其债权时的选择权

《民法典》第 766 条前句的文义至为明确，在保理合同中约定的保理融资款和服务报酬债权到期之时，如应收账款债务人尚未清偿应收账款，保理人即在“向应收账款债权人主张返还保理融资款本息或者回购应收账款债权”与“向应收账款债务人主张应收账款债权”之间享有选择权。二者之间在适用上并无先后顺序之分。[①]《民法典担保制度解释》第 66 条第 2 款前段规定：“在有追索权的保理中，保理人以应收账款债权人或者应收账款债务人为被告提起诉讼，人民法院应予受理”。这一规定即准确传达了《民法典》第 766 条的立法意旨。如此看来，前述第一、三种观点在《民法典》实施之后即无适用余地。

值得注意的是，《银行保理管理办法》第 10 条将有追索权保理交易中保理人向应收账款债权人主张权利的前提条件界定为“在应收账款到期无法从债务人处收回”；《中国银行业保理业务规范》第 5 条中指出，“保理融资的第一还款来源为债务人对应收账款的支付”。学说上即有观点认为，保理人应先向应收账款债务人主张应收账款债权。[②]“第一还款来源”之类的表述，表明监管机关和行业协会警示保理人在叙做保理业务之时关注应收账款本身的真实性和确定性，并不能当然得出保理人负有先行收取应收账款的义务的解释结论。[③] 即使将“第一还款来源”之类的表述解释为保理人负有先行收取应收账款的义务，但这些规定在《民法典》实施之后即无上位法的支撑，应予修正。

《民法典》第 766 条前句“可以”“也可以”的条文表达，仅表明保理人可以“择一请求”，但并不能得出保理人可以“同时请求”的确定解释结论。就与保理交易同属非典型担保的融资租赁交易，《民法典》第 752 条就出租人权利的行使也使用的是“可以”“也可以”。《最高人民法院关于审理融资租赁合同纠纷案件适用法律问题的解释》（法释〔2020〕17 号修正）第 10 条在承认出租人在“请求支付全部租金”和“解除合同，收回租赁物”之间享有选择权的前提之下，将二者之间解释为“非此即彼”的关系，出租人不得同时主张两种违约救济路径。[④]《民法典》第 766 条和第 752 条的表述一样，是否意味着，保理人的违约救济路径亦应作非此即彼的解释？

学说上有观点认为，《民法典》第 766 条应作相同理解。其主要理由在于：保理人向应收账款债权人主张权利，如不扣减或者放弃对应收账款债务人的债

---

① 参见朱晓喆、刘剑峰：《虚假应收账款保理交易中保理人的信赖保护》，载《人民司法·应用》2021 年第 4 期；潘运华：《民法典中有追索权保理的教义学构造》，载《法商研究》2021 年第 5 期。

② 参见陈辛迪、胡爱民：《有追索权保理法律性质研究》，载《地方财政研究》2020 年第 7 期。

③ 参见李宇：《保理合同立法论》，载《法学》2019 年第 12 期。

④ 就前述融资租赁司法解释的讨论，参见高圣平：《担保法前沿问题与判解研究（第五卷）：最高人民法院新担保制度司法解释条文释评》，人民法院出版社 2021 年版，第 482～483 页。

权，将构成“双重受偿”；如保理人向应收账款债权人主张权利，应当返还应收账款债权，而其同时又向应收账款债务人主张应收账款债权，二者本身存有矛盾。①

本书作者认为，在有追索权保理的担保功能的视角之下，保理人与应收账款债权人的主债权为保理融资款即服务报酬债权；保理人受让取得的应收账款债权系担保主债权之清偿。在此结构之下，保理人自可同时主张主债权和担保物权，一如应收账款质权人在应收账款质押融资交易之下同时主张主债权和应收账款质权。② 由此，有追索权保理中所谓“追索”，实际上是保理人向应收账款债权人主张主债权的清偿。所谓“双层受偿”问题，产生于就保理人对应收账款债权人的追索权及对应收账款债务人的应收账款债权二者之间关系的不同解释。在所有担保交易关系中均存在权利人是向主债务人主张主债权还是向担保人主张担保权利的问题，无论是既有的担保物权制度安排，还是裁判实践中所体现的诉讼结构，无不承认债权人（担保物权人）同时主张主债权和担保物权，只不过在判决主文中予以清晰表述，首先判令债务人履行主债务，其次判令担保人承担担保责任，其中说明债权人就担保财产的变价款优先受偿。在执行实践中亦未出现“双层受偿”问题。由此可见，二者之间并非“非此即彼”的关系。基于此，《民法典担保制度解释》第 66 条第 2 款后段规定：“保理人一并起诉应收账款债权人和应收账款债务人的，人民法院可以受理。”这就意味着，《民法典担保制度解释》作了不同于前述融资租赁司法解释的安排，前述第一、三、四种观点在《民法典》实施之后亦无适用余地。

（二）保理人行使追索权的各种形式之间的关系

保理人行使追索权的各种形式之间的规范意旨相同，均在于使保理融资款得以清偿。《民法典》第 766 条将保理人可得向应收账款债权人行使追索权的形式界定为，“返还保理融资款本息”或者“回购应收账款债权”；《银行保理管理办法》第 10 条在此两种形式之外还增加了一种“向债权人反转让应收账款”形式。“回购应收账款债权”和“向债权人反转让应收账款”之间，是“一体两面”的关系：“反转让”相对于“转让”而言，指的是保理人向应收账款债权人转让标的应收账款；“回购”是指应收账款债权人向保理人购回标的应收账款。不过，就非融资性保理而言，“反转让”相比“回购”更能表达无须支付对价的含义。

保理人行使追索权的各种形式之间以“或者”相并而称，表明保理人就此享有选择权。无论保理人选择何种行使方式，只要其主张得以实现，保理人对应收

① 参见李志刚：《〈民法典〉保理合同章的三维视角：交易实践、规范要旨与审判实务》，载《法律适用》2020 年第 15 期。

② 参见何颖来：《〈民法典〉中有追索权保理的法律构造》，载《中州学刊》2020 年第 6 期。

账款债权人的保理融资款债权即因此而得以清偿。在应收账款债权人返还保理融资款的情形之下，应收账款债权人先前转让给保理人的应收账款也因此而得以回购或者反转让；在应收账款债权人回购应收账款债权的情形之下，由于“回购应收账款债权”的对价即为保理融资款减去保理人已向应收账款债务人收取的款项，保理人对应收账款债权人的保理融资款债权也因此而得以清偿。通常情况下，回购的效果是撤销保理人对标的应收账款的受让，并使应收账款债权人因未清偿的融资款而对保理人产生债务。这一债务仍由保理人就标的应收账款的担保权作担保，直至应收账款债权人通过向保理人付款、替换可接受的应收账款或以其他方式担保其债务。① 由此可见，“回购应收账款债权”也只是“返还保理融资款本息”的另一种表达方式，②“返还保理融资款本息”和“回购应收账款债权”之间并无本质区别，在解释上，均为保理人主张主债权的方式。③ 前述第三种观点中区分保理人行使追索权的方式而采取不同处理方案的观点，即无依据。

（三）应收账款债权人与债务人对于保理人权利主张的责任形态

保理人的两种权利主张既可以“择一请求”，也可以“同时请求”，仅仅只具有程序法上的意义，并不当然表明应收账款债权人与应收账款债务人对保理人承担连带责任，因为尚有不真正连带责任、补充责任等两种解释选择。《民法典担保制度解释》第66条第2款后段规定：“保理人一并起诉应收账款债权人和应收账款债务人的，人民法院可以受理。”这里使用的是“可以”。其法政策选择依据在于，有追索权保理“既然具有担保功能，在诉讼中，也应当参照担保的规定处理。根据《民法典担保制度解释》第26条的规定，一般保证中，债权人一并起诉债务人和保证人的，人民法院可以受理。参照该规定，保理人一并起诉应收账款债权人和应收账款债务人，人民法院也可以受理。”④ 这里似乎认为，应收账款债权人对于应收账款债务人而言存在顺序利益，保理人须先向应收账款债务人主张应收账款债权，未获清偿之时才能向应收账款债权人融资款债权，一如一般保证。

学说上也有观点认为，在法律没有直接规定且当事人没有明确约定应收账款债权人与应收账款债务人之间承担连带责任的前提之下，应收账款债权人将标的应收账款转让于保理人之后，应收账款债务人对保理人承担第一顺位还款责任，

---

① See David B Tatge, Jeremy B Tatge and David Flaxman, *American Factoring Law*, BNA books, 2009, p. 242.

② 参见潘运华：《民法典中有追索权保理的教义学构造》，载《法商研究》2021年第5期。

③ 参见魏冉：《保理的概念及其法律性质之明晰》，载《华东政法大学学报》2021年第6期；王聪：《〈民法典〉保理合同的功能主义构造》，载《社会科学》2021年第8期。

④ 最高人民法院民事审判第二庭编：《最高人民法院民法典担保制度司法解释理解与适用》，人民法院出版社2021年版，第557页。

应收账款债权人仅在应收账款债务人未能清偿的范围内承担补充责任。[①] 这一补充责任又不同于一般保证中保证人的补充责任，“融资申请人（债权人）并不享有先诉抗辩权。债务人不能清偿应当理解为到期后保理商向债务人要求履行而未获清偿这一客观事实，而无需以诉讼等方式提出，也不要求客观不能清偿。”[②] 这一解释结论颇值商榷。

第一，在将有追索权保理中保理人就其取得的应收账款的权利功能化为担保物权之后，应收账款债务人并不负担对保理人的第一顺位还款责任，已如前述。此时，保理人的权利实现自应参照担保物权的规定处理，而非参照一般保证的规定。与一般保证交易中保证人对于主债务人存在顺序利益不同，物上担保交易中的物上保证人对于主债务人均无顺序利益可言。《民法典》第386条、第394条、第425条关于担保物权、抵押权、动产质权的定义性法条中，将担保物权的实现条件均界定为“债务人不履行到期债务或者发生当事人约定的实现担保物权（抵押权、质权）的情形”，这里，对于债权人实现其债权，在向主债务人主张主债权和向物上保证人行使担保物权之间，并无顺序上的限制，债权人自可参酌具体情形自由选择。《民法典担保制度解释》第45条第3款特别规定：“债权人以诉讼方式行使担保物权的，应当以债务人和担保人作为共同被告。”这里表明，在以诉讼方式实现担保物权之时，债权人应当同时主张主债权和担保物权。其正当性在于方便查明担保物权所担保的主债权，进而确定担保物权的优先受偿的范围，以提高诉讼效率。[③] 有追索权保理纠纷中，自应作相同理解。

第二，基于应收账款债务人不清偿债务的事实状态，保理人即可向应收账款债权人主张权利，已经脱离了补充责任的文义。“不能清偿”不同于“不清偿”，指的是就债务人方便执行的责任财产强制执行后仍然未获清偿的情形。实际上，应收账款债务人未清偿应收账款，是保理人行使其权利的条件之一。[④] 在此条件已经成就的情形之下，仍然强制性地要求保理人再先向应收账款债务人清偿应收账款债权，如应收账款债务人不清偿，才能向应收账款债权人主张权利，应属多余。

---

① 参见贺小荣主编：《最高人民法院第二巡回法庭法官会议纪要（第一辑）》，人民法院出版社2019年版，第50页。

② 包晓丽：《保理项下应收账款转让纠纷的裁判分歧与应然路径》，载《当代法学》2020年第3期。

③ 参见高圣平：《担保法前沿问题与判解研究（第五卷）：最高人民法院新担保制度司法解释条文释评》，人民法院出版社2021年版，第318页。

④ See Simon Mills and Noel Ruddy, *Salinger on Factoring*, *Sixth Edition*, Sweet & Maxwell, 2020, p. 17; David B Tatge, Jeremy B Tatge and David Flaxman, *American Factoring Law*, BNA books, 2009, p. 183.

六、小结

《民法典》就保理交易采取了形式主义与功能主义相结合的立法方法，既将其作为一类典型交易形态予以专章规定，又在把握其担保实质的基础上，将其作为非典型担保交易形态加以看待。如此处理的理论基础在于，在物权编所确立的体系结构之下，担保物权就被定位于在他人财产上所设立的定限物权，权利移转型担保以权利的移转为其形式要件，表象上系以自己的财产为其担保作用，也就无法定位为定限物权（担保物权）；保理交易等起着担保功能的非典型担保交易也就无法植入既有的担保物权体系之中。① 形式主义之下保理交易本是框架性合同，融合了债权转让合同（包括应予准用买卖合同的情形）、借款合同、委托合同、担保合同等各种要素。② 但《民法典》“保理合同”章的6个条文，并未完全反映不同保理交易架构之下当事人的权利义务体系，尚须结合框架性合同项下的其他典型合同予以体系解释。功能主义之下保理交易强调，对具有相同功能的担保交易应予平等对待，虽然保理交易在形式上与其他应收账款融资交易相区分，但其中涉及担保功能发生的纠纷自应适用或类推适用《民法典》担保物权分编的相关规则。保理交易“涉及担保功能发生的纠纷”，主要涉及以下几方面：物权（客体）特定化原则的缓和适用规则；未经登记不得对抗善意第三人的范围和效力规则；权利竞存时的优先顺位规则；违约救济规则。就保理交易而言，最相类似的担保交易是应收账款质押融资交易，就后者而言，《民法典》上的制度供给相较保理交易更少。如此即增加了保理交易对于担保物权规则的适用或者类推适用上的困难，由此而引发的解释论作业还有很多。就其中将有应收账款的特殊问题、通知在保理人权利实现中的法律意义、主债权诉讼时效对于保理人权利实现的影响、保理人权利的庭外实现等，本书并未涉及，留待以后撰文讨论。

---

① 参见高圣平：《动产担保交易的功能主义与形式主义——中国〈民法典〉的处理模式及其影响》，载《国外社会科学》2020年第4期。

② 参见王聪：《〈民法典〉保理合同的功能主义构造》，载《社会科学》2021年第8期。

论《民法典》上融资租赁交易的担保功能

在功能性的形式主义之下，《民法典》虽将融资租赁交易作为独立于担保交易的一种典型融资模式加以规定，但同时将其中出租人的所有权定性为非典型担保物权，如此即影响了其公示、权利顺位、违约救济与权利实现。为明晰标的财产上的权利负担、消灭隐形担保，出租人的所有权非经登记，不得对抗善意第三人。担保功能化带来的体系效应包括清算法理的贯彻，承租人根本违约之时，无论出租人采取何种违约救济路径，均负有就未付租金与租赁物价值之间进行清算的义务，实行“多退少补”。在程序供给上，出租人可以主张租金加速到期，并可同时依普通民事诉讼程序或者实现担保物权案件特别程序，就拍卖、变卖租赁物的变价款优先受偿，以此进一步明确融资租赁交易中所有权的担保功能化；出租人还可主张解除融资租赁合同并收回租赁物，但负清算义务。在发生权利竞存之时，出租人所有权的权利顺位准用或者类推适用担保物权优先顺位的一般规则；为使出租人的所有权不因功能化造成减损，超优先顺位规则自应类推适用于融资租赁交易。

一、问题的提出

在我国，融资租赁交易是与实体经济紧密结合的一种投融资方式，在推动我国产业创新升级、拓宽中小微企业融资渠道、带动新兴产业发展和促进经济结构调整等方面发挥着重要作用。但从总体上看，融资租赁对国民经济各行业的覆盖面和市场渗透率远低于发达国家水平，行业发展还存在管理体制不适应、法律法规不健全、发展环境不完善等突出问题。[①] 世行集团《全球营商环境报告》（*Doing Business*）“获得信贷”中信贷人权利保护指标体系，对各国包括融资租赁在内的动产担保交易法制予以评估，倡导低成本、高效率的统一规则体系。这就意味着，融资租赁、所有权保留、动产让与担保等具有担保功能的动产交易，与传统动产担保物权一样，均受统一的动产担保交易规则的调整：均在相同的登记系统中登记；均受登记对抗规则的约束；均适用基于登记而确立的优先顺位；均以

① 参见《国务院办公厅关于加快融资租赁业发展的指导意见》（国办发〔2015〕68 号）、《国务院办公厅关于促进金融租赁行业健康发展的指导意见》（国办发〔2015〕69 号）。

简速、高效的方式实现权利，这无疑增加了动产担保交易的透明度和可预测性。[①]在国际商法统一化运动中，联合国国际贸易法委员会先后通过《动产担保交易立法指南》和《动产担保交易示范法》，采纳了功能主义的担保观念，建议各国将通过合同在动产上设定的旨在担保债务履行的一切权利统一归类为“担保物权”（security right）。不管当事人如何设计交易结构，只要起着担保功能，即应适用相同的设立、公示、优先顺位、实现规则，以此使动产担保交易制度具有足够的灵活性，兼顾现有的融资方式以及未来可能发展起来的创新模式。[②]

《民法典》对《物权法》相关制度的完善，即在这一背景之下展开。[③]《民法典》合同编“融资租赁合同”章，由《合同法》的14条增加至26条。新增的12条中有10条直接来自《最高人民法院关于审理融资租赁合同纠纷案件适用法律问题的解释》（以下简称《融资租赁解释》），[④] 另外2条（第737条、第759条）也是对裁判实践的总结。与原来的规则体系相比，实质上的改变有两条：一是《民法典》在第388条增加规定“担保合同包括抵押合同、质押合同和其他具有担保功能的合同”，将出租人对租赁物的所有权功能化为非典型担保物权。[⑤] 这为统一动产担保权利体系内部的设立、公示、优先顺位与实现规则提供了前提。二是《民法典》第745条实质性地修改了《合同法》第242条，增加了“未经登

① See The World Bank, *Doing Business* 2015: *Going Beyond Efficiency*, World Bank Group, 2015, p. 31. 世行集团虽于2021年9月基于某种原因中止了《全球营商环境报告》及其数据的发布，但拟于2023年重启的《全球利商环境报告》（*Business Enabling Environment*）中，“获取金融服务”指标体系对于动产担保交易制度的政策法规评估依然与《全球营商环境报告》相同。See The World Bank, *Pre - Concept Note*: *Business Enabling Environment* (*BEE*), World Bank Group, 2022, p. 27.

② See United Nations Commission on International Trade Law, *UNCITRAL Legislative Guide on Secured Transactions*, United Nations, 2010, pp. 13, 20. 另参见谢在全：《担保物权制度的成长与蜕变》，载《法学家》2019年第1期。

③ 在《民法典》编纂过程中，即有学者专事讨论世行集团《全球营商环境报告》对于我国担保法制的影响。参见高圣平：《民法典担保物权法编纂：问题与展望》，载《清华法学》2018年第2期；罗培新：《世界银行“获得信贷”指标的法理分析及我国修法建议》，载《环球法律评论》2019年第2期；罗培新：《论世行营商环境评估“获得信贷”指标得分的修法路径——以我国民法典颁布为契机》，载《东方法学》2020年第1期；纪海龙：《世行营商环境调查背景下的中国动产担保交易法》，载《法学杂志》2020年第2期。

④ 该司法解释于2013年11月25日由最高人民法院审判委员会第1597次会议通过（法释〔2014〕3号），并于2020年12月23日最高人民法院审判委员会第1823次会议修正（法释〔2020〕17号），2020年12月29日公布，自2021年1月1日起与《民法典》同步实施。为避免混淆，本书引述法释〔2014〕3号的条文时，以《融资租赁解释》原第×条予以特别提示。

⑤ 参见王晨：《关于〈中华人民共和国民法典（草案）〉的说明——2020年5月22日在第十三届全国人民代表大会第三次会议上》，载《中华人民共和国全国人民代表大会常务委员会公报》2020年特刊。

记，不得对抗善意第三人"，删除了"承租人破产的，租赁物不属于破产财产。"[①]这一修改体现着"完善租赁物物权保护制度""建立规范的融资租赁物登记制度，发挥租赁物登记的风险防范作用"[②]"消灭隐形担保"[③]的法政策选择。这些修改的规范目的及其带来的体系效应引起了实务界和学术界的广泛关注，虽然《最高人民法院关于适用〈中华人民共和国民法典〉有关担保制度的解释》(以下简称《民法典担保制度解释》)解决了部分争议问题，但《民法典》规则体系本身之间的冲突并未全部化解。

二、融资租赁交易的功能化转向：功能主义抑或功能性的形式主义

基于融资租赁交易，承租人取得新的财产，融资提供者购买标的物，实质上为承租人提供信用支持，但在形式上扮演着"出租人"的角色。[④]融资租赁交易是一种不同于买卖、租赁、借款的混合交易：承租人的关注点与买卖合同中的买受人相当；出租人的法律地位与贷款人相当，而与出卖人迥异。承租人意欲取得其所选定的标的物的利用权，且免受诸如出卖人的债权人等第三人的竞存权利的干预，并受标的物瑕疵担保制度的保护，有如其直接从出卖人购买标的财产那样。[⑤]在这种经由"融物"达致"融资"目的的交易中，出租人所置重的是确保承租人及时清偿租金，以收回贷款（投资），且无须关注对第三人所可能承担的责任（尤其是产品责任）；在法律结构设计上，出租人虽在形式上保有标的物的所有权，但经济目的在于担保租金债权的清偿，[⑥]仍然属于信用授受的一种方式。就这种融资实践中创新发展起来的交易模式，各国的规制进路存在较大差异，我国《民法典》上的政策选择直接影响着解释论的发展。

《民法典》物权编所确立的物权体系，是以所有权为起点推及用益物权和担保物权，维系着自物权与他物权、完全物权与定限物权的传统区分。担保物权系在"债务人或者第三人"的财产上设立（第 394 条、第 425 条），属于他物权；

---

① 《民法典》第 745 条应限缩适用于租赁物为动产的情形。就不动产融资租赁而言，仍然适用《民法典》不动产物权变动的一般规则。

② 《国务院办公厅关于加快融资租赁业发展的指导意见》(国办发〔2015〕68 号)。同旨参见《国务院办公厅关于促进金融租赁行业健康发展的指导意见》(国办发〔2015〕69 号)。

③ 参见黄薇主编：《中华人民共和国民法典合同编释义》，法律出版社 2020 年版，第 581 页；龙俊：《民法典中的动产和权利担保体系》，载《法学研究》2020 年第 6 期。

④ See World Bank, *Secured Transactions, Collateral Registries and Movable Asset – Based Financing: Knowledge Guide*, World Bank, 2019, p. 16.

⑤ See David A. Levy, Financial Leasing under the UNIDROIT Convention and the Uniform Commercial Code: A Comparative Analysis, 5 *Indiana International & Comparative Law Review* 267, 276 (1995).

⑥ 参见程卫东：《论国际融资租赁物的所有权》，载《中国国际私法与比较法年刊》(第 3 卷)，法律出版社 2000 年版，第 359 ~ 360 页；高圣平：《融资租赁登记公示制度的建构——以民法典合同编融资租赁合同章的修改为中心》，载《河南社会科学》2017 年第 6 期。

其权利内容为“就该财产优先受偿”（第 386 条、第 394 条、第 425 条），属于定限物权。融资租赁交易中出租人就租赁物享有的是所有权（第 745 条前句），虽然其在经济功能上起着担保租金债权清偿的功能，但也无法植入既有的担保物权体系之中。由此而决定：其一，在租赁期间，承租人并不享有租赁物的所有权，未经出租人同意，承租人不得处分租赁物（第 753 条）；其二，在承租人经催告仍未偿付租金的情形之下，出租人收回租赁物以其解除融资租赁合同为前提（第 752 条后句）。但是，融资租赁交易中出租人就租赁物的所有权又明显不同于普通租赁交易，主要体现在：其一，出租人仅负有保证承租人对租赁物的占有和使用的义务（平静占有义务）（第 748 条第 1 款），并不负担与租赁物相关的瑕疵担保责任、致人损害责任、维修保养义务以及毁损灭失风险（第 747 条、第 749 条、第 750 条、第 751 条）；[①] 其二，融资租赁交易成立之后，出租人既不享有对租赁物的占有、使用、收益权能，也并不享有对租赁物的处分权能（第 748 条第 2 款、《融资租赁解释》第 6 条），出租人的处分权体现为对租金债权的处分（《融资租赁解释》第 4 条）；[②] 其三，融资租赁合同的租金，并非使用租赁物的对价，而由出租人购买租赁物的成本以及合理利润构成（第 746 条）；其四，融资租赁合同因期限届满而终止的，出租人的所有权并不当然具有回复力，在留购的情形下，租赁物的所有权通常由承租人支付象征性的价款而取得（第 759 条）。

由此可见，我国《民法典》维系着融资租赁交易中当事人之间的形式上的安排，未在担保物权规则体系中采行一体化的担保物权观念，在立法模式上并未采行功能主义进路。与此同时，虽然出租人在融资租赁交易中对于标的物享有所有权，但出租人的这一“所有权”仅具形式意义，实质上并不具有所有权的权能，其真实目的并非借助所有权的回复力重新取回标的物，而是担保租金债权的实现。亦即，与租赁物所有权有关的风险与收益实质上均转移予承租人，出租人的所有权仅具担保的意义。[③] 相较于出租人，承租人更像是标的物的实际所有权人。因此，许多学者将出租人的所有权称为“观念上的所有权”[④] “名义上的所有

① 参见刘保玉、张烜东：《论动产融资租赁物的所有权登记及其对抗效力》，载《中州学刊》2020 年第 6 期。

② 参见程卫东：《论国际融资租赁物的所有权》，载《中国国际私法与比较法年刊》（第 3 卷），法律出版社 2000 年版，第 362 ~ 363 页。

③ 参见黄薇主编：《中华人民共和国民法典合同编释义》，法律出版社 2020 年版，第 597 ~ 598 页。

④ 参见王利明：《合同法研究》（第 3 卷）（第二版），中国人民大学出版社 2015 年版，第 350 页。

权”[①]“形式上的所有权”[②]“担保性所有权”[③]“功能化的所有权”[④] 或者“特殊的担保权”[⑤] 等。

有鉴于此，《民法典》第 388 条第 1 款通过“其他具有担保功能的合同”的表述将融资租赁交易纳入担保制度，从而扩张了担保制度的外延。[⑥] 由此，出租人就租赁物的所有权即为承租人清偿租金债权的担保。出租人借助于承租人分期给付的租金收回成本的速度一般高于标的物实际折旧的速度，在允许标的物加速折旧的背景之下，标的物的实际价值通常高于其账面残值。在承租人违约的情况下，出租人就标的物的变价款通常会高于其未收回的投资。基于此，在商业逻辑上，标的物的所有权足以起到担保租金债权清偿的作用。[⑦] 拒绝接受功能化解释方案的学者认为，当事人的意思表示并非在标的物上设立担保物权，而是出租人保有所有权，将该所有权视为担保物权，将承租人视为标的物的所有权人，违背了私法自治原则。[⑧] 但这一理由与事实并不相符。我国司法实践中并不反对对当事人表示出来的意思进行重新定性，所谓“名实不副”的交易即属此类。司法实践中的通说认为，当事人之间交易的实质相比其所采取的交易形式更为重要，法院应以交易的法律实质而不是交易形式来确定法律效果。[⑨]

《民法典》并在相关规则中体现着功能主义的元素，其中主要是将动产抵押

---

① 参见程卫东：《论国际融资租赁物的所有权》，载《中国国际私法与比较法年刊》（第 3 卷），法律出版社 2000 年版，第 362 页。

② 参见纪海龙：《民法典动产与权利担保制度的体系展开》，载《法学家》2021 年第 1 期。

③ 参见张家勇：《论融资租赁的担保交易化及其限度》，载《社会科学辑刊》2022 年第 2 期。

④ 参见高圣平：《动产担保交易的功能主义与形式主义——中国〈民法典〉的处理模式及其影响》，载《国外社会科学》2020 年第 4 期。

⑤ 参见刘保玉、张烜东：《论动产融资租赁物的所有权登记及其对抗效力》，载《中州学刊》2020 年第 6 期。

⑥ 参见高圣平：《动产担保交易的功能主义与形式主义——中国〈民法典〉的处理模式及其影响》，载《国外社会科学》2020 年第 4 期；王利明：《担保制度的现代化：对〈民法典〉第 388 条第 1 款的评析》，载《法学家》2021 年第 1 期；吴光荣：《〈民法典〉对担保制度的新发展及其实践影响——兼论〈民法典担保制度司法解释〉的适用范围》，载《法治研究》2021 年第 4 期。

⑦ 参见程卫东：《论国际融资租赁物的所有权》，载《中国国际私法与比较法年刊》（第 3 卷），法律出版社 2000 年版，第 361 页。

⑧ See Richard Calnan, *What Makes a Good Law of Security?* in Frederique Dahan ed., *Research Handbook on Secured Financing in Commercial Transactions*, Edward Elgar Publishing, 2015, p. 471；邹海林：《价款债权抵押权的制度价值与解释》，载《北方法学》2021 年第 4 期。

⑨ 参见最高人民法院民事审判第二庭编：《〈全国法院民商事审判工作会议纪要〉理解与适用》，人民法院出版社 2019 年版，第 5 页；谷昔伟：《穿透式审判思维在民商事案件中的运用与界限》，载《山东法官培训学院学报》2022 年第 4 期；胡正民：《穿透式审判思维的适用规则与界限——基于要件事实理论勾勒三阶七步穿透法》，载《山东法官培训学院学报》2022 年第 4 期；王梓臣：《民商事案件中穿透式审判思维的运用及限制》，载《山东法官培训学院学报》2022 年第 4 期。

权的公示对抗规则贯彻于融资租赁交易。[①] 融资租赁交易中，出租人就标的物享有所有权，但承租人持续占有、使用标的物的事实对外无法起到公示该标的物属于出租人所有的作用。出租人就标的物所有权的取得依循物权变动的一般规则，在《民法典》实施前后，均采行“买卖合同+交付生效”（普通动产）或者“买卖合同+交付生效+登记对抗”（机动车、船舶、航空器等特殊动产）。标的物所有权的转移产生于出租人与出卖人之间的基础交易合同——买卖合同，而非出租人与承租人之间的融资租赁合同。《民法典》第745条改变了形式主义进路下的所有权公示方法，直接规定融资租赁交易中出租人的所有权未经登记不得对抗善意第三人，很明显与第403条所确立的动产抵押权的登记对抗规则相一致，是融资租赁交易担保功能化的技术工具，体现着功能性形式主义的基本思想。[②] 其益处在于，公示标的物上的所有权，其他债权人可据以判断标的物上的权利负担，降低尽职调查成本，使查询者的风险规避成本最低。[③]

综上所述，我国《民法典》采取了功能性形式主义进路。在物债两分体系之下，民事法律关系依其不同性质，分别定位于《民法典》的不同分编。依物权变动的原因和结果相区分原则（第215条），物权变动的原因（民事法律行为）主要是合同，属于合同编的调整范围，而是否发生物权变动的结果以及物权的效力与保护，则受物权编的规制。如此，《民法典》合同编融资租赁合同章仅应涉及当事人之间的债权债务关系问题，且其中规则多具任意法属性，得由当事人依约定而排除适用；而《民法典》物权编则为出租人就标的物的所有权予以保护。融资租赁交易的功能化转向，并不涉及融资租赁合同中当事人之间的债权债务关系，仅仅只表明对出租人的物权保护，由所有权转向担保物权，[④] 其立法意旨在于，规制“手段超过目的”，借由功能化转向，将涉及出租人所有权的相关规则与动产抵押权的相关规则相统合。但是，我国《民法典》就此所做的努力明显不够，仅明确了功能性所有权的登记对抗规则，对于出租人权利的优先顺位规则和

① 参见李运杨：《〈民法典〉动产担保制度对功能主义的分散式继受》，载《华东政法大学学报》2022年第4期。

② 参见谢鸿飞：《民法典担保规则的再体系化——以〈民法典各分编（草案）二审稿〉为分析对象》，载《社会科学研究》2019年第6期；最高人民法院民法典贯彻实施工作领导小组主编：《中华人民共和国民法典合同编理解与适用》，人民法院出版社2020年版，第1658页；张家勇：《论融资租赁的担保交易化及其限度》，载《社会科学辑刊》2022年第2期。不同意见参见邹海林：《价款债权抵押权的制度价值与解释》，载《北方法学》2021年第4期。

③ See Duncan Sheehan, Registration, Re – Characterisation of Quasi – Security and the Nemo Dat Rules, 7 *Journal of Business Law* 584, 591 (2018).

④ See World Bank, *Secured Transactions, Collateral Registries and Movable Asset – Based Financing: Knowledge Guide*, World Bank, 2019, p. 16.

实现规则，均缺乏明确规定，增加了功能性形式主义之下的解释困难。[①]

三、融资租赁交易所涉权利冲突：先登记者优先规则及其例外

动产租赁物极易移动，其上出现权利冲突的情形极为常见，诸如，承租人将租赁物转让、抵押、质押、投资入股或者以其他方式处分。如此即提高了融资租赁交易的风险。比较法上的经验表明，“明确的和可预测的优先顺位规则将对降低担保交易的成本产生积极的影响”，[②] 借助于这一优先顺位规则，当事人可以事先评估交易风险，并确定相应的交易价格。[③]

（一）优先顺位一般规则的准用

在形式主义进路之下，出租人凭借其对租赁物的所有权而受到强势保护，在租赁物上出现其他权利负担之时，出租人自可主张其所有权优先。[④] 但在普通动产以交付作为公示方法的规则之下，出租人的这种隐蔽性的所有权极易被第三人权利的善意取得而击破。正是在这一背景下，出租人所有权的登记制度得以确立。不过，这一制度已经突破了形式主义之下所有权的本来意义，从而导向功能主义，与非移转占有型担保物权的典型形式——动产抵押权相当。

《民法典》第 414 条、第 415 条确立了“先公示者优先”这一担保物权竞存时优先顺位的一般规则，[⑤] 其中第 414 条第 2 款规定：“其他可以登记的担保物权，清偿顺序参照适用前款规定。”仅就本款的文义而言，出租人的所有权虽然具有担保功能且已被赋予登记能力，但并不属于我国《民法典》上的“担保物权”，能否准用第 414 条第 1 款的规定即存疑问。[⑥] 但是，依据《民法典》第 388 条第 1 款的规定，担保物权既包括典型担保物权（抵押权、质权和留置权），也包括非典型担保物权（融资租赁交易中出租人的所有权、所有权保留交易中出卖

---

① 参见王乐兵：《动产担保优先顺位的立法构造与适用解释》，载《法学家》2022 年第 2 期。

② See N. Orkun Akseli, *International Secured Transactions Law: Facilitation of Credit and International Conventions and Instruments*, Routledge, Taylor & Francis Group, 2011, p. 53.

③ See Spyridon V. Bazinas, *The Influence of the UNCITRAL Legislative Guide on Secured Transactions*, in Frederique Dahan ed., *Research Handbook on Secured Financing in Commercial Transactions*, Edward Elgar Publishing, 2015, p. 45.

④ 参见黄薇主编：《中华人民共和国民法典合同编释义》，法律出版社 2020 年版，第 582 页。

⑤ 参见高圣平：《民法典动产担保权优先顺位规则的解释论》，载《清华法学》2020 年第 3 期；纪海龙：《民法典动产与权利担保制度的体系展开》，载《法学家》2021 年第 1 期；王乐兵：《动产担保优先顺位的立法构造与适用解释》，载《法学家》2022 年第 2 期。

⑥ 参见周江洪：《所有权保留买卖的体系性反思——担保构成、所有权构成及合同构成的纠葛与梳理》，载《社会科学辑刊》2021 年第 1 期。

人的所有权、保理交易中保理人的应收账款等）。[①] 如此，《民法典》第414条第2款中“其他可以登记的担保物权”中的“担保物权”宜作目的性扩张解释，将可以登记的具有担保功能的权益包括在内，[②] 如此，也就包括了融资租赁交易中出租人的所有权。[③]《民法典担保制度解释》就该款所指称的范围虽然未作明文规定，但其第56条第2款所称“前款所称担保物权人，是指已经办理登记的抵押权人、所有权保留买卖的出卖人、融资租赁合同的出租人”，已经间接表明，融资租赁交易中出租人的所有权即为功能化的担保物权。如此，《民法典》第414条第2款即统一了非移转占有型担保物权竞存时的优先顺位规则，鲜明地体现出功能主义的立法倾向。[④] 同理，《民法典》第415条虽在文义上仅涉及抵押权与质权的竞存，但融资租赁交易中出租人所有权与质权的竞存，亦可类推适用该条所定优先顺位规则。[⑤] 如上的解释方案并不损及融资租赁交易中出租人的利益，尽管为保全其权利顺位，出租人尚须登记，但是交易结果经由确定的权利顺位规则得以明晰，反而会促进融资租赁交易的发展。

我国《民法典》就融资租赁交易采取功能性的形式主义进路，规则冲突较为明显，尚有两大解释上的冲突需要化解。

第一，《民法典》第753条与第414条之间的冲突。抵押人在其财产上为抵押权人设立抵押权之后并不丧失处分权。如此，在同一抵押财产上竞存两个或者两个以上抵押权之时，就在后设立的抵押权而言，抵押人属于有权处分，如无令其无效的事由，多个抵押权均属有效设立，彼此之间的优先顺位适用《民法典》第414条第1款所确立的“先登记者优先”的一般规则。与此不同的是，融资租赁物在形式上属于出租人所有，未经出租人同意，承租人擅自处分租赁物构成无权

① 参见王晨：《关于〈中华人民共和国民法典（草案）〉的说明——2020年5月22日在第十三届全国人民代表大会第三次会议上》，载《中华人民共和国全国人民代表大会常务委员会公报》2020年特刊。

② 参见刘保玉、张烜东：《论动产融资租赁物的所有权登记及其对抗效力》，载《中州学刊》2020年第6期；刘贵祥：《民法典关于担保的几个重大问题》，载《法律适用》2021年第1期。从立法史的视角，就第414条第2款的表述，《民法典物权编（室内稿）》曾使用“担保权益”“担保权”的表述。参见高圣平：《担保法前沿问题与判解研究》（第4卷），人民法院出版社2019年版，第501页。

③ 参见黄薇主编：《中华人民共和国民法典合同编释义》，法律出版社2020年版，第581页；高圣平：《民法典动产担保权优先顺位规则的解释论》，载《清华法学》2020年第3期；朱虎：《民法典动产和权利担保的变革》，载《人民法院报》2020年7月30日；龙俊：《民法典中的动产和权利担保体系》，载《法学研究》2020年第6期。

④ 参见纪海龙：《民法典动产与权利担保制度的体系展开》，载《法学家》2021年第1期。

⑤ 参见李运杨：《〈民法典〉动产担保制度对功能主义的分散式继受》，载《华东政法大学学报》2022年第4期。

处分，且属于根本违约。[①] 就承租人在租赁物上所创设的抵押权而言，依据《民法典》第753条的规定，如未经出租人同意，债权人是否取得租赁物上的抵押权，尚须结合第313条所定善意取得规则予以判断。其一，出租人的所有权未经登记，债权人不知道或者不应当知道承租人（抵押人）无权处分，且已经办理抵押权设立登记，即可善意取得租赁物上的抵押权。[②] 此际的结果在学说上有两种：一是准用所有权善意取得的法律效果，出租人就标的物的所有权消灭；二是依据《民法典》第386条及第394条的规定，抵押权人就标的物的抵押权优先于出租人就标的物的所有权。[③] 其二，出租人的所有权未经登记，债权人知道或者应当知道承租人无权处分，或者出租人的所有权已经登记，债权人在主观上均非善意，尚无法基于善意取得规则取得抵押权。此际，并不发生出租人的所有权和抵押权人的抵押权的竞存。但如此基于形式主义的解释是否符合功能主义转向的立法意旨？

功能主义进路之下，融资租赁交易中出租人对租赁物的所有权被转化为承租人就租赁物为出租人设立的担保物权。为担保目的，出租人就租赁物的所有权在交付租赁物予承租人之时即视为发生移转。据此，出租人的所有权被降级为非移转占有型担保物权。[④] 出租人的权利为担保权益，即使融资租赁合同明确约定出租人保有所有权，出租人也只能享有担保权益，标的物的其他权利归承租人。[⑤] 经由登记对抗规则和优先顺位规则的适用，还可以推定承租人享有该项权利。在出租人的所有权未为登记的情形下并不具有对抗承租人的其他担保权人的效力，或者劣后于承租人的其他担保权人。适用登记对抗规则和优先顺位规则的前提是，承租人必须有权以该租赁财产为其他担保权人设立担保物权，即使其就该财产而言只享有可得对抗出租人的占有权。[⑥] 在我国已经加入的《移动设备国际利益公约》之中，为统合不同动产担保交易形式之间的优先顺位，占有标的物的债

---

① 《民法典》第753条规定："承租人未经出租人同意，将租赁物转让、抵押、质押、投资入股或者以其他方式处分的，出租人可以解除融资租赁合同。"

② 就动产抵押权的善意取得准用《民法典》第311条第1款、第2款之时的法律构成与法律效果，尚存解释分歧。诸如，动产抵押权的善意取得如何准用第1款第3项（是否以登记为必要），其法律效果是否一如第2款所暗含的消灭标的财产上的权利负担。本书作者认为，动产抵押权虽采登记对抗主义，但仍以登记为其公示方法，此时，动产抵押权的善意取得自应以已经办理抵押权设立登记为前提，不宜以特殊动产所有权善意取得之时的交付公示为参照。动产抵押权善意取得的法律效果仅在于就标的财产取得抵押权，并不具有消灭标的财产上的既有权利负担的作用。

③ 参见谢鸿飞：《〈民法典〉实质担保观的规则适用与冲突化解》，载《法学》2020年第9期。

④ See Ulrich Drobnig, *Basic Issues of European Rules on Security in Movables*, in John De Lacy ed., *The Reform of UK Property Law*, *Comparative Perspectives*, Routledge－Cavendish, 2010, p. 454.

⑤ 参见谢鸿飞：《〈民法典〉实质担保观的规则适用与冲突化解》，载《法学》2020年第9期。

⑥ See United Nations Commission on International Trade Law, *UNCITRAL Model Law on Secured Transactions: Guide to Enactment*, United Nations, 2017, p. 32.

务人即使依准据法没有处分权，也应依该公约视为具有处分权，并因此有权基于另一动产担保交易合同为他人设定担保利益。否则，因为占有标的物的债务人通常最易设立竞存的利益，将（前）担保权人、附条件出卖人或出租人的利益登记为国际利益，几无意义。事实上，无处分权人在该公约之下很少被认定为有权处分，除非其占有标的物。担保人通常有权在同一标的物上再次设立担保利益，且足以满足"有处分权"的条件，尽管再次设定的担保利益要劣后于前一债权人享有的担保利益。于是，这一问题变成为竞存担保利益之间的优先顺位问题。①

功能性的形式主义进路之下，《民法典》第753条所确立的无权处分规则②对承租人处分租赁物产生了消极的影响。无权处分规则的适用，在保障财产的流动性和保护出租人权益之间尚须进行政策选择。尽管当事人之间将其彼此之间的关系架构成融资租赁交易，但当事人的本意是租赁物的所有权事实上由承租人享有，出租人并无意在租赁期限届满后取回租赁物。③ 在此观念之下，在出租人的所有权未为登记的情况下，承租人依据占有租赁物的事实被认作所有权人或者将承租人视为租赁物的附条件的未来所有人，如此，承租人即可处分租赁物，由此产生的交易风险由出租人自行承担。④ 出租人的合同目的在于收取租金，承租人擅自处分租赁物也就并不当然导致合同目的难以实现，⑤ 出租人尚可经由租赁物的变价款而实现租金债权。在解释上可以认为，《民法典》第753条所规定的解除条件实为出租人所有权的实现条件，借助于担保物权的实现程序，出租人可以行使其对标的物的所有权，以使其融资款（租金债权）得以优先受偿，但并不影响后顺位担保物权的效力。在出租人保有标的物的所有权、承租人占有标的物的情形之下，出租人即取得对标的物的绝对控制权，即使在承租人不断给付租金、未付租金仅相当于标的物价值的一部分的情形之下，承租人因非为标的物的所有人而不能利用该标的物获得其他债权人的融资，委实不公。⑥ 此时，出租人经由

---

① 参见［英］罗伊·古德：《国际航空器融资法律实务——移动设备国际利益公约及航空器设备特定问题议定书正式评述》，高圣平译，法律出版社2014年版，第33页。

② "*nemo dat non habet*"（完整表述应是"*nemo plus iuris ad alium transferre potest quam ipse habet*"），即某人不能给予其所没有的。

③ See Darcy L. MacPherson, Financial Leasing in Common - Law Canada, 16 *Uniform Law Review* 83, 87 - 88 (2011).

④ See Ulrich Drobnig, *Basic Issues of European Rules on Security in Movables*, in John De Lacy ed., *The Reform of UK Property Law*, *Comparative Perspectives*, Routledge - Cavendish, 2010, p. 454. 另参见高圣平：《融资租赁登记公示制度的建构——以民法典合同编融资租赁合同章的修改为中心》，载《河南社会科学》2017年第6期。

⑤ 参见周江洪：《关于〈民法典合同编〉（草案）（二次审议稿）的若干修改建议》，载《法治研究》2019年第2期。

⑥ See Ulrich Drobnig, *Basic Issues of European Rules on Security in Movables*, in John De Lacy ed., *The Reform of UK Property Law*, *Comparative Perspectives*, Routledge - Cavendish, 2010, p. 453.

登记即可规避租赁物被不当处分的风险，系属最廉价的风险规避者，应优先保障财产的流动性，无权处分规则的适用也就意味着，在就租赁物的权利竞争之中，已登记其所有权的出租人将优先于其他竞存权利人。①

第二，《民法典》第745条与第414条之间的冲突。在出租人的所有权已经登记的情形之下，推定其后的担保权人知悉该所有权的存在，此即所谓推定知悉（constructive notice）规则。② 如此，依第745条之反对解释，已经登记的出租人所有权，自可对抗其后登记的担保物权以及未登记担保物权，而不管后者是否善意；在第414条所确立的先登记者优先的一般规则之下，解释结果亦是如此。但在出租人的所有权未经登记的情形之下，其后设立的动产抵押权先行登记，但动产抵押权人知悉同一标的物上存在出租人的所有权。此际，动产抵押权人属于恶意第三人，依据第745条之规定，出租人的所有权仍得对抗该抵押权人，在顺位关系上，也就优先于该动产抵押权；但如适用第414条第1款第2项，该动产抵押权已经登记，自应优先于出租人的未登记的所有权。如此即出现解释冲突。就此，有观点认为，标的物上出租人的所有权与其他担保物权之间的优先顺位，应当直接根据第745条所确立的登记对抗规则而确定，而不能适用第414条第2款。③

本书作者对此认为，我国《民法典》所确立的担保物权优先顺位规则体系，已经不再考虑后顺位权利人主观上的心理态度，亦即后顺位权利人主观上属于善意还是恶意，对于同一标的物上竞存权利之间优先顺位的判定不发生影响。第414条所确定的“先登记的优先于后登记的；已登记的优先于未登记的；均未登记的平等受偿”的一般优先顺位，仅以客观化的登记时点为排定竞存权利之间的顺位的唯一标准，并未将后设立担保物权的权利人主观上的善恶意作为考量因素。如此，在解释上可以认为，相比第745条，第414条属于特别规定，自应优先于第745条而适用。④ 即使贯彻推定知悉规则，在出租人的所有权已经登记的情形之下，推定后设立担保物权的权利人知悉在先权利的存在，其仍然接受同一标的物作为担保财产，令其顺位劣后亦符合其心理预期；在出租人的所有权未为登记的情形之下，后设立担保物权的权利人的尽调范围仅限于登记簿，自是不知

---

① See Darcy L. MacPherson, Financial Leasing in Common - Law Canada, 16 *Uniform Law Review* 83, 88 (2011).

② See Ronald C. C. Cuming, Catherine Walsh & Roderick J. Wood, *Personal Property Security Law*, 2nd ed., Irwin Law Inc., 2012, p. 324.

③ 参见董学立：《如何理解〈物权法〉第199条》，载《法学论坛》2009年第2期；王乐兵：《动产担保优先顺位的立法构造与适用解释》，载《法学家》2022年第2期。

④ 参见龙俊：《动产抵押对抗规则研究》，载《法学家》2016年第3期；高圣平：《民法典动产担保权优先顺位规则的解释论》，载《清华法学》2020年第3期；龙俊：《民法典中的动产和权利担保体系》，载《法学研究》2020年第6期。

悉同一标的物上的出租人所有权，基于承租人占有标的物的事实，接受该标的物作为担保财产，并登记其担保物权，自应优先于出租人所有权。

先登记者优先的顺位规则，不考虑后设立担保物权的权利人是否知悉在先未登记权利的存在，主要是基于效率的考虑。[①] 其适用有利于减少诉讼中就是否知悉所引发的争议，最大程度地增加所有相关当事人对于交易结果的可预见性和确定性。[②]《民法典担保制度解释》第54条、第67条采纳了这一观点，未将竞存担保物权之间的优先顺位问题纳入登记对抗的解释范围。[③] 令人遗憾的是，《民法典担保制度解释》第54条、第67条仍将未经登记的动产担保物权与担保人的查封扣押债权人、破产管理人纳入登记对抗的解释范围。在解释上，担保人的查封扣押债权人、破产管理人属于法定担保物权人的范畴，其与未经登记的动产担保物权之间的关系，亦应在优先顺位规则中解决。[④]

（二）正常经营活动买受人规则的类推适用

在推定知悉规则之下，动产之上的抵押权或者所有权一经登记，即可对抗第三人。这就意味着，就动产进行交易的第三人仅依占有的事实无法得到信赖利益的保护，尚须查询登记簿，以探知标的物上是否存在权利负担。但就日益频繁的动产交易，强制性地要求第三人均须查询登记簿，尽管统一的动产和权利登记制度的惯行极大地降低了交易成本，但却影响交易效率、害及交易安全，[⑤] 也不合交易习惯和市场交易主体的合理商业预期。[⑥] 为维护基本的交易秩序，应对正常经营活动中的买受人提供更好的保护。基于此，《民法典》第404条规定："以动产抵押的，不得对抗正常经营活动中已支付合理价款并取得抵押财产的买受人。"

这里的"正常经营活动"是指出卖人（担保人）的正常经营活动，而非买受

---

① 参见姚明斌：《〈民法典〉担保物权优先顺位规则之新观察》，载《中国政法大学学报》2022年第3期。

② See Harry C. Sigman, *The Case for Modernizing World Wide Secured Transactions in Movable Property*, in Jacob Ziegel ed., *New Developments in International Commercial and Consumer Law: Proceedings of the 8th Biennial Conference of the International Academy of Commercial and Consumer Law*, Hart Publishing, 1998. pp. 233 – 234.

③ 参见王利明：《登记的担保权顺位规则研究——以〈民法典〉第414条分析为中心》，载《比较法研究》2021年第2期；最高人民法院民法典贯彻实施工作领导小组主编：《中华人民共和国民法典物权编理解与适用》，人民法院出版社2020年版，第1078～1080页。

④ 同旨参见姚明斌：《〈民法典〉担保物权优先顺位规则之新观察》，载《中国政法大学学报》2022年第3期。

⑤ 参见刘春堂：《动产担保交易登记之对抗力》，载《物权法之新思与新为——陈荣隆教授六秩华诞祝寿论文集》，我国台湾地区瑞兴图书股份有限公司2016年版，第379～380页；董学立：《美国动产担保交易制度研究》，法律出版社2007年版，第163页。

⑥ 参见王利明：《论正常经营买受人规则》，载《东方法学》2021年第4期。

人的正常经营活动。[①] 依据《民法典担保制度解释》第 56 条第 2 款中的规定，“出卖人正常经营活动，是指出卖人的经营活动属于其营业执照明确记载的经营范围，且出卖人持续销售同类商品。”从体系层面看，《民法典》第 505 条已经明确规定超越经营范围订立的合同并非当然无效，经营范围不是限制企业生产经营的枷锁，因此，可以设想的具体情形是，某炼油企业因提产增效的需求而拓展上流业务线，逐渐开始了钢材生产销售及炼油机械制造等业务，此时恐难谓非属其正常经营活动。然而，《民法典担保制度解释》第 56 条第 2 款就规定了“属于其营业执照明确记载的经营范围”且“出卖人持续销售同类商品”的双重限制条件。其规范逻辑在于需要同时从买受人和出卖人两个角度设定限制条件：一方面，在买受人侧，《民法典担保制度解释》第 56 条第 1 款规定了异常大规模交易、购买出卖人生产设备、订立“买卖型担保”合同、买受人与出卖人存在关联关系等负面情形；另一方面，还需要通过该条第 2 款从出卖人侧作出限制。[②] 如前所述，《民法典》第 404 条旨在豁免正常经营活动中买受人的登记簿查询义务，保护买受人合理信赖并促进交易效率，因而在逻辑上仅须考察买受人端是否存在倾斜保护的必要性，亦即判断是否属于具有社会典型性的买卖活动。之所以考虑在出卖人侧再进一步作出限制，其目的则是防止出卖人故意地单独或者与买受人串通损害担保权人利益。此两方面的考量宛如天平的两端，彼此之间形成一种相互制约的紧张关系。应当承认的是，即使经营活动没有落在出卖人营业执照载明的经营范围内，或者出卖人只是间歇性销售某类商品，均不必然损害担保权人的权益。毕竟在日常生活中发生的大量交易活动，买受人均不会去查阅出卖人的营业执照，这甚至比要求买受人查询登记簿更加耗时费力。因此，即使在出卖人端设置限制条件，亦应进行更精细的利益衡量和类型化分析。事实上，《民法典》已经配备了诸如虚伪意思表示（第 146 条）、恶意串通（第 154 条）、债权人撤销权（第 539 条）等规则，不妨就让法官利用该等规则在个案中予以妥善处理。

在体系定位上，《民法典》第 404 条虽规定于“抵押权”一章，但在解释上，保护正常经营活动的交易安全的法政策选择，同样存在于融资租赁交易，自可类推适用该条规定。[③]《民法典担保制度解释》第 56 条第 2 款第 2 句即采纳了这一观点。相反的观点认为，正常交易活动买受人规则无法适用于融资租赁交易。其主要理由在于，融资租赁交易的目的在于提供租赁物予承租人占有、使用，而非

---

① 参见董学立：《论“正常经营活动中”的买受人规则》，载《法学论坛》2010 年第 4 期。

② 参见最高人民法院民事审判第二庭编：《最高人民法院民法典担保制度司法解释理解与适用》，人民法院出版社 2021 年版，第 485 页。

③ 参见高圣平：《民法典动产担保权登记对抗规则的解释论》，载《中外法学》2020 年第 4 期；最高人民法院民事审判第二庭编：《最高人民法院民法典担保制度司法解释理解与适用》，人民法院出版社 2021 年版，第 483 页。

作为产品进行流通，且租赁物以生产设备居多，承租人出卖租赁物的行为无法构成“正常经营活动”。[①] 但是，我国《民法典》并未将融资租赁物限定于生产设备，并不禁止原材料、半成品、产品等存货充任融资租赁物，且生产设备与存货之间经常转换，这一排除适用的观点即无正当性。例如，奶牛场既出售奶牛，也出售牛奶，其以融资租赁方式购置一批荷兰奶牛，后又将其中部分奶牛出售，买受人同样应受正常交易活动买受人规则的保护。在类推适用之时，抵押人（出卖人）的正常经营活动，应指融资租赁交易中的承租人的正常经营活动。《联合国动产担保立法指南》和《欧洲示范民法典草案》的建议亦是如此。[②] 由此可见，虽然通常情形之下，承租人出售租赁物并不构成其正常经营活动，但也不能排除构成正常经营活动的可能性。此时，自有类推适用正常交易活动买受人规则的空间。

（三）超优先顺位规则的类推适用

为防止担保人的新增财产自动“流入”已设定的担保物权，促进为担保人（债务人）购置资产提供新的信用支持，拓宽再融资渠道，《民法典》第416条承认了购置款融资（acquisition financing）背景下动产抵押权（此时的动产抵押权又称为购置款抵押权）的超优先顺位（super priority），[③] 作为第414条、第415条所确立的一般规则的例外。例如，甲公司在其生产设备、原材料、半成品、产品上为乙银行设立了浮动抵押权，并办理了登记，乙银行的浮动抵押权自其登记之日即取得相应的优先顺位。[④] 甲公司为扩大生产规模，尚须购置一条新的生产线，在寻求乙银行信贷无果的情形之下，意欲与丙银行达成抵押贷款交易，由丙银行为甲公司购置该生产线提供贷款，同时以该生产线作为抵押财产为丙银行设立抵押权。该生产线旋即自动流入乙银行的浮动抵押财产的范围，虽然丙银行可以通过登记而保全其抵押权的优先顺位，但因其登记时间在后，依第414条第1款所确立的规则，丙银行的抵押权则劣后于乙银行的抵押权，丙银行的贷款意愿即受影响。《民法典》第416条规定，如丙银行的登记系在标的物交付后10日内办理完成，丙银行的抵押权优先于乙银行在先登记的抵押权。值得注意的是，尽管我

---

① 参见刘保玉、张烜东：《论动产融资租赁物的所有权登记及其对抗效力》，载《中州学刊》2020年第6期。

② See United Nations Commission on International Trade Law, *UNCITRAL Legislative Guide on Secured Transactions*, United Nations, 2010, p. 202; Study Group on a European Civil Code & Research Group on EC Private Law (Acquis Group), *Principles, Definitions and Model Rules of European Private Law: Draft Common Frame of Reference, Volume* 6, Sellier. European Law Publishers GmbH, 2007, pp. 5604 – 5605.

③ 参见黄薇主编：《中华人民共和国民法典物权编释义》，法律出版社2020年版，第541页；高圣平：《民法典动产担保权优先顺位规则的解释论》，载《清华法学》2020年第3期。

④ 参见龙俊：《动产抵押对抗规则研究》，载《法学家》2016年第3期；高圣平：《民法典动产担保权优先顺位规则的解释论》，载《清华法学》2020年第3期。

国《民法典》第 416 条所规定的购置款抵押权对应于比较法上的“Purchase Money Security Interest”（PMSI，购置款担保权），但它并不是一个独立的担保物权类型，而是动产抵押权的特殊优先顺位规则。

就超优先顺位规则是否可得类推适用于融资租赁交易，学说之间分歧较大。肯定说认为，从目的解释的视角，同样为担保购置物价款的偿付而产生的融资租赁交易，在将出租人的所有权功能化为担保物权之后，也类推适用这一规则。[①]融资租赁交易中出租人享有的所有权与动产抵押贷款交易中债权人享有的抵押权，“不仅性质相同，且效力也相似，自应将《民法典》第 416 条类推适用于以融资租赁方式出租该动产的出租人”。[②] 否定说认为，在物权法定主义之下，购置款抵押权的标的物的所有权须移转予抵押人，融资租赁交易中出租人的所有权与《民法典》第 416 条所规定的动产抵押权，虽然均具有担保租金债权清偿的功能，但却是两种不同种类的物权形态，可供当事人选择。[③] 出租人不选择《民法典》第 416 条所确立的交易结构，即不得以融资租赁交易等“非典型担保”主张其权利优先于普通债权以及买受人为他人“公示在先”的其他担保物权。在“物债二分”的法典体系之下，出租人依照《民法典》第 745 条的规定办理了登记的，因不符合《民法典》第 400 条、第 403 条的规定，连动产抵押权的对抗效力都不会发生，更不会产生超级优先效力。[④]“融资租赁交易中的出租人对标的物的权利为所有权，而不是担保物权，因此，不适用本条规定。”[⑤] 本书作者坚持肯定说的观点。

第一，平等对待不同来源的信用授受行为和各种形式的动产担保交易，是《民法典》规范解释的基本出发点。[⑥] 同属以购置物为购置款的清偿提供担保的交易形式，法律上既然赋予为债务人取得标的物提供贷款的购置款抵押权以超优先顺位，为债务人取得标的物提供其他信用支持的出租人所有权，自应等同对待。

---

① 参见高圣平：《民法典动产担保权优先顺位规则的解释论》，载《清华法学》2020 年第 3 期；刘保玉、张烜东：《论动产融资租赁物的所有权登记及其对抗效力》，载《中州学刊》2020 年第 6 期；李运杨：《〈民法典〉中购置款抵押权之解释论》，载《现代法学》2020 年第 5 期；刘贵祥：《民法典关于担保的几个重大问题》，载《法律适用》2021 年第 1 期。

② 最高人民法院民事审判第二庭编：《最高人民法院民法典担保制度司法解释理解与适用》，人民法院出版社 2021 年版，第 491 页。

③ 参见黄薇主编：《中华人民共和国民法典物权编释义》，中国法制出版社 2020 年版，第 539 页；石佳友：《解码法典化：基于比较法的全景式观察》，载《比较法研究》2020 年第 4 期；邹海林：《价款债权抵押权的制度价值与解释》，载《北方法学》2021 年第 4 期。

④ 参见邹海林：《价款债权抵押权的制度价值与解释》，载《北方法学》2021 年第 4 期。

⑤ 黄薇主编：《中华人民共和国民法典物权编释义》，中国法制出版社 2020 年版，第 539 页。

⑥ 参见高圣平：《民法典动产担保权优先顺位规则的解释论》，载《清华法学》2020 年第 3 期；谢鸿飞：《〈民法典〉实质担保观的规则适用与冲突化解》，载《法学》2020 年第 9 期；李运杨：《〈民法典〉动产担保制度对功能主义的分散式继受》，载《华东政法大学学报》2022 年第 4 期。

融资租赁交易中，出租人根据承租人对于出卖人和标的物的选择而购买，并由出卖人直接交付承租人占有、使用，相当于出租人为承租人提供了购买标的物的贷款，而出租人保有对标的物的所有权即为该贷款的返还提供担保。① 如此，融资租赁交易亦属购置款融资的一种手段，自有超优先顺位规则的适用空间。② 超优先顺位规则的正当性在于，如果不是购置款融资者重新提供的信用支持，这些购置物就不会构成债务人的责任财产。这一理由显然适用于融资租赁交易中的出租人。在比较立法例上，《美国统一商法典》和加拿大普通法法域《动产担保法》中的购置款担保权，不仅涵盖动产抵押贷款，还包括所有权保留买卖和融资租赁交易。③《动产担保交易立法指南》指出，即使就融资租赁交易采取非统一处理模式，将其中出租人的权利确定为所有权，亦应“适用与购置款担保权功能等同的规则，从而确保购置款融资的所有提供者得到平等对待”。④

第二，在由形式主义转向功能性的形式主义的立法政策之下，肯定说的见解能够有效降低制度变迁成本。就融资租赁交易中的出租人而言，前民法典时代的实定法赋予其所有权的强势保护，不仅承租人处分租赁物应得到出租人的同意，而且出租人在租金未付的情形之下可得行使基于所有物返还请求权的取回权或者破产取回权。⑤ 在功能性的形式主义之下，出租人的所有权沦为担保物权这一定限物权，如不承认融资租赁交易中出租人的所有权具有超优先顺位，特定交易场景之下，融资租赁交易即无法展开。仍以前例为例。如甲公司购置新的生产线，寻求丙银行信贷无果，意欲与丁金融租赁公司达成融资租赁交易，由其购置该生产线出租给甲公司使用。但该生产线作为生产设备，自交付之日起，其所有权已实质上归属于承租人，由此即落入乙银行浮动抵押权效力所及的标的物范围，即使丁金融租赁公司就新生产线的所有权已行登记，先登记者优先规则的适用后果即为，丁金融租赁公司的所有权劣后于乙银行的抵押权。如此，丁金融租赁公司的融资意愿即受影响，要么不提供信用支持，要么以更高的利率提供信用支持。⑥

---

① 参见刘竞元：《民法典动产担保的发展及其法律适用》，载《法学家》2021 年第 1 期。

② 参见李运杨：《〈民法典〉中超级优先顺位规则的法律适用》，载《法学家》2022 年第 2 期。

③ See Catherine Walsh, ‘*Functional Formalism*’ *in the Treatment of Leases under Secured Transactions Law*: *Comparative Lessons from the Canadian Experience*, in Spyridon V. Bazinas & N. Orkun Akseli eds., *International and Comparative Secured Transactions Law*: *Essays in honour of Roderick A Macdonald*, Hart Publishing, 2017, p. 27.

④ See United Nations Commission on International Trade Law, *UNCITRAL Legislative Guide on Secured Transactions*, United Nations, 2010, p. 63.

⑤ 参见季伟明、郭敬娜：《融资租赁合同中的出租人享有权利的性质》，载贺小荣主编：《最高人民法院第二巡回法庭法官会议纪要（第三辑）》，人民法院出版社 2022 年版，第 364 ~ 368 页。

⑥ See Ulrich Drobnig, *Basic Issues of European Rules on Security in Movables*, in in John De Lacy ed., *The Reform of UK Property Law*, *Comparative Perspectives*, Routledge – Cavendish, 2010, p. 453.

如赋予丁金融租赁公司所有权以超优先顺位，其实际上的法律地位已等同于形式主义之下所有权，不致因功能主义的植入而降低。可以认为，超优先顺位规则的植入，相当于对功能主义担保观之下消除所有权和担保物权之间区别的一种法定纠正。①

《民法典担保制度解释》第57条采纳了肯定说的观点。② 不过，《民法典》第416条的文义较为明显地排除了售后回租（sale－and－lease－back）的情形，因为这种交易形式并未带来债务人责任财产的增加。③ 虽然售后回租也是融资租赁交易的一种特殊形式，出租人取得的所有权亦足其担保作用，在性质上也属于非典型动产担保权，但售后回租并不产生普通意义上的融物效果，仅发挥承租人自有之物的融资效用，无法取得超优先顺位。④ 基于此，《民法典担保制度解释》第57条第1款中的“新的动产”应进行限缩解释，排除当事人以“旧的动产”进行售后回租的情形。⑤

值得注意的是，就在先担保是固定抵押的情形⑥下能否适用超优先顺位规则，学界存在争议。有观点认为，无论从比较法经验还是从各方当事人的合理期待来看，只有将适用范围限缩在浮动抵押的情形才能体现超优先顺位规则的正当性。⑦ 对此，《民法典担保制度解释》第57条第2款予以明确，即使宽限期内先登记的担保物权是固定抵押，只要满足《民法典》第416条的构成要件，购置款担保权人同样具有超级优先顺位。其理由在于，《民法典》第416条在文义上并未将先担保局限为浮动抵押，而固定抵押情形下可能存在的交易安全问题可以交由尽职调查等方式解决。⑧ 如此，超优先顺位规则的确立将对信用提供者的内部控制程

---

① See Michael Bridge, *Secured Credit Legislation: Functionalism or Transactional Co－Existence*, in Spyridon V. Bazinas & N. Orkun Akseli eds., *International and Comparative Secured Transactions Law: Essays in honour of Roderick A Macdonald*, Hart Publishing, 2017, p. 23.

② 参见最高人民法院民事审判第二庭编：《最高人民法院民法典担保制度司法解释理解与适用》，人民法院出版社2021年版，第492页。

③ 参见高圣平：《民法典动产担保权优先顺位规则的解释论》，载《清华法学》2020年第3期；李运杨：《〈民法典〉中购置款抵押权之解释论》，载《现代法学》2020年第5期。

④ 参见刘保玉：《民法典担保物权制度新规释评》，载《法商研究》2020年第5期；张家勇：《论融资租赁的担保交易化及其限度》，载《社会科学辑刊》2022年第2期。

⑤ 参见张玉涛：《购置款抵押权的竞存对抗规则研究》，载《西南政法大学学报》2022年第1期。

⑥ 在先担保属于固定抵押，是指在买受人（购置款抵押人）取得所有权后设立并在宽限期内先于购置款抵押权登记的情形。不过，在允许未来财产上设立担保物权的情形之下，在先担保也就不一定仅限于浮动抵押的情形。也就是说，在买受人（购置款抵押人）取得所有权之前，未来的担保财产之上亦有可能存在固定抵押权。就此，本书作者拟专文探讨。

⑦ 参见王利明：《价金超级优先权探疑——以〈民法典〉第416条为中心》，载《环球法律评论》2021年第4期。

⑧ 参见最高人民法院民事审判第二庭编：《最高人民法院民法典担保制度司法解释理解与适用》，人民法院出版社2021年版，第488页。

序产生一定的影响。例如，在提供非购置款融资之时，信用提供者（债权人）尚须事先查询登记簿，监控标的物向担保人的交付，并自交付之日等待 10 日以观察是否有购置款融资交易的登记，唯有此时才向债务人发放贷款。[①] 应当指出的是，虽然超优先顺位规则旨在通过限制在先浮动抵押权的效力而提高债务人的融资机会，[②] 但是在制度发展的过程中不再局限于这种情形，为了充分发挥促进财产流动、便利担保融资、鼓励金融创新等制度功效，《民法典担保制度解释》的立场可兹肯定。

四、承租人违约时出租人的权利救济：清算法理的贯彻

“耗费时日、成本过高的权利实现机制，直接影响着信贷的供应和成本。”[③] 如此，动产担保交易中权利实现规则的设计亦形重要。担保物权的实现，素有司法途径（judicial enforcement）和非司法途径（extra – judicial enforcement）之分，前者又被称为公力实现，后者又被称为庭外实现。[④] 就融资租赁合同中出租人的权利救济规则而言，我国《民法典》第 752 条在“请求支付全部租金”“解除合同，收回租赁物”之间作出了“择一选择”的制度安排，明显带有形式主义的色彩，[⑤] 在功能性的形式主义之下，尚须结合动产抵押权的实现规则予以重新解释。有观点也建议，即使未将融资租赁交易、所有权保留买卖交易等重构为动产担保交易，债权人权利的实现亦应遵循担保物权的实现规则，但为与融资租赁制度保持一致所必须者除外。[⑥]

（一）出租人的权利实现条件

出租人无论是“请求支付全部租金”，还是“解除合同，收回租赁物”，《民法典》第 752 条规定的前提条件均为，“承租人经催告后在合理期限内仍不支付租金”。与担保物权的实现条件“债务人不履行到期债务或者发生当事人约定的实现担保物权的情形”（《民法典》第 386 条）相比，其一，“承租人经催告后在合理期限内仍不支付租金”属于“债务人不履行到期债务”的情形，并结合了租

① See SpyridonV. Bazinas, *The Influence of the UNCITRAL Legislative Guide on Secured Transactions*, in Frederique Dahan ed., *Research Handbook on Secured Financing in Commercial Transactions*, Edward Elgar Publishing, 2015, p. 35.

② 参见谢鸿飞：《价款债权抵押权的运行机理与规则构造》，载《清华法学》2020 年第 3 期。

③ United Nations Commission on International Trade Law, *UNCITRAL Legislative Guide on Secured Transactions*, United Nations, 2010, p. 275.

④ See Christian von Bar & Eric Clive eds., *Principles, Definitions and Model Rules of European Private Law, Volume 6*, Sellier. European law publishers, 2009, p. 5618.

⑤ 参见高圣平：《论融资租赁交易中出租人的权利救济路径》，载《清华法学》2023 年第 1 期。

⑥ See United Nations Commission on International Trade Law, *UNCITRAL Legislative Guide on Secured Transactions*, United Nations, 2010, pp. 380 – 381.

金给付义务分期履行的特点。承租人未如期给付某期租金，本已构成“债务人不履行到期债务”，但尚未达到触发租金加速到期的标准，承租人就其他租金给付义务的清偿即享有期限利益，出租人也就不能向承租人请求履行全部未到期租金的给付义务。仅得在经催告后承租人在合理期限内仍不给付租金之时，才能导致出租人的权利实现条件成就。其二，《民法典》第752条并未规定出租人权利实现的其他情形，“发生当事人约定的实现担保物权的情形”融资租赁交易中是否可以作为出租人权利实现的条件，尚存解释上的疑问。例如，当事人在融资租赁合同中明确约定，如承租人将租赁物转让、抵押、质押予他人，出租人即可主张租金加速到期，并就租赁物的变价款优先受偿。此时，如何看待此类约定的效力？

就此，《融资租赁解释》第5条[①]第3项增加了除租金未付之外的其他根本违约的情形，扩充了《民法典》第752条规定的解除条件，将前述约定涵盖在内。与此同时，该条第1项、第2项将《民法典》第752条规定的解除条件作了类型化的区分，视融资租赁合同对于承租人因欠付租金而解除合同是否有明确约定而定，在一定程度上体现了融资租赁交易中“禁止中途解约”的法政策：严格限制融资租赁合同的解除，不宜将解除合同的一般条件直接适用于融资租赁合同。其一，在融资租赁合同就此有明确约定的情形之下，依照《民法典》第562条第2款的规定，约定的解除条件成就，出租人本可直接解除合同，但《民法典》第752条和《融资租赁解释》第5条均设置了催告程序。其正当性在于，虽然约定的解除条件具有排除相应的法定解除条件的效力，但承租人欠付租金属于迟延履行主要债务，在《民法典》第563条第1款第3项之下，尚须经过催告程序，给予承租人补救违约的合理机会。其二，在融资租赁合同就此没有明确约定的情形之下，参照《融资租赁法（草案）》(第三次征求意见稿）和《民法典》第634条第1款（《合同法》第167条第1款）的规定，对承租人欠付租金的期限和数额进行了合理限定。[②] 只有达到“承租人欠付租金达到两期以上，或者数额达到全部租金百分之十五以上”的标准，出租人才能经催告而解除融资租赁合同。

在功能性的形式主义之下，上述因承租人违约而解除融资租赁合同的条件，即为出租人所有权的实现条件，[③] 本质上也是通过实现担保物权使得出租人的租

---

① 《融资租赁解释》第5条规定：“有下列情形之一，出租人请求解除融资租赁合同的，人民法院应予支持：（一）承租人未按照合同约定的期限和数额支付租金，符合合同约定的解除条件，经出租人催告后在合理期限内仍不支付的；（二）合同对于欠付租金解除合同的情形没有明确约定，但承租人欠付租金达到两期以上，或者数额达到全部租金百分之十五以上，经出租人催告后在合理期限内仍不支付的；（三）承租人违反合同约定，致使合同目的不能实现的其他情形。”

② 参见最高人民法院民事审判第二庭编：《最高人民法院关于融资租赁合同司法解释理解与适用》，人民法院出版社2014年版，第202～203页。

③ 参见崔建远：《对非典型担保司法解释的解读》，载《法治研究》2021年第4期。

金债权得以受偿。[①] 如此，上述解除条件对于《民法典》第752条所定条件的扩张和限缩，不仅仅适用于该条后段“解除合同，收回租赁物”，还应同样适用于前段“请求支付全部租金”，出租人即使选择“请求支付全部租金”，亦应符合《融资租赁解释》第5条的规定。承租人只是经催告后在合理期限内仍不给付租金，并不足以使出租人主张租金加速到期，尚须当事人在融资租赁合同中就此存在明确约定，如无约定，尚须达到“承租人欠付租金达到两期以上”或者“数额达到全部租金百分之十五以上”的程度。

（二）出租人的权利实现进路

在形式主义的进路之下，出租人就租赁物享有的是真正的所有权，且租赁物的价值与未付租金之间具有对当关系。在出租人的所有权可得行使之时，出租人自可“请求支付全部租金”，亦可主张“解除合同，收回租赁物”，其中前者以维系融资租赁合同的效力为前提，而后者以否定融资租赁合同的效力为基础。基于此，二者之间系非此即彼的关系，出租人主张租金债权之时，则视为放弃租赁物，也就不得同时主张对租赁物的所有权；[②] 反之亦然。出租人仅得择一行使，而无法同时主张。否则，出租人将双重获益，承租人将双重受损。《融资租赁解释》第10条（原第21条）采纳了这一观点。[③] 在程序供给上，如承租人不满足出租人的请求，出租人仅得依普通民事诉讼程序保护自身权利。在出租人选择主张“解除合同，收回租赁物”的进路之下，出租人收回租赁物系解除融资租赁合同的当然效果，并不当然负有清算义务，但收回的租赁物不足以弥补出租人的全部损失的，出租人有权向承租人主张损害赔偿请求权。

在功能主义的进路之下，出租人对于承租人的租金给付请求权系主债权，而出租人就租赁物的所有权仅为担保租金给付请求权得以清偿的从权利。在出租人的权利实现条件成就之时，出租人自可向承租人主张租金债权，亦可同时主张就租赁物优先受偿，一如抵押权的实现路径。在程序选择上，出租人的同时请求，既可借助于普通民事诉讼程序取得胜诉裁判之后强制执行租赁物，亦可申请启动实现担保物权案件特别程序取得许可裁定之后强制执行租赁物。[④] 在当事人有明

---

① 参见黄薇主编：《中华人民共和国民法典合同编释义》，法律出版社2020年版，第598页；杨代雄主编：《袖珍民法典评注》，中国民主法制出版社2022年版，第715页。

② 参见最高人民法院民事审判第二庭编：《最高人民法院关于融资租赁合同司法解释理解与适用》，人民法院出版社2014年版，第303页。

③ 参见雷继平、原爽、李志刚：《交易实践与司法回应：融资租赁合同若干法律问题——〈最高人民法院关于审理融资租赁合同纠纷案件适用法律问题的解释〉解读》，载《法律适用》2014年第4期。

④ 参见最高人民法院民事审判第二庭编：《最高人民法院民法典担保制度司法解释理解与适用》，人民法院出版社2021年版，第546页。

确约定的情形之下，还可以庭外实现。无论采取何种程序，在实体结果上，均应就租赁物的价值与未受清偿的租金之间进行清算，实行“多退少补”，自无所谓出租人双重受偿问题。

在功能性的形式主义进路之下，既要尊重《融资租赁解释》第 10 条就“请求支付全部租金”“解除合同，收回租赁物”择一行使的政策选择，又要贯彻功能主义的基本理念。在比较法上，基于明晰标的物上的权利负担并确定竞存权利之间的顺位的政策目标，无论是《美国统一商法典》、加拿大普通法法域的《动产担保法》，还是《动产担保交易立法指南》的非统一处理模式，均将某些非属担保交易的交易形态（如应收账款的彻底让与、租期超过 1 年的租赁交易）也纳入动产担保交易法予以调整，但这仅表明，这些交易仍应统一适用动产担保交易法中的公示和优先顺位规则，但并不适用其中的实现规则（亦即受让人并无清算义务，无须返还任何盈余）。[①] 我国《民法典》虽然采取了非统一处理模式，但同时将融资租赁合同功能化为担保合同，如此，解释论上的政策选择明显不同于前述情形。

第一，在出租人选择“请求支付全部租金”的进路之下，基于出租人所有权的担保功能，出租人自可同时主张实现其所有权，即请求拍卖、变卖租赁物，并以变价款优先受偿。[②]《民法典担保制度解释》第 65 条第 1 款前段规定：“在融资租赁合同中，承租人未按照约定支付租金，经催告后在合理期限内仍不支付，出租人请求承租人支付全部剩余租金，并以拍卖、变卖租赁物所得的价款受偿的，人民法院应予支持”。此时的程序供给当为普通民事诉讼程序，首先判令承租人清偿租金债权（判项 1），其次判令拍卖、变卖租赁物并以变价款优先清偿租金债权（判项 2）。如承租人未履行生效裁判，执行法院的选择方案有：其一，拍卖、变卖租赁物，以变价款清偿租金债权，如租金债权已获足额清偿，则判项 1 中租金债权已经消灭，出租人则不得就此再为执行请求；如租金债权未获足额清偿，则判项 1 中租金债权部分消灭，出租人尚可就剩余租金债权请求执行承租人的其他责任财产。其二，拍卖、变卖承租人除租赁物之外的责任财产，以变价款清偿租金债权，如租金债权已获足额清偿，则判项 2 中的变价权因主债权（租金债权）的消灭而消灭，出租人则不得就此再为执行请求；如租金债权未获足额清

---

① See N. Orkun Akseli, *International Secured Transactions Law: Facilitation of Credit and International Conventions and Instruments*, Routledge, Taylor & Francis Group, 2011, p. 23.

② 即使在出租人的所有权未经登记的情形之下，出租人仍得就租赁物的变价款优先受偿，仅仅只是不得对抗第三人而已。详细论证参见高圣平：《论融资租赁交易中出租人的权利救济路径》，载《清华法学》2023 年第 1 期。

偿，则判项 2 中租金债权部分消灭，出租人尚可就剩余租金债权请求执行租赁物。[①]

第二，出租人依实现担保物权案件特别程序请求拍卖、变卖租赁物，并以变价款清偿租金债权。《民法典担保制度解释》第 65 条第 1 款后段规定："当事人请求参照民事诉讼法'实现担保物权案件'的有关规定，以拍卖、变卖租赁物所得价款支付租金的，人民法院应予准许。"出租人对租赁物的所有权功能化为担保物权，[②] 在解释上当属实现担保物权案件特别程序中"担保物权"之一种。在出租人的权利行使条件成就的情形之下，出租人自可申请启动实现担保物权案件特别程序，利用该程序简速裁判的功能，迅捷地实现其权利。此为提高出租人权利实现的效率、降低权利实现的成本的理性选择。值得注意的是，基于实现担保物权案件特别程序所形成的民事裁定书（许可裁定）虽然具有"一裁终局"的属性，但其执行标的物仅限于租赁物，执行法院尚不能依据该裁定书执行承租人的其他责任财产。如此，《民法典担保制度解释》第 65 条第 1 款后段虽系在出租人选择"请求支付全部租金"的进路之下的扩张解释，但实际上属于别异于《民法典》第 752 条所规定的两条进路的新路径，且基于该段文义，承租人亦可申请启动实现担保物权案件特别程序。在体系解释上，承租人当属《民事诉讼法》第 203 条和《最高人民法院关于适用〈中华人民共和国民事诉讼法〉的解释》第 359 条所定"其他有权请求实现担保物权的人"之一。[③]

第三，在出租人选择"解除合同，收回租赁物"的进路之下，并不能否定出租人收回租赁物时的清算义务。依据《民法典》第 758 条第 1 款的规定，在"当事人约定租赁期限届满租赁物归承租人所有""承租人已经支付大部分租金，但是无力支付剩余租金""出租人因此解除合同收回租赁物"，且"收回的租赁物的价值超过承租人欠付的租金以及其他费用"的情形之下，出租人负有清算义务。但不能据此得出如下结论：除此情形之外，出租人基于《民法典》第 752 条的规定解除合同收回租赁物，并不负有清算义务。出租人的所有权仅具担保功能，由此而决定，出租人所有权的实现亦应禁止流质（押）情形的发生，[④] 无论是基于第 752 条，还是第 758 条，出租人收回租赁物之时，应就主债权（全部未付租金及其他损失）与担保财产（收回的租赁物）的价值之间进行清算，实行"多退少

---

① 就附物权担保债权人的执行选择权参见刘保玉：《附物权担保债权人的执行选择权问题探讨》，载《法学家》2017 年第 4 期。

② 参见最高人民法院民事审判第二庭编：《最高人民法院民法典担保制度司法解释理解与适用》，人民法院出版社 2021 年版，第 544 页。

③ 参见高圣平：《论融资租赁交易中出租人的权利救济路径》，载《清华法学》2023 年第 1 期。

④ 参见黄薇主编：《中华人民共和国民法典合同编释义》，法律出版社 2020 年版，第 598 页；杨代雄主编：《袖珍民法典评注》，中国民主法制出版社 2022 年版，第 715 页。

补”，出租人就全部未付租金及其他费用超过收回租赁物价值的部分负有返还予承租人的义务，[①] 就全部未付租金及其他费用不足收回租赁物价值的差额有权向承租人请求履行。正是基于此，《民法典担保制度解释》第 65 条第 2 款前句规定："出租人请求解除融资租赁合同并收回租赁物，承租人以抗辩或者反诉的方式主张返还租赁物价值超过欠付租金以及其他费用的，人民法院应当一并处理。"这类似于担保物权的折价实现方式以及让与担保的归属清算方式。[②]

（三）出租人权利的庭外实现途径

出租人权利的公力实现往往面临着程序漫长、成本高昂、结果不确定等质疑，如此，庭外实现途径的贯彻一直是改革的动力和方向。[③]《民法典担保制度解释》第 45 条第 1 款前句规定："当事人约定当债务人不履行到期债务或者发生当事人约定的实现担保物权的情形，担保物权人有权将担保财产自行拍卖、变卖并就所得的价款优先受偿的，该约定有效。"这是司法解释上增设的担保物权的庭外实现途径。[④] 值得注意的是，担保物权的庭外实现与协议实现存在差异。依据《民法典》第 410 条第 1 款的规定，实现担保物权的协议仅得在债务人不履行到期债务或者发生当事人约定的实现担保物权的情形之后才能达成。至于担保合同中有关实现担保物权路径的约定，不由该款文义所能涵盖。对于此类约定的效力，此前的学说和实务中多持否定态度。[⑤] 担保物权庭外实现的约定，是在债务人不履行到期债务或者发生当事人约定的实现担保物权的情形之前所作出，既可以约定于担保合同之中，也可以约定于担保合同之外的单独合同之中。此与《民法典》上缓和流抵、流质契约的效力有关。[⑥] 这一规则自可类推适用于出租人的权利实现。

出租人庭外实现其所有权的前提是出租人取得对租赁物的占有。首先，出租人必须在融资租赁合同中同意出租人庭外取回租赁物；其次，出租人尚须已向承租人和其他占有租赁物的第三人发出违约和庭外取回的通知，以便其采取必要措

---

① 参见黄薇主编：《中华人民共和国民法典合同编释义》，法律出版社 2020 年版，第 598 页；冯辉：《金融法视野下融资租赁中的承租人利益返还请求权》，载《法商研究》2022 年第 2 期。

② 参见张家勇：《论融资租赁的担保交易化及其限度》，载《社会科学辑刊》2022 年第 2 期。

③ See Louise Gullifer & N. Orkun Akseli eds., *Secured Transactions Law Reform: Principles, Policies and Practice*, Hart Publishing, 2016, p. 508.

④ 参见最高人民法院民事审判第二庭编：《最高人民法院民法典担保制度司法解释理解与适用》，人民法院出版社 2021 年版，第 39 页。

⑤ 参见最高人民法院民事审判第二庭编：《最高人民法院民法典担保制度司法解释理解与适用》，人民法院出版社 2021 年版，第 407 页。

⑥ 参见最高人民法院民事审判第二庭编：《最高人民法院民法典担保制度司法解释理解与适用》，人民法院出版社 2021 年版，第 407 页；高圣平：《担保法前沿问题与判解研究（第五卷）：最高人民法院新担保制度司法解释条文释评》，人民法院出版社 2021 年版，第 308 ~ 309 页。

施以避免出租人庭外取回租赁物；最后，承租人和其他占有租赁物的第三人必须在出租人庭外取回时不持反对意见。[①] 这就意味着，出租人取得对租赁物的占有只有在所有利益相关方均同意的情况下才能发生，他们确信庭外实现有可能产生更高的价值、租金债权可以得到更高程度的满足、权利实现成本更为低廉，如此更符合他们的利益。[②] 即使当事人之间就担保物权的庭外实现有约定，但承租人和其他占有租赁物的第三人反对出租人庭外取回，出租人不得采取暴力的方式取回，以免危及社会公共秩序。此际，因承租人的原因导致出租人无法庭外实现其所有权，出租人仅得通过诉讼或者非讼程序请求人民法院拍卖、变卖租赁物而以变价款优先受偿，因此而增加的费用由承租人承担。[③]

出租人庭外取回租赁物，并不意味着其非经清算地取得租赁物的所有权，除非承租人和利害关系人同意，出租人也不得以物抵债。出租人庭外取回租赁物之后，尚须就租赁物进行处分，并以变价款优先受偿。出租人自可根据约定选择处分的方法、方式、时间、地点和其他方面，但须秉承善意，且以商业上合理的方式行事，如不得以低于市场价格的方式处分标的物。否则，出租人对因此给承租人造成的损害应承担赔偿责任。[④] 为保护承租人和利害关系人的利益，出租人意欲庭外处分租赁物之时，应向承租人和利害关系人事先发送内容详尽的处分通知。[⑤] 租赁物的庭外处分所得的价款，应按照优先顺位规则予以分配。在出租人的所有权顺位在先的情形之下，租赁物的变价款应优先清偿租金债权，如不足以清偿全部未付租金，出租人仍得向承租人请求给付；如有剩余，应返还予承租人或者其他强制执行债权人，在存在争议的情形之下，应向有关机关提存；[⑥] 在出租人的所有权顺位劣后的权利的情形之下，租赁物的变价款应优先清偿该顺位在先的权利所担保的债权；在出租人所有权的顺位与其他强制执行债权平等的情形之下，租赁物的变价款应在出租人与其他债权人之间平等分配。

---

① See United Nations Commission on International Trade Law, *UNCITRAL Legislative Guide on Secured Transactions*, United Nations, 2010, p. 313.

② See SpyridonV. Bazinas, *The Influence of the UNCITRAL Legislative Guide on Secured Transactions*, in Frederique Dahan ed., *Research Handbook on Secured Financing in Commercial Transactions*, Edward Elgar Publishing, 2015, pp. 47 – 48.

③ 参见最高人民法院民事审判第二庭编：《最高人民法院民法典担保制度司法解释理解与适用》，人民法院出版社 2021 年版，第 403 页。

④ See United Nations Commission on International Trade Law, *UNCITRAL Legislative Guide on Secured Transactions*, United Nations, 2010, pp. 311 – 312.

⑤ See United Nations Commission on International Trade Law, *UNCITRAL Legislative Guide on Secured Transactions*, United Nations, 2010, pp. 313 – 314; Christian von Bar & Eric Clive eds., *Principles, Definitions and Model Rules of European Private Law*, *Volume* 6, Sellier. European law publishers, 2009, p. 5641.

⑥ See United Nations Commission on International Trade Law, *UNCITRAL Legislative Guide on Secured Transactions*, United Nations, 2010, p. 314.

五、小结

融资租赁交易为市场主体提供了可供选择的授信来源，为无法取得股权投资和银行信贷的企业所广泛采用。出租人以其对标的物的所有权已获充分保障，也就无须请求给付买卖价金，无须企业提供保证、不动产抵押及类似担保安排。① 动产担保法制的改革旨在回应中小微企业的融资需求，② 但鲜少来自本土内生的自觉，大多来自联合国国际贸易法委员会、国际统一私法协会、世界银行集团等机构的驱动。③ 面对全球性的动产担保法制改革浪潮，理性的方案“不是就形式主义或者功能主义的选择，而是对功能主义方法所应发生作用的领域和程度的选择”。④ 我国《民法典》采行功能性形式主义进路，在承认融资租赁合同作为别异于动产抵押合同而存在的独立典型交易类型的前提下，通过第 388 条“其他具有担保功能的合同”将融资租赁交易纳入担保制度。在既有的所有权绝对、物债二分的体系下，嵌入功能主义元素，由此产生了诸多概念与体系上的冲突。⑤《民法典》《民法典担保制度解释》的制度设计体现了平衡出租人、出租人和第三人等利益的一系列政策选择。引入声明登记制度，解决了隐形担保给第三人交易安全带来的威胁，⑥ 如出租人的所有权未经登记，不得对抗善意受让人，避免了严格适用无权处分规则所带来的实质不公平；借助于优先顺位规则的统一适用保护出租人利益，通过增加交易的确定性而促进信用授受行为的发生。如过分保护第三人利益，出租人就租赁物的物权将失去确定性，信用市场将因此而逐渐萎缩；通过强化清算法理的贯彻以保护承租人利益，防止债权人借助于不同交易模式的选择而额外获益；简化出租人的权利实现程序，允许当事人申请启动实现担保物权案件特别程序，增设庭外实现路径，从而从一定程度上降低出租人权利的实现成本，提高出租人的受偿可能性。

---

① Peter W. Schroth, Financial Leasing of Equipment in the Law of the United States, 16 *Uniform Law Review* 437, 438 (2011).

② See Harry C. Sigman, *The Case for Modernizing World Wide Secured Transactions in Movable Property*, in Jacob Ziegel ed., *New Developments in International Commercial and Consumer Law: Proceedings of the 8th Biennial Conference of the International Academy of Commercial and Consumer Law*, Hart Publishing, 1998, p. 229.

③ See R. C. C. Cuming, *Modernizing the Secured Financing and Lease Financing Laws of Developing Nations, with Particular Focus on the West Bank and Gaza*, in Jacob Ziegel ed., *New Developments in International Commercial and Consumer Law: Proceedings of the 8th Biennial Conference of the International Academy of Commercial and Consumer Law*, Hart Publishing, 1998, p. 183.

④ Roderick A Macdonald, Article 9 Norm Entrepreneurship, 43 *Canadian Business Law Journal* 240, 274 (2006).

⑤ 参见王洪亮：《所有权保留制度定性与体系定位——以统一动产担保为背景》，载《法学杂志》2021 年第 4 期。

⑥ 参见吴光荣：《〈民法典〉对担保制度的新发展及其实践影响——兼论〈民法典担保制度司法解释〉的适用范围》，载《法治研究》2021 年第 4 期。

论《民法典》上所有权保留买卖交易的担保功能

基于优化营商环境的政策目标，我国《民法典》上所有权保留买卖交易制度体现着明显的担保功能化转向，对其中出卖人所保留的所有权的内容作了严格限定，使之成为不同于完全所有权的担保性所有权，在物权法定主义之下丰富了所有权的类型。登记对抗主义的引入系为了满足出卖人担保性所有权的公示需要，是增加交易的透明度和确定性、维护交易安全的技术工具。登记也进一步地成了判断所有权保留买卖交易与其他担保交易之间优先顺位的客观标准，《民法典》第414条至第416条所确立的优先顺位规则体系对于所有权保留买卖交易均得准用或者类推适用。在将出卖人就标的物的权利界定为担保性所有权的情形之下，买受人自有处分标的物的权利，但这并不妨害在买受人不当处分标的物且造成出卖人损害的情形之下，出卖人实现其所有权。《民法典》上“取回－回赎－再出卖－清算”的出卖人权利救济规则，在强化自力救济路径的同时，进一步体现着功能主义导向。相关救济措施的解释论，亦应在担保物权实现的规则体系之下寻求妥适的解释结论。

一、问题的提出

依据我国《民法典》的规定，买卖合同为典型的双务、有偿合同，买受人负有支付价金的主给付义务，而出卖人负有交付标的物并转移所有权的对待给付义务。在出卖人交付标的物但买受人未给付价金的情况下，出卖人的价金债权即面临着不获清偿的风险，不利于买卖交易的达成和展开。买卖双方通过所有权保留条款约定，在买受人未给付价金或者履行其他义务之前，标的物的所有权由出卖人保留，出卖人的价金债权借由所有权的强势效力得到了有效的保障。① 如此，所有权保留买卖交易的社会机能除了促进商品的销售之外，通过在所有权移转效力上附加条件（给付价金或者履行其他义务）的方式，达致担保标的物价金债权清偿的效果。② 这一精巧的交易结构一经运用，即发挥了巨大的信用供给功能。③

① 参见王立栋：《〈民法典〉第641条（所有权保留买卖）评注》，载《法学家》2021年第3期；王洪亮：《所有权保留制度定性与体系定位——以统一动产担保为背景》，载《法学杂志》2021年第4期。

② 参见黄薇主编：《中华人民共和国民法典合同编释义》，法律出版社2020年版，第405页。

③ 参见王轶：《论所有权保留的法律构成》，载《当代法学》2010年第2期。

在优化营商环境的大背景之下，统一动产抵押、所有权保留买卖、融资租赁、让与担保、保理等各种动产担保交易形式的交易规则，就成了《民法典》编纂过程中的重大任务。[①] 在尊重当事人之间就融资担保交易结构的合意安排、维系各种动产担保交易在形式上的区分的基础上，《民法典》对《合同法》上所有权保留买卖交易规则作了相应完善。其一，明确将所有权保留买卖合同纳入担保合同的范畴（第388条第1款），承认其担保功能；其二，就出卖人的所有权采行登记对抗主义（第641条第2款）；其三，在买受人违约之时，出卖人有权取回标的物，但出卖人取回后尚得容许买受人回赎，买受人不回赎的，出卖人尚可再以合理价格另行出卖标的物，并以变价款清偿价金债务，实行"多退少补"（第642条、第643条）。这些规则无不受到功能主义立法模式的影响。但在既有的物债二分、所有权绝对的体系下，嵌入功能主义元素，产生了诸多概念与体系上的冲突。[②]

《最高人民法院关于适用〈中华人民共和国民法典〉有关担保制度的解释》（以下简称《民法典担保制度解释》）就这些冲突提出了部分解决方案，明确所有权保留买卖交易中如下几方面应适用或者准用担保物权制度的相关规定："一是有关登记对抗的规则；二是有关担保物权的顺位规则；三是有关担保物权的实现规则；四是关于价款优先权等有关担保制度"。[③] 但不无遗憾的是，与《民法典》同步实施的另两部司法解释却作出了与此不同的司法政策选择。[④]《最高人民法院

---

① 参见高圣平：《民法典担保物权法编纂：问题与展望》，载《清华法学》2018年第2期；罗培新：《世界银行"获得信贷"指标的法理分析及我国修法建议》，载《环球法律评论》2019年第2期；纪海龙：《世行营商环境调查背景下的中国动产担保交易法》，载《法学杂志》2020年第2期。

② 参见高圣平：《〈民法典〉视野下所有权保留交易的法律构成》，载《中州学刊》2020年第6期；张家勇：《体系视角下所有权担保的规范效果》，载《法学》2020年第8期；谢鸿飞：《〈民法典〉实质担保观的规则适用与冲突化解》，载《法学》2020年第9期；王洪亮：《所有权保留制度定性与体系定位——以统一动产担保为背景》，载《法学杂志》2021年第4期；周江洪：《所有权保留买卖的体系性反思——担保构成、所有权构成及合同构成的纠葛与梳理》，载《社会科学辑刊》2022年第1期；邹海林：《所有权保留的制度结构与解释》，载《法治研究》2022年第6期；叶金强：《现行动产担保模式之批判》，载《法学杂志》2022年第6期。

③ 最高人民法院民事审判第二庭编：《最高人民法院民法典担保制度司法解释理解与适用》，人民法院出版社2021年版，第43页。

④ 有学者认为，《最高人民法院关于人民法院民事执行中查封、扣押、冻结财产的规定》《最高人民法院关于修改〈最高人民法院关于人民法院扣押铁路运输货物若干问题的规定〉等十八件执行类司法解释的决定》第14条同样存在这一问题。参见纪海龙：《民法典所有权保留之担保权构成》，载《法学研究》2022年第6期。该规则尚须结合查封在实体法上效力的可能转变（《强制执行法草案》第179条）一起进行讨论。本书搁置不论，留待以后专文探讨。

关于审理买卖合同纠纷案件适用法律问题的解释》（以下简称《买卖合同解释》）[①]仍然保留了《民法典》编纂时本未采纳的“买受人已经支付的价款达到总价款的75%时，出卖人不得行使取回权”的限制规则（第26条）；[②]《最高人民法院关于适用〈中华人民共和国企业破产法〉若干问题的规定（二）》（以下简称《企业破产法解释二》）[③]仍旧依循所有权构成说处理相关的争议问题（第36条、第37条和第38条）。[④]这两部司法解释中的规定根植于《民法典》实施之前实定法上的形式主义进路，并未准确把握《民法典》上新规则的功能化转向，增加了本已争议不断的规则冲突的解释难度。

《最高人民法院、国家发展和改革委员会关于为新时代加快完善社会主义市场经济体制提供司法服务和保障的意见》（法发〔2020〕25号）第14条指出，“依法认定新型担保的法律效力。准确把握物权法定原则的新发展、民法典物权编扩大担保合同范围的新规定，依法认定融资租赁、保理、所有权保留等具有担保功能的非典型担保合同的效力”，是人民法院为新时代加快完善社会主义市场经济体制提供更加有力的司法服务和保障的重要举措。

二、所有权保留买卖交易的功能化转向

所有权保留买卖交易等以所有权作为担保工具的交易是否应纳入动产担保交易制度中予以统一规范，是国际统一实体法运动中最具争议性的问题之一。鉴于所有权保留买卖交易不同于担保交易的形式上的结构安排，多数国家和地区的解决方案是将其排除于担保交易之外。在既有的物权概念体系之下，担保物权系在他人财产设定的以担保主债权得以实现的物权，而所有权保留买卖交易中出卖人所保留的是所有权。如此，出卖人是标的物的“真正所有人”，而不是担保物权人。所有权保留买卖交易中标的物由出卖人保留并由买受人占有、使用的事实，仅仅表明标的物所有权的权能暂时在当事人之间进行了分割，而不能视为买受人在其所买受标的物的权益之上为出卖人设立了担保物权，因为买受人除了取得与占有标的物相关的权益之外并不享有其他权益。即使认为买受人随着价金的逐渐

① 该司法解释于2012年3月31日由最高人民法院审判委员会第1545次会议通过（法释〔2012〕8号），并于2020年12月23日最高人民法院审判委员会第1823次会议修正（法释〔2020〕17号），2020年12月29日公布，自2021年1月1日起与《民法典》同步实施。为避免混淆，本书引述法释〔2012〕8号的条文时，以《买卖合同解释》原第×条予以特别提示。

② 参见黄薇主编：《中华人民共和国民法典合同编释义》，法律出版社2020年版，第408页。

③ 该司法解释于2013年7月29日由最高人民法院审判委员会第1586次会议通过（法释〔2013〕22号），并于2020年12月23日最高人民法院审判委员会第1823次会议修正（法释〔2020〕18号），2020年12月29日公布，自2021年1月1日起与《民法典》同步实施。为避免混淆，本书引述法释〔2013〕22号的条文时，以《企业破产法解释二》原第×条予以特别提示。

④ 参见邹海林：《所有权保留的制度结构与解释》，载《法治研究》2022年第6期。

给付已经取得标的物上的部分权益，即使认为买受人享有回赎权，也不能认为买受人在标的物上为出卖人设定了担保物权。[①] 在这一以交易形式为规则架构基础的形式主义立法观念之下，如买受人未能及时清偿价金，出卖人所关注的不是就标的物强制执行而使其债权得以受偿，而是基于其就标的物的所有权而主张恢复对标的物的占有。[②] 如此，尽管所有权保留买卖交易中出卖人的所有权起着担保价金清偿的作用，但通常受《合同法》调整，容许当事人的自主安排，并不受担保物权公示要件及其他规则的约束。[③]

相反的做法是将所有权保留买卖交易纳入动产担保交易法的调整范围，将之等同于担保交易。其理念在于，具有相同经济功能的融资担保工具应被同等对待，并据此对所有权保留买卖交易进行真正的重新定性。《美国统一商法典》第九编摒弃了各种担保工具之间的形式上的区分，采行功能主义的统一方法，适用统一的设立、公示、优先顺位和违约救济制度，其规范目的带有明显的实用主义色彩。概念化，至少在传统意义上形式主义的概念化，在这里并不重要。事实上，该编尽量避免各类动产担保交易形式上的概念化，其所关注的焦点是各类动产担保交易形式的共同点，即它们均具有基本相同的功能：通过合同规定或者承认，债权人享有动产上的担保权益，从而允许在其未获清偿之时就该动产优先受偿。这里起决定作用的是交易的效果，而不是其形式或者权益产生的方式。[④] 如此，因所有权保留买卖交易在功能上具有担保作用，也就被纳入《美国统一商法典》第九编的规制范围。即使在除该编之外的法律中所有权保留买卖交易并没有如此概念化，但在该编之中，所有权保留买卖交易仍被视为动产担保交易，出卖人就标的物的权利视为担保物权。[⑤]

功能主义的立法方法旨在确保动产担保交易制度的全面性、一致性和透明度，将出卖人、出租人和贷款人等信用提供者置于公平的竞争环境之中，并减少

---

① See Ronald C. C. Cuming, Catherine Walsh and Roderick J. Wood, *Personal Property Security Law*, 2nd ed., Irwin Law Inc., 2012, pp. 123 – 124.

② See Jan H. Dalhuisen, *Dalhuisen on Transnational and Comparative Commercial, Financial and Trade Law Volume 5: Financial Products and Services*, Eighth Edition, Bloomsbury Publishing Plc, 2022, p. 26.

③ See Anna Veneziano, *The DCFR Book on Secured Transactions: Some Policy Choices made by the Working Group*, in Sjef van Erp, Arthur Salomons & Bram Akkermans eds., *The Future of European Property Law*, Sellier european law publishers GmbH, 2012, p. 129.

④ See William L Tabac, The Unbearable Lightness of Title under the Uniform Commercial Code, 50 *Modern Law Review* 408, 409 (1991).

⑤ See Ronald C. C. Cuming, Catherine Walsh and Roderick J. Wood, *Personal Property Security Law*, 2nd ed., Irwin Law Inc., 2012, p. 124.

债权人为应对各种融资担保工具之间不同的尽调要求，从而降低整体交易成本。[①]这种立法方法在概念上的简洁性以及统一的规则体系所带来的交易效率的提升和交易成本的降低，广受赞扬，[②] 但也不乏批评意见。[③] 这一功能主义方法将“触及其法律体系的基本要素，如合同自由和所有权”。[④] 基于交易的担保目的和实质，即将债权人就标的物的权利重新定性为担保物权，改变了当事人的交易安排和既定的物权结构，破坏了物权法定主义。这也意味着功能主义之下的担保物权不一定是基于当事人之间的交易合同本身，而是由法律上的重新定性而产生。[⑤]不过，“尽管功能主义很复杂，语言不熟悉，风格也很陌生，但即使不作为区域性和国际性动产担保交易法改革的典范，也可能发挥重要的思想来源作用。”[⑥]

我国已经加入的《移动设备国际利益公约》（以下简称《开普敦公约》）以“international interest”来指称航空器、铁路车辆、太空资产等高价值动产之上的统一的国际担保权益，涵盖了传统的担保物权和功能性担保物权（主要是融资租赁交易和所有权保留买卖交易中债权人的所有权）。就此而言，《开普敦公约》采纳了功能主义的立法方法，但考虑到传统大陆法系国家或者地区加入公约的便利，它同时允许对债权人在融资租赁交易和所有权保留买卖交易中保有的所有权的实现规则进行特殊处理，如相关国家的国内法未将其重构为担保物权，则承认债权人对标的物的取回权，并保有对标的物的完整权利，而不是就标的物变价并优先受偿。这也意味着各国国内法中的分歧并没有完全消解。[⑦] 不过，即便如此，

① See United Nations Commission on International Trade Law, *UNCITRAL Legislative Guide on Secured Transactions*, United Nations, 2010, pp. 23、56.

② See Harry C. Sigman, *Security in Movables in the United States - Uniform Commercial Code Article 9: a Basis for Comparison*, in Eva - Maria Kieninger (ed.), *Security Rights in Movable Property in European Private Law*, Cambridge University Press, 2004, p. 80.

③ See Michael G. Bridge, Roderick A. Macdonald, Ralph L. Simmonds and Catherine Walsh, Formalism, Functionalism, and Understanding the Law of Secured Transactions, 44 *McGill Law Journal* 572 (1999); Martin Boodman and Roderick A. Macdonald, How far is Article 9 of the Uniform Commercial Code Exportable? A Return to Sources, 27 *Canadian Business Law Journal* 249 (1996).

④ See Frederique Dahan & John Simpson, *Legal Efficiency of Secured Transactions Reform: Bridging the Gap Between Economic Analysis and Legal Reasoning*, in Frederique Dahan & John Simpson eds., *Secured Transactions Reform and Access to Credit*, Edward Elgar, 2009, p. 137.

⑤ See Louise Gullifer, *Quasi - security Interests: Functionalism and the Incidents of Security*, in Iwan Davies ed., *Issues in International Commercial Law*, Taylor & Francis Group, 2005, pp. 9 - 10.

⑥ Harry C. Sigman, *Security in Movables in the United States-Uniform Commercial Code Article 9: a Basis for Comparison*, in Eva - Maria Kieninger ed., *Security Rights in Movable Property in European Private Law*, Cambridge University Press, 2004, p. 54.

⑦ See Souichirou Kozuka, *The Cape Town Convention and Its Implementation in Domestic Law: Between Tradition and Innovation*, in Souichirou Kozuka ed., *Implementing the Cape Town Convention and the Domestic Laws on Secured Transactions*, Springer International Publishing AG, 2017, pp. 31 - 32.

融资租赁交易和所有权保留买卖交易亦应适用于《开普敦公约》的其他规定，如设立、登记、对抗第三人效力、优先顺位等规则。①

联合国国际贸易法委员会《动产担保交易立法指南》和《动产担保交易示范法》同样选择了功能主义的立法方法，将所有权保留买卖交易纳入动产担保交易的调整范围，明显倾向于对购置款融资工具采取所谓的“统一处理法”。但考虑到一些欧洲国家代表的反对意见，也允许对所有权保留买卖交易等购置款融资工具采取“非统一处理法”，将其中的标的物所有权明确归属于出卖人。② 但即使采取“非统一处理法”，这些权利亦应“适用与购置款担保权功能等同的规则，从而确保购置款融资的所有提供者均得到平等对待”。③ 《欧洲示范民法典草案》（DCFR）同样采取了折中路线，在采纳功能主义立法方法的同时，并没有将保留所有权交易纳入统一的担保物权概念之中。就起草者看来，支撑这种担保工具的法律概念是基于债权人保留完整的所有权。④ 该草案第九卷在尊重欧洲既有法律传统的基础上，明确区分了担保物权与保留所有权交易，但这一区分仅在两个领域才有意义：担保物权的设立及担保物权的实现。在其他领域，如对抗第三人效力、优先顺位、违约前的救济及解除，保留所有权交易事实上与担保物权并无区别，均适用统一的规则。⑤

如此看来，是否完全采纳功能主义的立法方法，最终还是取决于立法者的政策选择，即平衡简洁和效率与合同自由。⑥ 吸收功能主义的合理元素，并不意味着一定要将所有权保留买卖交易重新定性为担保交易，也不意味着在所有方面均适用于担保交易相同的规则，而在很大程度上取决于我们如何在其他关键问题上形塑动产担保交易制度，如公示、优先顺位和权利实现等。⑦民法典功能主义的核心不在于以统一的“担保物权”概念代替形式各异的动产担保交易创设的担保类

---

① See Michel Deschamps, The Perfection and Priority Rules of the Cape Town Convention and the Aircraft Protocol: A Comparative Law Analysis, 2 *Cape Town Convention Journal* 51, 53 (2013).

② See Anna Veneziano, A Secured Transactions' Regime for Europe: Treatment of Acquisition Finance Devices and Creditors' Enforcement Rights, 14 *Juridica International* 89, 91 (2008).

③ See United Nations Commission on International Trade Law, *UNCITRAL Legislative Guide on Secured Transactions*, United Nations, 2010, p. 63.

④ See Selma de Groot, *Three Questions in Relation to the Scope of Book IX DCFR*, in Sjef van Erp, Arthur Salomons & Bram Akkermans eds., *The Future of European Property Law*, Sellier european law publishers GmbH, 2012, p. 139.

⑤ See Ulrich Drobnig & Ole Böger eds., *Proprietary Security in Movable Assets*, Oxford University Press, 2015, p. 230.

⑥ See Louise Gullifer, *Quasi – security Interests: Functionalism and the Incidents of Security*, in Iwan Davies ed., *Issues in International Commercial Law*, Taylor & Francis Group, 2005, p. 29.

⑦ See Anna Veneziano, A Secured Transactions' Regime for Europe: Treatment of Acquisition Finance Devices and Creditors' Enforcement Rights, 14 *Juridica International* 89, 89 (2008).

型，而在于使所有具有担保功能的交易一体化适用设立、公示、优先顺位和实行规则。[①] 如此，功能性的形式主义则成了动产担保交易法制改革的可选路径之一。[②]

当事人不选择动产抵押交易而选择所有权保留买卖交易的原因有很多，诸如会计和税收方面的优势、所有权相较担保物权更为强大的效力等，这些可能与交易的担保功能有关，也可能无关。[③]我国《民法典》尊重当事人基于自主意愿架构交易结构的合同自由，将所有权保留买卖交易中出卖人就标的物的权利界定为所有权。但是，《民法典》第388条第1款中又规定："担保合同包括抵押合同、质押合同和其他具有担保功能的合同"。这里的"其他具有担保功能的合同"包括所有权保留买卖合同。[④] 亦即虽然所有权保留买卖合同不是典型的担保合同（抵押合同、质押合同），但基于其具有明显的担保功能，也就被视为担保合同，出卖人所保留的所有权也就被视为担保物权。[⑤] 如此，我国《民法典》采取了功能性形式主义的立法模式，这也增加了相关规则之间解释上的困难。

第一，在形式主义进路之下，在买受人未给付价金或者履行其他义务之前，标的物的所有权归属于出卖人。在《民法典》既定的动产物权变动公示原则（第208条、第224条）之下，出卖人就普通动产的所有权无须登记，即可对抗第三人，此为《民法典》第114条所规定的物权概念使然。但《民法典》为何又在第641条第2款规定"出卖人对标的物保留的所有权，未经登记，不得对抗善意第三人"？出卖人就普通动产的所有权为什么还需要登记，登记之后的所有权还是所有权吗？[⑥] 其规范目的在于消灭隐形担保、维护交易安全，其前提是"被保留的所有权并非一个真正的所有权，在各个属性上与担保物权越来越接近"。[⑦] 据

---

① 参见纪海龙：《民法典动产与权利担保制度的体系展开》，载《法学家》2021年第1期；叶金强：《现行动产担保模式之批判》，载《法学杂志》2022年第6期。

② See Roderick A Macdonald, Article 9 Norm Entrepreneurship, 43 *Canadian Business Law Journal* 240, 254 ~ 255, 288 (2006).

③ See Louise Gullifer, *Quasi - security Interests: Functionalism and the Incidents of Security*, in Iwan Davies ed., *Issues in International Commercial Law*, Taylor & Francis Group, 2005, p. 15.

④ 参见王晨：《关于〈中华人民共和国民法典（草案）〉的说明——2020年5月22日在第十三届全国人民代表大会第三次会议上》，载《中华人民共和国全国人民代表大会常务委员会公报》2020年特刊。

⑤ 参见谢鸿飞：《〈民法典〉实质担保观的规则适用与冲突化解》，载《法学》2020年第9期；王利明：《担保制度的现代化：对〈民法典〉第388条第1款的评析》，载《法学家》2021年第1期；李运杨：《〈民法典〉动产担保制度对功能主义的分散式继受》，载《华东政法大学学报》2022年第4期。

⑥ 参见李永军：《论民法典形式意义与实质意义上的担保物权——形式与实质担保物权冲击下的物权法体系》，载《西北师大学报（社会科学版）》2020年第6期；王洪亮：《所有权保留制度定性与体系定位——以统一动产担保为背景》，载《法学杂志》2021年第4期。

⑦ 黄薇主编：《中华人民共和国民法典合同编释义》，法律出版社2020年版，第405页。

此，《民法典担保制度解释》第 67 条明确指出，所有权保留买卖交易中未经登记的出卖人所有权不得对抗的第三人范围及效力，参照动产抵押权的相关规则处理。如此即导向功能主义。

第二，在形式主义进路之下，当买受人违约之时，出卖人自可基于其对标的物的所有权主张取回权。《民法典》第 642 条第 1 款及《开普敦公约》第 10 条关于所有权保留买卖交易的违约救济的规定即体现了这一点。[①] 出卖人取回标的物是基于其所有权，本无就标的物的剩余价值与未受清偿的价金债权的清算义务。不过，《民法典》第 642 条第 2 款和第 643 条的文义表明，除非当事人之间另有约定，出卖人取回标的物之后尚有清算义务，不能保有标的物的剩余利益。就此而言，出卖人所保留的所有权仅具形式意义，更多的是作为担保目的而存在，功能主义转向至为明显。一般认为，所有权保留买卖交易的当事人并无意让出卖人保有任何剩余价值。在所有权保留买卖交易中，有两个潜在的剩余价值来源：买受人在违约前已经给付的部分价金以及标的物的增值。就普通动产而言，后者较为罕见，且通常为当事人所忽视。由于当事人约定的价金给付方式各有不同，在某些情形之下，买受人给付的价金较多，已经超过了其使用标的物所应支付的对价，此时令出卖人保有标的物的剩余价值，正当性不足。[②] 清算法理的贯彻，适用“多退少补”的规则，是为平衡出卖人、买受人及其他债权人利益的手段之一。

第三，在形式主义进路之下，买受人就标的物并无处分权，未经出卖人同意，自无权转让标的物或者在标的物上为他人设立担保物权（《民法典》第 642 条第 1 款第 3 项），第三人仅得在构成善意取得的情形之下才能主张其对标的物的所有权或者担保物权。[③] 在功能主义进路之下，动产担保交易制度本身并未规定标的物的所有权归属问题，不过，优先顺位和权利实现等问题均已由相关规则予以明确规定，标的物所有权的归属也就无关紧要了。[④] 但是，《民法典》第 642 条第 2 款和第 643 条的文义表明，出卖人保留的仅仅只是担保物权，一如《美国统一商法典》第 2－401 条的规定：“出卖人对已发运或者交付给买受人的货物的所

---

① 《开普敦公约》第 10 条规定：“所有权保留协议或租赁协议下发生第十一条规定的不履行的，附条件的卖方或者出租人可以：（a）在不违反缔约国根据第五十四条可能作出声明的情况下，终止协议并占有或控制与该协议相关的任何标的物；（b）申请法院令状授权或指令实施上述任一行为。”这里并未规定出卖人取回标的物之后的清算义务，也就意味着出卖人可以保有标的物的剩余价值。

② See Louise Gullifer, *Quasi－security Interests: Functionalism and the Incidents of Security*, in Iwan Davies, *Issues in International Commercial Law*, Taylor & Francis Group, 2005, p. 20.

③ 参见周江洪：《所有权保留买卖的体系性反思——担保构成、所有权构成及合同构成的纠葛与梳理》，载《社会科学辑刊》2022 年第 1 期。

④ See Louise Gullifer, *Quasi－security Interests: Functionalism and the Incidents of Security*, in Iwan Davies, *Issues in International Commercial Law*, Taylor & Francis Group, 2005, p. 12.

有权的任何保留或保留，在效果上仅限于对担保权益的保留。”出卖人保留的所有权的效力仅仅限于就标的物价值优先受偿，标的物的所有权还是基于法律的拟制移转给了买受人。[①] 如此，买受人就标的物即有了处分权，《民法典担保制度解释》第56条和第57条即据此将正常经营活动中的买受人规则及超优先顺位规则准用于所有权保留买卖交易。《民法典》改变了所有权保留买卖交易中出卖人与买受人之间的权利结构，进一步体现着功能主义转向。

综上所述，我国《民法典》采行功能性的形式主义，一方面确认所有权保留买卖交易作为典型交易而存在，明定其中出卖人就标的物享有所有权，另一方面又强调所有权保留买卖交易的担保功能，在登记对抗、权利实现等方面向动产抵押权靠拢，相关规则彼此之间的冲突较为明显，尚须经由解释消解这些冲突。

三、物权法定主义与所有权保留买卖交易的功能性形式主义

“物权的种类和内容，由法律规定。”我国《民法典》第116条所确立的这一物权法定原则，仍然是《民法典》财产权体系化的工具，也是《民法典》物权编与合同编分编规定的基础。这一体系结构安排在一定程度上也是功能主义的产物。在提取公因式、总分结合的立法技术之下，《民法典》将类似的概念统一在总则、小总则（如“物权”编之“通则”分编、“担保物权”分编之“一般规定”等）之下，并为某些特定的交易模式增加具体的、特别的规则（如“担保物权”分编之下的“抵押权”“质权”等）。《民法典》将法政策上确定为物权的权利之中所有具有担保功能相似的概念统一在“担保物权”的元概念和标题之下，至少与功能主义立法方法非常相似。但当涉及基于所有权的担保交易之时，《民法典》上的功能主义就到了极限。

依据《民法典》第641条第1款的规定，所有权保留买卖交易中，在买受人给付价金或者履行其他义务之前，标的物的所有权由出卖人保留。在物权法定原则之下，所有权这一“物权的种类”自有其法定的“物权的内容”。依据《民法典》第240条的规定，所有权的内容体现为，权利人“对自己的不动产或者动产，依法享有占有、使用、收益和处分的权利”。有学者即据此认为，出卖人在所有权保留买卖交易中对标的物的所有权，即使在经济意义上具有保全价款债权的功能，但也缺乏担保物权在“种类”“内容”“设立”乃至“法效”等方面的物权法定主义基本元素。就《民法典》的制度结构和担保物权的制度元素而言，该所有权游离于物权法定主义意义上的担保物权之外。所谓功能主义将不同交易形式的非典型担保（如所有权保留买卖交易）“功能化”为担保物权，不能经由推理或者解释而得出，尚须法律明文规定出卖人所保留的所有权为一种具有优先

① 参见王泽鉴：《民法学说与判例研究（第七册）》，北京大学出版社2009年版，第221页。

受偿性的担保物权为前置性条件。物权法定主义决定着功能主义发挥解释作用的空间，《民法典》第641条至第643条规定的所有权保留买卖制度，不具备将保留的所有权“功能化”为担保物权的条件。[①] 尽管基于《民法典》第388条第1款“担保合同包括……其他具有担保功能的合同”的规定，以标的物所有权为基础的担保合同自可作为担保物权的发生依据，但在体系上，它确实与《民法典》将所有权赋予出卖人相抵触，[②] 存在过度干涉当事人合同自由之嫌。[③]

本书作者认为，尽管《民法典》将所有权保留买卖交易中出卖人保留的权利界定为“所有权”，并非物权法定主义之下“担保物权”，但是这一“所有权”已经不同于通常意义上的完全所有权，已如前述。《民法典》第240条关于所有权的定义性法条为所有权的类型化提供了依据。其中的“依法”表明所有权人行使其所有权并非绝对自由，而须受法律规定的限制。[④] 针对不同类型的所有权，“依法”一语意味着法律上所规定的限制也就不尽相同。如业主行使其所有权不得危及建筑物的安全，不得损害其他业主的合法权益（《民法典》第272条）；处分共有的不动产或者动产以及共有物，应当经占份额2/3以上的按份共有人或者全体共同共有人同意（《民法典》第301条）。如此，在法律上对所有权保留买卖交易中出卖人所有权的内容作出限制，亦属当然。

《民法典》事实上已经将所有权区分为完全所有权与担保性所有权两种类型，[⑤] 赋予了两种所有权不同的内容。一如抵押权之下不动产抵押权与动产抵押权的区分、一般抵押权与最高额抵押权的区分，虽然均为抵押权，但其内容上却存在着差异。就所有权保留买卖交易中出卖人的担保性所有权，《民法典》上规定的区别于完全所有权的内容举其要者有：

第一，《民法典》第641条第2款关于“未经登记，不得对抗善意第三人”的规定，已经表明所有权保留买卖交易中出卖人的所有权并不具有所有权的完整权能。出卖人的所有权在未予登记的情形之下，不得对抗抵押权人、质权人、善意受让人、善意承租人、查封扣押债权人、破产管理人，[⑥] 亦即此时的所有权并不得对前述权利人就标的物主张直接支配和排他的权利。出卖人的所有权即使已

① 参见邹海林：《所有权保留的制度结构与解释》，载《法治研究》2022年第6期。

② 参见谢鸿飞：《〈民法典〉实质担保观的规则适用与冲突化解》，载《法学》2020年第9期。

③ 参见冯洁语：《民法典视野下非典型担保合同的教义学构造——以买卖型担保为例》，载《法学家》2020年第6期。

④ 参见最高人民法院民法典贯彻实施工作领导小组主编：《中华人民共和国民法典物权编理解与适用》，人民法院出版社2020年版，第209页。

⑤ 参见张家勇：《体系视角下所有权担保的规范效果》，载《法学》2020年第8期；王立栋：《〈民法典〉第641条（所有权保留买卖）评注》，载《法学家》2021年第3期。

⑥ 参见高圣平：《民法典动产担保权登记对抗规则的解释论》，载《中外法学》2020年第4期；王洪亮：《所有权保留制度定性与体系定位——以统一动产担保为背景》，载《法学杂志》2021年第4期。

行登记，也不具备占有、使用、收益、处分的权能，[①] 依据《民法典》第641条第1款，出卖人保留的所有权只为一个目的而存在：确保买受人给付价金或者履行其他义务，[②] 也就体现为出卖人对标的物交换价值的直接支配性和排他性。如此，出卖人除就标的物价值依法享有优先受偿权外，不享有基于完全所有权的其他权能，即出卖人的担保性所有权表现为单面性的“价值权”属性。[③]

第二，《民法典》第642条、第643条所规定的“取回－回赎－再出卖－清算”的出卖人权利救济规则，已经不同于完全所有权。在完全所有权之下，所有权人自可基于《民法典》第235条规定的所有物返还请求权而主张取回标的物，如此，所谓取回权仅仅只是所有物返还请求权的代名词，所有权人据此取回标的物之后，并无法定的清算义务。但在所有权保留买卖交易中，买受人未给付价金或者未履行其他义务之时，出卖人取回标的物的，无论依据第642条第2款“参照适用担保物权的实现程序”，还是依据第643条第2款在买受人未回赎之时的另行出卖标的物，均须适用清算法理，即“出卖所得价款扣除买受人未支付的价款以及必要费用后仍有剩余的，应当返还买受人；不足部分由买受人清偿”。[④] 如此，出卖人据以取回标的物的基础权利——担保性所有权的内容与效力已经不同于完全所有权，出卖人取回权的行使程序及清算义务均清楚地表明出卖人的担保性所有权的价值权属性。

第三，虽然物权变动的公示方法并非物权法定原则的当然内容，[⑤] 但《民法典》第641条第2款规定的出卖人所有权的登记对抗规则，已与《民法典》第208条和第224条所确立的动产物权变动公示的一般规则不一致。动产所有权的设立和转让，“自交付时发生效力，但是法律另有规定的除外”（《民法典》第224条）。出卖人就标的物的所有权，并非基于所有权保留买卖合同而取得，而是基于此前的生产或者交易而取得，如此，所有权保留买卖交易中在买受人给付价金或者履行其他义务之前并不存在物权变动，也就无须满足物权变动所需的公示

① 就处分权能，尚存解释上的分歧。参见周江洪：《所有权保留买卖的体系性反思——担保构成、所有权构成及合同构成的纠葛与梳理》，载《社会科学辑刊》2022年第1期；王立栋：《〈民法典〉第641条（所有权保留买卖）评注》，载《法学家》2021年第3期；王洪亮：《所有权保留制度定性与体系定位——以统一动产担保为背景》，载《法学杂志》2021年第4期；纪海龙：《民法典所有权保留之担保权构成》，载《法学研究》2022年第6期。

② 参见王立栋：《〈民法典〉第641条（所有权保留买卖）评注》，载《法学家》2021年第3期。

③ 参见张家勇：《体系视角下所有权担保的规范效果》，载《法学》2020年第8期。

④ 参见王立栋：《〈民法典〉第641条（所有权保留买卖）评注》，载《法学家》2021年第3期。

⑤ 参见常鹏翱：《物权法定原则的适用对象》，载《法学》2014年第3期；张家勇：《体系视角下所有权担保的规范效果》，载《法学》2020年第8期。

要件。[①] 但是，在所有权保留买卖交易成立之时，出卖人原本享有的完全所有权即转化为担保性所有权，由此即受担保物权公示要件的约束。在解释上，登记对抗主义的引入，提高了有关买受人法律地位的信息的透明度，以便潜在债权人及时了解，[②] 但并未改变《民法典》上动产所有权的设立和转让规则，更多的是从担保视角规定担保性所有权的效力及其对抗范围，是为了解决其他债权人保护问题而公示，[③] 以利于同一标的物上设立多重担保情形时确定彼此之间的优先顺位。在所有权保留买卖交易中，标的物的担保性所有权由出卖人保有，但却由买受人占有、使用，占有标的物的事实状态已经无法起到公示标的物之上的权利负担的作用。如不采取登记公示方法，第三人尚须付出巨大的调查成本以探知标的物上的真实权利现状，势必损害交易安全。[④]《民法典》第641条第2款的规定与同属价值权的动产抵押权的登记对抗规则相统一，进一步强化了出卖人的担保性所有权不同于完全所有权的特性。[⑤]

综上，《民法典》已经明确地表达了所有权保留买卖交易中出卖人所有权的特定权利内容，从本质上而言，在所有权保留买卖中的所有权，被限定为特定目的的所有权，其更多的是服务于所有权的担保功能，[⑥] 彰显了其中出卖人所有权的价值权属性和担保物权效力元素，解决了物权法定主义之下完全所有权与担保性所有权之间的龃龉。所有权保留买卖交易中出卖人所有权的特殊内容已由《民法典》明确规定，并不与物权法定原则形成真正的冲突。[⑦] 这一处理模式尊重了合同自由之下当事人就交易结构的选择，维系了当事人所选择的所有权分配不变，同时将所有权保留买卖交易中出卖人的所有权的内容法定地与动产抵押权大致相似，体现着功能性形式主义立法模式的基本特点。[⑧]

---

① 参见张家勇：《体系视角下所有权担保的规范效果》，载《法学》2020年第8期；周江洪：《所有权保留买卖的体系性反思——担保构成、所有权构成及合同构成的纠葛与梳理》，载《社会科学辑刊》2022年第1期；邹海林：《所有权保留的制度结构与解释》，载《法治研究》2022年第6期。

② See Duncan Sheehan, Registration, Re - Characterisation of Quasi - Security and the Nemo Dat Rules, 7 *Journal of Business Law* 584, 590 (2018).

③ 参见刘竞元：《民法动产担保的发展及其法律适用》，载《法学家》2021年第1期。

④ 参见黄薇主编：《中华人民共和国民法典合同编释义》，法律出版社2020年版，第405~406页。

⑤ 参见最高人民法院民法典贯彻实施工作领导小组主编：《中华人民共和国民法典合同编理解与适用》，人民法院出版社2020年版，第616页；刘保玉：《民法典担保物权制度新规释评》，载《法商研究》2020年第5期；纪海龙：《民法典动产与权利担保制度的体系展开》，载《法学家》2021年第1期。

⑥ 参见周江洪：《所有权保留买卖的体系性反思——担保构成、所有权构成及合同构成的纠葛与梳理》，载《社会科学辑刊》2022年第1期。

⑦ 参见张家勇：《体系视角下所有权担保的规范效果》，载《法学》2020年第8期。

⑧ See Jan Jakob Bornheim, *Property Rights and Bijuralism: Can a Framework for an Efficient Interaction of Common Law and Civil Law Be an Alternative to Uniform Law?* Mohr Siebeck, 2020, pp. 381 - 385.

四、买受人的处分权与权利冲突的解决

在所有权保留买卖交易中，出卖人保留的所有权属于担保性所有权，仅具有担保功能。如此，买受人的法律地位也就不仅仅只是买卖合同之下的债务人（给付价金或者履行其他义务）和债权人（请求移转标的物所有权）。在买受人给付价金或者履行其他义务之前就标的物究竟享有何种性质的权利，对于判定买受人处分标的物的法律效果以及确定性地解决由此而生的权利冲突至关重要。诸如，买受人转让标的物予第三人或者以标的物为第三人设定抵押权或者质权，第三人的利益状态如何，直接影响交易安全。

（一）买受人对标的物的处分权

虽然法律改革家们认为，在所有权保留买卖交易等所有权融资工具中，所有权的归属并非确定动产担保交易的核心要素。在制定法律之时完全可以就所有权归属不作明确规定，仅在设立、公示、对抗效力、优先顺位、权利实现等方面作出类似于动产担保物权的规则即可，以此回避所有权担保交易的重新定性问题。[①] 但就我国《民法典》关于所有权保留买卖交易的既定规则而言，设立、公示、对抗效力及权利实现等方面的规则已与动产抵押规则相趋同，但就动产抵押权的优先顺位规则（包括一般规则和超优先顺位规则）是否可得准用于或者类推适用于所有权保留买卖交易，尽管《民法典担保制度解释》已经作出相应的政策选择，但仍然颇受质疑。[②] 如此，在解释论上首先确立所有权保留买卖交易中买受人就标的物的处分权或者所有权，就显得尤为重要。

基于功能性形式主义进路，我国《民法典》一方面将标的物的功能性所有权的权利人确定为出卖人，另一方面并未明确规定买受人就标的物享有何种权利。但是，其中相关规则还是可以推断出：买受人实质上享有标的物的所有权或者处分权。

第一，依据《民法典》第641条第2款和《民法典担保制度解释》第67条、第54条的规定，出卖人对标的物保留的所有权如未经登记，不得对抗买受人的查封、扣押债权人和破产管理人。此时，标的物的全部价值归于买受人的全体债权人，出卖人仅得就其无担保的租金债权与买受人的其他债权人依法分配标的物的价值。如此，标的物的所有权在解释上归属于买受人，否则无法解释买受人的其

---

① See Roderick A Macdonald, Article 9 Norm Entrepreneurship, 43 *Canadian Business Law Journal* 240, 254～255 (2006); Anna Veneziano, A Secured Transactions' Regime for Europe: Treatment of Acquisition Finance Devices and Creditors' Enforcement Rights, 14 *Juridica International* 89, 89 (2008).

② 参见周江洪：《所有权保留买卖的体系性反思——担保构成、所有权构成及合同构成的纠葛与梳理》，载《社会科学辑刊》2022年第1期；邹海林：《所有权保留的制度结构与解释》，载《法治研究》2022年第6期。

他债权人（查封、扣押债权人和破产管理人）缘何能够参与标的物的价值分配。

第二，《民法典》第643条确立了出卖人权利实现时的清算义务，标的物超出价金债务的剩余利益均归买受人所有。由此表明，出卖人就标的物的权利仅限于未获清偿的价金债权，标的物所有权除去价金债权的部分必须由买受人保有。“既然规定出卖人得就自己之物变卖求偿，则法律拟制标的物之所有权已移转于买受人。”① 只不过买受人的所有权上负有出卖人的担保负担。② 如买受人届时给付了价金或者履行了其他义务，则该担保负担消灭，买受人确定地获得标的物的所有权。③

第三，我国《民法典》上已经允许未来财产设立担保，④《民法典担保制度解释》第53条规定：“当事人在动产和权利担保合同中对担保财产进行概括描述，该描述能够合理识别担保财产的，人民法院应当认定担保成立。”这一规定为未来财产进入融资担保领域提供了技术工具。所有权保留买卖交易中，买受人一旦依约定给付价金或者履行其他义务，即取得标的物的完全所有权。如此，买受人自可在法律上处分其未来取得所有权的标的物，亦即无论买受人在标的物上设定其他担保物权或转让标的物，均属有权处分。⑤

如此看来，在所有权保留买卖交易中，不管出卖人是否授权或者同意买受人处分标的物，买受人就标的物的处分均属有权处分。正是基于此，《民法典担保制度解释》第67条才作出了所有权保留买卖交易中出卖人的所有权未经登记不得对抗第三人的范围及其效力参照动产抵押权规则处理的规定；第56条才作出了所有权保留买卖交易同样准用正常经营活动中的买受人规则的政策选择。但不无遗憾的是，《买卖合同解释》第26条第2款规定：“在民法典第六百四十二条第一款第三项情形下，第三人依据民法典第三百一十一条的规定已经善意取得标的物所有权或者其他物权，出卖人主张取回标的物的，人民法院不予支持。”这一规则以所有权保留买卖交易中买受人无处分权为基础，采纳了以无权处分为前提

---

① 王泽鉴：《民法学说与判例研究（第七册）》，北京大学出版社2009年版，第221页。

② See Ronald C. C. Cuming, Catherine Walsh, Roderick J. Wood, *Personal Property Security Law*, 2nd ed., Irwin Law Inc., 2012, p. 256；纪海龙：《民法典所有权保留之担保权构成》，载《法学研究》2022年第6期。

③ 参见王立栋：《〈民法典〉第641条（所有权保留买卖）评注》，载《法学家》2021年第3期；王洪亮：《所有权保留制度定性与体系定位——以统一动产担保为背景》，载《法学杂志》2021年第4期。

④ 参见谢鸿飞：《动产担保物权的规则变革与法律适用》，载《国家检察官学院学报》2020年第4期。同旨参见谢在全：《担保物权制度的成长与蜕变》，载《法学家》2019年第1期。

⑤ 参见王立栋：《〈民法典〉第641条（所有权保留买卖）评注》，载《法学家》2021年第3期。

的善意取得构成,[①] 至为可议。在体系解释上，《民法典》第642条第1款第3项所规定的买受人“将标的物出卖、出质或者作出其他不当处分”，不宜解释为在归属意义上标的物的所有权人还是出卖人,[②] 而应解释为只有“不当的”出卖、出质或其他处分“造成出卖人损害”时,[③] 出卖人才能行使取回权（实质上系实现其担保性所有权）（容后详述），并不表明买受人没有对标的物的处分权。

（二）买受人转让标的物时出卖人与转得人之间的权利冲突

买受人转让标的物之时，出卖人与转得人之间的关系，既受出卖人的担保性所有权是否登记的影响，也受正常经营活动中买受人规则的约束。

1. 买受人在其非正常经营活动中转让标的物

出卖人的担保性所有权已经登记的情形之下，买受人转让标的物虽属有权处分，但转得人依动产所有权的物权变动规则取得标的物的所有权之时，自是受到其上既存的出卖人担保性所有权的约束。如买受人以转得价金清偿债务，出卖人的担保性所有权作为从权利因其担保的价金债权的消灭而消灭；如出卖人的担保性所有权因买受人的转让行为受到损害，无论是基于出卖人取回权规则，还是类推适用抵押财产转让规则，均能得出出卖人可就标的物主张变价权和优先受偿权的结论。依据《民法典》第642条的规定，此种情形之下，出卖人取回权的行使条件成就，如出卖人与买受人、转得人不能就标的物的取回达成协议，自可参照担保物权的实现程序，主张就标的物优先受偿。与此同时，还可类推适用《民法典》第406条的规定,[④] 出卖人的担保性所有权不因标的物的转让而受到影响。在出卖人取回权的行使条件成就之时，出卖人自可就标的物主张权利；如出卖人的担保性所有权因买受人的转让行为受到损害，出卖人还可主张价金物权代位。

在出卖人的担保性所有权未经登记的情形之下，买受人转让标的物亦属有权处分，如转得人为善意，依据《民法典》第641条第2款的规定，出卖人的担保性所有权不得对抗该转得人，该转得人取得标的物的无负担的所有权。出卖人此际不得就标的物主张优先受偿权，在解释上，标的物上出卖人的担保性所有权消

① 参见周江洪：《所有权保留买卖的体系性反思——担保构成、所有权构成及合同构成的纠葛与梳理》，载《社会科学辑刊》2022年第1期。

② 相反意见参见张家勇：《体系视角下所有权担保的规范效果》，载《法学》2020年第8期。

③ 参见纪海龙：《民法典所有权保留之担保权构成》，载《法学研究》2022年第6期。

④ 参见孙宪忠、朱广新主编：《民法典评注·物权编4》，中国法制出版社2020年版，第224页；王立栋：《〈民法典〉第641条（所有权保留买卖）评注》，载《法学家》2021年第3期；孙超：《民法典体系下所有权保留出卖人权利的实现路径与对抗效力——从实体法与程序法结合的视角》，载《人民司法》2022年第25期。

灭。[①] 值得注意的是，这里的转得人，应以已依物权变动规则取得所有权者为限。已经签订买卖合同但未受领交付的转得人，在法律地位上仍属债权人，自不属于不得对抗的“第三人”。[②] 但如转得人非属善意，依《民法典》第641条第2款的反对解释和《民法典担保制度解释》第67条的规定，出卖人的担保性所有权并不消灭，仍然可以在权利实现条件成就之时主张就标的物优先受偿。有观点认为，“无论如何，动产抵押情形，并不能仅仅因为抵押人转让标的物就行使抵押权，而所有权保留则是发生取回权的必要充分条件。”[③] 但就《民法典》第642条第1款的文义而言，并非买受人转让标的物，出卖人即可行使取回权，尚须满足买受人转让标的物“造成出卖人损害”的要件。在解释上，买受人转让标的物并不当然“造成出卖人损害”，例如，买受人在转让标的物之后，仍然如期依约清偿分期价金债务。此际，仅得在买受人未按照约定给付价金或者完成特定条件之时，出卖人才能就标的物主张权利。

2. 买受人在其正常经营活动中转让标的物

动产抵押登记制度的引入，改变了传统法上的动产物权公示方法，直接导致动产交易的相对人尚须查询登记簿才能确定性地保有其利益，这不仅增加交易成本，而且影响交易便捷、害及交易安全。[④] 为维护交易安全，《民法典》第404条增设正常经营活动中的买受人规则，明定“以动产抵押的，不得对抗正常经营活动中已经支付合理价款并取得抵押财产的买受人”，通过豁免买受人的查询义务以克服动产抵押制度固有的缺陷。[⑤]《民法典担保制度解释》第56条并将正常经营活动中的买受人规则扩张适用至所有权保留买卖交易和融资租赁交易，其理由在于，“《民法典》已将所有权保留买卖和融资租赁中的所有权规定为非典型担保物权，而所有权保留和融资租赁的标的物也是动产，且以登记作为公示方式，因

---

① 参见高圣平：《民法典动产担保权登记对抗规则的解释论》，载《中外法学》2020年第4期；王立栋：《〈民法典〉第641条（所有权保留买卖）评注》，载《法学家》2021年第3期；王洪亮：《所有权保留制度定性与体系定位——以统一动产担保为背景》，载《法学杂志》2021年第4期。

② 参见高圣平：《民法典动产担保权登记对抗规则的解释论》，载《中外法学》2020年第4期；孙超：《民法典体系下所有权保留出卖人权利的实现路径与对抗效力——从实体法与程序法结合的视角》，载《人民司法》2022年第25期。

③ 周江洪：《所有权保留买卖的体系性反思——担保构成、所有权构成及合同构成的纠葛与梳理》，载《社会科学辑刊》2022年第1期。

④ 参见刘春堂：《动产担保交易登记之对抗力》，载《物权法之新思与新为——陈荣隆教授六秩华诞祝寿论文集》，我国台湾地区台湾瑞兴图书股份有限公司2016年版，第379～380页；董学立：《美国动产担保交易制度研究》，法律出版社2007年版，第163页。

⑤ 参见最高人民法院民事审判第二庭编：《最高人民法院民法典担保制度司法解释理解与适用》，人民法院出版社2021年版，第484～485页。

此也存在类似动产抵押制度的局限性。”①

学说上有观点反对这一解释方案。其主要理由在于，所有权保留买卖交易中的买受人并不享有标的物的所有权，其地位与并不因抵押权的设立而丧失处分权的抵押人明显不同。标的物的转得人首先要取得标的物的所有权，始有该标的物上是否附有担保负担的问题。转得人无法依正常经营活动中的买受人规则消灭标的物上的权利负担，而只能依善意取得构成予以处理。② 在解释上，《民法典》第404条的“动产抵押”，系指“一般的动产抵押以及浮动抵押”，③ 据此应当排除正常经营活动中的买受人规则对于所有权保留买卖交易的适用。④

已如前述，所有权保留买卖交易中出卖人保留的仅为担保性所有权，法律上拟制标的物的所有权已由买受人享有。买受人转让标的物并不构成无权处分，善意取得制度自无适用空间，其法律后果仅存在转得人是否无负担地取得标的物的所有权问题。在买受人转让标的物构成其正常经营活动的前提之下，转得人并无查询登记簿的义务，自可基于其支付合理价款并取得标的物的事实主张免受标的物上既存的出卖人所有权的约束。此时，出卖人不得对转得人就标的物主张所有权，在解释上，标的物上的出卖人所有权因转得人取得所有权而消灭。⑤

尚存疑问的是，如转得人非为善意，知道标的物上存在出卖人的所有权之时，是否仍有正常经营活动中的买受人规则之适用？《民法典》第404条的文义至为清晰，正常经营活动中的买受人规则并无转得人善意的构成，仅强调转得人“已支付合理对价”。由此可见，该规则的适用并不与善意取得制度相勾连，也不属于善意取得制度在特定场景之下的适用情形。至于第641条第2款所定登记对抗规则明确只保护善意第三人，但就《民法典》第404条与第403条、第641条第2款的适用关系而言，前者属于特别规定，后者属于一般规定，前者自应优先于后者而适用。正常经营活动中买受人规则的适用，并不以出卖人的所有权未经登记为前提。尽管《民法典担保制度解释》第56条第2款指出，“前款所称担保物权人，是指已经办理登记的抵押权人、所有权保留买卖的出卖人、融资租赁合同的出租人”“举重以明轻”，在出卖人所有权已经登记的情形之下，尚不得对抗正常经营活动中的转得人，在出卖人所有权未经登记的情形之下，更不可对抗正

① 最高人民法院民事审判第二庭编：《最高人民法院民法典担保制度司法解释理解与适用》，人民法院出版社2021年版，第485～486页。

② 参见周江洪：《所有权保留买卖的体系性反思——担保构成、所有权构成及合同构成的纠葛与梳理》，载《社会科学辑刊》2022年第1期。

③ 黄薇主编：《中华人民共和国民法典物权编释义》，法律出版社2020年版，第504页。

④ 参见王洪亮：《所有权保留制度定性与体系定位——以统一动产担保为背景》，载《法学杂志》2021年第4期。

⑤ 参见谢鸿飞：《动产担保物权的规则变革与法律适用》，载《国家检察官学院学报》2020年第4期。

常经营活动中的转得人。

（三）出卖人的所有权与同一标的物上抵（质）押权之间的冲突

在承认买受人有权处分标的物的前提之下，买受人即有权以标的物为他人设立抵押权或者质权，由此即出现同一标的物之上出卖人的担保性所有权与抵押权或者质权之间的冲突，相关优先顺位规则的适用即有了讨论的余地。值得注意的是，尽管《民法典》第 642 条第 1 款，买受人“将标的物出卖、出质或者作出其他不当处分”，且“造成出卖人损害”，是出卖人行使取回权的事由之一，但是，出卖人取回标的物之后，尚须按照相应的优先顺位规则分配标的物的变价款。

1. 竞存担保物权之间优先顺位的一般规则的准用。出卖人的所有权具有价值权属性，与抵押权、质权的权利属性大致相当。同一标的物上如存在出卖人的所有权、担保物权人的抵押权或者质权，这些权利的内容均为就标的物优先受偿。基于此，通说认为，同一标的物上出卖人的所有权与其他债权人的抵押权相竞存之时，自应准用《民法典》第 414 条第 1 款所确立的竞存担保物权间优先顺位的一般规则，按照登记时间的先后确定彼此之间的优先顺位：登记的优先于未登记的；先登记的优先于后登记的；均未登记的，顺位平等。① 出卖人的所有权与同一标的物上的质权相竞存之时，自应类推适用《民法典》第 415 条的规定，按照登记、交付的时间先后确定彼此之间的优先顺位。②

有观点认为，尽管出卖人的所有权的功能在于担保价金债权的实现，已与完全意义上的所有权异其内容，但也不能因此得出出卖人的所有权就是担保物权的结论。《民法典》第 414 条第 2 款规定的是“其他可以登记的担保物权”，这里的“担保物权”自文义而言并非“所有权”或者“具有担保功能的合同”，因此，不能直接得出所有权保留买卖交易中出卖人的所有权适用或者准用该款规定的结论。③

在体系解释上，《民法典》第 641 条第 2 款在所有权保留买卖交易中植入了登记制度，“从功能上讲，保留的所有权实质上属于‘可以登记的担保权’”。据此，所有权保留买卖交易“同样可以适用本法物权编第 414 条的规定”。④《民法典》第 388 条的体系效应之一在于，具有担保功能的交易形式中，债权人就标的

---

① 参见高圣平：《民法典动产担保权优先顺位规则的解释论》，载《清华法学》2020 年第 3 期；王立栋：《〈民法典〉第 641 条（所有权保留买卖）评注》，载《法学家》2021 年第 3 期；王洪亮：《所有权保留制度定性与体系定位——以统一动产担保为背景》，载《法学杂志》2021 年第 4 期。

② 参见李运杨：《〈民法典〉动产担保制度对功能主义的分散式继受》，载《华东政法大学学报》2022 年第 4 期。

③ 参见周江洪：《所有权保留买卖的体系性反思——担保构成、所有权构成及合同构成的纠葛与梳理》，载《社会科学辑刊》2022 年第 1 期。

④ 黄薇主编：《中华人民共和国民法典合同编释义》，法律出版社 2020 年版，第 406 页。

物的权利即为功能化的担保权益，并由《民法典》第414条第2款之“其他可以登记的担保物权”所涵盖。①

《民法典担保制度解释》的一系列规定采纳了上述观点。其一，第1条“所有权保留买卖……涉及担保功能发生的纠纷，适用本解释的有关规定”的规定表明，“有关担保物权的顺位规则”应予适用于所有权保留买卖交易。② 其二，第56条第2款关于正常经营活动中的买受人规则的适用范围中，将“所有权保留买卖的出卖人”纳入“担保物权人”的范畴。其三，第57条关于超优先顺位规则的具体适用中，将“保留所有权的出卖人”与提供购置款融资的动产抵押权人等量齐观。

2. 超优先顺位规则的类推准用。经济理论表明，给予购置款融资者相对于其他担保权人的超优先顺位，有利于防止对债务人财产的过度控制和促进再融资的展开。③ 其正当性在于，如若不是购置款融资人新注入的信用支持，这些财产就不会进入债务人的财产基础。这一理由显然适用于所有权保留买卖交易中的出卖人和融资租赁交易中的出租人。④ 从超优先顺位规则的规范目的出发，所有权保留买卖交易中的出卖人是最值得保护的对物信贷的权利人。⑤ 所有权保留买卖交易中，同样是以标的物担保购置款（买卖价金债权）的清偿，考虑到所有权保留买卖交易的经济目的，而不仅仅虑及其形式上的法律结构，出卖人的购置款价金债权应与抵押权人的购置款贷款债权就标的物的价值进行公平竞争。⑥ 如此，在动产浮动抵押权设定后抵押人又购入新的动产时，无论是在该动产上设立抵押权或者保留所有权的出卖人，还是为动产购置款的偿付提供融资而在该动产上设立抵押权的债权人，均可主张适用《民法典》第416条的规定，就该动产的变价款

---

① 参见王利明：《担保制度的现代化：对〈民法典〉第388条第1款的评析》，载《法学家》2021年第1期。

② 参见最高人民法院民事审判第二庭编：《最高人民法院民法典担保制度司法解释理解与适用》，人民法院出版社2021年版，第43页。

③ See Jan Jakob Bornheim, *Property Rights and Bijuralism*: *Can a Framework for an Efficient Interaction of Common Law and Civil Law Be an Alternative to Uniform Law*? Mohr Siebeck, 2020, p. 384.

④ See Catherine Walsh, ‘*Functional Formalism*’ *in the Treatment of Leases under Secured Transactions Law*: *Comparative Lessons from the Canadian Experience*, in Spyridon V. Bazinas & N. Orkun Akseli eds., *International and Comparative Secured Transactions Law*: *Essays in honour of Roderick A Macdonald*, Hart Publishing, 2017, p. 27.

⑤ 参见王洪亮：《所有权保留制度定性与体系定位——以统一动产担保为背景》，载《法学杂志》2021年第4期。

⑥ See Anna Veneziano, *European Secured Transactions Law at a Crossroad*: *The Pitfalls of a* ‘*Piecemeal Approach*’ *to Harmonisation*, in Louise Gullifer & Stefan Vogenauer eds., *English and European Perspectives on Contract and Commercial Law*: *Essays in Honour of Hugh Beale*, Hart Publishing, 2020, p. 412.

享有超优先顺位。[①] 在功能性的形式主义之下，虽然当事人之间就购置款融资可以采取不同的交易结构，但基于相同的经济目的，自应在法律上同等对待，超优先顺位规则均应予以适用。[②] 正是基于此，《民法典担保制度解释》第 57 条将《民法典》第 416 条所定购置款抵押权的超优先顺位规则扩张适用于所有权保留买卖交易和融资租赁交易。

有学者认为，在物权法定原则之下，所有权保留买卖交易中出卖人的所有权不得被解释为购置款抵押权，在满足《民法典》第 642 条第 1 款规定的条件，出卖人自可主张取回标的物，并依照《民法典》第 643 条的规定对标的物行使权利以实现价金债权。[③] 这一观点固守形式主义进路，坚持出卖人是标的物的"真正所有人"，自当优先于同一标的物上的在先担保物权。但我国《民法典》上所规定的出卖人所有权仅具担保功能，基于第 642 条和第 643 条仅能得出出卖人可就标的物优先受偿的结论，尚不能当然地认为出卖人的担保性所有权优先于同一标的物上的在先担保物权。

学说上有观点认为，购置款抵押权与所有权保留买卖交易中出卖人的所有权同为优先保障购置款债权的权利，二者之间功能上重叠，[④] 但法律构成却不同。一则，第 641 条第 2 款所确立的出卖人所有权的登记规则并无宽限期的规定；二则，出卖人借由其所有权而主张优先于同一标的物上的担保物权的效力，在买受人不履行给付价金或者其他义务之时享有取回标的物的权利。[⑤] 在《民法典》第 416 条消除了出卖人价金债权担保的手段或者条件的欠缺，以法定化和简单易行的制度构造，足以满足出卖人以其在所有权保留买卖交易中的所有权来担保价金债权的非典型担保的所有市场需求。此际，应严格适用物权法定原则，拒绝承认所有权保留等非典型担保的担保物权效力，出卖人和买受人不以抵押合同而以"其他具有担保功能的合同"约定担保价金债权优先受偿并进行所有权登记的，既不产生动产抵押权的效力，更不产生价款债权抵押权的效力。[⑥] 《民法典》第 641 条规定的所有权保留与《民法典》第 416 条规定的价款债权抵押权之间存在制度结构的明显差异，解释上更缺乏消除差异的具体方法，难以实现"同等对

---

① 参见最高人民法院民事审判第二庭编：《最高人民法院民法典担保制度司法解释理解与适用》，人民法院出版社 2021 年版，第 491 页。

② See Selma de Groot, *Three questions in relation to the scope of Book IX DCFR*, in Sjef van Erp, Arthur Salomons & Bram Akkermans eds., *The Future of European Property Law*, Sellier european law publishers GmbH, 2012, p. 138.

③ 参见邹海林：《价款债权抵押权的制度价值与解释》，载《北方法学》2021 年第 4 期。

④ 参见石佳友：《解码法典化：基于比较法的全景式观察》，载《比较法研究》2020 年第 4 期。

⑤ 参见谢鸿飞：《价款债权抵押权的运行机理与规则构造》，载《清华法学》2020 年第 3 期；章诗迪：《价款担保权规范适用的体系性解释》，载《浙江学刊》2021 年第 4 期。

⑥ 参见邹海林：《价款债权抵押权的制度价值与解释》，载《北方法学》2021 年第 4 期。

待”所有权保留买卖和价款债权抵押权的解释目的。①

本书作者认为，尽管我国《民法典》第416条所规定的购置款抵押权对应比较法上的“Purchase Money Security Interest”（PMSI，购置款担保权），但它并不是严格意义上的独立担保物权类型，而是动产抵押权的特殊优先顺位规则。如将其解释为一个独立的担保物权类型，一则《民法典》上并未就其设立、登记等作出特别规定；二则如未登记或者未在宽限期内登记，其效力若何，不无解释上的疑问。将其解释为动产抵押权的特殊优先顺位规则，则更容易取得体系上的贯通。作为动产抵押权，本采行登记对抗主义，并基于其登记时间取得就标的物受偿的优先顺位，但如该动产抵押权系担保购置抵押财产价金的清偿，且在标的物交付后10日内办理了抵押登记，则该动产抵押权将具有超优先顺位，可以优先于在先公示之其他担保物权。如未在标的物交付后10日内办理抵押登记的，则仅能适用《民法典》第414条进行处理。② 因此，《民法典》第416条所规定的，并不是不同于动产抵押权的另种担保物权，而仅仅只是动产抵押权的一种特殊的优先顺位规则。③ 所有权保留买卖交易与《民法典》第416条所规定的超优先顺位规则并不发生功能上的重叠。在解释上，基于《民法典》第642条至第643条的规定，出卖人仅具有就标的物优先受偿的地位，在《民法典》第414条的规则体系之下，仅得依登记的时间取得相应的优先顺位，并不能优先于在先登记的浮动抵押权。仅仅在满足第416条规定的各要件之下，出卖人就标的物才能取得超优先顺位，优先于在先的浮动抵押权。

五、出卖人权利的救济路径与清算法理的贯彻

动产担保交易中债权人就标的物的权利实现，尚须在债权人快速和低成本的程序需要与保护债务人和第三人利益之间寻求良好的平衡。④ 在比较法上，许多国际公约、国际软法文件、国内法允许担保物权人采行自力救济的途径高效地实

---

① 参见邹海林：《价款债权抵押权的制度价值与解释》，载《北方法学》2021年第4期。

② 参见王洪亮：《所有权保留制度定性与体系定位——以统一动产担保为背景》，载《法学杂志》2021年第4期。

③ 不过，从类型化的意义上，尚可认为，购置款抵押权系动产抵押权的亚类型，与非购置款抵押权相对而称，其类型化标准是主债权是否属于标的物的购置款。同时，浮动抵押权与固定抵押权的区分，是以抵押财产是否具有浮动性对动产抵押权所作的区分。

④ See E. Dirix, *Remedies of Secured Creditors Outside Insolvency*, in Horst Eidenmüller & Eva - Maria Kieninger eds., *The Future of Secured Credit in Europe*, Walter de Gruyter, 2008, p. 223 et seq.

现其担保物权。[①] 在债务人违约之时，担保物权人可以取得对担保财产的占有（取回），这一取回可以通过司法途径或者非司法途径得以实现。不过，以非司法途径自力取回担保财产，要以不违反公共秩序为前提条件。[②] 在这里，取回担保财产仅为实现担保物权的步骤之一，其目的在于控制该担保财产，为折价或者变价作准备。[③] 担保物权人取回担保财产之后在处分担保财产方面有广泛的自由裁量权。担保物权人在通知担保人和其他利害关系人之后依任何商业上合理的方式，出卖、出租、许可使用或者以其他方式处分担保财产的任何部分或者全部，并按照一定的顺序分配所取得的收益；[④] 担保物权人在担保人同意且其他利害关系人并无异议的情形之下还可以取得担保财产的所有权以抵偿债务（以物抵债）。[⑤] 此外，担保人有权在担保物权人处分担保财产或者以物抵债之前赎回担保财产，其前提条件是担保人必须清偿担保财产所担保的所有债务，并偿付担保物权人因取回、保管和处分担保财产而产生的合理费用和律师费。[⑥]

我国《民法典》上所确立的“取回 - 回赎 - 再出卖 - 清算”的出卖人权利实现机制，与上述规则同出一脉，在本质上也是一种担保物权的实现方式。[⑦]《民法典》在强化出卖人权利的自力救济路径的同时，为买受人和第三人也提供了强制性的保护措施。一则，出卖人的自力取回尚须买受人同意；二则，出卖人取回标的物之后，尚须容许买受人回赎，以继续履行买卖合同；三则，买受人未回赎

---

① See United Nations Commission on International Trade Law, *UNCITRAL Legislative Guide on Secured Transactions*, United Nations, 2010, p. 276; Anna Veneziano, A Secured Transactions' Regime for Europe: Treatment of Acquisition Finance Devices and Creditors' Enforcement Rights, 14 *Juridica International* 89, 94 (2008).

② 参见《美国统一商法典》第 9 条至第 609 条、《加拿大萨斯喀彻温省动产担保法》第 55 条、《新西兰动产担保法》第 109 条、《澳大利亚动产担保法》第 123 条等。

③ 参见武腾：《〈民法典〉的权利实现规定与司法程序配置》，载《吉林大学社会科学学报》2022 年第 1 期。

④ 参见《美国统一商法典》第 9 条至第 610 条、第 9 条至第 612 条、《加拿大萨斯喀彻温省动产担保法》第 59、60 条、《新西兰动产担保法》第 110 条、第 117 条、《澳大利亚动产担保法》第 111 条、第 128 条、第 131 条、第 140 条。See also United Nations Commission on International Trade Law, *UNCITRAL Legislative Guide on Secured Transactions*, United Nations, 2010, pp. 313 – 314.

⑤ 参见《美国统一商法典》第 9 条至第 620 条、《加拿大萨斯喀彻温省动产担保法》第 61 条、《新西兰动产担保法》第 120 条至第 121 条、《澳大利亚动产担保法》第 134 条至第 136 条。See also United Nations Commission on International Trade Law, *UNCITRAL Legislative Guide on Secured Transactions*, United Nations, 2010, p. 315.

⑥ 参见《美国统一商法典》第 9 条至第 623 条、《加拿大萨斯喀彻温省动产担保法》第 62 条、《新西兰动产担保法》第 132 条。

⑦ 参见黄薇主编：《中华人民共和国民法典合同编释义》，法律出版社 2020 年版，第 409 ~ 413 页；王洪亮：《所有权保留制度定性与体系定位——以统一动产担保为背景》，载《法学杂志》2021 年第 4 期。

的，出卖人并不当然保有标的物的剩余价值，尚须履行清算义务，实行“多退少补”。此已与《民法典》上相对禁止流抵（质）契约的立法态度相同。[①] 清算法理的贯彻，适用“多退少补”的规则，是为平衡出卖人、买受人及其他债权人利益的手段之一。从制度变迁史上，《民法典》第642条、第643条系分别修改自《买卖合同解释》原第35条、第37条。

（一）出卖人取回权的重新定位：就标的物求偿的程序性权利

在形式主义之下，在买受人未依约定给付价金义务或者履行其他义务之时，出卖人基于其就标的物的所有权地位，自可行使取回权。此时的取回权即为所有物返还请求权。[②] 但此论与《民法典》的既定规则之间存在冲突。其一，因《民法典》第643条承认了买受人的回赎权，解释论上的通说认为，第642条所定出卖人取回权的行使并不以解除买卖合同为前提。[③] 据此，买受人占有标的物尚属有权占有，《民法典》第235条所定所有物返还请求权的“无权占有”要件即无法满足，以所有权作为出卖人取回权的权源，正当性不足。其二，即使将出卖人取回权解释为附法定期限解除买卖合同的效果，主张出卖人取回标的物之时，买卖合同并未解除，如买受人在回赎期限内未行使回赎权之时，买卖合同即为解除，[④] 但买卖合同解除的法律后果，并不能合理地解释缘何出卖人取回标的物本已实现其权利，但仍须再行出卖标的物并负清算义务。[⑤]

另有观点认为，出卖人取回标的物，可以基于出卖人解除买卖合同，也可以基于《民法典》第642条第1款规定的取回标的物的条件成就。此际，买受人即失去继续占有标的物的法律上的原因，从而成为无权占有人。出卖人对标的物保留的所有权，仅为出卖人回复标的物占有之本权，仅当买受人的占有构成无权占有时，出卖人始可基于其本权（所有权）请求回复标的物的占有。[⑥] 但此说仍然无法圆满地解释在取回标的物的占有的本权系所有权的情形之下，出卖人取回标的物之后的清算义务。

---

① 参见王洪亮：《所有权保留制度定性与体系定位——以统一动产担保为背景》，载《法学杂志》2021年第4期。

② 参见崔建远：《对非典型担保司法解释的解读》，载《法治研究》2021年第4期；周江洪：《所有权保留买卖的体系性反思——担保构成、所有权构成及合同构成的纠葛与梳理》，载《社会科学辑刊》2022年第1期。

③ 参见黄薇主编：《中华人民共和国民法典合同编释义》，法律出版社2020年版，第410页；高圣平：《〈民法典〉视野下所有权保留交易的法律构成》，载《中州学刊》2020年第6期；王洪亮：《所有权保留制度定性与体系定位——以统一动产担保为背景》，载《法学杂志》2021年第4期。

④ 王利明：《所有权保留制度若干问题探讨——兼评〈买卖合同司法解释〉相关规定》，载《法学评论》2014年第1期。

⑤ 参见纪海龙：《民法典所有权保留之担保权构成》，载《法学研究》2022年第6期。

⑥ 参见邹海林：《所有权保留的制度结构与解释》，载《法治研究》2022年第6期。

在《民法典》确立的"取回－回赎－再出卖－清算"的出卖人权利实现机制之中，出卖人取回标的物仅仅只是其试图将标的物货币化的第一步，①一方面是造成买卖人心理上的压力，督促买受人及时清偿价金债务；另一方面是保障出卖人顺利变价标的物，以寻求权利的自力实现，避免再出卖时法律关系过于复杂。②由此而见，出卖人取回制度，"应解释为系出卖人就物求偿价金之特别程序"。③其一，从《民法典》第642条、第643条的规范目的来看，出卖人保留所有权的目的，仅在于确保价金债权的受偿，出卖人就标的物的所有权的内容，已经转化或者缩小为对标的物交换价值的支配，实质上仅具有担保物权的作用，已如前述。其二，出卖人取回标的物，只是导致买受人占有的丧失，并不是解除当事人之间的买卖合同，买受人的价金给付义务仍然存在，出卖人仍得就标的物变价，从而使买受人的价金给付义务得以全部或者部分消灭。如此，出卖人取回标的物仅系出卖人就标的物主张实现其价金债权的程序。其三，就所有权保留买卖交易中出卖人的缔约目的而言，出卖人既已出卖标的物予买受人，其所关心的也就在于如何使其价金债权得以足额清偿。如此，出卖人就标的物主张其价金债权的获偿，合于买卖合同系以自己的财产换取他人金钱的本来意旨。④至于既然出卖人本属标的物的所有权人，为何还要就自己之物变价受偿之质疑，⑤正是基于《民法典》上就所有权保留买卖交易中出卖人的所有权作出了不同于完全所有权的规定，出卖人取回标的物之后，即不能保有标的物的剩余利益，规定出卖人仅得就标的物优先受偿，更是还原其担保性所有权的本来内容。"只有将保留所有权按照担保权来把握，才能解释出卖人为何需要就'自己所有之物'进行变价求偿。"⑥

与比较立法例置重于自力救济规则的建构不同的是，我国实定法上基于目前的社会信用现状限制了自力救济路径在担保物权实现中的适用。即使在加入《移动设备国际利益公约》之时，我国也对该公约第54条第2款作出声明："债权人依据《公约》任何条款可以获得但条款中并未明确要求必须向法院申请的任何救济，必须经过中华人民共和国人民法院同意后方可施行。"这也意味着，在担保物权的实现途径之中排除自力救济的适用。根据我国《民法典》的规定，除了允

---

① See Ronald C. C. Cuming, Secured Creditors' Non－Statutory Remedies: Unfinished Business, 91 *Canadian Bar Review* 243, 257 (2013).

② 参见武腾：《〈民法典〉的权利实现规定与司法程序配置》，载《吉林大学社会科学学报》2022年第1期。

③ 王泽鉴：《民法学说与判例研究（第七册）》，北京大学出版社2009年版，第166页。

④ 参见王泽鉴：《民法学说与判例研究（第七册）》，北京大学出版社2009年版，第220～221页。

⑤ 参见王泽鉴：《民法学说与判例研究》（第七册），北京大学出版社2009年版，第220～221页。

⑥ 武腾：《〈民法典〉的权利实现规定与司法程序配置》，载《吉林大学社会科学学报》2022年第1期。

许在担保物权实现条件成就之后担保物权人与担保人协议实现担保物权（第410条第1款、第436条第2款、第453条第1款）之外，《民法典》仅允许担保物权的司法实现，不过在程序选择上，既可以申请启动实现担保物权案件特别程序，也可以提起民事诉讼，在取得许可裁定或者胜诉裁判之后申请执行法院强制执行。就此而言，《民法典》就所有权保留买卖交易中出卖人的权利实现明显体现了私人执行的色彩——出卖人可以自行出卖，已与《民法典》所定典型担保物权的实现规则之间存在差异。[①] 不过，《民法典担保制度解释》第45条第1款已经增设担保物权的庭外实现路径，为当事人之间约定的自力取回标的物提供了解释空间，动产抵押权的实现也就有了类推适用第642条取回标的物规定的空间。[②] 如此，在同类交易一视同仁的目标之下，出卖人的权利实现规则与担保物权的实现制度日益趋同，可以提高当事人和法院的确定性和效率，并进而降低交易成本。

我国《民法典》上就所有权保留买卖交易的法政策上的调整，同样也影响着出卖人所保留的所有权在买受人破产清算时的实现机制。由于出卖人就标的物仅享有担保性所有权，并不享有完全所有权，其效力仅限于就标的物优先受偿。由此而决定，在买受人破产清算之时，出卖人仅得主张破产别除权，不得主张破产取回权。[③] 不无遗憾的是，《企业破产法解释二》第2条仍然规定所有权保留买卖交易中的标的物不属于债务人财产；第37条及第38条仍然以破产取回权为基础架构出卖人的权利实现。从与破产财产的关系来看，破产取回权和破产别除权之间最大的区别在于，破产取回权的标的物之剩余利益不属于破产财产。[④] 在所有权保留买卖交易中，标的物的剩余利益并不由出卖人保有，反而归属于买受人及其破产债权人，已如前述。由此可见，出卖人并不享有破产取回权。如此，结合《民法典》第641条第2款所规定的登记对抗规则，在出卖人所有权已经登记的情形之下，出卖人可以申报有担保债权；在出卖人所有权未经登记的情形之下，出卖人仅得申报无担保债权。

（二）出租人权利的实现条件：第642条第1款的解释分歧

在将出卖人取回权定位为就标的物求偿的程序性权利的情形之下，《民法典》

---

① 参见周江洪：《所有权保留买卖的体系性反思——担保构成、所有权构成及合同构成的纠葛与梳理》，载《社会科学辑刊》2022年第1期。

② 参见武腾：《〈民法典〉的权利实现规定与司法程序配置》，载《吉林大学社会科学学报》2022年第1期。

③ 参见章诗迪：《民法典视阈下所有权保留的体系重构》，载《华东政法大学学报》2022年2期；李运杨：《〈民法典〉动产担保制度对功能主义的分散式继受》，载《华东政法大学学报》2022年第4期。

④ 参见徐小庆：《论所有权保留中出卖人之破产取回权》，载《上海法学研究》集刊2021年第22卷。

第642条第1款所定出卖人取回权的行使条件实际上即为出卖人担保性所有权的实现条件，与担保物权的实现条件相等同。依据该款的规定，出卖人取回权的行使条件可由当事人另行约定，由此体现着该款的任意法属性。如当事人没有相反的约定，买受人“未按照约定支付价款，经催告后在合理期限内仍未支付”“未按照约定完成特定条件”或者“将标的物出卖、出质或者作出其他不当处分”，造成出卖人损害的，出卖人有权取回标的物。其中，就以下两方面尚存争议。

第一，就买受人“未按照约定支付价款，经催告后在合理期限内仍未支付”而言，《民法典》第642条第1款本项在《买卖合同解释》原第35条第1款第1项“未按约定支付价款”，增加规定出卖人的催告程序，即出卖人在行使取回权之时，应先向买受人催告，在催告期满后买受人仍不支付价款的，出卖人才可行使取回权，以保障当事人之间的利益平衡。[①]《买卖合同解释》原第35条第1款第1项系与原第37条关于买受人回赎权的规定相互配合以平衡当事人之间的利益，但是，《民法典》既在第642条第1款第1项增加出卖人的催告程序，又在第643条同时规定买受人的回赎权，二者之间的功用相同，同时在《民法典》中予以明确规定，似有过度保护自力救济之下买受人利益之嫌，并直接导致出卖人权利行使上的延宕。

值得注意的是，《买卖合同解释》原第36条第1款规定：“买受人已经支付标的物总价款的百分之七十五以上，出卖人主张取回标的物的，人民法院不予支持。”确立这一规则的主要考虑是，“在总价款已支付75%的情形下，买受人的期待利益相对更加重要，取回权的行使也会使该种期待罹于不测。退一步讲，即使具有本司法解释第35条第1款规定的情形，出卖人也可以采取其他救济方式，比如，分期付款中的要求支付全部价款、解除合同等，而不必采用取回的方式来保障其权利。”[②] 在《民法典》将出卖人就标的物的权利明确为担保性所有权的背景之下，以买受人已给付的价金比例为据否定出卖人取回权的行使，正当性不足，也与《民法典》第416条关于超级优先顺位的规定不相吻合。[③]“所有权保留若是担保构成，债务不履行的数额并不会限制担保权的行使”，[④] 否则，剩余未受清偿的价金债权即失去标的物的物权保障，从而沦为普通债权。[⑤] 如此，这一对

---

① 参见黄薇主编：《中华人民共和国民法典合同编释义》，法律出版社2020年版，第408页。

② 最高人民法院民事审判第二庭编：《最高人民法院关于买卖合同司法解释理解与适用》，人民法院出版社2012年版，第551页。

③ 参见黄薇主编：《中华人民共和国民法典合同编释义》，法律出版社2020年版，第408页。

④ 周江洪：《所有权保留买卖的体系性反思——担保构成、所有权构成及合同构成的纠葛与梳理》，载《社会科学辑刊》2022年第1期，第83～84页。

⑤ 参见王洪亮：《所有权保留制度定性与体系定位——以统一动产担保为背景》，载《法学杂志》2021年第4期；纪海龙：《民法典所有权保留之担保权构成》，载《法学研究》2022年第6期。

取回权的限制损害了出卖人的利益，且有违所有权保留约款之目的。[①] 因此，《民法典》编纂过程中并未采纳这一规则。[②] 令人遗憾的是，在根据《民法典》的规定对既有司法解释进行整理的过程中，《买卖合同解释》第26条仍然保留了《合同法》时代所确立的这一规则，直接引发了解释论上的冲突。如有学者据此认为，依据《民法典》第642条和《民法典担保制度解释》第64条的规定，出卖人取回权的存在构成了启动担保物权实现程序的前提条件，《买卖合同解释》第26条仍然是担保物权实现的阻却性条款。[③]

第二，就买受人“将标的物出卖、出质或者作出其他不当处分”而言，[④]“在买卖双方未就出卖人何时可以取回标的物作出约定时，买受人就标的物实施了转卖、出质等行为的，将严重侵害出卖人的所有权，故出卖人依法有权行使取回权。”[⑤] 但是，所有权保留买卖交易中买受人不得随意处分标的物的理论基础，在于出卖人为标的物的完全所有权人，未经出卖人授权或者同意，买受人处分标的物即属无权处分。但正如前述，出卖人仅保有对标的物的担保性所有权，买受人才是标的物的实质所有权人，因此，买受人对标的物的处分属于有权处分，已如前述。

即便如此，并不排斥法律规定买受人“将标的物出卖、出质或者作出其他不当处分”为出卖人行使取回权的事由之一。此时，买受人对标的物的处分“造成出卖人损害”之时，才能触发出卖人行使取回权。其一，在买受人在其非正常经营活动中将标的物出卖的情形之下，如出卖人的所有权已然登记，出卖人自可以其所有权对抗恶意的转得人，此时出卖人的利益不受损害；如出卖人的所有权未经登记，出卖人的所有权不得对抗善意的转得人，此时出卖人的利益受到损害。其二，在买受人在其正常经营活动中将标的物出卖的情形之下，不管出卖人的所有权是否登记，出卖人的所有权均不得对抗标的物的转得人，此时出卖人的利益受到损害。其三，在买受人将标的物出抵或者出质的情形之下，结合《民法典》第641条登记对抗规则和第414条优先顺位规则的规定，确定出卖人与质权人、

---

① 参见李永军：《论民法典形式意义与实质意义上的担保物权——形式与实质担保物权冲击下的物权法体系》，载《西北师大学报（社会科学版）》2020年第6期。

② 参见黄薇主编：《中华人民共和国民法典合同编释义》，法律出版社2020年版，第408页。

③ 参见周江洪：《所有权保留买卖的体系性反思——担保构成、所有权构成及合同构成的纠葛与梳理》，载《社会科学辑刊》2022年第1期。

④ 这里的“其他不当处分”，除了法律上的不当处分（如以标的物设定抵押权）之外，尚包括事实上的不当处分，如买受人未尽善良管理人之注意义务而使用标的物的情形。参见王泽鉴：《民法学说与判例研究（第七册）》，北京大学出版社2009年版，第220~221页。

⑤ 黄薇主编：《中华人民共和国民法典合同编释义》，法律出版社2020年版，第409页。

抵押权人之间的优先顺位，难谓“造成出卖人损害”。①

就买受人对标的物的处分不损害出卖人的利益的情形，《民法典》第642条第1款第3项以及《买卖合同解释》第26条第2款此时即无适用余地；就买受人对标的物的处分损及出卖人的利益的情形，出卖人自可基于《民法典》第642条第1款第3项的规定行使取回权。但在标的物的所有权已由他人取得的情形之下，出卖人的取回权是否可得实现，存在疑问。此时，可以类推适用《民法典》第406条的规定，② 请求买受人将其转让所得的价款提前清偿债务或者提存。

（三）清算法理的贯彻：第642条第2款的解释分歧

在功能主义之下，担保物权效力所及的主债权范围仅限于债权人未受清偿的主债权，由此而决定，债权人就担保财产受偿之时，无论采取何种方式，均须就担保财产的价值与未受清偿的债权之间进行清算，实行“多退少补”。这一规则与其他所有实现规则一起，其规范目的在于保护债务人及其他债权人的利益。③《民法典》就所有权保留买卖交易中出卖人就标的物的权利实现即贯彻了这一法理。

1. 当事人之间协商取回之时的清算义务

即使满足《民法典》第642条第1款所规定的取回权的行使条件，出卖人取回标的物尚须买受人的配合。此时，即有了出卖人与买受人协商的必要。这里的协商内容，自是包括取回的时间、地点、方式以及费用的承担等。④ 在解释上，在出卖人向买受人主张取回权之时，买受人没有异议地交出标的物以使出卖人的自力取回得以实现，亦属协商取回的情形之一。

标的物的协商取回，类似于《民法典》第410条所定“协议实现”，⑤ 其目的同样是“就物求偿”，以标的物的价值清偿未受清偿的价金债务及其他义务。如当事人之间的取回协议仅约定出卖人取回标的物，但并不及于标的物价值与价金债权之间的清算关系，出卖人尚须在取回标的物之后依据《民法典》第643条的规定履行清算义务。依据《民法典》第643条的规定，买受人有权在合理期限回赎标的物，也有权在放弃回赎权后请求出卖人以合理价格转卖标的物并将超过买

---

① 参见王瑛：《论融资租赁承租人擅自转租租赁物时出租人的法定解除权》，载《法学评论》2021年第6期。

② 参见孙宪忠、朱广新主编：《民法典评注·物权编4》，中国法制出版社2020年版，第237页。

③ See Louise Gullifer, *Quasi – security Interests: Functionalism and the Incidents of Security*, in Iwan Davies ed., *Issues in International Commercial Law*, Taylor & Francis Group, 2005, p. 19.

④ 参见武腾：《〈民法典〉的权利实现规定与司法程序配置》，载《吉林大学社会科学学报》2022年第1期。

⑤ 参见李运杨：《〈民法典〉动产担保制度对功能主义的分散式继受》，载《华东政法大学学报》2022年第4期。

受人欠付价金及必要费用的部分予以返还。如出卖人不以合理价格转卖标的物或者不返还标的物价值的超额部分，买受人也仍然有权申请人民法院拍卖、变卖标的物。[①] 如当事人之间的取回协议约定，出卖人取回标的物，保有标的物的剩余价值，同时买受人不再履行剩余价金给付义务或者其他义务，则该协议自是有效，出卖人此时并不负有清算义务。但在该协议损害买受人的其他债权人的利益之时，其他债权人自可行使撤销权。

2. 当事人之间无法协商取回之时的程序供给

当事人之间就标的物的取回无法达成协议的，在解释上属于出租人无法以协议实现的方式实现其权利。由于取回标的物仅为出卖人实现其权利的步骤之一，在程序救济上存在以下两种方案。

第一，既然自力救济受阻，出卖人自可寻求公力救济，就标的物主张优先受偿权。此时即“可以参照适用担保物权的实现程序”。这里“担保物权的实现程序”，在文义上并不仅限于《民事诉讼法》上所规定的“实现担保物权案件”特别程序，尚包括出卖人提起普通民事诉讼程序以实现其权利的情形。《民法典担保制度解释》第 64 条第 1 款规定：“在所有权保留买卖中，出卖人依法有权取回标的物，但是与买受人协商不成，当事人请求参照民事诉讼法‘实现担保物权案件’的有关规定，拍卖、变卖标的物的，人民法院应予准许。”这里仅允许“当事人通过非讼程序的方式实现担保物权”,[②] 至为可议。如出卖人向买受人提起民事诉讼，同时主张价金债权和就标的物的优先受偿权，自无不许之理。尽管借由实现担保物权案件程序，“出卖人可以省去诉讼环节，直接向法院申请执行，达到降低交易成本、提高效率的目的”,[③] 但在我国目前“实现担保物权案件”特别程序运行不彰的情形之下，承认普通民事诉讼程序的适用至为重要。

有学者认为,《民法典》第 642 条第 2 款所参照的并非担保物权的实体规则，而是担保物权实现的程序规则。亦即，当事人之间不能协商取回标的物之时，出租人对于权利行使程序的“参照适用”以取回标的物，而并非对优先受偿等担保

① 参见刘贵祥：《民法典关于担保的几个重大问题》，载《法律适用》2021 年第 1 期；最高人民法院民事审判第二庭编：《最高人民法院民法典担保制度司法解释理解与适用》，人民法院出版社 2021 年版，第 539 页；孙超：《民法典体系下所有权保留出卖人权利的实现路径与对抗效力——从实体法与程序法结合的视角》，载《人民司法》2022 年第 25 期。

② 最高人民法院民事审判第二庭编：《最高人民法院民法典担保制度司法解释理解与适用》，人民法院出版社 2021 年版，第 538 页。同旨参见黄薇主编：《中华人民共和国民法典合同编释义》，法律出版社 2020 年版，第 409 页。

③ 黄薇主编：《中华人民共和国民法典合同编释义》，法律出版社 2020 年版，第 409 页。这里的表述尚值商榷。在实现担保物权案件特别程序中，当事人无法直接申请执行。在强制执行的现行执行名义体系之下，当事人尚须首先取得许可拍卖、变卖担保财产的民事裁定书（许可裁定），才能据此向执行法院申请执行。

制度实体规则的“参照适用”。[①]“实现担保物权案件”特别程序，本是担保物权人实现其实体权利（就担保财产优先受偿）的程序供给，又如何被用以参照适用于“取回标的物”？这里的“参照适用”，系指出卖人所保留的“所有权”在字面上不是“担保物权”，出卖人所有权的实现也就不能直接适用“担保物权的实现程序”，但基于出卖人的担保性所有权与担保物权之间在权利内容上的高度相似性，“担保物权的实现程序”自然就有了参照适用的余地。所谓“参照适用”，即为对被参照的规则予以适当修改或者变通之后再适用。如此，“担保物权的实现程序”参照适用于所有权保留买卖交易之时，“担保物权”即指出卖人的担保性所有权；“担保物权人”即为出卖人；“担保人”就是买受人；“担保财产”系指所有权保留买卖交易的标的物。

值得注意的是，《民法典》第642条第2款的规定并不表明“协商取回标的物”是启动“担保物权的实现程序”的前置性程序。出卖人未就标的物的取回与买受人进行协商，而直接请求人民法院拍卖、变卖标的物并优先受偿，即足以表明出卖人放弃自力救济路径，不愿意浪费时间与买受人协商取回标的物，因为协商系在当事人之间展开，如当事人一方不同意协商，也就意味着“协商不成”，出卖人自可直接申请启动“担保物权的实现程序”。

第二，既然自力取回受阻，出卖人自可寻求公力取回，通过诉讼取回标的物。《民法典》第642条第2款“可以参照适用担保物权的实现程序”中的“可以”不能理解为“只能”。亦即，在当事人之间不能协商取回标的物之时，并非仅有“参照适用担保物权的实现程序”一途，出卖人尚可通过诉讼取回标的物。[②]《民法典担保制度解释》第64条第2款前段规定：“出卖人请求取回标的物，符合民法典第六百四十二条规定的，人民法院应予支持”，即属此理。在解释上，出卖人通过诉讼取回标的物之后，同样受到《民法典》第643条的约束，容忍买受人在回赎期间内回赎标的物，买受人未予回赎的，出卖人再以合理价格将标的物出卖，实行“多退少补”。[③]

为防免出卖人诉讼取回标的物之后的再行出卖程序所带来的程序延宕，《民法典担保制度解释》第64条第2款后段提供了在出卖人提起的取回标的物的诉讼中一并清算的程序路径。在出卖人诉讼请求取回标的物之时，如买受人反诉请求出卖人返还标的物价值超过欠付价金及必要费用的部分或者买受人抗辩标的物的

---

① 参见周江洪：《所有权保留买卖的体系性反思——担保构成、所有权构成及合同构成的纠葛与梳理》，载《社会科学辑刊》2022年第1期；孙超：《民法典体系下所有权保留出卖人权利的实现路径与对抗效力——从实体法与程序法结合的视角》，载《人民司法》2022年第25期。

② 参见刘贵祥：《民法典关于担保的几个重大问题》，载《法律适用》2021年第1期。

③ 参见最高人民法院民事审判第二庭编：《最高人民法院民法典担保制度司法解释理解与适用》，人民法院出版社2021年版，第539页。

剩余价值超过欠付价金及必要费用，请求人民法院拍卖、变卖标的物，则人民法院对买受人的主张应一并予以处理。① 这一程序设计以买受人反诉或者抗辩为前提。

综上，在出卖人就标的物的权利实现规则体系之中，尽管自力救济和公力救济均有适用余地，但均各有利弊。自力救济虽是国际公约和国际软法文件所倡导的方向，但在标的物由买受人占有的情形之下，基于我国目前的信用现状，出卖人取回标的物必将遇到买受人的阻碍，且受制于清算法理的适用，《民法典》所建构的买受人保障措施略为复杂。公力救济虽能更好地保护买受人的权利，但如公力救济的程序冗长且费用高昂，则可能给出卖人带来不适当的负担。如此，充分地利用实现担保物权案件特别程序的简速裁判功能，改变目前该程序在司法实践中运行不彰的现状，应为契合我国国情的不二之选。

六、小结

20 世纪 60 年代以来的全球法制改革表明，动产担保交易法律制度受到文化、历史、经济和社会因素的深远影响，并与物权法、合同法和破产法紧密联系。既有的法律体系与法律传统在一定程度上阻碍了动产担保交易法的现代化。② 所有权保留买卖交易是服务于中小微企业等实体经济发展的主要融资工具，其规制重心，并不在于其为所有权保留买卖合同，而是在于其担保权构造。③ 我国《民法典》《民法典担保制度解释》就此作出了富有成效的努力，不仅直接承认所有权保留买卖交易的担保功能，而且规定了登记对抗、优先顺位、权利实现时的清算义务等一系列规则，意图透过统一动产担保交易的核心规则，以达到增加交易的确定性并进而优化营商环境的政策目标。不过，囿于《民法典》本身赖以体系化的物债两分结构，我国《民法典》仍然采取了形式主义的立法路径，并未就所有权保留买卖交易、融资租赁交易、动产抵押贷款交易等各种担保交易形式进行全面的规则统合，而是尊重了当事人之间就融资交易结构上的合意安排，将所有权保留买卖交易中出卖人就标的物的权利依然界定为所有权。这一立法模式体现了功能性的形式主义的基本元素，其中，功能主义明显强于形式主义。④ 但不可否认的是，这种杂糅式的立法方法，将反映形式主义之下的原有规则与功能主义之

---

① 参见最高人民法院民事审判第二庭编：《最高人民法院民法典担保制度司法解释理解与适用》，人民法院出版社 2021 年版，第 538 页。

② See Catherine Walsh, The "Law" in Law and Development, (2000) *Law in Transition* 7, 12 – 13 (2000).

③ 参见游进发：《附条件买卖合同之基本结构》，载《物权法之新思与新为——陈荣隆教授六秩华诞祝寿论文集》，我国台湾地区瑞兴图书股份有限公司 2016 年版，第 410 页。

④ 参见刘颖：《民事执行中案外担保权人的救济路径》，载《环球法律评论》2022 年第 5 期。

下的创新规则融合在一起，并未形成一个完整的体系性回路，① 已经引发了不少学说分歧。在《民法典担保制度解释》就其中部分分歧已经作出政策选择的情形之下，准确把握《民法典》上的功能主义导向，为相关争议问题提供妥适的解决方案，是为下一步的解释论作业。

① 参见周江洪：《所有权保留买卖的体系性反思——担保构成、所有权构成及合同构成的纠葛与梳理》，载《社会科学辑刊》2022 年第 1 期；叶金强：《现行动产担保模式之批判》，载《法学杂志》2022 年第 6 期；纪海龙：《民法典所有权保留之担保权构成》，载《法学研究》2022 年第 6 期。

【公司担保专题】

再论公司法定代表人越权担保的法律效力

《公司法》第15条是对法定代表人代表权的法定限制，法定代表人的身份并不足以使相对人在与公司订立担保合同之时产生合理的信赖。未经适格的公司决议，法定代表人即无代表公司与相对人签订担保合同的权限。相对人在与公司签订担保合同之时应对法定代表人的代表权限进行审查，相对人的善恶意取决于其是否对法定代表人的代表权限善尽审查义务。相对人的审查对象并不仅限于公司决议，相对人尚须结合公司章程及其他文件对公司决议是否适格进行判断；其审查标准为“合理审查”，是一种审慎的形式审查。如相对人未尽合理审查义务，其主观上非为善意，未经公司追认，担保合同对公司不发生效力。此时，公司既不承担担保责任，也不承担缔约过失责任。至于相对人的损失，由相对人与法定代表人按照过错程度予以分担。

一、问题的提出

公司为他人债务提供担保，① 是金融市场中融资活动据以展开的重要增信工具，但也伴随直接减少公司营业资产、危及公司股东和其他债权人利益的风险。实践中，公司控股股东和实际控制人操控公司肆意提供巨额担保从而“掏空”公司资产的案例比比皆是，公司随意担保所引发的问题已成为我国公司治理领域中的“顽疾”。虽然《公司法》第15条规定了公司担保的决议机制，但因欠缺法律效果要件而引发诸多学说分歧和裁判冲突，直接影响该条规范目的的实现。结合理论与实践的发展，《最高人民法院关于审理公司为他人提供担保纠纷案件适用

① 《公司法》第15条的规制对象是公司为他人债务提供担保，尚不及于公司为自身债务提供担保的情形。为使行文简洁，本书以“公司担保”对前者予以简称。

法律问题的解释（稿）》(以下简称《公司担保解释稿》)公开征求意见,[①] 但最终未获通过。《全国法院民商事审判工作会议纪要》（以下简称《民商事审判会议纪要》）首开其端，明确了《公司法》第15条的规范意旨、相对人善意的认定、越权担保的法律后果等，在一定程度上统一了公司担保问题的裁判尺度。[②]《最高人民法院关于适用〈中华人民共和国民法典〉有关担保制度的解释》（以下简称《民法典担保制度解释》）吸收了《民商事审判会议纪要》的既有政策选择，并结合《民法典》作了相应完善。[③] 但此举并未给公司担保问题的研究划上句号，相关规则的适用仍须进一步解释。

二、法定代表人越权担保的解释进路

就法定代表人越权担保的解释进路，向有“内部关系说”“规范性质识别说”“代表权限制说”之争。[④] 自《公司担保解释稿》公开征求意见之时起，“代表权限制说”占据压倒性优势，成为《民商事审判会议纪要》和《民法典担保制度解释》中相关规则起草的理论基础。[⑤] 但是，新近不少文献和裁判以法人实在说为依据，基于《民法典》第61条，主张“内部关系说”，并进而影响“代表权限制说”之下的法律后果，不可不辩。

（一）《民法典》第61条的规范意旨

根据《民法典》第61条第1款的规定，法律或者法人章程既是确定法定代表人的依据，也是法定代表人代表权限的来源。换言之，法定代表人不得超越法律或者法人章程的规定行使代表权。在分权制衡的法人治理结构之下，出于某种

---

① 最高人民法院办公厅秘书一处2018年8月9日印发。《公司担保解释稿》的基本精神，体现在“公司对外担保合同的效力认定和效果归属”（最高人民法院民二庭第7次法官会议纪要）之中。参见贺小荣主编：《最高人民法院民事审判第二庭法官会议纪要：追寻裁判背后的法理》，人民法院出版社2018年版，第189～205页（执笔人：郑勇）。

② 参见刘贵祥：《民法典关于担保的几个重大问题》，载《法律适用》2021年第1期；最高人民法院民事审判第二庭编：《〈全国法院民商事审判工作会议纪要〉理解与适用》，人民法院出版社2019年版，第74～76页。

③ 参见林文学、杨永清、麻锦亮、吴光荣：《〈关于适用民法典有关担保制度的解释〉的理解和适用》，载《人民司法》2021年第4期；关于《民法典担保制度解释》与《民商事审判会议纪要》的对比分析，详见王毓莹：《公司担保规则的演进与发展》，载《法律适用》2021年第3期。

④ 就三种学说的介绍，参见周伦军：《公司对外提供担保的合同效力判断规则》，载《法律适用》2014年第8期；贺小荣主编：《最高人民法院民事审判第二庭法官会议纪要：追寻裁判背后的法理》，人民法院出版社2018年版，第190～193页；高圣平、范佳慧：《公司法定代表人越权担保效力判断的解释基础——基于最高人民法院裁判分歧的分析和展开》，载《比较法研究》2019年第1期。

⑤ 参见最高人民法院民事审判第二庭编：《〈全国法院民商事审判工作会议纪要〉理解与适用》，人民法院出版社2019年版，第74页；最高人民法院民事审判第二庭编：《最高人民法院民法典担保制度司法解释理解与适用》，人民法院出版社2021年版，第37页。

政策的考虑，法律规定某些交易的决定权并不在法定代表人，而属于其他法人机构。此时，法定代表人就无权代表法人决定该事项。《公司法》第 15 条即为著例。该条关于公司其他机构与法定代表人之间就公司担保的权力划分，是法律在公司机构分权的基础上对法定代表人业务执行权的一种特别限制。准此，未经公司有权机构决定，法定代表人并不享有代表公司与相对人签订担保合同的权限，此为对法定代表人代表权的法定限制。①

根据《民法典》第 61 条第 2 款的规定，我国就法定代表人的地位在“代表说”和“代理说”之间采取了“代表说”，法定代表人对外的职务行为即为法人行为，其后果由法人承担。② 在体系解释上，《民法典》第 504 条在规定法定代表人超越权限订立的合同一般对法人发生效力的同时，排除了相对人知道或者应当知道其超越权限的情形。③ 从这个角度讲，《民法典》第 504 条构成第 61 条第 2 款的例外情形，在相对人知道或者应该知道法定代表人超越代表权限的情形下，该越权行为的法律效果不能归属于法人，不能由法人承受法定代表人行为的法律后果。因此，不宜简单地认为“法定代表人所有以法人名义实施的行为均由法人承担后果”。④ 行为人只有在“依照法律或者法人章程的规定”担任“对外代表法人从事民事活动的负责人”时，才能视为“法人的法定代表人”，也只有在此情形，法定代表人以法人名义从事的民事活动，其法律后果才由法人承受。⑤

《民法典》第 61 条第 3 款规定了法定代表人代表权约定限制的外部效力。法人章程或者内部决议在通常情况下不易被法人外部的第三人所知悉，在确定其外部效力之时，应保护善意第三人的信赖利益。本款规定表明，法定代表人超越法人章程或者内部决议的限制，以法人名义从事的民事活动，其法律后果原则上仍应由法人承担，除非法人能够证明该第三人非为善意。⑥ 这里通过对法人章程或

---

① 参见最高人民法院民法典贯彻实施工作领导小组主编：《中华人民共和国民法典总则编理解与适用》，人民法院出版社 2020 年版，第 320 ~ 321 页。

② 参见黄薇主编：《中华人民共和国民法典解读 · 总则编》（精装珍藏版），中国法制出版社 2020 年版，第 169 页；最高人民法院民法典贯彻实施工作领导小组主编：《中华人民共和国民法典总则编理解与适用》，人民法院出版社 2020 年版，第 316 页。

③ 参见黄薇主编：《中华人民共和国民法典解读 · 合同编》（精装珍藏版），中国法制出版社 2020 年版，第 140 页。

④ 贺小荣主编：《最高人民法院民事审判第二庭法官会议纪要：追寻裁判背后的法理》，人民法院出版社 2018 年版，第 197 页；最高人民法院民法典贯彻实施工作领导小组主编：《中华人民共和国民法典总则编理解与适用》，人民法院出版社 2020 年版，第 322 ~ 323 页。

⑤ 参见蒋大兴：《超越商事交易裁判中的“普通民法逻辑”》，载《国家检察官学院学报》2021 年第 2 期。

⑥ 参见最高人民法院民法典贯彻实施工作领导小组主编：《中华人民共和国民法典总则编理解与适用》，人民法院出版社 2020 年版，第 324 页。

者内部决议外部效力的适当限制，保护交易中无过错一方的权利，维护交易安全。① 但本款规定明显仅适用于法定代表人代表权的约定限制，至于法定代表人代表权的法定限制，本款并无适用余地。

法定代表人越权担保的效力认定，涉及公司利益与相对人利益之间冲突的协调，而该冲突与协调经由交易外观主义法理得以解决。② 通常情形下，法定代表人的身份（外观）即足以使相对人产生合理信赖。但基于《公司法》第 15 条对法定代表人代表权的法定限制，法定代表人的外观并不足以使相对人产生信赖。在《公司法》第 15 条之下，与相对人签订担保合同不是法定代表人所能单独决定的事项，而必须以公司股东会、董事会等公司机构的决议作为授权的基础和来源。③ 这里，“法定代表人的身份” + “公司担保决议”，才是相对人的信赖基础。准此，《民法典》第 61 条第 3 款并不及于对法定代表人代表权的法定限制，其所未涵摄的情形可由《民法典》第 504 条进行调整。④

（二）“内部关系说”之辩驳

实践中，有观点认为，法定代表人代表公司与相对人签订担保合同，并加盖了公司印章，系其行使法定代表人权力的职务行为，该行为的法律后果依法应由公司承受。相对人基于签字人是公司法定代表人兼实际控制人以及协议加盖公司印章的事实，有理由相信该担保合同系公司真实意思表示。如此，相对人已经尽到了必要的注意义务。法人章程或者法人机构对法定代表人代表权的限制，不得对抗案涉善意相对人。这里，明显采纳了“内部关系说”的观点，将《公司法》第 15 条作为调整公司治理机构等内部关系的规范，在《民法总则》第 61 条（与《民法典》第 61 条相同）之下，法定代表人代表公司签订的担保合同，其法律后果应由公司承受，相对人并不负有审查公司章程和公司担保决议的注意义务。⑤

学界亦有观点认为，法定代表人是公司的组成部分，法定代表人的行为即为公司的行为，无论相对人是否知道或者应当知道法定代表人超越代表权限，法定代表人越权担保行为的法律后果总是由公司承受。由于法定代表人的越权代表行为已经产生了私法效果——归属于公司，公司与相对人之间仅有承担责任或者拒

---

① 参见黄薇主编：《中华人民共和国民法典解读 · 总则编》（精装珍藏版），中国法制出版社 2020 年版，第 170 页。

② 参见曹兴权：《越权交易效力规则的公司法体系性表达》，载《上海政法学院学报（法治论丛）》2021 年第 2 期。

③ 参见《民商事审判会议纪要》第 17 条。

④ 参见黄薇主编：《中华人民共和国民法典解读 · 合同编》（精装珍藏版），中国法制出版社 2020 年版，第 140 ~ 141 页。

⑤ 参见贺小荣主编：《最高人民法院民事审判第二庭法官会议纪要：追寻裁判背后的法理》，人民法院出版社 2018 年版，第 190 ~ 191 页。

绝承担责任的问题，而不存在“无责任”的问题。因此，无论相对人的请求是基于担保合同有效抑或无效，相对人恶意的法律事实均仅构成公司对抗相对人请求公司承担责任的法定抗辩事由。[①] 这一观点进一步阐明了《民法典》第 61 条第 3 款所称“善意第三人”的规范意义，实际上是“内部关系说”的延伸，其逻辑前提是以法定代表人的行为在效果上总是归属于公司。这一观点有违法定代表人与法人之间关系的本质，也有违法定代表人代表权的约定限制与法定限制的区分。

第一，法定代表人是法人的意思表达机关，无论是“代表说”还是“代理说”，其所传达的均为由法人承受法定代表人对外从事的民事活动的后果的基本理念，即使二者在理论构造上存在差异，但也不应得出迥异的解释结论。在公司治理中，法定代表人的代表权必然会受到来自法律、章程或者内部决议的限制。[②] 如法定代表人在其权限范围内以法人名义行事，无论是基于“代表说”还是“代理说”，法人均须对法定代表人的行为承担责任。如法定代表人超越权限，依“代理说”，尚须结合相对人的善恶意来判断法人是否承受法定代表人行为的后果，“代表说”亦然。但法定代表人越权签订合同的后果还存在不由法人承受的情形，因此，不能认为法定代表人所有行为的法律后果均由法人承受。前述观点的逻辑前提即不存在。

第二，对法定代表人代表权的限制存在约定限制与法定限制之分。前述观点以《民法典》第 61 条第 3 款约定限制的外部效力为基础，并未虑及《公司法》第 15 条关于代表权的法定限制的情形。公司为他人债务提供担保，系公司所从事的不属于其营业范围内的非经营行为，其在交易对价方面与经营行为存在重大差异。[③] 基于此，《公司法》第 15 条剥夺了法定代表人个人决定公司为他人债务提供担保的权利，确立了公司担保的集体决策机制。[④] 其中，《公司法》第 15 条第 1 款为公司其他机构与法定代表人之间的权力划分；第 2 款为权力机构与执行机构之间的权力划分，二者皆为对法定代表人代表权的法定限制。[⑤] 法定代表人违反《公司法》第 15 条的规定，以公司名义与相对人所签订的担保合同的效果归属，应有别于法定代表人违反约定限制的权限的情形。就法定代表人超越法定限制的代表权的情形，法人原则上不承受该行为的后果，除非相对人能够证明自己的

① 参见邹海林：《公司代表越权担保的制度逻辑解析——以公司法第 16 条第 1 款为中心》，载《法学研究》2019 年第 5 期。

② 参见杨立新：《中国民法总则研究》（上卷），中国人民大学出版社 2017 年版，第 404 页。

③ 参见程淑娟：《商行为制度研究——类型化方法及展开》，法律出版社 2019 年版，第 267 页。

④ 参见《民商事审判会议纪要》第 17 条。

⑤ 参见周伦军：《公司对外提供担保的合同效力判断规则》，载《法律适用》2014 年第 8 期。

善意。[①]

（三）《民法典》第504条之下的解释论转向

持“代表权限制说”的学者认为，在《公司法》第15条已对法定代表人的代表权作出法定限制的情形之下，结合《民法典》第504条的规定，根据法律一经公布即推定所有人明知及不知法律不免责的法理，相对人在接受公司提供担保之时，应对公司担保决议负有必要的审查义务，否则不构成善意相对人，该担保行为对公司无效或者不生效力。[②] 这一观点有力地反驳了长期占据主流地位的“规范性质识别说”。该说以《合同法》第52条第5项及《最高人民法院关于适用〈中华人民共和国合同法〉若干问题的解释（二）》第14条为基础，将《公司法》第15条界定为任意性规定、效力性强制性规定或者管理性强制性规定，并进而判断法定代表人超越代表权所订立的担保合同的效力。但随着认识的不断深入，通说认为将强制性规定区分为“效力性”和“管理性”并不周延。[③] 私法上调整越权交易的规范，例如，无权代理和无权代表的规范，在性质上亦属强制性规范，但违之并不导致法律行为有效或者无效，而在于是否对被代理人或者法人发生效力。[④]《公司法》第15条在性质上属于权限规范，并不在效力性强制性规定与管理性强制性规定的涵摄领域内。如此，“规范性质识别说”在学说和裁判中渐被抛弃。

《民法典》第504条在《合同法》第50条的基础上增加规定“订立的合同对法人或者非法人组织发生效力”，体现了对《合同法》第50条解释论的发展，明确了其本身的规范属性——仅为效果归属规则。所谓“该代表行为有效”指的是行为的法律效果由法人承受，而不是代表人所为的法律行为有效，[⑤] 如此，其与“订立的合同对法人或者非法人组织发生效力”之间所传达的法律意义并无差异，

---

① 参见最高人民法院民法典贯彻实施工作领导小组主编：《中华人民共和国民法典总则编理解与适用》，人民法院出版社2020年版，第324～325页。

② 参见贺小荣主编：《最高人民法院民事审判第二庭法官会议纪要：追寻裁判背后的法理》，人民法院出版社2018年版，第192页。反对相对人负有审查义务的观点可参见刘冰、王中明：《质疑担保权人审查义务说》，载《当代法学》2022年第2期。

③ 参见姚明斌：《效力性强制规范裁判之考察与检讨——以〈合同法解释二〉第14条的实务进展为中心》，载《中外法学》2016年第5期。

④ 参见朱庆育：《〈合同法〉第52条第5项评注》，载《法学家》2016年第3期。

⑤ 参见王利明主编：《中国民法典释评·合同编·通则》，中国人民大学出版社2020年版，第188页；高圣平、范佳慧：《公司法定代表人越权担保效力判断的解释基础——基于最高人民法院裁判分歧的分析和展开》，载《比较法研究》2019年第1期。

实为赘语。[①] 不过，本条并不及于合同的效力判断，合同效力尚须结合《民法典》关于民事法律行为、合同效力的判断规则予以认定。《民商事审判会议纪要》第17条简单地将“代表行为有效”解释为担保合同有效，值得商榷。基于此，《民法典担保制度解释》第7条将之修改为“担保合同对公司发生效力”，值得赞同。

审判实践中，在判断法定代表人的行为是否归属于法人之时，通常无需查证法定代表人的代表权限，一般仅审查法定代表人的身份是否属实、是否以法人的名义、公章是否真实等形式要件即可。[②]《公司法》上对法定代表人代表权所施加的法定限制，客观上要求改变审判实践中的“法定代表人签字就是法人的行为”“公章管理不严是法人内部的事情，不影响法人在外部关系中行为的效力”等形式主义的思维，且须将审查法定代表人的代表权限置于法人分权治理结构的法律框架之下。[③]

在《民法典》第504条之下，相对人是否知道或者应当知道法定代表人超越代表权限，就成了行为效果是否归属于法人的关键。如代表权限制来源于公司章程、决议等的约定时，相对人通常无法知晓该限制，基于维护交易安全、降低交易成本的考虑，不应要求其负担调查法定代表人代表权限的义务。[④] 但如代表权限制来源于法律的直接规定时，基于法律的公开性，推定相对人知悉法律所规定的内容，自不能豁免其审查法定代表人代表权限的义务。[⑤] 在裁判实践中，法定限制与约定限制的区分实益即表现为证明责任的不同：在约定限制，相对人的善意可依法予以推定；在法定限制，相对人的善意尚须自己举证证明。[⑥]

基于此，《民法典担保制度解释》第7条以代表权限制理论作为相关裁判规则的解释基础。《公司法》第15条系对法定代表人代表权的法定限制，未经公司决议，法定代表人代表公司签订担保合同即构成越权代表。相对人不知道且不应当知道法定代表人越权代表的，主观上即为善意，担保合同对公司发生效力；反

---

① 《民法典合同编（草案）》(二次审议稿) 第296条规定：“法人的法定代表人或者非法组织的负责人超越权限订立的合同，除相对知道或者应当其责人超越权限外，该合同对法人或者非组织发生效力。”这里的表述更为准确。

② 参见迟颖：《法定代表人越权行为的效力与责任承担——〈民法典〉第61条第2、3款解释论》，载《清华法学》2021年第4期。

③ 参见最高人民法院民法典贯彻实施工作领导小组主编：《中华人民共和国民法典总则编理解与适用》，人民法院出版社2020年版，第322页。

④ 参见王利明主编：《中国民法典释评·合同编·通则》，中国人民大学出版社2020年版，第189页。

⑤ 参见周伦军：《公司对外提供担保的合同效力判断规则》，载《法律适用》2014年第8期。

⑥ 参见周伦军：《公司对外提供担保的合同效力判断规则》，载《法律适用》2014年第8期；谢鸿飞、朱广新主编：《民法典评注·合同编通则（1）》，中国法制出版社2020年版，第336页。

之，主观上非为善意，担保合同对公司不发生效力。[①] 这一规则是直接使用反对解释方法的结果。有学者对此表示赞同，认为“结合《公司法》第15条保护公司股东和债权人之立法目的，同时虑及商事交易对法律关系稳定性和可预测性的要求，法定代表人越权担保合同在相对人非为善意时应为无效，而非效力待定。”[②] 但《民法典》第504条的法律要件与法律效果并未互相构成充要条件，不能直接依反对解释方法得出结论。基于代理与代表的功能相似性，自可类推适用无权代理规则。此时，担保合同的效果归属属于待定，在公司未予追认的情形之下，担保合同对公司不发生效力。基于公司担保决议的形成机制，公司有权决议机构依法作出的同意为他人提供担保的决议可以构成对于法定代表人越权代表的追认。[③]

虽然《民法典担保制度解释》并未虑及公司事后予以追认的情形，但也不能据此得出法定代表人越权担保不得由公司事后予以追认的结论。解释上，如公司有权决议机构依法作出同意担保的决议，即可补正法定代表人的代表权；再如通过公司决议授权法定代表人重新订立担保合同，此与公司追认的效力并无不同。[④]

三、相对人善意的认定

关于法定代表人越权担保的效果归属，《民法典担保制度解释》第7条以相对人的审查义务为判断核心：在与公司订立担保合同时，相对人应通过对公司担保决议的合理审查来判断法定代表人的代表权限，而相对人是否知道或者应当知道代表人超越权限决定了其主观上的善恶意，此种善恶意又决定了担保合同对公司是否发生效力。这里不无疑问的是，如何界定合理审查？回答这一问题需要解决：其一，相对人审查的对象；其二，相对人审查的内容；其三，相对人审查的标准。

（一）相对人审查的对象

基于《公司法》第15条规定的担保权限，法定代表人欲取得代表公司与相对人签订担保合同的代表权，须有适格的公司决议，否则，其并不具有相应的代

---

① 参见最高人民法院民事审判第二庭编：《最高人民法院民法典担保制度司法解释理解与适用》，人民法院出版社2021年版，第134～135页。

② 迟颖：《法定代表人越权行为的效力与责任承担——〈民法典〉第61条第2、3款解释》，载《清华法学》2021年第4期。

③ 参见周伦军：《公司对外提供担保的合同效力判断规则》，载《法律适用》2014年第8期；贺小荣主编：《最高人民法院民事审判第二庭法官会议纪要：追寻裁判背后的法理》，人民法院出版社2018年版，第201～202页。

④ 参见迟颖：《法定代表人越权行为的效力与责任承担——〈民法典〉第61条第2、3款解释》，载《清华法学》2021年第4期。

表权限。如此，公司决议也当然成为相对人审查的对象。问题在于，相对人审查的对象是否仅限于公司决议。

有观点认为，相对人审查的对象仅限于公司决议。其主要理由是，相对人审查的目的在于判断法定代表人是否获得授权，审查义务的具体对象也就是代表着公司授权的公司决议文件而不是决议行为，强求相对人审查除公司决议文件之外的其他公司内部文件即超出了合理审查范围。相对人的审查义务有必要覆盖法律明文规定的内容：一是关联股东回避表决；二是决议表决应当超过出席会议表决权过半数通过。这两项内容通过公司决议文件本身所载明的信息即可体现，而无须相对人进一步审查公司章程。[①]《民商事审判会议纪要》第 18 条和《民法典担保制度解释》第 7 条第 3 款均将相对人审查的对象限定于公司决议。表面上看，这似乎意味着，《民法典担保制度解释》与《民商事审判会议纪要》均认为相对人无须审查公司章程。

《民商事审判会议纪要》第 18 条区分规定了关联担保和非关联担保。就关联担保而言，相对人须对股东会决议进行审查，审查内容包括“在排除被担保股东表决权的情况下，该项表决由出席会议的其他股东所持表决权的过半数通过，签字人员也符合公司章程的规定”。这里，“股东所持表决权”和“签字人员”必然涉及公司章程。就非关联担保而言，相对人须对股东会决议或者董事会决议进行审查，审查内容包括“同意决议的人数及签字人员符合公司章程的规定”，同样涉及公司章程。如此看来，虽然《民商事审判会议纪要》将相对人审查的对象界定为公司决议，但公司章程实际上亦属审查范围。[②] 实践中亦有观点认为，相对人在接受公司提供担保之时除了审查公司决议之外，还应审查公司章程及相关文件。如公司章程中规定，公司为他人债务提供担保须经公司的全资控股股东决定。未有此种决定时，相对人仅审查公司所提供的董事会决议，并不足以构成善意。如公司未设董事会，由执行董事担任法定代表人，且公司章程规定对外提供担保应由股东会作出决议。此时仅持股 10% 的法定代表人签章并不足以证明相对人的善意，相对人尚须依据公司章程的规定审查公司提交的股东会决议。

本书作者认为，相对人审查的对象除了公司决议之外，还包括公司章程及相关文件。相对人审查公司决议，旨在判断法定代表人是否有签订案涉担保合同的

① 参见吴越、宋雨：《公司担保合同中相对人审查义务的边界》，载《甘肃社会科学》2020 年第 4 期。值得注意的是，该文进一步主张，在非关联担保的情形，相对人的审查义务止于法定代表人身份的核实，无须审查公司决议。

② 参见蒋大兴：《超越商事交易裁判中的“普通民法逻辑”》，载《国家检察官学院学报》2021 年第 2 期；朱颖琦、李瑶菲：《新司法政策下公司对外担保行为的效力认定》，载《证券法苑》2020 年第 2 期（第 29 卷），法律出版社 2020 年版，第 149～150 页；黎健强：《再论公司对外担保中债权人的审查义务——以〈九民会议纪要〉为中心》，载《文化学刊》2020 年第 5 期。

代表权限。《公司法》第15条规定法定代表人代表公司签订担保合同的权利来自适格公司决议的授权。因此，相对人应审查公司提交的公司决议是否适格。此种适格，既包括决议机构的适格，也包括决议形成的适格。其中，前者既可能出于法律的直接规定（关联担保），也可能来自公司章程的规定（非关联担保）；而决议形成，如有权参与表决的主体、表决权的基本要求等，则主要取决于公司章程的规定。如此，虽然《民商事审判会议纪要》第18条和《民法典担保制度解释》第7条第3款将相对人审查的对象限定于公司决议，但判断决议是否适格，尚须结合公司章程和相关文件，否则，就降低了债权人对公司章程的审查义务，即不按公司章程规定接受担保的债权人仍可构成善意相对人，公司内部治理的有效运作也将因此受到极大影响。[①]

为补正《民法典担保制度解释》第7条第3款在文义上的缺失，解释上可以认为，《民法典担保制度解释》第7条第3款“相对人有证据证明已对公司决议进行了合理审查”，已经包含了结合公司章程和相关文件对公司决议进行审查之义。[②] 因此，相对人在接受公司提供担保之时，应要求公司提交除公司担保决议之外的公司章程和相关文件。

（二）相对人审查的内容

相对人审查内容的确定，是判断相对人是否善尽合理审查义务的关键。《公司担保解释稿》第6条第2款和《民商事审判会议纪要》第18条均就此作了界定。[③] 但令人遗憾的是，《民法典担保制度解释》第7条在重构《民商事审判会议纪要》第18条的解释基础的情形之下，仅以“合理审查”一笔带过。这一“合理审查”传达着对于“知道或者应当知道”的把握，与后者一样不具有可操作性，由此，增加了实务操作中的困难。本书作者认为，从探知法定代表人是否具有代表权限的角度，相对人审查的内容应当包括：

1. 审查公司决议是否由适格的公司机构作出

相对人须依据公司章程及股东名册，判断案涉担保合同是否为向公司股东或者实际控制人提供的关联担保，进而确定公司担保的决议机构。至于公司为隐名

---

① 参见蒋大兴：《超越商事交易裁判中的“普通民法逻辑”》，载《国家检察官学院学报》2021年第2期。

② 参见最高人民法院民事审判第二庭编：《最高人民法院民法典担保制度司法解释理解与适用》，人民法院出版社2021年版，第136页。

③ 《公司担保解释稿》第6条第2款将相对人审查的内容界定为：“同意担保的决议是否由公司有权决议机构作出”“决议是否经法定或章程规定的多数通过”以及“参与决议表决人员是否为公司章程载明的股东或者董事”。《民商事审判会议纪要》第18条指出，在关联担保的情形，相对人审查的内容包括“在排除被担保股东表决权的情况下，该项表决由出席会议的其他股东所持表决权的过半数通过”“签字人员也符合公司章程的规定”；在非关联担保的情形，相对人审查的内容包括“同意决议的人数及签字人员符合公司章程的规定”。

股东提供担保的问题，则超出相对人合理审查的范围。

如为非关联担保，相对人尚须根据公司章程的指引判断公司担保的决议机构是股东会还是董事会。在公司章程明确规定为股东会的情况下，相对人仅接受董事会决议的，不能认定其为善意相对人。① 《民商事审判会议纪要》第 18 条第 1 款以《民法总则》第 61 条第 3 款为基础，认为非关联担保情形之下公司章程就公司担保决议机构的选择属于对法定代表人代表权的约定限制，主张相对人对董事会决议或者股东会决议进行审查，均已达到注意义务的要求。② 这一司法态度值得商榷。其一，在确定公司担保决议机构之时，无适用《民法总则》第 61 条第 3 款（与《民法典》第 61 条第 3 款相同）的空间。该款仅涉及法定代表人代表权的约定限制，《公司法》第 15 条第 1 款虽然允许公司章程就公司担保决议机构作出选择，但这一“章程限制”其实也是一种“法定限制”，不仅仅是一种公司内部的管理性规范，而是“表现为法律”的公司内部治理规范，自应具有法律的外部约束力。③ 其二，“同意决议的人数及签字人员符合公司章程的规定”的表述表明，相对人尚须结合公司章程的内容判断公司决议是否适格。此时，相对人对于公司章程的规定（其中包括其中公司担保决议机构的规定）即为知道或者应当知道，在主观上并非善意，并不属于《民法典》第 61 条第 3 款所称的“善意相对人”。基于此，《民商事审判会议纪要》第 18 条就此所采的司法态度应予抛弃。④

如为关联担保，相对人则须审查股东会决议。就为股东提供的关联担保，对于有限责任公司而言，股东身份自可通过备案的公司章程的记载加以确认；⑤ 对

---

① 参见最高人民法院民事审判第二庭编：《最高人民法院民法典担保制度司法解释理解与适用》，人民法院出版社 2021 年版，第 136 页；王毓莹：《公司担保规则的演进与发展》，载《法律适用》2021 年第 3 期。

② 参见最高人民法院民事审判第二庭编：《〈全国法院民商事审判工作会议纪要〉理解与适用》，人民法院出版社 2019 年版，第 75 页。《民商事审判会议纪要》第 18 条第 1 款指出：“无论章程是否对决议机关作出规定，也无论章程规定决议机关为董事会还是股东（大）会，根据《民法总则》第 61 条第 3 款关于‘法人章程或者法人权力机构对法定代表人代表权的限制，不得对抗善意相对人’的规定，只要债权人能够证明其在订立担保合同时对董事会决议或者股东（大）会决议进行了审查，同意决议的人数及签字人员符合公司章程的规定，就应当认定其构成善意，但公司能够证明债权人明知公司章程对决议机关有明确规定的除外。”

③ 参见蒋大兴：《超越商事交易裁判中的“普通民法逻辑”》，载《国家检察官学院学报》2021 年第 2 期。

④ 参见最高人民法院民事审判第二庭编：《最高人民法院民法典担保制度司法解释理解与适用》，人民法院出版社 2021 年版，第 136 页；蒋大兴：《超越商事交易裁判中的“普通民法逻辑”》，载《国家检察官学院学报》2021 年第 2 期；朱颖琦、李瑶菲：《新司法政策下公司对外担保行为的效力认定》，载《证券法苑》2020 年第 2 期（第 29 卷），法律出版社 2020 年版，第 149 ~ 150 页。

⑤ 根据《市场主体登记管理条例》第 9 条第 1 项的规定，公司章程属于公司应向登记机关备案的事项。

于股份有限公司而言，公司章程仅记载发起人的姓名或者名称，股东人数众多、股份转让频繁，依据公司章程的记载来确认股东身份存在操作上的困难。[①] 此际，相对人可以要求公司提供股东名册以作审查。[②] 就为实际控制人提供的关联担保，虽然《公司法》第265条第3项对实际控制人作了界定，但实际控制人的判断对于相对人而言较为困难。认定实际控制人的关键在于能否对公司的经营决策拥有“实质性控制力”。实践中，实际控制人主要基于股权投资关系、家族亲缘关系、特定身份、特定职务、特定协议等对公司实施控制。其中，相对人通过持股比例可以判断基于直接股权投资关系的实际控制人，但尚难判断基于其他关系的实际控制人。在解释上，如相对人因不知被担保人为实际控制人而仅按照公司章程的规定审查了董事会决议，应推定其为善意，由公司承担相对人不构成善意的举证责任。[③]

2. 审查股东会决议的签字人员和表决权比例是否适格

在案涉担保应由股东会作出决议的情形之下，相对人应比对公司章程，按照一般理性人的标准，对公司决议中的股东签章与公司章程上的股东签章或者股东名册进行形式上的核对，同时计算同意担保的股东所持表决权是否达到法定和章程规定的比例要求。

对于有限责任公司而言，相对人接受公司提供担保时可以将公司章程作为股东会决议的对比样本。对于股份有限公司而言，由于股东名册上一般并无股东签章，在合理审查标准之下，相对人只须审查决议中签章的股东是否对应于股东名册的记载。[④]《民商事审判会议纪要》第18条第1款指出，就关联担保而言，应审查“在排除被担保股东表决权的情况下，该项表决由出席会议的其他股东所持表决权的过半数通过，签字人员也符合公司章程的规定”，该规定排除了公司章程对于表决权比例的例外安排；就非关联担保而言，应审查“同意决议的人数及签字人员符合公司章程的规定”，这里，同意决议的人数符合公司章程的规定，并不足以形成有效的股东会决议。因为，股东会决议采行资本多数决，而非人数多数决，即使同意决议的股东人数达到了多数，并不表明其所持表决权达到了多数。这一规定即值商榷。

---

① 参见施天涛：《公司法论》，法律出版社2018年版，第248页；钱玉林：《公司为他人提供担保的裁判规则与理由》，载《证券法苑》2020年第1期（第28卷），法律出版社2020年版，第189页。

② 例如，陕西省高级人民法院（2020）陕民终491号民事判决书中，二审法院认为：“根据某公司向投资公司出具的股东名册和股东会决议载明，某公司出资占比51%，但某公司未在股东会决议上签章，故该股东会决议未成立。”

③ 参见钱玉林：《公司为他人提供担保的裁判规则与理由》，载《证券法苑》2020年第1期（第28卷），法律出版社2020年版，第189页。

④ 根据《市场主体登记管理条例》第8条第2款的规定，“有限责任公司股东、股份有限公司发起人、非公司企业法人出资人的姓名或者名称”属于市场主体的登记事项。

对于股东会决议，应当审查决议中同意担保的股东所持表决权（股权、股份）之和是否达到法律和公司章程规定的股东会决议的最低表决权要求。如《公司法》第116条第2款和第135条均对此作了规定。值得注意的是，公司章程对股东会决议的表决权比例另有规定，且该表决比例高于《公司法》第15条的规定，应当以公司章程的记载为准。由于公司担保并不在《公司法》第116条所规定的特殊事项之中，如公司章程没有例外安排，在解释上可按一般事项处理，即表决权的过半数通过。[①] 至于表决权比例的计算，有限责任公司股东会决议以全体股东所持表决权数为基数、股份有限公司股东会决议以出席会议的股东所持表决权数为基数，同时应考虑有限责任公司章程中股东不按照持股比例行使表决权的规定、股份有限公司的类别股、未尽出资义务的股东的表决权限制等。[②]

值得注意的是，即使应予排除表决的股东在股东会决议签章，亦不宜仅此否定股东会决议的效力。在计算表决权时，如若应予排除表决的股东参与了表决，只须在计算最终表决权比例时将该股东的表决权剔除即可。[③]

3. 审查董事会决议的签字人员和表决权比例是否适格

在案涉担保应由董事会作出决议的情形之下，相对人应审查决议中签章的董事是否对应于公司登记（备案）申请书中的记载，同时计算同意担保的董事是否达到法定和章程规定的最低要求。[④]《民商事审判会议纪要》第18条第2款指出，应审查“同意决议的人数及签字人员符合公司章程的规定”。由于相对人并无获得董事签章样本的渠道，也无鉴别签章真假的专业水平，因此，无须核实董事签章的真实性。

对于董事会决议，应当审查决议中同意担保的董事人数是否达到法律和公司章程规定的董事会决议的最低要求。就董事的表决权，我国《公司法》采行“一人一票”制（第73条第3款、第124条第2款）的人数多数决。就股份有限公司董事会决议的形成，我国《公司法》第124条确立了出席董事会会议的董事人数（过半数）和同意决议的董事人数（全体董事的过半数）两方面的条件。就有限责任公司董事会决议的形成，则未有此类规定，而是留由公司章程规定。基于董事会决议的法律属性——决议行为，有限责任公司董事会决议亦应实行人数多数

---

① 参见马更新：《公司担保中决议形成程序与合同效力认定间牵连关系探析》，载《法学杂志》2020年第6期。

② 参见钱玉林：《公司为他人提供担保的裁判规则与理由》，载《证券法苑》2020年第1期（第28卷），法律出版社2020年版，第187页。

③ 参见高圣平：《公司担保中相对人的审查义务——基于最高人民法院裁判分歧的分析和展开》，载《政法论坛（中国政法大学学报）》2017年第5期。

④ 根据《市场主体登记管理条例》第9条第4项的规定，“公司董事、监事、高级管理人员”属于公司应向登记机关备案的事项。

决。至于是简单多数决还是绝对多数决，是以出席董事会的人数或者以全体董事为计算基数，则由公司章程安排。

4. 是否审查担保数额超过公司章程的限制

《民商事审判会议纪要》第 18 条第 2 款指出，公司章程中对于担保金额的限制属于章程对于法定代表人代表权的约定限制，不能对抗善意第三人，公司以担保金额超过法定限额等事由抗辩债权人非善意的，一般不予支持。基于前述公司章程在审查公司决议中的地位和作用，公司章程属于相对人在审查公司担保决议时必须审查的公司内部文件，其中关于限制担保金额的规定，自然对相对人发生效力。因此，相对人应审查公司章程对单项担保的数额是否有限制以及公司担保决议中的担保数额是否超过了该限制。超出该限制的部分对公司不发生效力。至于担保数额是否超过章程对担保总额的限额规定，由于相对人难以知悉公司此前的担保次数、担保限额等信息，不宜要求相对人核实这一事项。①

（三）相对人审查的标准

正如前述，相对人审查的对象主要集中于公司决议，而有效的公司决议，主要是指公司决议不存在公司决议不成立、无效或者可撤销的情形，且达到法律和章程规定的最低表决权比例。② 但公司决议的效力应由法院确认，同时公司决议的部分瑕疵尚须经由司法鉴定方能识别，要求相对人在担保合同订立之初即对公司决议的有效性进行审查，不仅超出了相对人的固有审查能力，而且不适当地增加了公司担保的交易成本，损及交易效率。③ 因此，在法院尚未作出公司决议无效、撤销或者不成立的认定之前，应推定公司决议为有效。④

基于此，《公司担保解释稿》第 6 条第 1 款将相对人对公司章程、公司决议等与担保相关的文件的审查限于形式审查。⑤ “公司担保相对人根据公司提供的或者从正常公开途径查询到的现有资料能够证明公司担保的决议机关、决议程序和担保单笔限额符合《公司法》第 16 条、第 104 条、第 121 条的规定，即可认为相

---

① 参见李建伟：《公司非关联性商事担保的规范适用分析》，载《当代法学》2013 年第 3 期。

② 参见石冠彬：《论公司越权担保的认定标准及法律效果》，载《法商研究》2020 年第 2 期。

③ 参见华德波：《论〈公司法〉第 16 条的理解与适用——以公司担保债权人的审查义务为中心》，载《法律适用》2011 年第 3 期；高圣平：《公司担保中相对人的审查义务——基于最高人民法院裁判分歧的分析和展开》，载《政法论坛（中国政法大学学报）》2017 年第 5 期。

④ 参见马更新：《公司担保中决议形成程序与合同效力认定间牵连关系探析》，载《法学杂志》2020 年第 6 期。

⑤ 《公司担保解释稿》第 6 条第 1 款指出，“公司依据本解释第一条规定主张担保合同对其不发生效力，相对人能够证明其在订立担保合同时对公司章程、公司决议等与担保相关的文件进行了形式审查，文件记载的内容在形式上符合公司法第十六条、第一百二十一条等法律规定的，人民法院应当认定该担保合同对公司发生效力。”

对人尽到了合理的审查义务。”[①]《民商事审判会议纪要》第18条第2款也将相对人对公司决议内容的审查限于形式审查，只要求相对人尽到必要的注意义务即可。“毕竟相对人并非公司的内部人，难以了解公司决议的具体情况。”[②] 自此，关于相对人审查的标准，裁判中总体上趋向于形式审查。[③]

所谓形式审查，是指仅审查公司决议的形式要件，对其真实性、合法性、有效性则不作审查。[④] 但司法态度上同时认为，相对人应审查文件记载的内容在形式上是否符合《公司法》第16条、第104条、第121条等的规定，[⑤]“基本要求包括：一是审查股东或者董事的身份是否属实；二是在关联担保情况下，应当回避表决的股东是否参与了表决。”[⑥] 无公司决议的，只要不存在豁免决议审查的情形，即足以认定相对人非为善意；有公司决议但非适格决议的，仍然存在相对人善意的可能；有公司决议但系伪造或者变造的，除非公司有证据证明相对人明知决议系伪造或者变造，否则不宜仅据此而认定相对人非善意。[⑦]

广受诟病的是，如相对人仅须要求公司提供公司决议，并就其形式要件进行审查，实际上降低了相对人的注意义务，无法达到《公司法》第15条遏制违规担保的规范目的。“形式审查义务有时与无需审查无异”。[⑧] 学者间就此提出了改造方案。如相对人不仅应对公司决议进行文义性审查，还应进行简单的逻辑审查，包括：审查核实股东或者董事的身份（仅须表面上的核对，无须鉴别签章的真实性）；计算同意担保的股东或者董事所持表决权是否达到法定或者章程规定的要求；审查担保金额是否超过限额，[⑨] 以确定表面上是否符合法律或者公司章

---

① 贺小荣主编：《最高人民法院民事审判第二庭法官会议纪要：追寻裁判背后的法理》，人民法院出版社2018年版，第200页。值得注意的是，这里的《公司法》条文是原《公司法》的条文。

② 最高人民法院民事审判第二庭编：《〈全国法院民商事审判工作会议纪要〉理解与适用》，人民法院出版社2019年版，第186页。

③ 具体裁判可参见最高人民法院（2019）最高法民申2613号民事裁定书；最高人民法院（2020）最高法民申4267号民事裁定书；上海市高级人民法院（2019）沪民终296号民事判决书；山东省高级人民法院（2020）鲁民终721号民事判决书等。

④ 参见梁上上：《公司担保合同的相对人审查义务》，载《法学》2013年第3期。

⑤ 参见贺小荣主编：《最高人民法院民事审判第二庭法官会议纪要：追寻裁判背后的法理》，人民法院出版社2018年版，第200页。值得注意的是，这里的《公司法》条文是原《公司法》的条文。

⑥ 最高人民法院民事审判第二庭编：《〈全国法院民商事审判工作会议纪要〉理解与适用》，人民法院出版社2019年版，第187页。

⑦ 参见最高人民法院民事审判第二庭编：《〈全国法院民商事审判工作会议纪要〉理解与适用》，人民法院出版社2019年版，第186～187页。

⑧ 钱玉林：《寻找公司担保的裁判规范》，载《法学》2013年第3期。

⑨ 参见高圣平：《公司担保中相对人的审查义务——基于最高人民法院裁判分歧的分析和展开》，载《政法论坛（中国政法大学学报）》2017年第5期；李建伟：《公司非关联性商事担保的规范适用分析》，载《当代法学》2013年第3期。

程对公司担保的内部决策要求。①

相对人审查的标准亦应基于《民法典》第504条“知道或者应当知道”加以确定。②《民法典担保制度解释》第7条第3款中规定：“相对人有证据证明已对公司决议进行了合理审查，人民法院应当认定其构成善意，但是公司有证据证明相对人知道或者应当知道决议系伪造、变造的除外。”该款将《民商事审判会议纪要》中的“形式审查”修改为“合理审查”。这就表明，并非相对人在签订担保合同之时要求公司提交公司担保决议、公司章程及相关文件，就构成善意。实际上，结合前述相对人审查的内容可知，就部分内容的审查，已经脱逸出了“形式审查”的范畴。由此可见，“合理审查”既非宽松的“形式审查”，也非严苛的“实质审查”，而是“审慎的形式审查”。注意义务过于宽松会纵容债权人疏忽懈怠，不利于维护交易安全与防范金融风险；过于严苛则会推高融资成本，降低授信效率，不利于金融服务于实体经济发展。③《民法典担保制度解释》以“合理审查”代替“形式审查”，将审查义务履行程度与一般注意义务标准等同起来，④值得赞同。

值得注意的是，相对人为自然人时，是否可降低其审查义务？实践中就此存在争议。多数观点认为，作为债权人的自然人应知晓《公司法》第15条的规定，如其在接受公司提供担保之时未对公司担保决议尽审查义务，即非善意。对于自然人关于法定代表人在担保合同上签字即表明其已尽到注意义务、并不存在过错的主张，法院不应支持。相对人不得以其非法律专业人士为由主张其未审查公司决议即为善意。亦有观点认为，法定代表人在担保合同上签字并加盖公司公章，足以构成自然人作为相对人时的善意。此时，可以认为自然人已经尽到合理的审查义务，担保合同有效。“作为一般的非具有相关法律知识的公民并不明确知晓法律的相关规定，不能以此对（其）做过于苛刻的要求”。本书作者认为，《民法典》和《公司法》的相关规定并不在自然人和法人之间存在适用范围上的区分，根据“法律一经公布即推定所有人明知及不知法律不免责的法理”⑤，自然人也不得因其身份而主张“不知法律规定即构成善意”。

---

① 参见朱颖琦、李瑶菲：《新司法政策下公司对外担保行为的效力认定》，载《证券法苑》2020年第2期（第29卷），法律出版社2020年版，第148页。

② 参见李游：《公司担保中交易相对人合理的审查义务——基于458份裁判文书的分析》，载《政治与法律》2018年第5期。

③ 参见刘俊海：《公司法定代表人越权签署的担保合同效力规则的反思与重构》，载《中国法学》2020年第5期。

④ 参见甘培忠、马丽艳：《公司对外担保制度的规范逻辑解析——从〈公司法〉第16条属性认识展开》，载《法律适用》2021年第3期。

⑤ 贺小荣主编：《最高人民法院民事审判第二庭法官会议纪要：追寻裁判背后的法理》，人民法院出版社2018年版，第192页。

四、相对人非善意时的法律效果

既然相对人非善意时担保合同对公司不发生效力，公司自不应承担担保责任。但就公司此际应否承担其他民事责任，学说和实践中存在重大分歧。否定说认为，无论担保合同是否有效，公司均不是相应法律责任的归属主体，自然无须再承担赔偿责任。[①] 此时，类推适用《民法典》第171条，由法定代表人（行为人）和相对人根据过错程度承担赔偿责任。[②] 肯定说则认为，法定代表人是公司的法定机关，其代表权限来源于法律的明确规定。法定代表人对外从事的行为，即便是越权行为，也是公司对外从事的行为，本质上属于其履职行为。即使担保合同对公司不发生效力，也仅表明相对人是恶意的，并不能进一步推导出公司自身无过错。公司因在选任、监督法定代表人方面的过错以及公章管理等方面的过错，应承担缔约过失责任。此时，基于越权代表和无权代理的区别，不宜类推适用《民法典》第171条，而直接以《民法典》第62条为规范依据。[③] 肯定说为实践的主流观点。

《民法典担保制度解释》区分上市公司和非上市公司采取了不同的观点。就上市公司而言采纳了否定说的观点，上市公司既不承担担保责任，也不承担赔偿责任（第9条第2款），认为如令上市公司承担赔偿责任，既损害证券市场上广大中小投资者的权利，也不可能根治上市公司违规违法担保。[④] 就非上市公司而言则采纳了肯定说的观点，参照适用《民法典担保制度解释》第17条第1款第1项的规定，公司基于其过错应承担不超过债务人不能清偿部分的1/2的赔偿责任（第7条）。相对人明知决议是伪造或者变造仍然接受担保的，可以认为公司并无过错，据此无须承担缔约过失责任。[⑤]

本书作者坚持否定说的观点，主要理由如下：

第一，肯定说认为，“法定代表人是公司的机关，法定代表人的意思就是公

---

① 参见高圣平、范佳慧：《公司法定代表人越权担保效力判断的解释基础——基于最高人民法院裁判分歧的分析和展开》，载《比较法研究》2019年第1期；蒋大兴：《超越商事交易裁判中的“普通民法逻辑”》，载《国家检察官学院学报》2021年第2期；甘培忠、马丽艳：《公司对外担保制度的规范逻辑解析——从〈公司法〉第16条属性认识展开》，载《法律适用》2021年第3期。

② 参见贺小荣主编：《最高人民法院民事审判第二庭法官会议纪要：追寻裁判背后的法理》，人民法院出版社2018年版，第201~202页。

③ 参见最高人民法院民事审判第二庭编：《最高人民法院民法典担保制度司法解释理解与适用》，人民法院出版社2021年版，第136~138页；林文学、杨永清、麻锦亮、吴光荣：《〈关于适用民法典有关担保制度的解释〉的理解与适用》，载《人民司法》2021年第4期。

④ 参见最高人民法院民事审判第二庭编：《最高人民法院民法典担保制度司法解释理解与适用》，人民法院出版社2021年版，第156~157页。

⑤ 参见最高人民法院民事审判第二庭编：《最高人民法院民法典担保制度司法解释理解与适用》，人民法院出版社2021年版，第138页。

司的意思，法定代表人和公司合二为一”,[①] 故而公司不能不承担任何赔偿责任。代表人在没有公司股东会决议授权的情况下，越权代表公司与相对人签订担保合同，亦存在明显过错，其行为系代表（公司）的职务行为，行为后果应由公司承担。法定代表人的权力外观与公司行为密不可分，公司对法定代表人的行为应严格管理，通过内部治理机制予以规范。如只将法定代表人个人作为责任承担主体，作为担保合同的缔约主体却不承担责任并不合理。[②]

尽管在民法理论上，法人本质存在“拟制说”与“实在说”的区别，但法定代表人仍然是具有独立人格的自然人，法人本身也具有自己独立的人格,[③] 不宜简单地将法定代表人的过错归咎于法人。关于法定代表人与法人的关系，所解释的都是何以将法定代表人的行为归属于法人。因此，代表规范在性质上属于效果归属规范，而非行为规范，《民法典》第504条较之《合同法》第50条的修改进一步明确了此问题。[④] 相对人非为善意的情形下，担保合同对公司不发生效力，担保合同的法律效果不归属于公司。也就是说，公司欠缺与相对人订立担保合同的意思表示，不是案涉担保合同的当事人,[⑤] 无论担保合同的效力如何，其法律效果均不由公司承受。此时，类推适用担保合同无效时公司的缔约过失责任规则即失去正当性。“公司并无实际缔约行为，何谈缔约过失？”[⑥]

有观点认为，“法人应为其法定代表人或工作人员的过错负责，尤其是对外造成他人损害时”；“从一般侵权法上考虑，担保不生效，但是法定代表人或董事们的行为（不是决议行为，而是对外担保的交易活动行为）导致了债权人的损失。此项纯属经济损失，根据过错归属法人的规则，应由公司赔偿。法定代表人或董事的过错相当于法人的过错。”[⑦] 从规范基础的角度，此观点涉及《民法典》

---

① 最高人民法院民事审判第二庭编：《〈全国法院民商事审判工作会议纪要〉理解与适用》，人民法院出版社2019年版，第192页。

② 参见鲍丹露：《公司对外担保合同的效力认定和效果归属》，载《上海商学院学报》2020年第2期。

③ 参见李洪建：《论公司法定代表人的制度功能与定位修正》，载《中国矿业大学学报（社会科学版）》2019年第4期。

④ 参见黄薇主编：《中华人民共和国民法典解读·合同编》（精装珍藏版），中国法制出版社2020年版，第140页。

⑤ 参见刘俊海：《公司法定代表人越权签署的担保合同效力规则的反思与重构》，载《中国法学》2020年第5期。

⑥ 甘培忠、马丽艳：《公司对外担保制度的规范逻辑解析——从〈公司法〉第16条属性认识展开》，载《法律适用》2021年第3期。

⑦ 李志刚等：《公司对外担保无效之赔偿责任》，载《人民司法·应用》2020年第19期。

第62条第1款和第1191条第1款的适用。[①] 在《公司法》第15条对法定代表人的代表权施加法定限制的情形之下，法定代表人越权与相对人签订担保合同，并非其执行职务的行为，此时恶意相对人并无可保护的信赖利益，也就无所谓信赖利益损失。关于是否构成用人单位侵权，尚存疑问。如认定用人单位构成《民法典》第1191条上的侵权，也就不是纯粹经济损失保护，而是直接的法益侵害保护。此时令公司承担侵权责任，理据不足。从规范目的来看，恶意债权人还可以从公司获得其损失的1/2的赔偿，已经超出了《公司法》第15条保护公司的意旨。[②]

第二，肯定说之下，实践对于公司过错的认定可以归纳为三类，一是公司对公章的使用和管理不规范；二是公司未能有效约束法定代表人，导致其未能按照《公司法》、公司章程的规定处理对外担保事宜；三是公司未能及时发现和制止法定代表人以公司名义签订担保合同。但从我国现有的公司治理体制来看，将前述过错归咎于公司过于严苛。[③] 毕竟，公章是公司意思表示的外在推定形式，而法定代表人是公司的意思表达主体，其有代表公司和管理使用公章的权利。同时，公司治理的核心是分权与制衡，法定代表人的代表权也需受到此种制约。但一方面，我国《公司法》上实行法定的独任代表制，法定代表人对外垄断公司的意思表达权力；另一方面现有制度并未对法定代表人越权行为提供足够的内部控制。仅就法定代表人超越代表权限而言，公司无法监督和控制法定代表人的行为，选任、监督过失与法定代表人越权之因果链条太长。[④] 为此，很难直接表明公司在选任或者监督法定代表人、公章管理上存在过错，也很难要求公司百分之百地确保法定代表人的行为无任何瑕疵。否则，“公司过错认定恐有扩大化之虞。”[⑤] 由公司承担赔偿责任的管理过错推定，在公司向相对人承担赔偿责任的限度内，实际效果接近于（但不等同于）公司承担了担保责任，[⑥] 造成公司在越权担保情形被司法“二次伤害”，不利于实现《公司法》第15条保护公司利益免受法定代表

① 《民法典》第62条第1款规定：“法定代表人因执行职务造成他人损害的，由法人承担民事责任。”第1191条第1款规定：“用人单位的工作人员因执行工作任务造成他人损害的，由用人单位承担侵权责任。用人单位承担侵权责任后，可以向有故意或者重大过失的工作人员追偿。”

② 参见李志刚、李靖、王志诚等：《公司对外担保无效之赔偿责任》，载《人民司法·应用》2020年第19期。

③ 参见殷秋实：《公司担保无效责任的复位——基于责任性质、主体与效果的区分视角》，载《法学》2022年第2期。

④ 参见李志刚、李靖、王志诚等：《公司对外担保无效之赔偿责任》，载《人民司法·应用》2020年第19期。

⑤ 黄辉：《现代公司法比较研究——国际经验及对中国的启示（第二版）》，清华大学出版社2020年版，第145页。

⑥ 参见杨代雄：《越权代表中的法人责任》，载《比较法研究》2020年第4期。

人滥权之损害的规范目的。①

在法经济学上，法定代表人越权代表的责任分配实际上是在公司与相对人之间的风险分配，原则上应由避险成本最低的一方承担，从而实现社会福利的最大化。② 就法定代表人的越权担保行为而言，相对人的调查或者注意成本显然低于公司的监督成本，相对人比公司更有风险防范能力，毕竟相对人只要尽到合理审查义务，即可查明法定代表人是否具有代表权限，并继而选择是否签订担保合同。《民法典担保制度解释》第 7 条第 1 款规定，此时公司仍承担部分赔偿责任，实际上是将法定代表人越权担保的风险共同分配给公司与相对人，以此寻求相对人与公司间的利益平衡。但这一观点将大幅增加公司的监督成本，且与现代公司治理结构也不相符。③ 在法定代表人确定无法获得公司授权而与恶意相对人签订担保合同，通过“先斩后奏”的方式至少实现部分担保目的的情况下，还极有可能滋生道德风险。

第三，肯定说反对类推适用无权代理规则的主要理由在于，法定代表人越权担保亦属其执行职务的行为，即便越权行为不对公司发生效力，但由法定代表人个人承担责任也缺乏依据。而委托代理情况下，代理人的权限来自被代理人的授权，未经被代理人授权的，其行为与被代理人无关，自然不对被代理人发生效力，而应由代理人自身承担责任。④“由于被代表人是没有生命的法律拟制体，其意思形成机制与自然人存在很大差别，因此，直接允许法定代表人越权时可‘准用’表见代理似不甚合理。”⑤

就法定代表人与法人的关系而言，“代表说”与“代理说”的区别主要在于使法定代表人的行为归于法人的理论射程远近不同，而就法定代表人和代理人的关系，二者在实践后果和价值判断上并无显著不同，更多是理论解释上的区别。⑥依“代表说”有关“代表人行为即法人行为”之观点，《民法典》第 504 条应表达为“法人的法定代表人或者非法人组织的负责人超越权限订立的合同，该代表

---

① 参见贺小荣主编：《最高人民法院民事审判第二庭法官会议纪要：追寻裁判背后的法理》，人民法院出版社 2018 年版，第 201 ~ 202 页。

② 参见黄辉：《现代公司法比较研究——国际经验及对中国的启示（第二版）》，清华大学出版社 2020 年版，第 145 页。

③ 参见李志刚、李靖、王志诚等：《公司对外担保无效之赔偿责任》，载《人民司法·应用》2020 年第 19 期。

④ 参见最高人民法院民事审判第二庭编：《最高人民法院民法典担保制度司法解释理解与适用》，人民法院出版社 2021 年版，第 137 ~ 138 页。

⑤ 李激汉、刘平：《公司为他人提供担保纠纷案件法律适用路径检讨——兼评最高人民法院〈公司担保司法解释（讨论稿）〉》，载《证券法苑》2019 年第 1 期。

⑥ 参见陈自强：《代理权与经理权之间——民商合一与民商分立》，北京大学出版社 2008 年版，第 13 页、第 108 页。

行为有效，订立的合同对法人或者非法人组织发生效力”而非“除相对人知道或者应当知道其超越权限外，除相对人知道或者应当知道其超越权限的以外，该代表行为有效，订立的合同对法人或者非法人组织发生效力”，这一矛盾恰恰揭示了“代表说”与“代理说”理论的同质性。[①]

从代表制度的渊源来看，“代表说”与“代理说”的分野在于法定代表人对于法人全部事业活动的概括性代理权。[②] 在《公司法》第15条规定法定限制的情形之下，前述观点尚待商榷。其中，对于未经公司有权机构作出同意担保的决议的情形，所谓法定代表人越权代表实为无权代表。此时，法定代表人的地位与无权代理人的地位几近相当，未经特别授权，法定代表人与代理人均无代表或者代理公司与相对人签订担保合同的权限。相对人不能以行为人的法定代表人身份而主张担保合同的效果当然归属于公司。基于此，法定代表人越权担保与代理人无权代理之间就具有了相似性，类推适用《民法典》第171条无权代理规则也就具有了正当性。对于法定代表人越权担保的情形，未经公司追认，如以缔约过失责任为相对人提供救济，则承担赔偿责任的应为法定代表人，而非公司。

反对类推适用无权代理规则，还将导致同时存在越权代表和无权代理的不同处理结果。例如，在没有公司担保决议的情形之下，法定代表人授权委托代理人与相对人签订担保合同。此际，同时构成越权代表和无权代理。就无权代理而言，在《民法典》第171条之下，如未经公司追认，担保合同对公司不发生效力，由相对人和代理人依其过错承担责任，公司并无所谓缔约过失责任之可言。就越权代表而言，同样是担保合同对公司不发生效力，依据《民法典担保制度解释》第7条第1款，公司尚须承担与其过错相应的赔偿责任（缔约过失责任性质）。如此，即造成对类似情形的不同评价，实不足采。

五、小结

虽然担保活动伴随着风险，但在信用授受高度发达的市场中，公司为他人债务提供担保是常见且必要的交易，故而各国立法对公司担保均是采取限制而非禁止的态度。《公司法》第15条遵循的是形式主义的规制思路，即通过公司决议机制来控制损害公司利益的担保交易，基于公司法的组织法和管理法属性，该条并不能作为相关担保合同效力判断的规范基础。[③] 鉴于法定代表人是越权担保行为

---

① 参见李洪建：《论公司法定代表人的制度功能与定位修正》，载《中国矿业大学学报（社会科学版）》2019年第4期。

② 参见迟颖：《法定代表人越权行为的效力与责任承担——〈民法典〉第61条第2、3款解释论》，载《清华法学》2021年第4期。

③ 参见施天涛：《〈公司法〉第15条的规范目的：如何解读、如何适用?》，载《现代法学》2019年第3期。

的直接实施者，实现《公司法》第 15 条的立法目的的最佳行为范式是法定代表人经过适格决议后再与相对人签订担保合同，相对人同时就法定代表人是否经过决议授权履行一定的审查义务。[①] 就公司法定代表人越权担保的效力的具体规则适用上，尚需结合组织法规范、行为法规范进行体系解释。以《民法典》第 504 条所确立的代表规范、效果归属规范为基础，相对人尚须基于《公司法》第 15 条的规定审查法定代表人是否具有代表权以证明自己的善意；相对人善意的，担保合同对公司发生效力，反之，相对人非为善意的，未经公司追认，担保合同对公司不发生效力。对公司不发生效力的担保合同，尚须类推适用《民法典》第 171 条第 4 款的规定，由法定代表人和相对人基于各自的过错承担相应的赔偿责任（性质上属于缔约过失责任）。总之，公司法定代表人越权担保的效力，是一个来源于实践，经由立法的规范与理论的引导，终究又要回归于实践的问题。随着今后公司治理与司法实践的发展，公司担保问题必将引起新的讨论。

① 参见吴飞飞：《公司担保合同行为的最佳行为范式何以形成——公司越权担保合同效力认定的逆向思维》，载《法学论坛》2015 年第 1 期。

上市公司对外担保的程序控制与相对人的审查义务

上市公司违规担保问题已经窒碍了证券市场的健康发展。我国实定法就上市公司对外担保规定了更为严格的程序控制要件，除了公司担保决策机构事先应作出同意担保的决议之外，上市公司尚须就此进行信息披露。基于对行政监管的尊重，金融司法上要求相对人在接受上市公司提供担保之时，应审查上市公司对外担保公告。相对人经审查不知道且不应当知道法定代表人超越代表权限的，在主观上系善意，担保合同对上市公司发生效力，如果担保合同有效，上市公司须承担担保责任；相对人未审查或者经审查，知道或者应当知道法定代表人超越代表权限的，在主观上非为善意，担保合同对上市公司不发生效力，不管担保合同是否有效，其法律后果均不由上市公司承受。就上市公司的单项对外担保公告，相对人应审查其中关于担保事项已经董事会或者股东会决议通过的信息；就上市公司的担保额度预计公告，相对人除审查前述信息之外，还须审查上市公司的持续信息披露公告。审查的目的均在于判断法定代表人是否具有担保代表权限。《民法典担保制度解释》第9条所确立的上市公司担保规则不具有溯及力，且仅适用于境内上市公司（其中包括股票在国务院批准的其他全国性证券交易场所交易的公司）及其已公开披露的控股子公司，但不适用于境内注册但境外上市的公司。

一、问题的提出

近年来，上市公司对外担保①的规模急剧上升，俨然成为威胁公司持续经营能力的重大隐患。② 上市公司对外担保极易异化为控股股东、实际控制人“掏空”上市公司的工具，严重冲击资本市场秩序，极大地损害中小投资者利益。③ 上市

---

① 本书所称的“上市公司”，除了指称其股票在上海证券交易所、深圳证券交易所上市交易的股份有限公司之外，还包括股票在国务院批准的其他全国性证券交易场所交易的公司。通常意义上的“对外担保”有两种含义：一是为他人债务提供担保；二是境内机构向境外机构承诺为债务人提供担保。在上市公司治理实践中，监管机关的规范性文件和交易所的上市交易规则多以“对外担保”指称上市公司为他人债务提供担保的情形。基于此，本书所称“对外担保”仅指第一种含义。

② 参见赵保卿、杨雪冰：《上市公司对外担保影响持续经营不确定性审计意见的实证研究》，载《经济研究参考》2020年第17期。

③ 参见方重：《关于上市公司为第三方融资提供担保的分析和思考》，载《当代经济管理》2019年第2期；覃舜宜：《深市公司违规占用资金及对外担保情况分析》，载《证券市场导报》2019年第11期。

公司违规担保问题是资本市场的“顽疾”和“毒瘤”，多年来屡禁不止，严重影响我国证券市场的健康发展。① 为规范上市公司担保行为，完善上市公司担保的内部决策流程，强化上市公司信息披露责任，监管部门先后出台了一系列规范性文件，如《关于集中解决上市公司资金被占用和违规担保问题的通知》（证监公司字〔2005〕37号）、《关于规范上市公司对外担保行为的通知》（证监发〔2005〕120号）、《关于规范上市公司与关联方资金往来及上市公司对外担保若干问题的通知》（证监会公告〔2017〕16号）。这些规范性文件存在部分规定已不执行、部分要求互相矛盾等情况。为深入贯彻国务院金融稳定发展委员会“建制度、不干预、零容忍”的工作要求，结合监管实践需要，中国证券监督管理委员会（以下简称中国证监会）组织开展了上市公司监管法规体系整合工作，推进完善基础性制度，形成体例科学、层次分明、规范合理且协调一致的上市公司监管法规体系，提升市场规则的友好度，方便市场主体查找使用。监管部门将上述三份规范性文件内容梳理归并，整合形成了《上市公司监管指引第8号——上市公司资金往来、对外担保的监管要求》（以下简称《上市公司资金往来、对外担保监管指引》）。②

结合理论与实践的发展，最高人民法院发布的《全国法院民商事审判工作会议纪要》（以下简称《民商事审判会议纪要》）首开其端，明确了相对人应根据上市公司公开披露的关于担保事项已经董事会或者股东大会决议通过的信息订立担保合同的基本立场，在一定程度上强化了相对人审查义务的范围。③《最高人民法院关于适用〈中华人民共和国民法典〉有关担保制度的解释》（以下简称《民法典担保制度解释》）吸收了《民商事审判会议纪要》有关上市公司对外担保的既有政策选择，并结合《民法典》作了相应完善，合理引导社会预期。④

二、上市公司对外担保的规制逻辑

在《公司法》第15条已就公司法定代表人代表公司对外担保的权限作出法定限制的情形下，公司对外担保就不是法定代表人所能单独决定的事项，而必须以公司股东会、董事会等公司机关的决议作为授权的基础和来源。⑤ 相对人在与

---

① 参见最高人民法院民事审判第二庭编：《〈全国法院民商事审判工作会议纪要〉理解与适用》，人民法院出版社2019年版，第196页。

② 中国证券监督管理委员会公告〔2022〕26号，2022年1月28日中国证券监督管理委员会、公安部、国务院国有资产监督管理委员会、中国银行保险监督管理委员会联合发布，并于同日实施。

③ 参见最高人民法院民事审判第二庭编：《〈全国法院民商事审判工作会议纪要〉理解与适用》，人民法院出版社2019年版，第197页。

④ 参见林文学、杨永清、麻锦亮、吴光荣：《〈关于适用民法典有关担保制度的解释〉的理解和适用》，载《人民司法》2021年第4期。

⑤ 参见《民商事审判会议纪要》第17条。

公司订立担保合同时应当审查法定代表人的代表权限。法定代表人未经授权擅自对外提供担保的，即构成越权代表。依据《民法典》第504条的规定，相对人不知道且不应当知道法定代表人超越权限的，担保合同对公司发生效力；相对人知道或者应当知道法定代表人超越权限的，担保合同对公司不发生效力。① 这一解释论明显以“代表权法定限制说”② 为基础，一体适用于上市公司和非上市公司。

（一）“代表权法定限制说”之下的上市公司对外担保规则

法定代表人的担保权限来源于股东会、董事会等公司担保决策机构决议（以下简称公司担保决议）的授权。在《民法典》第504条之下，相对人须合理审查公司担保决议是否适格，以判断法定代表人是否超越代表权限。从司法实践通说来看，所谓公司担保决议的适格，既包括公司担保决策机构的适格，也包括参与表决的人员和表决权数的适格。③ 除了公司章程中的特别安排之外，上市公司的特别之处也在于这两方面。此外，《证券法》及相关监管规则还规定了上市公司对外担保时的信息披露义务，这是上市公司对外担保的特殊程序控制。

1. 公司担保决策机构

就公司担保决策机构而言，《公司法》第15条规定，关联担保（公司为其股东或者实际控制人提供担保）的公司担保决策机构，只能是股东会；非关联担保的公司担保决策机构，取决于公司章程的规定，可以是董事会，也可以是股东会，公司章程未作规定的，是股东会。④ 就上市公司的特殊情形，《公司法》第135条规定：“上市公司在一年内购买、出售重大资产或者向他人提供担保的金额超过公司资产总额百分之三十的，应当由股东会作出决议，并经出席会议的股东所持表决权的三分之二以上通过。”在解释上，《公司法》第15条除了第135条的特别规定之外，仍然适用于上市公司。如此，在《公司法》之下，公司担保决策机构在三种情形之下是股东大会：一是关联担保；二是1年内担保金额超过公

---

① 参见《民法典担保制度解释》第7条。

② 就该学说的介绍，参见周伦军：《公司对外提供担保的合同效力判断规则》，载《法律适用》2014年第8期；贺小荣主编：《最高人民法院民事审判第二庭法官会议纪要：追寻裁判背后的法理》，人民法院出版社2018年版，第190～193页；高圣平、范佳慧：《公司法定代表人越权担保效力判断的解释基础——基于最高人民法院裁判分歧的分析和展开》，载《比较法研究》2019年第1期。

③ 参见《民商事审判会议纪要》第18条。

④ 对此尚存争议。有观点认为，公司章程未作规定之时，董事会、股东会均可。最高人民法院民事审判第二庭编：《〈全国法院民商事审判工作会议纪要〉理解与适用》，人民法院出版社2019年版，第186页；最高人民法院民事审判第二庭编：《最高人民法院民法典担保制度司法解释理解与适用》，人民法院出版社2021年版，第136页。

司资产总额30%；三是公司章程明确规定由股东大会作出决议。① 其中，前两种情形是强制性的，不容排除适用。

不过，《上市公司资金往来、对外担保监管指引》《上海证券交易所股票上市规则》（2022年修订，以下简称《上交所股票上市规则》）、《深圳证券交易所股票上市规则》（2022年修订，以下简称《深交所股票上市规则》）、《北京证券交易所股票上市规则（试行）》（北证公告〔2021〕13号，以下简称《北交所股票上市规则》）等监管规则在不同程度上扩充了须经股东大会审议的担保事项。

表1　须经股东大会审议的担保事项

《上市公司资金往来、对外担保监管指引》第9条第1款	《上交所股票上市规则》第6.1.10条第2款	《深交所股票上市规则》第6.1.10条第2款	《北交所股票上市规则》第7.1.11条第2款
（一）上市公司及其控股子公司的对外担保总额，超过最近一期经审计净资产百分之五十以后提供的任何担保	（二）上市公司及其控股子公司对外提供的担保总额，超过上市公司最近一期经审计净资产50%以后提供的任何担保	（二）上市公司及其控股子公司对外提供的担保总额，超过上市公司最近一期经审计净资产50%以后提供的任何担保	（二）上市公司及其控股子公司提供担保的总额，超过上市公司最近一期经审计净资产50%以后提供的任何担保
（二）为资产负债率超过百分之七十的担保对象提供的担保	（五）为资产负债率超过70%的担保对象提供的担保	（四）被担保对象最近一期财务报表数据显示资产负债率超过70%	（三）为资产负债率超过70%的担保对象提供的担保
（三）单笔担保额超过最近一期经审计净资产百分之十的担保	（一）单笔担保额超过上市公司最近一期经审计净资产10%的担保	（一）单笔担保额超过上市公司最近一期经审计净资产10%	（一）单笔担保额超过上市公司最近一期经审计净资产10%的担保

① 《上市公司资金往来、对外担保监管指引》第8条规定："上市公司的《公司章程》应当明确股东大会、董事会审批对外担保的权限及违反审批权限、审议程序的责任追究制度。"由此可见，上市公司章程不存在不规定公司担保决策机构的情形。

续表

《上市公司资金往来、对外担保监管指引》第9条第1款	《上交所股票上市规则》第6.1.10条第2款	《深交所股票上市规则》第6.1.10条第2款	《北交所股票上市规则》第7.1.11条第2款
（四）对股东、实际控制人及其关联方提供的担保	（六）对股东、实际控制人及其关联人提供的担保	（六）对股东、实际控制人及其关联人提供的担保	
	（三）上市公司及其控股子公司对外提供的担保总额，超过上市公司最近一期经审计总资产30%以后提供的任何担保	（三）上市公司及其控股子公司对外提供的担保总额，超过上市公司最近一期经审计总资产30%以后提供的任何担保	
	（四）按照担保金额连续12个月内累计计算原则，超过上市公司最近一期经审计总资产30%的担保	（五）最近十二个月内担保金额累计计算超过公司最近一期经审计总资产的30%	（四）按照担保金额连续12个月累计计算原则，超过上市公司最近一期经审计总资产30%的担保
	（七）本所或者公司章程规定的其他担保	（七）本所或者公司章程规定的其他情形	（五）中国证监会、本所或者公司章程规定的其他担保

其一，监管规则将关联担保的范围作了扩充，由“公司为公司股东或者实际控制人提供担保”，扩张为“对股东、实际控制人及其关联方（人）提供的担保”，增加了上市公司为股东和实际控制人的关联人提供担保的情形。依据《上市公司信息披露管理办法》第62条第4项的规定，“关联人包括关联法人（或者其他组织）和关联自然人。”“具有以下情形之一的法人（或者其他组织），为上市公司的关联法人（或者其他组织）：1. 直接或者间接地控制上市公司的法人（或者其他组织）；2. 由前项所述法人（或者其他组织）直接或者间接控制的除上市公司及其控股子公司以外的法人（或者其他组织）；3. 关联自然人直接或者间接控制的、或者担任董事、高级管理人员的，除上市公司及其控股子公司以外的法人（或者其他组织）；4. 持有上市公司百分之五以上股份的法人（或者其他

组织）及其一致行动人；5. 在过去十二个月内或者根据相关协议安排在未来十二月内，存在上述情形之一的；6. 中国证监会、证券交易所或者上市公司根据实质重于形式的原则认定的其他与上市公司有特殊关系，可能或者已经造成上市公司对其利益倾斜的法人（或者其他组织）。”“具有以下情形之一的自然人，为上市公司的关联自然人：1. 直接或者间接持有上市公司百分之五以上股份的自然人；2. 上市公司董事、监事及高级管理人员；3. 直接或者间接地控制上市公司的法人的董事、监事及高级管理人员；4. 上述第 1、2 项所述人士的关系密切的家庭成员，包括配偶、父母、年满十八周岁的子女及其配偶、兄弟姐妹及其配偶，配偶的父母、兄弟姐妹，子女配偶的父母；5. 在过去十二个月内或者根据相关协议安排在未来十二个月内，存在上述情形之一的；6. 中国证监会、证券交易所或者上市公司根据实质重于形式的原则认定的其他与上市公司有特殊关系，可能或者已经造成上市公司对其利益倾斜的自然人。”这在一定程度上增加了关联担保认定上的困难。

其二，监管规则将“上市公司在一年内……向他人提供担保的金额超过公司资产总额百分之三十”，解释为“按照担保金额连续 12 个月内累计计算原则，超过上市公司最近一期经审计总资产 30%”或者“最近十二个月内担保金额累计计算超过公司最近一期经审计总资产的 30%”，明确了“一年内”的具体内涵以及“公司资产总额”的计算方法。

其三，监管规则新增了可能危及上市公司资产安全的担保情形，如（1）上市公司及其控股子公司的对外担保总额，超过最近一期经审计净资产 50% 以后提供的任何担保；（2）为资产负债率超过 70% 的担保对象提供的担保；（3）单笔担保额超过最近一期经审计净资产 10% 的担保；①（4）上市公司及其控股子公司对外提供的担保总额，超过上市公司最近一期经审计总资产 30% 以后提供的任何担保；（5）中国证监会、交易所或者公司章程规定的其他担保。②

2. 表决权数

就公司担保决议要求的表决权数而言，对于股东会决议，《公司法》第 116 条第 2 款规定：“股东会作出决议，应当经出席会议的股东所持表决权过半数通过。”第 15 条第 3 款规定：“前款规定的股东或者受前款规定的实际控制人支配的股东，不得参加前款规定事项的表决。该项表决由出席会议的其他股东所持表

---

① 第 1 项至第 3 项为《上市公司资金往来、对外担保监管指引》第 9 条第 1 款所明定，但该款同时言明，须经股东大会审批的对外担保不限于上述情形。《上交所股票上市规则》第 6. 1. 10 条第 2 款、《深交所股票上市规则》第 6. 1. 10 条第 2 款、《北交所股票上市规则》第 7. 1. 11 条第 2 款均列举了这三项。

② 《上交所股票上市规则》第 6. 1. 10 条第 2 款、《深交所股票上市规则》第 6. 1. 10 条第 2 款规定了第 4 项、第 5 项；《北交所股票上市规则》第 7. 1. 11 条第 2 款规定了第 5 项。

决权的过半数通过。”第 135 条规定：“上市公司在一年内……向他人提供担保的金额超过公司资产总额百分之三十的，应当由股东会作出决议，并经出席会议的股东所持表决权的三分之二以上通过。”由于公司担保并不在《公司法》第 116 条所规定的特殊事项之中，如公司章程没有例外安排，在解释上可按一般事项处理，即表决权的过半数通过；① 对于董事会决议，就股份有限公司董事会决议的形成，《公司法》第 124 条第 1 款规定：“董事会会议应当有过半数的董事出席方可举行。董事会作出决议，应当经全体董事的过半数通过。”就有限责任公司董事会决议的形成，则未有此类规定，而是留由公司章程规定。基于董事会决议的法律属性——决议行为，有限责任公司董事会决议亦应实行人数多数决。《上市公司资金往来、对外担保监管指引》《上交所股票上市规则》《深交所股票上市规则》《北交所股票上市规则》等监管规则中作出了不同于《公司法》规定的安排。

表 2　公司担保决议要求的表决权数

	董事会决议	股东会决议
《上市公司资金往来、对外担保监管指引》	**第 10 条** 应由董事会审批的对外担保，必须经出席董事会的三分之二以上董事审议同意并作出决议	**第 9 条第 2 款** 股东大会在审议为股东、实际控制人及其关联方提供的担保议案时，该股东或者受该实际控制人支配的股东，不得参与该项表决，该项表决由出席股东大会的其他股东所持表决权的半数以上通过
《上交所股票上市规则》	**第 6.1.10 条第 1 款** 上市公司发生“提供担保”交易事项，除应当经全体董事的过半数审议通过外，还应当经出席董事会会议的三分之二以上董事审议通过，并及时披露	**第 6.1.10 条第 3 款** 上市公司股东大会审议前款第（四）项担保时，应当经出席会议的股东所持表决权的三分之二以上通过。［（四）按照担保金额连续 12 个月内累计计算原则，超过上市公司最近一期经审计总资产 30% 的担保］

① 参见马更新：《公司担保中决议形成程序与合同效力认定间牵连关系探析》，载《法学杂志》2020 年第 6 期。

续表

	董事会决议	股东大会决议
《深交所股票上市规则》	**第6.1.10条第1款** 上市公司提供担保，除应当经全体董事的过半数审议通过外，还应当经出席董事会会议的三分之二以上董事审议同意并作出决议，并及时对外披露	**第6.1.10条第3款** 上市公司股东大会审议前款第（五）项担保事项时，应当经出席会议的股东所持表决权的三分之二以上通过。[（五）最近十二个月内担保金额累计计算超过公司最近一期经审计总资产的30%]
《北交所股票上市规则》	**第7.1.11条第1款** 上市公司提供担保的，应当提交公司董事会审议并对外披露。董事会审议担保事项时，必须经出席董事会会议的三分之二以上董事审议同意	**第7.1.11条第3款** 股东大会审议前款第四项担保事项时，必须经出席会议的股东所持表决权的三分之二以上通过。[（四）按照担保金额连续12个月累计计算原则，超过上市公司最近一期经审计总资产30%的担保]

其一，监管规则提高了董事会决议的表决权比例要求。《上市公司资金往来、对外担保监管指引》第10条规定："应由董事会审批的对外担保，必须经出席董事会的三分之二以上董事审议同意并做出决议。"这里存在一个解释上的疑问。《公司法》第124条第1款规定的董事会决议的最低表决权数是"全体董事的过半数"，那么，《上市公司资金往来、对外担保监管指引》第10条规定的"出席董事会的三分之二以上董事"与《公司法》第124条第1款之间是什么关系？举例而言，某上市公司有11名董事，其中6人出席了董事会，其中5人同意担保并作出了董事会决议，如适用《上市公司资金往来、对外担保监管指引》第10条，则已经达到了表决权数，但如适用《公司法》第124条第1款，则尚未达到表决权数。好在《上交所股票上市规则》《深交所股票上市规则》解决了这一问题。如前者第6.1.10条第1款规定："上市公司发生'提供担保'交易事项，除应当经全体董事的过半数审议通过外，还应当经出席董事会会议的三分之二以上董事审议通过，并及时披露。"

其二，监管规则明确了股东会决议的前置程序。《公司法》原第104条规定："本法和公司章程规定公司转让、受让重大资产或者对外提供担保等事项必须经股东大会作出决议的，董事会应当及时召集股东大会会议，由股东大会就上述事项进行表决。"这里，并未要求须经股东会审议的担保事项应事先由董事会审议，只规定了董事会召集股东会会议的义务。但《上市公司资金往来、对外担保监管指引》第9条第1款中规定：“应由股东大会审批的对外担保，必须经董事会审议通过后，方可提交股东大会审批。”《上交所股票上市规则》第6.1.10条、《深交所股票上市规则》第6.1.10条、《北交所股票上市规则》第7.1.11条进一步明确了董事会审议这一前置程序，首先应经全体董事的过半数、出席董事会会议的2/3以上董事审议通过，董事会审议通过后提交股东会审议。

上市公司对外担保构成关联交易的，[①] 同样适用上述规则，但就表决权数的安排有所不同。上市公司董事会审议关联担保事项时，关联董事应当回避表决，也不得代理其他董事行使表决权。该董事会会议由过半数的非关联董事出席即可举行，董事会会议所作决议须经非关联董事过半数通过。出席董事会会议的非关联董事人数不足3人的，公司应当将交易提交股东大会审议。关联董事包括下列董事或者具有下列情形之一的董事：为交易对方；拥有交易对方直接或者间接控制权的；在交易对方任职，或者在能直接或间接控制该交易对方的法人或其他组织、该交易对方直接或者间接控制的法人或其他组织任职；为交易对方或者其直接或者间接控制人的关系密切的家庭成员；为交易对方或者其直接或者间接控制人的董事、监事或高级管理人员的关系密切的家庭成员；中国证监会、本所或者上市公司基于实质重于形式原则认定的其独立商业判断可能受到影响的董事。[②]

上市公司股东大会审议关联担保事项时，关联股东应当回避表决，也不得代理其他股东行使表决权。关联股东包括下列股东或者具有下列情形之一的股东：为交易对方；拥有交易对方直接或者间接控制权的；被交易对方直接或者间接控制；与交易对方受同一法人或者其他组织或者自然人直接或者间接控制；在交易对方任职，或者在能直接或间接控制该交易对方的法人或其他组织、该交易对方直接或者间接控制的法人或其他组织任职；为交易对方或者其直接或者间接控制人的关系密切的家庭成员；因与交易对方或者其关联人存在尚未履行完毕的股权转让协议或者其他协议而使其表决权受到限制和影响的股东；中国证监会或者本

---

① 《上交所股票上市规则》第6.3.2条规定：“上市公司的关联交易，是指上市公司、控股子公司及控制的其他主体与上市公司关联人之间发生的转移资源或者义务的事项”；《深交所股票上市规则》第6.3.2条规定：“上市公司的关联交易，是指上市公司或者其控股子公司与上市公司关联人之间发生的转移资源或者义务的事项”。两大股票上市规则所列举的关联交易中均包括“提供担保（含对控股子公司担保等）”。《北交所股票上市规则》第7.2.1条规定：“上市公司的关联交易，是指上市公司或者其控股子公司等其他主体与上市公司关联方发生本规则第7.1.1条规定的交易和日常经营范围内发生的可能引致资源或者义务转移的事项。”第7.1.1条规定的交易中即包括“提供担保（即上市公司为他人提供的担保，含对控股子公司的担保）”。

② 《上交所股票上市规则》第6.3.8条、《深交所股票上市规则》第6.3.8条；《北交所股票上市规则》没有类似规定。

所认定的可能造成上市公司利益对其倾斜的股东。①

上市公司为关联人提供担保的，除应当经全体非关联董事的过半数审议通过外，还应当经出席董事会会议的非关联董事的2/3以上董事审议同意并作出决议，并提交股东会审议。公司因交易或者关联交易导致被担保方成为公司的关联人，在实施该交易或者关联交易的同时，应当就存续的关联担保履行相应审议程序和信息披露义务。董事会或者股东会未审议通过上述关联担保事项的，交易各方应当采取提前终止担保等有效措施。②

3. 信息披露义务

依据《证券法》第80条的规定，公司提供重大担保，可能对公司的资产、负债、权益和经营成果产生重要影响的，在投资者尚未得知时，公司应当立即将有关该重大事件的情况向国务院证券监督管理机构和证券交易场所报送临时报告，并予公告，说明事件的起因、目前的状态和可能产生的法律后果。由此可见，作为临时报告的一种，上市公司对外担保公告仅在可能对公司的资产、负债、权益和经营成果产生重要影响，③ 且投资者尚未得知等两大事由同时出现之时才得以触发。④ 但是，《上交所股票上市规则》《深交所股票上市规则》第6.1.1条均规定，上市公司的所有“提供担保（含对控股子公司担保等）”均应当公开披露。⑤《北交所股票上市规则》第7.1.1条也规定，上市公司“提供担保（即上市公司为他人提供的担保，含对控股子公司的担保）”，属于应予披露的交易。因此，在实务操作层面，上市公司对外提供的所有担保都应当公告，而非只限于重大担保等情形，这主要是因为上市公司对外担保事项涉及广大投资者的利益，均须公开披露。⑥

相关监管规则具体规定了披露的程序和内容。《上市公司资金往来、对外担保监管指引》第12条规定：“上市公司董事会或者股东大会审议批准的对外担保，必须在证券交易所的网站和符合中国证监会规定条件的媒体及时披露，披露

---

① 《上交所股票上市规则》第6.3.9条、《深交所股票上市规则》第6.3.9条；《北交所股票上市规则》没有类似规定。

② 《上交所股票上市规则》第6.3.11条、《深交所股票上市规则》第6.3.13条；《北交所股票上市规则》没有类似规定。

③ 《证券法》第80条第1款与第2款之间在适用关系上还存在解释空间。其中第2款所规定的上市公司提供重大担保，可能对公司的资产、负债、权益和经营成果产生重要影响的，即构成第1款“发生可能对”“股票交易价格产生较大影响的重大事件”。

④ 参见王瑞贺主编：《中华人民共和国证券法释义》，法律出版社2020年版，第149页。

⑤ 在解释上，依据《上交所股票上市规则》第6.1.1条、《深交所股票上市规则》第6.1.1条的规定，如提供担保属于上市公司日常经营活动，则无须披露。

⑥ 参见最高人民法院民事审判第二庭编：《〈全国法院民商事审判工作会议纪要〉理解与适用》，人民法院出版社2019年版，第196页。

的内容包括董事会或者股东大会决议、截止信息披露日上市公司及其控股子公司对外担保总额、上市公司对控股子公司提供担保的总额。”《上交所股票上市规则》第6.1.10条第1款规定：“上市公司发生‘提供担保’交易事项，除应当……并及时披露。”① 对于达到披露标准的担保，如果被担保人于债务到期后15个交易日内未履行还款义务，或者被担保人出现破产、清算或者其他严重影响其还款能力的情形，上市公司应当及时披露。②

基于上市公司的上述信息披露机制，相对人对上市公司法定代表人的代表权限存在两种审查途径：一是直接审查董事会或者股东会的决议；二是审查上市公司公开披露的关于担保事项已经适格公司担保决议通过的信息。在《民商事审判会议纪要》发布之前，前述两种审查途径的效力均为司法裁判所认可。③ 如此看来，在“代表权法定限制说”之下，相对人接受上市公司提供担保之时，其对法定代表人代表权限的审查与非上市公司并无显著差异，不同之处仅在于对适格公司担保决议的判断。

（二）《民商事审判会议纪要》和《民法典担保制度解释》司法态度的转变及其评价

《民商事审判会议纪要》第22条规定：“债权人根据上市公司公开披露的关于担保事项已经董事会或者股东大会决议通过的信息订立的担保合同，人民法院应当认定有效。”由此可知，如果在担保合同订立前，上市公司公开披露了担保事项已经董事会或者股东会决议的信息，相对人即足以证明其善意。在上市公司虽对担保事项进行了适格决议，但未公开披露该担保信息的情形下，相对人仅审查公司担保决议，并不足以证明相对人的善意。④ 因为“上市公司只要进行合规担保，都会进行公告”，上市公司未及时公告的事实本身即应引起相对人的合理怀疑。⑤

相较于《民商事审判会议纪要》第22条，《民法典担保制度解释》第9条则更加明确规定了上市公司违规担保的效果归属，以此明确相对人的善意判断标准，即合理审查上市公司公开披露的关于担保事项已经董事会或者股东会决议通

---

① 《深交所股票上市规则》第6.1.10条第1款、《北交所股票上市规则》第7.1.11条第1款的规定与此大致相同。

② 《上交所股票上市规则》第6.1.11条、《深交所股票上市规则》第6.1.11条。

③ 参见最高人民法院（2007）民二终字第184号民事判决书；最高人民法院（2012）民提字第156号民事判决书；最高人民法院（2019）最高法民终1524号民事判决书等。

④ 参见最高人民法院民事审判第二庭编：《〈全国法院民商事审判工作会议纪要〉理解与适用》，人民法院出版社2019年版，第199页；相关案例参见浙江省绍兴市上虞区人民法院（2018）浙0604民初9365号民事判决书；北京市朝阳区人民法院（2018）京0105民初96998号民事判决书等。

⑤ 参见最高人民法院民事审判第二庭编：《〈全国法院民商事审判工作会议纪要〉理解与适用》，人民法院出版社2019年版，第197页。

过的信息，而非公司担保决议。“与上市公司订立担保合同的相对人是否善意的判断标准是相对人是否根据公开披露的担保信息订立担保合同。相对人根据公开披露的担保信息订立的担保合同，对公司发生效力。相对人没有根据公开披露的担保信息订立的担保合同，对公司不发生效力。”[①] 在《民法典担保制度解释》第9条之下，即使上市公司已就担保事项作出了适格的决议，且相对人履行了实质审查义务，但如果上市公司未进行信息披露，担保合同对上市公司也不发生效力。[②]

《民商事审判会议纪要》和《民法典担保制度解释》之所以如此规定，旨在全面贯彻落实法律关于上市公司信息披露的规定，保护资本市场中公众投资者的利益。[③] 依据《上交所股票上市规则》《深交所股票上市规则》和《北交所股票上市规则》的规定，上市公司的所有对外担保事项，因会影响广大中小投资者的利益和整个证券市场的健康发展而均须公开披露，且上市公司一般是当天决议，当天公告，最迟第二天公告，公告的担保事项很容易查询，将相对人的审查途径限制于上市公司公开披露的信息，既不会增加相对人的负担、损害相对人的利益，也不会影响交易效率。[④] 相反，“这样规定，就会起到一种倡导作用，即为了保证债权人与上市公司签订的担保合同有效，债权人只要审查上市公司公开披露的信息即可”。[⑤] 如此一来，即可对上市公司的信息披露及公司治理实施逆向激励，理性的相对人仅得在上市公司披露相关信息后才签订担保合同，而上市公司为实现其商业计划，也会积极地进行信息披露。在透明的市场环境下，上市公司的违规担保行为也会随之受到约束，如此也有利于促进上市公司的规范治理。本书作者不赞成这一解释选择。

（三）担保合同对上市公司不生效力时的法律后果

《民商事审判会议纪要》第22条虽然规定了相对人应根据上市公司公开披露

---

① 北京市高级人民法院（2021）京民终21号民事判决书。

② 参见林文学、杨永清、麻锦亮、吴光荣：《〈关于适用民法典有关担保制度的解释〉的理解和适用》，载《人民司法》2021年第4期。

③ 参见林文学、杨永清、麻锦亮、吴光荣：《〈关于适用民法典有关担保制度的解释〉的理解和适用》，载《人民司法》2021年第4期。

④ 参见最高人民法院民事审判第二庭编：《最高人民法院民法典担保制度司法解释理解与适用》，人民法院出版社2021年版，第151～153页。依据《上市公司信息披露管理办法》第24条第1款的规定：“上市公司应当在最先发生的以下任一时点，及时履行重大事件的信息披露义务：（一）董事会或者监事会就该重大事件形成决议时；（二）有关各方就该重大事件签署意向书或者协议时；（三）董事、监事或者高级管理人员知悉该重大事件发生时。”这里所谓“及时”，依据《上市公司信息披露管理办法》第62条第3项的规定，是指自起算日起或者触及披露时点的两个交易日内。

⑤ 最高人民法院民事审判第二庭编：《〈全国法院民商事审判工作会议纪要〉理解与适用》，人民法院出版社2019年版，第197页。

的关于担保事项已经董事会或者股东会决议通过的信息订立担保合同，但对相对人未根据上述信息所订立的担保合同的法律效果未作规定。多数观点认为，依据《民商事审判会议纪要》第20条的规定，法定代表人越权担保的民事责任并不区分非上市公司与上市公司，相对人未根据上述信息订立担保合同，即表明相对人在主观上非为善意，担保合同应认定为无效，上市公司均须承受担保合同无效的法律后果。上市公司对法定代表人越权担保行为的内部控制不规范，对担保合同的无效存在过错，应承担主债权人不能清偿部分1/2的赔偿责任。也有少数观点认为，债权人系专业金融机构（信托公司、证券公司、小贷公司、融资租赁公司），熟知上市公司相关法律法规及行业监管部门规定，其在接受上市公司提供的担保时，有义务、有能力对上市公司董事会或者股东会决议、信息披露公告进行审查，确保所接受的担保合法合规，否则便属于"明知"越权。此时，上市公司对其法定代表人越权担保不承担任何责任。但是，《民法典》第504条明确了其本身仅为效果归属规则，而非效力判断规则。法定代表人超越代表权限订立的担保合同，在相对人善意时对公司发生效力，在相对人非为善意时对公司不发生效力。此时并不涉及担保合同的效力判断。在解释上，在相对人善意时，无论担保合同是否有效，其法律效果均由公司承受；在相对人非为善意时，无论担保合同是否有效，其法律效果均不由公司承受。如此，《民商事审判会议纪要》所持司法态度即应修正。

就法定代表人越权担保对公司不发生效力的法律后果，《民法典担保制度解释》对于非上市公司基本维持了《民商事审判会议纪要》的既有裁判思路，公司须参照担保合同无效后的规则承担赔偿责任。[①] 但对于上市公司，《民法典担保制度解释》第9条则规定，在相对人未尽审查义务时，担保合同对上市公司不发生效力，上市公司既不承担担保责任，也不承担赔偿责任。其价值上的正当性在于，非上市公司并不涉及公众投资者的利益，担保合同不生效力的后果只是在公司与相对人之间分担，而上市公司担保涉及众多公众投资者利益的保护、证券市场秩序的维护等，与公共利益密切相关。对于上市公司的违规担保行为，相对人较之普通投资者更能控制风险。相对人可以视上市公司是否披露担保信息而决定是否签订担保合同，但如欠缺相应担保事项的信息披露，投资者无法及时调整其投资行为。此际，如令上市公司与非上市公司一样，依其过错承担赔偿责任，必将损及公众投资者的利益。[②] 在解释上，由于上市公司对外担保均须披露，在欠缺相应的信息披露时，如果法定代表人以上市公司名义签订担保合同，相对人对

① 这一解释结论值得商榷。参见高圣平：《再论公司法定代表人越权担保的法律效力》，载《现代法学》2021年第6期。

② 参见北京市高级人民法院（2016）京民终537号民事判决书。

法定代表人的代表权限缺乏合理信赖，上市公司对法定代表人的行为不承担赔偿责任。①

三、上市公司对外担保时相对人的审查内容

依据《民法典担保制度解释》第9条的规定，相对人应当“根据上市公司公开披露的关于担保事项已经董事会或者股东大会决议通过的信息，与上市公司订立担保合同”。从相对人审查义务的角度来看，该规定具有如下含义。第一，相对人在接受上市公司提供担保时，直接审查的对象应是上市公司公开披露的对外担保公告，而非董事会或者股东会决议。第二，上市公司对外担保公告中应载明相关担保事项已经董事会或者股东会决议通过的信息。如果上市公司虽然发布了对外担保公告，但公告中没有上述信息，担保合同对上市公司仍然不发生效力。②如果该担保事项事实上已经上市公司董事会或者股东会决议通过，但上市公司对外担保公告中没有上述信息，担保合同对上市公司也不发生效力。上市公司对外担保的情形各异，相对人的具体审查内容也存在差异。

（一）上市公司单项对外担保时相对人的审查内容

相对人应首先审查上市公司担保公告，以确定拟签担保合同的事项是否已经董事会或者股东会决议通过。《上市公司资金往来、对外担保监管指引》第12条规定：“……披露的内容包括董事会或者股东大会决议、截止信息披露日上市公司及其控股子公司对外担保总额、上市公司对控股子公司提供担保的总额。”

至于上市公司担保公告的内容，可参考《上海证券交易所上市公司自律监管指南第1号——公告格式》第六号“上市公司为他人提供担保公告”（2015修订）（以下简称《上交所上市公司担保公告格式》）、《上海证券交易所科创板上市公司自律监管指南第3号——日常信息披露》（上证函〔2022〕4号）第三号“科创板上市公司为他人提供担保公告”、《深圳证券交易所上市公司自律监管指南第2号——公告格式》（深证上〔2022〕27号）附件28“深圳证券交易所上市公司交易类第5号——上市公司对外担保公告格式”（以下简称《深交所上市公司担保公告格式》）、《深圳证券交易所创业板上市公司自律监管指南第2号——公告格式》（深证上〔2022〕29号）第7号“上市公司提供担保公告格式”或者《北京证券交易所上市公司持续监管临时公告格式模板》（2022年3月4日）第21号“上市公司提供担保公告格式模板”（以下简称《北交所上市公司担保公告格式》）的格式要求。

---

① 相关案例参见北京市第一中级人民法院（2021）京01民终2336号民事判决书。

② 参见最高人民法院民事审判第二庭编：《最高人民法院民法典担保制度司法解释理解与适用》，人民法院出版社2021年版，第154页。

表3　上市公司担保公告内容比较

	《上交所上市公司担保公告格式》	《深交所上市公司担保公告格式》①	《北交所上市公司担保公告格式》
担保情况概述	（一）简要介绍担保基本情况，包括协议签署日期、被担保人和债权人的名称、担保金额等 （二）上市公司本担保事项履行的内部决策程序	简要介绍本次担保基本情况，包括协议签署日期、签署地点、被担保人和债权人的名称、担保金额等 简要说明董事会审议担保议案的表决情况；交易生效所必需的审议或审议程序，如是否需经过股东大会或有关部门批准等	（一）担保基本情况 简要介绍担保的基本情况，包括对外担保主体（上市公司或纳入合并报表范围内的其他主体）、协议签署日期、地点，被担保人和债权人的名称，担保金额及占公司最近一期经审计净资产的比例等 （二）是否构成关联交易 本次交易（构成/不构成）关联交易 （三）审议和表决情况 董事会审议担保议案的表决情况、关联董事回避表决的情况，并结合本所《股票上市规则》相关规定、公司章程和本次担保情况说明是否需经过股东大会批准，并列明具体理由和计算过程 （四）部门审批情况（如适用） 明确说明本次对外担保是否需要经有关部门批准，是否已经过相关部门或者机关等批准或审批

① 《深交所上市公司担保公告格式》中专门设计了上市公司及控股子公司存在担保额度预计情况时的预计公告的内容，详见本书下一部分。

续表

	《上交所上市公司担保公告格式》	《深交所上市公司担保公告格式》	《北交所上市公司担保公告格式》
被担保人基本情况	（一）主要介绍被担保人的名称、注册地点、法定代表人、经营范围、最新的信用等级状况、最近一年又一期财务报表的资产总额、负债总额及其中的银行贷款总额和流动负债总额、资产净额、营业收入、净利润、影响被担保人偿债能力的重大或有事项等 （二）详细说明被担保人与上市公司关联关系或其他关系。为关联方提供担保，应以树状图方式披露关联人的股权结构（包括直接和间接股东至最终股东）；为控股子公司或参股公司提供担保，应说明该控股或参股公司的股东及持股比例	1. 应说明被担保人的名称、成立日期、注册地点、法定代表人、注册资本、主营业务、股权结构、与上市公司存在的关联关系或其他业务联系 2. 对需提交股东大会审议的担保事项，应以方框图或者其他有效形式全面披露被担保人相关的产权及控制关系，包括被担保人的主要股东或权益持有人、股权或权益的间接控制人及各层之间的产权关系结构图，直至披露到出现自然人、国有资产管理部门或者股东之间达成某种协议或安排的其他机构 3. 应说明被担保人最近一年又一期的资产总额、负债总	（一）法人及其他经济组织适用 1. 被担保人基本情况 被担保人名称：( ) 是否为控股股东、实际控制人及其关联方：(是/否) 被担保人是否提供反担保：(是/否) 住所：( ) 注册地址：( ) 注册资本：( ) 元 实缴资本：( ) 元 企业类型：( ) 法定代表人：(如适用) 主营业务：( ) 成立日期：( ) 关联关系：(如适用，说明构成何种具体关联关系) 2. 被担保人信用状况 信用等级：(如适用) ( ) 年 ( ) 月 ( ) 日资产总额：(最近一期财务报表) 元 ( ) 年 ( ) 月 ( ) 日流动负债总额：( ) 元 ( ) 年 ( ) 月 ( ) 日净资产：( ) 元 ( ) 年 ( ) 月 ( ) 日资产负债率：( )% (具体报告期) 营业收入：( ) 元 (具体报告期) 利润总额：( ) 元

续表

	《上交所上市公司担保公告格式》	《深交所上市公司担保公告格式》	《北交所上市公司担保公告格式》
		额（其中包括银行贷款总额、流动负债总额）或有事项涉及的总额（包括担保、抵押、诉讼与仲裁事项）、净资产、营业收入、利润总额、净利润等主要财务指标和最新的信用等级状况 4. 被担保方是否为失信被执行人，如是，应进一步披露其失信情况、受到的惩戒措施、对本次交易的影响，以及公司所采取的应对措施等	（具体报告期）净利润：（）元 审计情况：说明是否经过审计，如经审计说明审计机构名称及其是否符合《证券法》规定的证券服务机构 其他情况：（如有影响被担保人偿债能力的重大或有事项，请具体说明） （二）自然人适用 被担保人姓名：（） 住所：（） 是否为控股股东、实际控制人及其关联方：（是/否） 被担保人是否提供反担保：（是/否） 关联关系：（如适用，说明构成何种具体关联关系）
担保协议的主要内容	主要介绍担保的方式、类型、期限、金额和担保协议中的其他重要条款。如以资产等标的提供担保的，应参照收购、出售资产格式指引介绍资产等标的的基本情况。如有反担保的，说明反担保的具体内容	主要介绍担保的方式、期限、金额、其他股东方是否提供担保及担保形式、反担保情况及形式，以及担保协议中的其他重要条款。如通过资产等标的提供担保的，参照“上市公司购买、出售资产公告格式”介绍资产等标的的基本情况	主要介绍担保的方式、期限、金额和担保协议中的其他重要条款。如以资产等标的提供担保的，应介绍资产等标的的基本情况。如有反担保的，说明反担保的具体内容

续表

	《上交所上市公司担保公告格式》	《深交所上市公司担保公告格式》	《北交所上市公司担保公告格式》
董事会意见	介绍担保的理由，并在掌握被担保人资信状况的基础上披露该担保事项的利益和风险，包括董事会对被担保方偿还债务能力的判断；就反担保是否足以保障上市公司利益发表的意见（如适用）；独立董事的事前认可情况和发表的独立意见（如适用） 若上市公司为参股或控股公司提供超出股权比例的担保，应对该担保是否公平、对等、其他股东没有按比例提供担保的原因等发表意见；上市公司向关联人、控股和参股公司以外的其他对象提供担保，应对该担保事项的必要性发表意见	1. 介绍提供担保的原因 2. 董事会在对被担保人资产质量、经营情况、行业前景、偿债能力、信用状况等进行全面评估的基础上，披露该担保事项的利益和风险以及董事会对被担保人偿还债务能力的判断 3. 为控股子公司或参股公司提供担保的，应说明该控股子公司或参股公司其他股东是否按出资比例提供同等担保或者反担保等，担保是否公平、对等 如该股东未能按出资比例向上市公司控股子公司或者参股公司提供同等担保或反担保等风险控制措施，应当披露主要原因，并在分析担保对象经营情况、偿债能力的基础上，充分说明该笔担保风险是否可控，是否损害上市公司利益等	（一）担保原因 介绍公司对被担保人提供担保的原因及必要性。上市公司为关联方提供担保的，应说明是否具备合理的商业逻辑 （二）担保事项的利益与风险 结合被担保人的资信状况披露该担保事项的利益和风险，包括董事会对被担保方偿还债务能力的判断。独立董事发表的独立意见（如适用）。如有反担保的，说明反担保是否足以保障上市公司的利益 为控股子公司或参股公司提供担保的，应说明持有该控股子公司或参股公司的股权比例、该控股子公司或参股公司其他股东是否按其持股比例提供相应担保，担保是否公平、对等 （三）对公司的影响 披露该担保事项对公司的影响。若为关联交易，尽可能量化阐述本次关联交易对上市公司财务状况和经营成果所产生的影响 （四）其他意见（如有）

续表

	《上交所上市公司担保公告格式》	《深交所上市公司担保公告格式》	《北交所上市公司担保公告格式》
		4. 说明被担保方提供反担保情况，未提供反担保的应当说明其合理性以及是否损害上市公司利益。公司为控股股东、实际控制人及其关联人提供担保的，控股股东、实际控制人及其关联人应当提供反担保	
累计对外担保数量及逾期担保的数量	截至公告披露日上市公司及其控股子公司对外担保总额、上市公司对控股子公司提供的担保总额、上述数额分别占上市公司最近一期经审计净资产的比例、逾期担保累计数量	本次担保后，上市公司及其控股子公司的担保额度总金额（如有）、本次担保提供后上市公司及控股子公司对外担保总余额及占上市公司最近一期经审计净资产的比例；上市公司及其控股子公司对合并报表外单位提供的担保总余额及占上市公司最近一期经审计净资产的比例；逾期债务对应的担保余额、涉及诉讼的担保金额及因被判决败诉而应承担的担保金额等	对外担保累计金额（ 万元），比例（100%） 其中，逾期担保累计金额（ 万元），比例（%） 超过本身最近一期经审计净资产 50% 的担保金额（ 万元），比例（%） 为资产负债率超过 70% 担保对象提供的担保金额（ 万元），比例（%） 其中，对外担保累计金额占公司最近一期审计净资产的比例为（） 涉及诉讼的担保金额为（），因担保被判决败诉可能承担的损失金额为（）①

① 本处原为表格式，为比较和排版的便利，本书改为叙述式。

续表

	《上交所上市公司担保公告格式》	《深交所上市公司担保公告格式》	《北交所上市公司担保公告格式》
其他	上网公告附件 被担保人的基本情况和最近一期的财务报表	其他 担保公告首次披露后，上市公司应及时披露担保的审议、协议签署和其他进展或变化情况	保荐机构意见（如适用） 上市公司处于保荐持续督导期间的，应明确披露保荐机构对对外担保事项的结论性意见
报备文件	（一）担保协议 （二）经与会董事签字生效的董事会决议 （三）股东大会决议（如适用） （四）被担保人营业执照复印件 （五）本所要求的其他文件①		（一）担保协议 （二）董事会决议 （三）被担保人营业执照复印件 （四）其他文件（如有）

即使《民法典担保制度解释》第 9 条将相对人的审查对象界定为上市公司对外担保公告，相对人审查的目的仍然是判断法定代表人是否具有代表公司签订担

① 《上交所上市公司担保公告格式》在最后还列有“注意事项”，其内容为：“（一）本指引所称‘关联方’按《股票上市规则》和《关联交易实施指引》的规定执行。（二）本指引所称‘担保总额’指已批准的担保额度内尚未使用额度与担保实际发生余额之和。（三）本指引所称‘担保方式’包括保证（区分为一般保证、连带责任保证）、抵押和质押。（四）本指引所称‘担保类型’指担保由以下何种经济活动产生：借贷、买卖、货物运输、加工承揽、其他。（五）上市公司担保预计公告披露后，在担保额度内发生具体担保事项时，须持续披露实际发生的担保数额等。（六）担保公告首次披露后，若出现《股票上市规则》第 9.15 条规定情形，应及时披露‘被担保人还款能力变化’公告。（七）对于董事会权限范围内的担保事项，除应当经全体董事的过半数通过外，还应当经出席董事会会议的三分之二以上董事同意。（八）上市公司发生以下提供担保事项，应当在董事会审议通过后提交股东大会审议：1. 单笔担保额超过公司最近一期经审计净资产 10% 的担保；2. 公司及其控股子公司的对外担保总额，超过公司最近一期经审计净资产 50% 以后提供的任何担保；3. 为资产负债率超过 70% 的担保对象提供的担保；4. 按照担保金额连续十二个月内累计计算原则，超过公司最近一期经审计总资产 30% 的担保；5. 按照担保金额连续十二个月内累计计算原则，超过公司最近一期经审计净资产的 50%，且绝对金额超过 5000 万元以上。”

保合同的权限。因此，相对人的审查应当围绕公告中是否载明经适格的公司担保决议通过而展开。这就意味着上市公司对外担保公告不能仅仅是表明公司同意该担保事项，还应当记载董事会或者股东会对该担保事项的决议结果。如此，上市公司对外担保公告中的“担保情况概述”就成为相对人审查的基本内容。《上交所上市公司担保公告格式》《深交所上市公司担保公告格式》和《北交所上市公司担保公告格式》中的“担保情况概述”既介绍了担保合同的当事人、担保金额及签署日期、签署地点等基本情况，也介绍了上市公司本担保事项履行的内部决策程序及尚需履行的程序。[①] 如董事会审议担保议案的表决情况、关联董事回避表决的情况，并结合交易所股票上市规则的相关规定、公司章程和本次担保情况说明是否需经过股东会批准，并列明具体理由和计算过程。

至于上市公司担保公告中的其他内容，如“被担保人基本情况”“董事会意见”“累计对外担保数量及逾期担保的数量”则仅在判断公司担保决策机构是否适格时才有意义。对于《公司法》、相关监管规则以及公司章程中规定的应由股东会决议的担保事项，上市公司对外担保公告中应记载该担保事项已经股东会审议通过的信息。至于其他担保事项，上市公司对外担保公告中仅须记载该担保事项已经董事会审议通过的信息。

值得注意的问题是，在上市公司对外担保公告中已记载该担保事项已经董事会或者股东会通过的情况下，相对人是否还应当审查上市公司章程。对此，存在两种截然不同的观点。一种观点认为还应审查上市公司章程。[②] 从意思表示生效的法律逻辑上看，上市公司对外担保公告只是其意思表示的传达方式，仅依公告不能当然得出其意思表示真实的结论。另一种观点认为无须进一步审查上市公司章程。相对人对上市公司对外担保公告的信赖利益应当受到保护，如果相对人在上市公司对外担保公告之外还须审查公司章程，将使《民法典担保制度解释》第9条第1款沦为具文。参考《物权法》中的“公示公信”原理，相对人有理由相信，只要是经过上市公司对外担保公告的担保事项已经董事会或者股东会决议通过的信息，就应当是符合监管规则和公司章程的。《民法典担保制度解释》的起草者倾向于后一种观点，并主张如果担保事项事实上未经决议通过，但上市公司对外担保公告中虚假陈述其已经董事会或者股东会决议通过，担保合同对上市公

---

① 值得注意的是，依《民法典担保制度解释》第9条的规制逻辑，上市公司系先与相对人达成签订担保合同的意向，再经公司担保决策机构的决议，再就拟议中的担保事项发布公告，此后才与相对人订立担保合同。如此，《上交所上市公司担保公告格式》《深交所上市公司担保公告格式》《北交所上市公司担保公告格式》的公告内容即应修改，其中“担保情况概述”部分所介绍的应为拟议中担保合同的基本情况。

② 参见祝振伟、张帆：《浅析上市公司越权担保中“善”“恶”区分》，载《上海法学研究》集刊2020年第18卷。

司亦发生效力。[①]

上市公司章程应对担保事项的决议机关和表决比例作特殊规定。[②] 例如，某上市公司章程规定："本公司为他人债务提供担保，金额不超过3000万元的，由董事会作出决议；金额超过3000万元的，由董事会审议通过后提交股东会作出决议。"又如，某上市公司章程规定："对于董事会权限范围内的担保事项，除应当经全体董事的过半数通过外，还应当经出席董事会会议的三分之二以上董事同意；对于股东会权限范围内的担保事项，应当经出席会议的股东所持表决权的三分之二以上通过。"虽然上市公司对外担保公告并不总是记载董事会或者股东会决议的表决情况，而仅是记载该担保已经董事会或者股东会决议通过的结果，且上市公司如此记载并不违反交易所的信息披露规则，但是根据相关监管规章和上市公司规范运作指引的要求，不仅律师应就相关会议的召集、召开、表决程序、表决结果是否合法有效出具法律意见，[③] 而且独立董事应对上市公司须披露的对外担保事项发表独立意见，对该事项的合法合规性作出说明。[④] 因此，相对人对上市公司对外担保公告的决议结果具有合理信赖，再要求相对人审查公司担保决议是否符合公司章程的规定，已脱逸出合理审查的范畴，不利于交易效率的提升。

（二）上市公司担保额度预计（年度担保预计）[⑤] 内担保时相对人的审查内容

上市公司为特定的对象提供担保，如每年发生数量众多、需要经常订立担保合同而难以就每份合同提交董事会或者股东大会审议的，上市公司可以对未来12个月内拟提供担保的具体对象及其对应新增担保额度进行合理预计，并提交相应决议机关审议。一般而言，担保额度预计担保的对象是上市公司的控股子公司、

---

① 参见最高人民法院民事审判第二庭编：《最高人民法院民法典担保制度司法解释理解与适用》，人民法院出版社2021年版，第158页、第154页。

② 《上市公司章程指引（2022年修订）》（证监会公告〔2022〕2号）第42条第2款规定："公司应当在章程中规定股东大会、董事会审批对外担保的权限和违反审批权限、审议程序的责任追究制度。"

③ 如《上市公司股东大会规则（2022年修订）》（证监会公告〔2022〕13号）第5条规定："公司召开股东大会，应当聘请律师对以下问题出具法律意见并公告：（一）会议的召集、召开程序是否符合法律、行政法规、本规则和公司章程的规定；（二）出席会议人员的资格、召集人资格是否合法有效；（三）会议的表决程序、表决结果是否合法有效；（四）应公司要求对其他有关问题出具的法律意见。"

④ 参见《上海证券交易所上市公司自律监管指引第1号——规范运作》（上证发〔2022〕2号，以下简称《上交所上市公司规范运作指引》）第3.5.14条、第3.5.15条；《深圳证券交易所上市公司自律监管指引第1号——主板上市公司规范运作》（深证上〔2022〕13号，以下简称《深交所上市公司规范运作指引》）第3.5.19条、第3.5.20条。

⑤ 在《深交所上市公司担保公告格式》中称为"担保额度预计"；在《上交所上市公司担保公告格式》中称为"年度担保预计"；《北交所上市公司担保公告格式》中无此项内容。

合营或者联营企业。[①] 出于减少公司治理成本、提高交易效率的考量，上市公司的股东会可以授权公司董事会或董事长、经理等高级管理人员决定并实施担保额度范围内的担保事项。最高人民法院认为，上市公司公开披露关于担保的事项应包括债权人、被担保对象、担保金额等担保合同主要内容。[②] 但是，上市公司担保额度预计公告的内容仅包括“担保方”“被担保方”“担保方持股比例”“被担保方最近一期资产负债率”“截至目前担保余额”“本次新增担保额度”“担保额度占上市公司最近一期净资产比例”“是否关联担保”等事项，尚无“债权人”这一事项。故债权人接受上市公司为某一担保对象（“被担保方”）提供担保之时，仅仅根据上市公司担保额度预计公告的信息无法准确探知法定代表人是否具有担保权限，由此增加了《民法典担保制度解释》第9条解释适用上的困难。

表4　上市公司及控股子公司担保额度预计公告的内容[③]

上市公司及控股子公司存在担保额度预计情况的，在相关预计公告中，应披露下表：

担保方	被担保方	担保方持股比例	被担保方最近一期资产负债率	截至目前担保余额	本次新增担保额度	担保额度占上市公司最近一期净资产比例	是否关联担保

在《民法典担保制度解释》第9条之下，相对人在接受担保额度预计内的担保时应作如下审查。

第一，相对人应根据担保额度预计的持续信息披露公告，判断单笔担保是否归属于担保额度预计的范围。实践中，不少上市公司在担保额度预计公告后，并不逐笔披露后续的相关担保。有观点认为，如果相对人审查了担保额度预计公告，即可认定相对人已尽到审查义务。也有观点认为，《民法典担保制度解释》第9条的目的是促进上市公司及时披露担保事项，以便投资者判断公司股票价格

---

① 参见《上交所上市公司规范运作指引》第6.2.5条、第6.2.6条；《深交所上市公司规范运作指引》第6.2.6条、第6.2.7条。

② 参见最高人民法院民事审判第二庭编：《〈全国法院民商事审判工作会议纪要〉理解与适用》，人民法院出版社2019年版，第198页。

③ 本部分为《深交所上市公司担保公告格式》之二的内容。

的走势，而在上市公司担保额度预计公告后，投资者已经可以了解公司财务状况及股票价值，后续实际发生担保额度范围内的担保时，其对上市公司的影响并未超出投资者的预期，此时不应认定担保合同对公司不发生效力。[①] 也有观点认为，相对人仅审查担保额度预计公告并不足以认定其已尽到审查义务，尚须进一步审查上市公司的持续信息披露公告才能认定其善意。

上市公司自律监管指引中均强调在预计公告之后担保事项实际发生时，上市公司应当及时披露。[②]《上交所上市公司担保公告格式》注意事项中直接指出，上市公司担保预计公告披露后，在担保额度内发生具体担保事项时，须持续披露实际发生的担保数额等。《深交所上市公司担保公告格式》中指出："已审议额度内的担保实际发生时，除按本公告格式披露相关内容外，还应当在相关公告中明确披露对被担保方相关担保额度的审议情况，包括审议过程、审议时间、审议的担保额度以及本次担保前后对被担保方的担保余额（已提供且尚在担保期限内的担保余额，下同）、可用担保额度等。""担保调剂事项发生时，应当在相关公告中分别披露调出方及调入方名称、担保额度以及本次调剂前后对各方的担保余额、可用担保额度等。"如此，上市公司在担保额度预计公告后，在发生具体担保事项时负有持续信息披露义务。

本书作者认为，从前述上市公司担保额度预计公告的内容来看，上市公司所披露的担保额度是对未来担保事项的预计，一般仅包括被担保人、担保限额，而不指向具体的债权人、债权金额等，如果上市公司不持续披露实际发生的担保数额，债权人将无从审查其所接受的担保是否仍在所披露的担保额度内，可能发生上市公司超出限额为被担保人违规提供担保的情况。[③] 此时，投资者由此所形成的股票价格预期已偏离事实，担保额度预计的信息披露也就失去作用。换言之，如果相对人不需审查担保额度预计范围内担保的持续信息披露公告，亦可认定该担保对上市公司发生效力，则法定代表人可以借助于担保额度预计与相对人签订合同，规避对上市公司违规担保的监管。因此，对于担保额度预计范围内的担保，相对人除审查担保额度预计的公告外，还应审查上市公司所持续披露的担保公告（相对人所接受的担保事项的公告当然也包括在内），据此判断其所接受的担保是否在担保额度范围内。若相对人已尽前述审查义务，担保合同对上市公司

---

① 参见黄再再、韩如冰、黄晓佳：《债权人对上市公司对外担保决议审查之讨论》，http：//iffga6ae4bfbcde7b499csbfnuwoq5wxq9655x. ffhi. libproxy. ruc. edu. cn/lawfirmarticles/d67575565fe842faee725c2305325abfbdfb. html，最后访问时间：2022 年 1 月 25 日。

② 参见《上交所上市公司规范运作指引》第 6. 2. 5 条第 2 款、第 6. 2. 6 条第 2 款；《深交所上市公司规范运作指引》第 6. 2. 6 条第 2 款、第 6. 2. 7 条第 2 款。

③ 参见雷继平：《上市公司对外担保疑难问题 10 问 10 答》，https：//www. pkulaw. com/lawfirmarticles/efea55d04214d86b0300c08b052092dfbdfb. html，最后访问时间：2022 年 1 月 26 日。

发生效力。

第二，相对人应进一步审查法定代表人是否有签订案涉担保合同的授权。上市公司的担保额度预计的作用是避免公司在每次提供担保时均须提交董事会或者股东会决议，但这并不意味着法定代表人对于担保额度预计范围内的担保事项都享有当然的代表权。例如，甲公司经临时股东会决议，同意为股东乙公司在10亿元的范围内提供担保，具体的担保事项则交由董事会决议，甲公司对外披露了该担保额度预计。若法定代表人未经董事会决议即为乙公司提供担保，即使该担保是在前述担保额度预计的时间与限额范围内，法定代表人也并不享有签订案涉担保合同的代表权，相对人自非善意。当然，若担保额度预计的公告有授权法定代表人决定担保事项的内容时，法定代表人则直接具有对外签订担保合同的代表权限。

第三，若上市公司为两家以上公司提供了担保额度，还可能发生担保额度调剂的情形。[①] 例如，甲公司经股东会决议，为合营的公司丙与公司丁分别提供了5000万元与2亿元的担保额度，并授权法定代表人决定担保额度的调剂事项。就此，甲公司对外披露了该担保额度预计。现丙公司的5000万元担保额度已用尽，但因业务发展，需要甲公司再额外提供3000万元的担保，而丁公司尚剩余1亿元的担保额度，则甲公司可以从丁公司剩余的1亿元的额度范围内调剂3000万元的担保额度给丙公司，且无须另外进行股东会决议。在发生担保额度调剂的事项时，上市公司亦应及时持续披露，相对人签订调剂所对应的担保合同时，所审查的内容与担保额度预计下的审查内容相同，同时应再另行审查担保额度调剂的公告。

四、《民法典担保制度解释》第9条的适用范围

《民法典担保制度解释》以相对人审查上市公司对外担保公告替代公司担保决议，也增加了法律适用上的困难。例如，相对人接受境内注册、仅在境外上市的公司提供的担保，或者接受境内注册、同时在境内境外上市的公司提供的担保，以及接受上市公司控股子公司提供的担保，是否以及如何适用《民法典担保制度解释》第9条，[②]《民法典担保制度解释》第9条是否具有溯及既往的效力，不无疑义。

（一）《民法典担保制度解释》第9条是否适用于境外上市公司

《公司法》第134条规定："本法所称上市公司，是指其股票在证券交易所上

---

① 参见《上交所上市公司规范运作指引》第6.2.7条；《深交所上市公司规范运作指引》第6.2.8条；相关案例参见最高人民法院（2020）最高法民终894号民事判决书。

② 参见最高人民法院民事审判第二庭编：《最高人民法院民法典担保制度司法解释理解与适用》，人民法院出版社2021年版，第150～151页。

市交易的股份有限公司。”《证券法》第2条规定：“在中华人民共和国境内，股票、公司债券、存托凭证和国务院依法认定的其他证券的发行和交易，适用本法；本法未规定的，适用《中华人民共和国公司法》和其他法律、行政法规的规定。”因此，《民法典担保制度解释》第9条中的上市公司仅指境内上市公司，包括股票在上海证券交易所、深圳证券交易所、北京证券交易所或者国务院批准的其他全国性证券交易场所交易的公司。同时，《民法典担保制度解释》第9条的规则之所以有别于该解释第7条，是因为该条承载了提高上市公司质量、促进资本市场发展的特殊政策考量，而该公共政策所适用的范围也仅指向境内交易。如果提供担保的主体是境外上市公司，并不涉及境内投资者的利益，也与境内资本市场的发展无涉，此时，《民法典担保制度解释》第9条自无适用余地。境内注册、仅在境外上市的公司并不适用我国有关上市公司的监管规定，域外法是否应就案涉担保事项负有信息披露义务尚不确定，如果强制性地要求相对人根据境外上市公司公开披露的关于担保事项已经董事会或者股东会决议通过的信息订立担保合同，不仅损及担保交易的效率，而且可能引发域外法在我国的适用等争议问题。此时，应限缩《民法典担保制度解释》第9条的适用范围，将其中的上市公司解释为在我国境内上市的公司。

《民法典担保制度解释》第7条与第9条之间是一般规则与特殊规则的关系，如依据涉外民事法律关系的冲突法规范，境外上市公司担保行为的效力适用中国法，虽然第9条并不适用于境外上市公司，但第7条仍有适用的可能。境外上市公司可分为三类：一是境外注册、境外上市的公司；二是境内注册、境外上市的公司；三是境内注册、境内境外同时上市的公司。就第一种类型的境外上市公司而言，其担保行为不适用《公司法》第15条，也不适用《民法典担保制度解释》中的规定。就第二种类型的境外上市公司而言，由于在境内注册，其属于《公司法》的管辖对象，其对外担保行为的效力应可适用《公司法》第15条以及《民法典担保制度解释》第7条。同时，《民法典担保制度解释》第9条基于公共政策，将相对人的审查对象限定于上市公司对外担保公告，但无论是公司担保决议，还是上市公司对外担保公告，都是审查法定代表人是否具有代表权限的路径，当上市公司的担保行为不损害境内公众投资者利益时，对这两种路径均应予认可。因此，即使依据境外证券交易所的交易规则，该上市公司对担保事项负有信息披露的义务，也应适用《民法典担保制度解释》第7条的规定，不能仅以相对人未根据上市公司的担保公告签订担保合同为由就否认担保合同的效力。同理，若提供担保的公司是境外上市公司的控股子公司，而该公司是在境内注册设立，案涉担保行为的效力虽不适用《民法典担保制度解释》第9条但可适用其第7条。就第三种类型的境外上市公司而言，由于其在境内注册，也在境内上市，自应适用《公司法》第15条和《民法典担保制度解释》第9条。至于该上市公司是否依据境外证券交易所的交易规则就担保事项在境外进行信息披露，则非所问。①

（二）《民法典担保制度解释》第9条是否适用于上市公司控股子公司

上市公司控股子公司是指“上市公司持有其50%以上的股份，或者能够决定其董事会半数以上成员的当选，或者通过协议或其他安排能够实际控制的公司”；② 或者是指“上市公司能够控制或者实际控制的公司或者其他主体”。此处所谓“控制”，是指投资方拥有对被投资方的权力，通过参与被投资方的相关活动而享有可变回报，并且有能力运用对被投资方的权力影响其回报金额。③《民法典担保制度解释》第9条是否适用于上市公司控股子公司又可分解为以下三个问题：其一，上市公司为其控股子公司提供担保是否适用《民法典担保制度解释》第9条；其二，上市公司控股子公司对外提供担保是否适用《民法典担保制度解释》第9条；其三，上市公司全资子公司对外提供担保是适用《民法典担保制度解释》第9条还是第10条。

1. 上市公司为其控股子公司提供担保的法律适用。实证数据表明，上市公司对外担保的主要形式是为子公司提供担保。④ 上市公司母子公司之间提供的担保、子公司与子公司之间提供的担保均为合并财报的事项。上市公司合并报表范围内的担保事项，相当于上市公司为自身债务而提供的担保，对上市公司的影响已基本体现在其财务报表的资产、负债等项目中。⑤ 通说认为，上市公司为自身债务提供担保并不适用《民法典担保制度解释》第9条的规定，⑥ 由此引发了上市公司为其控股子公司提供担保是否适用《民法典担保制度解释》第9条的争议。

结合我国公司治理水平整体较低和未经决议即径行对外担保的情况比较普遍的客观事实，《民商事审判会议纪要》第19条规定了虽未经决议但符合公司利益、足以认定公司具有对外提供担保的真实意思表示的例外情形。⑦ 其中指出，

---

① 《证券法》第78条第3款规定：“证券同时在境内境外公开发行、交易的，其信息披露义务人在境外披露的信息，应当在境内同时披露。”

② 《上交所股票上市规则》第15.1条；《北交所股票上市规则》第12.1条的界定与此大致相同。

③ 参见《深交所股票上市规则》第15.1条。

④ 参见方重：《关于上市公司为第三方融资提供担保的分析和思考》，载《当代经济管理》2019年第2期；刘立安、刘海明：《上市公司为子公司担保之谜——缓解融资约束还是控股股东利益侵占?》，载《证券市场导报》2017年第7期。

⑤ 参见方重：《关于上市公司为第三方融资提供担保的分析和思考》，载《当代经济管理》2019年第2期。

⑥ 参见最高人民法院民事审判第二庭编：《最高人民法院民法典担保制度司法解释理解与适用》，人民法院出版社2021年版，第156页。

⑦ 参见最高人民法院民事审判第二庭编：《〈全国法院民商事审判工作会议纪要〉理解与适用》，人民法院出版社2019年版，第188～189页。

"公司为其直接或者间接控制的公司开展经营活动向债权人提供担保",即便债权人知道或者应当知道没有公司担保决议,也应当认定担保合同符合公司的真实意思表示,合同有效(担保合同对公司发生效力)。这一规定是否适用于上市公司对外担保的情形虽未得以明确,但司法实践对此争议较大。[①] 有观点认为,上市公司为其直接或者间接控制的公司开展经营活动提供担保的,可以豁免相对人对公司担保决议的审查。"符合这一情形的,公司担保无须经过股东大会决议,即便债权人知道或者应当知道没有公司股东大会决议,也应当认定担保合同符合公司的真实意思表示,合法有效。"[②]

《民法典担保制度解释》第 8 条第 1 款第 2 项规定,公司为其全资子公司开展经营活动提供担保的,无须提供公司担保决议,相对人也无须审查公司担保决议。同时该条第 2 款明确指出,上市公司为其全资子公司提供担保不适用上述规定。这一司法政策主要是基于以下事实,即随着监管部门对上市公司担保行为的监管越来越严格,上市公司的对外担保越来越隐蔽化。自 2009 年起,以上市公司子公司作为担保对象的对外担保行为开始明显增加。[③] 举重以明轻,既然上市公司为其全资子公司提供担保之时不能豁免公司担保决议,上市公司为其他类型的控股子公司提供担保之时也不能豁免公司担保决议。上市公司为其控股子公司提供担保属于集团关联担保的一种形式,而现有研究发现,集团关联担保是大股东掏空上市公司的重要手段,[④] 为其控股子公司提供担保更多地体现了控股股东的利益。[⑤] 基于此,上市公司为其控股子公司提供担保,不能豁免内部决策程序和信息披露义务,相对人仍须审查上市公司公开披露的关于担保事项已经董事会或者股东会决议通过的信息。

值得注意的是,2022 年修订的《上交所股票上市规则》第 6.1.22 条规定:"上市公司与其合并报表范围内的控股子公司、控制的其他主体发生的或者上述控股子公司、控制的其他主体之间发生的交易,可以免于按照本章规定披露和履行相应程序,中国证监会或者本所另有规定的除外。"《深交所股票上市规则》第 6.1.21 条与此大致相同。两个上市规则第六章"应当披露的交易"中均包括"提供担保",这是否意味着上市公司与其合并报表范围内的控股子公司、控制的其

---

① 参见最高人民法院民事审判第二庭编:《最高人民法院民法典担保制度司法解释理解与适用》,人民法院出版社 2021 年版,第 142 页。

② 最高人民法院(2019)最高法民终 1529 号民事判决书。

③ 参见刘海明、李明明:《上市公司子公司对外担保的理论逻辑与实证检验》,载《财经论丛》2021 年第 2 期。

④ 参见王琨、陈晓:《控股股东所有权结构与关联方担保》,载《中国会计评论》2007 年第 1 期。

⑤ 参见饶育蕾、张媛、彭叠峰:《股权比例,过度担保与隐蔽掏空——来自我国上市公司对子公司担保的证据》,载《南开管理评论》2008 年第 1 期。

他主体发生的或者上述控股子公司、控制的其他主体之间发生的委托担保关系无须披露？《上交所股票上市规则》第6.1.1条第4项、《深交所股票上市规则》第6.1.1条第5项均将应予披露的交易表述为“提供担保（含对控股子公司担保等）”。基于与其各自第6.1.1条之间的体系解释需要，《上交所股票上市规则》第6.1.22条和《深交所股票上市规则》第6.1.21条所称豁免披露的“交易”，应限缩解释为排除“提供担保”。这一解释结论得到了相关自律规则的支持。《上交所上市公司规范运作指引》和《深交所上市公司规范运作指引》第6.2.1条均将上市公司为其控股子公司提供担保作为对外提供担保的情形之一加以规制。

2. 上市公司控股子公司对外提供担保的法律适用。实践中，上市公司的大股东或实际控制人利用关联担保进行利益输送，不仅指向上市公司，还可指向上市公司的控股子公司。例如，上市公司的大股东利用其控制地位，未经上市公司股东会决议及信息披露程序，以上市公司控股子公司名义为上市公司或其控股股东债务提供担保。[①] 上市公司与其控股子公司的财务报表须合并编制，控股子公司的财务情况同样会影响上市公司的股票价值。因此，上市公司控股子公司的担保行为同样涉及公众投资者利益的保护问题。[②] 为规范上市公司的担保行为，《上市公司资金往来、对外担保监管指引》第15条规定：“上市公司控股子公司对于向上市公司合并报表范围之外的主体提供担保的，应视同上市公司提供担保，上市公司应按照本章规定执行。”《上市公司信息披露管理办法》第26条第1款也规定：“上市公司控股子公司发生本办法第二十二条规定的重大事件，可能对上市公司证券及其衍生品种交易价格产生较大影响的，上市公司应当履行信息披露义务。”

基于提高上市公司质量、促进资本市场发展的公共政策考量，《民法典担保制度解释》第9条将其适用对象扩张至上市公司的控股子公司。该条第3款规定：“相对人与上市公司已公开披露的控股子公司订立的担保合同……适用前两款规定。”鉴于监管规则已明确上市公司控股子公司对外担保须进行信息披露，《民法典担保制度解释》第9条第3款中的“适用前两款规定”，是指相对人在接受上市公司控股子公司提供的担保时，必须审查上市公司公开披露的关于担保事项已经董事会或者股东会决议通过的信息，否则该担保对上市公司控股子公司不发生效力，上市公司控股子公司不承担担保责任或者赔偿责任。为避免交易的不确定

---

① 参见李若馨：《贤成矿业再添2亿担保债务》，载《中国证券报》2013年1月16日；刘海明、李明明：《上市公司子公司对外担保的理论逻辑与实证检验》，载《财经论丛》2021年第2期。

② 参见刘海明、李明明：《上市公司子公司对外担保的理论逻辑与实证检验》，载《财经论丛》2021年第2期；张会丽、陆正飞：《控股水平、负债主体与资本结构适度性》，载《南开管理评论》2013年第5期；曹春方、周大伟、吴澄澄等：《市场分割与异地子公司分布》，载《管理世界》2015年第9期。

性，此处的上市公司控股子公司仅限于上市公司已公开披露的范围内，相对人可以通过检索上市公司的公告确认担保人是否属于上市公司公开披露的控股子公司。①

不过，依据《上市公司资金往来、对外担保监管指引》中的“按照本章规定执行”，虽然可以明确上市公司控股子公司提供担保时，应当按照对上市公司的监管规则，在子公司内部由董事会或者股东会决议，但对是否还需要上市公司的董事会或者股东会决议却语焉不详。有观点认为，上市公司的控股子公司担保除需公司董事会或者股东会决议外，还需经上市公司董事会或者股东大会决议。中国证监会上市部下发的《关于执行证监发［2005］120号文有关问题的说明》（上市部函［2006］25号）指出，“上市公司控股子公司的对外担保，应按120号文、《上市规则》和《公司章程》的规定，经过上市公司控股子公司的董事会或股东大会（股东会）审议，并经上市公司董事会或股东大会审议。上市公司控股子公司在召开股东大会（股东会）之前，应提请上市公司董事会或股东大会审议该担保议案并派员参加股东大会（股东会）。”但是，有观点则认为，上市公司控股子公司提供担保时仅需其董事会或者股东会作出决议后，通知上市公司进行信息披露，对于再由上市公司进行董事会或者股东会决议并未有强制性的要求。

与此同时，依据《上交所股票上市规则》第2.2.10条、《深交所股票上市规则》第2.2.9条的规定，上市公司控股子公司对外担保，视同上市公司发生的对外担保，适用上述上市规则中上市公司对外担保的规定。不过，《上交所股票上市规则》与《深交所股票上市规则》第六章不仅规定了上市公司对外担保的信息披露义务，还于第6.1.10条规定了特殊的决议程序，在“视同上市公司发生的对外担保”之下，对控股子公司的对外担保是否还需要上市公司作出决议也难以得出明确的结论。《上交所上市公司规范运作指引》第6.2.10条指出：“上市公司控股子公司为上市公司合并报表范围内的法人或者其他组织提供担保的，上市公司应当在控股子公司履行审议程序后及时披露，按照本所《股票上市规则》应当提交上市公司股东大会审议的担保事项除外。”“上市公司控股子公司为前款规定主体以外的其他主体提供担保的，视同上市公司提供担保，应当遵守本节相关规定。”② 据此，上市公司控股子公司的担保对象不同，相应的决策程序上存在差异。上市公司控股子公司为上市公司合并报表范围内的法人或者其他组织提供担保的，一般均须控股子公司的内部决策机构作出决议，但属于《上交所股票上市规则》与《深交所股票上市规则》第6.1.10条规定的须由股东会作出决议的情

① 参见最高人民法院民事审判第二庭编：《最高人民法院民法典担保制度司法解释理解与适用》，人民法院出版社2021年版，第155页。

② 《深交所上市公司规范运作指引》第6.2.11条与此大致相同。

形，在控股子公司内部决策机构作出决议后，尚须上市公司股东会作出决议。上市公司控股子公司为上述主体以外的其他主体提供担保的，视同上市公司提供担保，除了控股子公司内部决策机构作出决议之外，还须上市公司内部决策机构作出决议。

在判断相对人善恶意时，要求相对人审查上市公司对外担保公告所载明的决议是否适格并不违背其预期。在上市公司控股子公司对外担保时，依据前述监管规则，可以明确的是上市公司负有信息披露义务，但是否需要上市公司董事会或者股东会的决议本身就应当区分被担保对象作出不同的判断。在解释上，虽然相对人欲签订担保合同的对象是上市公司控股子公司，而非上市公司，相对人在接受上市公司控股子公司提供的担保之时，须依据上市公司发布的信息披露公告审查控股子公司法定代表人的担保代表权限。但是，控股子公司法定代表人的担保代表权限却不仅仅受制于控股子公司的担保决议，在相当多的情形之下，还受制于上市公司的担保决议。如上市公司控股子公司为上市公司的其他控制子公司提供的单笔担保额超过上市公司最近一期经审计净资产 10%，仅有该控股子公司的同意担保决议并不能使该控股子公司的法定代表人取得担保代表权限，尚须由上市公司股东会作出同意担保的决议，该控股子公司的法定代表人才能与相对人签订担保合同。值得注意的是，“（上市公司）股东大会或董事会作出担保决议且公开披露的行为，不能直接代替（上市公司的控股子公司）的决议行为”。[①] 因此，上市公司对外担保公告既要介绍上市公司控股子公司董事会或者股东会对案涉担保的审议情况，在应由上市公司董事会或者股东会作出决议的情形之下，尚须介绍上市公司股东会或者董事会对案涉担保的审议情况。

3. 上市公司全资子公司对外提供担保的法律适用。上市公司全资子公司在性质上属于一人公司，《民法典担保制度解释》就一人公司对外担保问题作出了特别规定。《公司法》第 15 条的规范目的是防止大股东滥用股东权损害小股东与公司的利益。在一人公司中，全部所有者权益均归属于唯一股东，不存在防止大股东损害小股东利益的问题，在损害公司利益之时可通过“刺穿公司面纱”等规则予以救济。因此，一人公司在解释上不适用《公司法》第 15 条，一人公司为其股东提供担保就是公司为自己的债务提供担保，自然无须公司担保决议。[②]《民法典担保制度解释》第 10 条据此规定：“一人有限责任公司为其股东提供担保，公司以违反公司法关于公司对外担保决议程序的规定为由主张不承担担保责任的，人民法院不予支持。”如果将这一规则适用于上市公司全资子公司为其股东提供

① 北京市丰台区人民法院（2021）京 0106 民初 1943 号民事判决书。

② 参见最高人民法院民事审判第二庭编：《最高人民法院民法典担保制度司法解释理解与适用》，人民法院出版社 2021 年版，第 163 页。

担保，将得出上市公司全资子公司无须提交公司担保决议、上市公司也无须公开披露对外担保公告的结论。但这一解释结论与上市公司控股子公司对外担保规则存在体系冲突。

基于前述上市公司控股子公司的界定，上市公司全资子公司当属上市公司控股子公司的文义涵摄范围，其对外担保问题自应与上市公司控股子公司对外提供担保作同一解释。就上市公司全资子公司为其实际控制人及其关联人提供担保而言，由于上市公司全资子公司并无由复数股东所构成的股东会，无法形成股东会决议，前述上市公司控股子公司对外提供担保时的股东会决议即无适用余地。但《上交所股票上市规则》与《深交所股票上市规则》第 6. 1. 10 条均规定："对股东、实际控制人及其关联人提供的担保"，上市公司应当在董事会审议通过后提交股东会审议。这一规则同样适用于上市公司控股子公司。由此可见，在上市公司全资子公司对其实际控制人及其关联人提供担保之时，先由全资子公司履行审议程序，再由上市公司董事会审议通过后提交股东会审议，并由上市公司及时披露。相对人根据公开披露的信息与上市公司全资子公司签订担保合同。如此一来，《民法典担保制度解释》第 10 条的适用范围应作限缩，不适用于上市公司全资子公司对外提供担保的情形。

在上市公司作为一人公司唯一股东的情形之下，仅仅只有上市公司在同意担保的决议上加盖公章，且/或上市公司法定代表人在该决议上签章，并不能得出上市公司全资子公司法定代表人已经具有担保代表权限的结论。上市公司作为股东，作出同意其全资子公司对外提供担保的意思表示，尚须上市公司董事会或者股东会事先作出决议，绝非上市公司法定代表人个人能够直接代表公司作出。上市公司全资子公司对外提供担保，同样存在上市公司层面中小股东利益保护问题，同样存在应在公司决议时排除关联股东、实际控制人支配的需要。因此，为保护中小股东合法权益，排除关联股东、实际控制人的支配，对于上市公司全资子公司为其实际控制人及其关联人提供担保，应当提级至存在其他不受实际控制人支配的股东的公司层面，召开股东会进行表决，且受实际控制人控制的关联股东均需回避表决。① 如果上市公司全资子公司为其实际控制人及其关联人提供担保，作为一人公司唯一股东的上市公司不需要作出决议，可以直接由上市公司法定代表人同意全资子公司对外提供担保，则上市公司全资子公司将会成为上市公司用以规避监管、提供违规担保的"黑箱"。上市公司都可以设立全资子公司，并将违规关联担保交易以"下沉担保主体"的方式，有效规避上市公司对外担保的程序控制规则，实际控制人所控制的关联股东无须就关联担保回避表决，而利益受到对外担保直接损害的中小股东无从知情和参与表决。

---

① 参见四川省成都市中级人民法院（2020）川 01 民初 2688 号民事判决书。

（三）《民法典担保制度解释》第9条是否具有溯及既往的效力

基于提高上市公司质量、促进资本市场发展的公共政策，在相对人利益与公众投资者的利益相冲突时，最高人民法院倾向于保护后者的利益，《民法典担保制度解释》第9条第2款旋即以审查上市公司信息披露文件作为判断相对人善恶意的核心，且上市公司无须承担担保合同对其不生效力时的赔偿责任。不过，《民法典担保制度解释》第9条第2款的规定与最高人民法院既往的司法立场存在差别，这一规则是否具有溯及既往的效力，实践中尚存分歧。

对此，一种观点认为，相对人根据上市公司公开披露的担保信息订立担保合同，此并非《民法典担保制度解释》第9条创制的新规则，《民商事审判会议纪要》第22条亦予明确。如此，主张《民法典担保制度解释》第9条第2款具有溯及力并不违背当事人交易时的合理预期。另一种观点认为："本条规定的内容，实际是指相对人在与上市公司或上市公司已公开披露的控股子公司签订担保合同时，不仅有审查担保人是否经过公司机关决议的义务，而且还应审查其是否已向公众公开披露该决议通过的信息。该条规定创设了债权人新的审查义务，亦增加了上市公司及公开披露的控股子公司对担保事项应当及时公开披露的义务。因此，如果溯及适用本条规定，将额外增加当事人的不可预见的法律责任，不利于平等保护合同各方主体的合法权益。"《民法典担保制度解释》第9条第2款"如果适用于该解释实施之前的担保行为，则可能背离当事人交易时的合理预期，不利于债权人利益的保护"。由于《公司法》第15条并无关于上市公司提供担保的特别规定，因此，《民法典担保制度解释》关于上市公司对外提供担保的规定属带有规则创制性质的法律解释，不应赋予其溯及既往的效力。

针对上述争议，本书作者认为，虽然相对人根据上市公司公开披露的担保信息订立担保合同的这一规则在《民法典担保制度解释》实施前后并未发生改变，但就相对人未根据前述信息所订立的担保合同的效果归属和效力判断在《民法典担保制度解释》实施之后发生了重大变化，由此前的担保合同无效及上市公司承担无效之后的赔偿责任，转变为担保合同不生效力及上市公司无须承担赔偿责任。《民法典担保制度解释》第9条第2款从形式上看是新增规定，但其实质是变更了原有的规定。[①] 为避免政策导向变化与当事人行为预期之间的冲突，依据《最高人民法院关于适用〈中华人民共和国民法典〉时间效力的若干规定》第3条的规定，《民法典担保制度解释》第9条第2款的规则不具有溯及力。如此，《民法典》施行之前债权人与上市公司订立的担保合同被认定无效的，上市公司应当视情况承担赔偿责任；《民法典》施行之后债权人与上市公司订立的担保合

---

① 参见麻锦亮：《论民法典〈担保制度司法解释〉的时间效力》，载《法律适用》2021年第6期。

同被认定对上市公司不发生效力的，上市公司不承担任何民事责任。[①]

五、小结

在现代国家的组织机构中，法院的职能是以适用法律的方式提供纠纷解决的公共性服务，法院不仅是个案的居中裁判者，往往还是公共政策的制定者与实施者。[②] 一直以来，违规担保是我国上市公司治理中的突出问题，在上市公司担保纠纷的裁判中，提高上市公司质量、促进资本市场发展成为法院须予贯彻的公共政策。“资本市场在金融运行中具有牵一发而动全身的作用，上市公司是资本市场的基石。提高上市公司质量是推动资本市场健康发展的内在要求，是新时代加快完善社会主义市场经济体制的重要内容。”[③] 结合上市公司的信息披露机制，《民法典担保制度解释》第9条对上市公司对外担保的效力作了特殊规定，相对人的审查义务也围绕上市公司的信息披露公告而展开。在这一司法裁判与行政监管的互动中，金融司法似乎一味地导向了行政监管，承担了本属于行政监管的任务。如此是否准确传达了《民法典》《公司法》《证券法》等实定法规则的立法原意，尚值研究。不同层次的行政监管规则体现了对上市公司对外担保行为强制性的程序控制，其中下位阶的规范性文件明显与《证券法》相冲突。如果不顾不同位阶行政监管规则之间的差异，一概以行政监管规则为基础界定相对人审查义务的范围和标准，至少是将相对人置于熟知行政监管规则的地位，课以相对人更为严苛的注意义务，必将损及担保交易的效率。不过，结合前述公共政策与监管规则，相对人的审查义务与担保合同效力之判断仍需要进行类型化的分析。借助于不同情形之下相对人审查义务的类型化，在一定程度上可以增加担保交易的确定性。

---

① 参见林文学、杨永清、麻锦亮、吴光荣：《〈关于适用民法典有关担保制度的解释〉的理解和适用》，载《人民司法》2021年第4期；相关案例参见最高人民法院（2020）最高法民终935号民事判决书；北京市高级人民法院（2021）京民终21号民事判决书等。

② 参见黄韬：《公共政策法院：中国金融法制变迁的司法维度》，法律出版社2013年版，第25~26页。

③ 《国务院关于进一步提高上市公司质量的意见》（国发〔2020〕14号）。

论相对人审查义务视角下的公司担保决议

——基于《民法典》实施之后的裁判分歧的展开和分析①

公司担保决议体现着公司内部的担保意思。相对人接受公司为他人债务提供担保时，负有审查法定代表人和/或代理人所表达的担保意思是否属于公司真实意思的义务，如此，相对人自应审查公司担保决议以探知法定代表人的代表权限和/或代理人的代理权限。作为一种法律行为，公司担保决议仍然存在不成立、无效和可撤销等效力瑕疵形态，但该效力上的瑕疵对于善意相对人基于对公司担保决议的合理审查所订立的担保合同的效力并不发生影响。关联担保的决议机构为股东会；非关联担保的决议机构取决于公司章程的规定，但公司章程只能在董事会与股东会之间作出选择，不得规定其他机构或者个人决议或者决定公司担保事项；公司章程未作相应规定的，决议机构为股东会。在特定情形之下，即使没有公司担保决议，公司表意人表达的担保意思亦为公司的真实意思，此时豁免相对人对公司担保决议的审查。

一、问题的提出

有关公司担保的理论争议和裁判分歧，自 21 世纪初即引起学术界的广泛关注。② 自《公司法》2005 年全面修订之后，围绕着其中第 15 条的规范属性及违反

① 《国务院关于进一步提高上市公司质量的意见》（国发〔2020〕14 号）。

② 早期的文献主要包括：周龙杰、马建华：《公司提供担保之我见——对公司法第六十条第三款之检讨》，载《法制与社会发展》2000 年第 4 期；曹士兵：《公司为其股东提供担保的法律效力分析——从法律适用到利益衡量》，载最高人民法院民事审判第二庭等：《中国民商审判》2002 年第 1 卷，法律出版社 2002 年版，第 293～303 页；年亚：《论公司对外担保若干问题——兼评我国〈公司法〉第 60 条第 3 款》，载《法律科学（西北政法学院学报）》2003 年第 6 期；茅院生、李建伟：《公司对外担保行为的效力》，载《现代法学》2004 年第 1 期；高圣平：《民法解释方法在"中福实业公司担保案"中的运用》，载《法学家》2004 年第 4 期；王玉梅：《论公司担保能力限制》，载《现代法学》2004 年 4 期；侯猛：《最高法院规制经济的功能——再评"中福实业公司担保案"》，载《法学》2004 年第 12 期等。

第15条规定的法律效果，更是争论不断。[①] 随着2018年《最高人民法院关于审理公司为他人提供担保纠纷案件适用法律问题的解释（稿)》(以下简称《公司担保解释稿》)、[②] 2019年《全国法院民商事审判工作会议纪要》（以下简称《民商事审判会议纪要》)、2020年《最高人民法院关于适用〈中华人民共和国民法典〉有关担保制度的解释》（以下简称《民法典担保制度解释》)的渐次发布，学术界和实务界就一些重大争议问题逐渐达成共识。诸如，《公司法》第15条系对法定代表人代表权限或者代理人代理权限的法定限制，仅在判断法定代表人是否有担保代表权、代理人是否有担保代理权时才有意义。如此，在《民法典》第504条、第170条、第171条之下，相对人在与法定代表人、代理人等公司表意人订立担保合同，审查其代表权限、代理权限之时，《公司法》第15条所确立的公司担保决议机制就成了判断相对人善恶意的基础。[③] 无论是关联担保还是非关联担保，均须经过公司决议程序而决定，法定代表人、代理人未经公司决议程序擅自为他人债务提供担保的，构成越权代表、无权代理。[④] 无论是越权代表还是无权代理，其法律效果均在于，未经公司追认，担保合同是否对公司发生效力，而不

---

① 这一时期的主要文献有：曹士兵：《我国新公司法关于公司担保能力的规定评述——重温最高人民法院“中福实业公司担保案”》，载《法律适用》2006年第6期；李金泽：《〈公司法〉有关公司对外担保新规定的质疑》，载《现代法学》2007年第1期；徐海燕：《公司法定代表人越权签署的担保合同的效力》，载《法学》2007年第9期；曹士兵：《公司法修订前后关于公司担保规定的解读》，载《人民司法》2008年第1期；华德波：《论〈公司法〉第15条的理解与适用——以公司担保债权人的审查义务为中心》，载《法律适用》2011年第3期；何波：《公司法定代表人越权对外签署的担保合同的效力》，载《人民司法》2011年第12期；钱玉林：《公司法第16条的规范意义》，载《法学研究》2011年第6期；刘贵祥：《公司担保与合同效力》，载《法律适用》2012年第7期；罗培新：《公司担保法律规则的价值冲突与司法考量》，载《中外法学》2012年第6期；梁上上：《公司担保合同的相对人审查义务》，载《法学》2013年第3期；钱玉林：《寻找公司担保的裁判规范》，载《法学》2013年第3期；高圣平：《公司担保相关法律问题研究》，载《中国法学》2013年第2期；周伦军：《公司对外提供担保的合同效力判断规则》，载《法律适用》2014年第8期；郭志京：《中国公司对外担保规则特殊性研究——兼论民法商法思维方式的对立统一》，载《当代法学》2014年第5期；吴飞飞：《公司担保合同行为的最佳行为范式何以形成——公司越权担保合同效力认定的逆向思维》，载《法学论坛》2015年第1期；高圣平：《公司担保中相对人的审查义务——基于最高人民法院裁判分歧的分析和展开》，载《政法论坛（中国政法大学学报)》2017年第5期；李游：《公司担保中交易相对人合理的审查义务——基于458份裁判文书的分析》，载《政治与法律》2017年第5期等。

② 最高人民法院办公厅秘书一处2018年8月9日印发公开征求意见，但最终未获通过。《公司担保解释稿》的基本精神，体现在“公司对外担保合同的效力认定和效果归属”一文（最高人民法院民二庭第7次法官会议纪要）之中。参见贺小荣主编：《最高人民法院民事审判第二庭法官会议纪要：追寻裁判背后的法理》，人民法院出版社2018年版，第189～205页。

③ 参见贺小荣主编：《最高人民法院民事审判第二庭法官会议纪要：追寻裁判背后的法理》，人民法院出版社2018年版，第196页。

④ 参见最高人民法院民事审判第二庭编：《最高人民法院民法典担保制度司法解释理解与适用》，人民法院出版社2021年版，第134页。

是担保合同是否有效。[①] 随之而来的进一步争议则更加细化。例如，公司担保决议是否具有对外效力？如其存在瑕疵，对担保合同产生什么影响？如何认定适格的公司担保决议？什么情形之下可以豁免提交和审查公司担保决议？在《民法典》和《民法典担保制度解释》实施之后，裁判分歧仍然不在少数。

二、公司担保决议的法律意义

《公司法》第 15 条的立法逻辑是在形式上规制公司的担保行为，虑及实质上的结果正义。关于公司为他人债务提供担保，《公司法》第 15 条的核心是经由对公司担保意思形成的程序控制以限制法定代表人的代表权限和代理人的代理权限，就关联担保表现为法律直接对公司担保决议程序的限制，就非关联担保则由法律授权公司章程对公司担保决议程序进行限制。[②] 对于《公司法》第 15 条而言，审视问题的视角不同，该条在规范体系上的定位也就不同。

（一）公司担保决议：公司担保意思的形成

从公司治理的内部视角观察，《公司法》第 15 条是关于公司担保意思形成程序的规范。[③] 公司无法如同自然人那样自然地形成自己的意思，决议就成了公司以会议形成其意思的一种必要机制。[④] 公司的股东会即为其意思形成机构（权力机构），而董事会仅为其意思表达机构（执行机构）。[⑤] 准此，公司担保意思的形成机构本是股东会，但股东会可以通过公司章程将公司担保意思的形成委予董事会。这正是《公司法》第 15 条第 2 款将关联担保的决议机构规定为股东会、第 1 款将非关联担保的决议机构委由公司章程在股东会和董事会之间作出选择的法理基础。公司通过其股东会或者董事会而作出决议相当于自然人意思表示过程中的

---

① 参见周伦军：《法定代表人越权行为与善意第三人保护》，载《人民司法》2017 年第 28 期；高圣平：《再论公司法定代表人越权担保的法律效力》，载《现代法学》2021 年第 6 期；最高人民法院民事审判第二庭编：《最高人民法院民法典担保制度司法解释理解与适用》，人民法院出版社 2021 年版，第 134 ~ 135 页。

② 参见刘贵祥：《公司担保与合同效力》，载《法律适用》2012 年第 7 期。

③ 参见钱玉林：《公司法第 15 条的规范意义》，载《法学研究》2011 年第 6 期。

④ 参见朱广新：《论营利法人决议撤销时善意相对人保护的条件与方法》，载《法律适用》2021 年第 8 期。

⑤ 参见王利明：《民法总则研究（第三版）》，中国人民大学出版社 2018 年版，第 315 ~ 316 页；朱庆育：《民法总论（第二版）》，北京大学出版社 2016 年版，第 424 ~ 425 页；李志刚：《公司股东会撤销决议之诉的当事人：规范、法理与实践》，载《法学家》2018 年第 4 期。不过，亦有观点认为，就有关业务执行而言，董事会同属意思形成机构。参见何建：《公司意思表示论》，法律出版社 2019 年版，第 144 页；朱广新：《论营利法人决议撤销时善意相对人保护的条件与方法》，载《法律适用》2021 年第 8 期。但在将公司担保事项排除于正常经营事项之外的前见之下，董事会自不属于意思形成机构。

意思形成阶段，通过公司担保决议，公司形成了自己的担保意思。[①] 但“自然人的思维是无形的，而公司的思维是有形的”，[②] 与自然人意思形成过程的“神秘性”相比，公司的意思形成通常以决议方式进行，而决议又须以书面方式加以记载，其“可视性”大大增强，这就使公司的内心意思更易于为相对人所了解。[③] 股东会是根据股东的全体意思决定公司意思的公司内部机关，股东会的职权限于公司的意思决定。

《民法典》及《民法典担保制度解释》实施之后，仍有观点认为，公司为他人债务提供担保是否经股东会或者董事会决议，属于公司内部控制程序，与公司从事担保交易的相对人不应受该内部控制程序的约束。对公司担保决议，相对人不负审查义务，否则将严重影响交易安全，有违诚信及公平。因此，公司为他人债务提供担保是否经股东会或者董事会决议，不影响担保合同的效力。这一观点在《民法典担保制度解释》相关条文已经确定地以“代表权限制说”为解释基础的情形之下，即值商榷。该观点将公司担保决议的效力仅仅局限在公司内部，尚未注意公司担保决议决定着公司内部担保意思的形成，决定着法定代表人担保代表权限和/或代理人担保代理权限，片面强调了对公司担保债权人的保护而严重忽视了公司其他债权人和公司利益的保护，使得立法者规范公司担保行为、保护公司合法权益的目的难以实现。[④] 相对人善意无过失地相信法定代表人具有担保代表权限或者代理人具有担保代理权限，是其获得交易安全保护的基本前提。[⑤]

公司内部形成的意思尚须表示于外部，并为相对人所知悉。公司担保决议本身并非当然产生对外表示的效果，[⑥] 这正是代表与代理制度所负载的功能价值。[⑦] 在我国，董事会虽是对外表达公司内部意思的机构，但就意思表达机构如何对外代表法人，我国法律上的制度安排颇为特殊。一是依据《民法典》第 61 条第 2 款的规定，法定代表人是代表公司对外表达公司意思的机关，[⑧] 法定代表人即为

---

① 参见柯勇敏：《公司决议对外效力的原理及其强度谱系》，载梁慧星主编：《民商法论丛》2019 年第 2 期（总第 69 卷），社会科学文献出版社 2019 年版，第 57 页。

② 蒋大兴：《公司组织意思表示之特殊构造》，载《比较法研究》2020 年第 3 期。

③ 参见蒋大兴：《公司组织意思表示之特殊构造》，载《比较法研究》2020 年第 3 期。

④ 参见周伦军：《公司担保的法律解释论》，载陈洁主编：《商法规范的解释与适用》，社会科学文献出版社 2013 年版，第 309 ~ 313 页。

⑤ 参见贺小荣主编：《最高人民法院民事审判第二庭法官会议纪要：追寻裁判背后的法理》，人民法院出版社 2018 年版，第 199 页。

⑥ 参见刘斌：《公司治理视域下公司表意机制之检讨》，载《中国政法大学学报》2021 年第 2 期；栗鹏飞：《股东会决议瑕疵法律问题探析——公司决议中冒名（伪造签名）案件的实证分析》，载《中国政法大学学报》2019 年第 1 期。

⑦ 参见柯勇敏：《公司决议对外效力的原理及其强度谱系》，载梁慧星主编：《民商法论丛》2019 年第 2 期（总第 69 卷），社会科学文献出版社 2019 年版，第 57 页。

⑧ 参见何建：《公司意思表示论》，法律出版社 2019 年版，第 169 页。

公司的表意人，在法律和公司章程规定的范围内享有概括代表权，其以法人名义从事的民事活动，其法律后果由法人承受。① 二是依据《民法典》第170条第1款的规定，职务代理人就其职权范围内的事项取得了公司的概括授权，自可充任公司的表意人，其以公司的名义实施的民事法律行为，对公司发生效力。② 三是依据《民法典》第161条第1款、第162条的规定，代理人亦可充任公司的表意人，其在代理权限内，以公司的名义实施的法律行为，对公司发生效力。如此一来，公司与第三人发生民事法律关系，须借助于法定代表人的代表行为或者代理人的代理行为。因此，公司决议只有在影响代表权或者代理权之时，才能同时影响公司与他人之间法律行为的效力，才可能有对外效力。③

值得注意的是，仅在担保合同或者担保承诺书中记载公司董事会或者股东会已就本项担保作出了决议，并不足以表明公司已经形成担保意思，尚须结合公司担保决议予以判断。相反的观点认为，公司虽未提交董事会或者股东会同意为他人债务提供担保的相关决议，但相对人基于公司作出的"该担保已经过本公司股东会会议决议通过"等表述，已经对公司担保事项进行了审查，而相对人对公司担保决议内容的审查只要求其尽到必要的注意义务即可，标准不宜太过严苛。基于合同信赖利益的保护原则，应当认定担保合同对公司发生效力。本书作者认为，担保合同或者担保承诺书中关于案涉担保已经董事会或者股东会决议的记载，仅为公司表意人表达出来的意思，但公司内部是否形成了担保意思，尚不得而知。基于公司担保决议形成公司内部担保意思的功能，上述记载并不足以使相对人产生对公司担保意思已经形成的信赖。

（二）公司担保决议：法定代表人代表权限与代理人代理权限的来源

在法定代表人作为表意人之时，公司法定代表人的身份通常构成其享有概括代表权的外观，尽管存在法定代表人表达的意思与公司意思不一致的情形，相对人基于法定代表人的身份外观即足以信赖法定代表人所表达的意思即为公司的意思，相对人仅依公司印章、法定代表人签名和/或盖章即可主张相关合同对公司发生效力。但就公司为他人债务提供担保而言，如欠缺公司担保决议，法定代表人所表示的意思就不一定是公司的真实意思。基于《公司法》第15条的规定，"担保行为不是法定代表人所能单独决定的事项，而必须以公司股东（大）会、

① 参见最高人民法院民法典贯彻实施工作领导小组主编：《中华人民共和国民法典总则编理解与适用》，人民法院出版社2020年版，第320页。

② 参见徐深澄：《〈民法总则〉职务代理规则的体系化阐释——以契合团体自治兼顾交易安全为轴心》，载《法学家》2019年第2期；辛海平：《论公司公章的法律功能与公司合同主体地位认定之联动》，载《法制与社会发展》2022年第2期。

③ 参见柯勇敏：《公司决议对外效力的原理及其强度谱系》，载梁慧星主编：《民商法论丛》2019年第2期（总第69卷），社会科学文献出版社2019年版，第58页。

董事会等公司机关的决议作为授权的基础和来源。”[①] 对外签订担保合同的权限就不在法定代表人的概括代表权范围内。正是基于此，《民商事审判会议纪要》与《民法典担保制度解释》才认为，从公司对外交往的视角来看，《公司法》第15条就是对法定代表人代表权限的法定限制。[②] “适格的公司担保决议” + “法定代表人的身份”才是相对人对法定代表人所表达的意思即为公司意思的信赖基础。欠缺公司担保决议，仅有法定代表人的代表权外观并不能使相对人对公司担保意思产生信赖，法定代表人代表公司签订担保合同即构成越权代表。依据《民法典》第504条的规定，相对人不能仅依据公司印章、法定代表人签名和/或盖章而主张担保合同对公司发生效力，还需审查公司担保决议等文件以确定公司的担保意思。

在代理人作为表意人之时，代理人的代理权来自公司的代理权授予行为。[③] 在通常情形之下，相对人基于代理人的代理证书（授权委托书）的权利外观，即可认为代理人所传达的意思即为公司的真实意思，相对人与代理人之间所签订的合同自然也就对公司发生效力。与此不同的是，在公司为他人债务提供担保的情形下，欠缺公司担保决议所表彰的公司意思，即使存在公司对代理人的代理权授予行为，代理人仍未取得代理公司与相对人签订担保合同的代理权限。从相对人的视角，“适格的公司担保决议” + “代理人的代理证书”才是相对人对代理人所传达的意思即为公司意思的信赖基础。[④] 仅当公司针对特定的担保事项作出适格的公司担保决议以及代理人拥有该特定担保的代理权限时，代理人与相对人签订的担保合同在法律效果上才能归属于公司，产生有权代理的法律后果。[⑤]

如此，《公司法》第15条既是对法定代表人代表权限的法定限制，也是对代理人代理权限的法定限制。[⑥] 由此而决定，公司担保决议的作成并不必然早于担保合同的订立。先订立担保合同，后作成公司担保决议的，即为对法定代表人或

---

① 《民商事审判会议纪要》第17条。

② 参见最高人民法院民事审判第二庭编：《〈全国法院民商事审判工作会议纪要〉理解与适用》，人民法院出版社2019年版，第181页；最高人民法院民事审判第二庭编：《最高人民法院民法典担保制度司法解释理解与适用》，人民法院出版社2021年版，第133页。

③ 公司可以通过决议方式直接授予代理权，也可以由法定代表人以公司的名义授予代理权。

④ 值得注意的是，职务代理一般并不构成公司担保时的代理权外观。公司法定代表人尚且不能当然地具有担保代表权限，“举重以明轻”，职务代理更不能当然地具有担保代理权限。参见高圣平：《试论公司担保中的无权代理——基于裁判分歧的展开和分析》，载《商业经济与管理》2022年第5期。

⑤ 参见最高人民法院（2019）最高法民再170号民事判决书；最高人民法院（2020）最高法民申2319号民事裁定书。

⑥ 参见高圣平：《试论公司担保中的无权代理——基于裁判分歧的展开和分析》，载《商业经济与管理》2022年第5期。

者代理人的越权行为的追认。[①]

（三）公司担保决议瑕疵对于担保合同效力的影响

公司担保决议，是股东或者董事在既定的规则下行使表决权，集合个体意思而形成的公司团体意思，[②] 属于公司内部意思形成的法律行为。[③] 《民法典》第134条第2款规定："法人、非法人组织依照法律或者章程规定的议事方式和表决程序作出决议的，该决议行为成立。"结合《公司法》关于股东会、董事会的议事方式和表决程序的规定可见，公司之意思，虽同样系由复数的个别意思复合而成，但仅须达到人数或者资本"多数决"要求即可，明显低于双方或者多方法律行为对合意的要求。[④] "公司决议本质是'公意'，而非'合意'。决议只有在符合法律与章程规定的程序与权限时，方被评价为公司意思。"[⑤]

在我国实定法上，公司担保决议的瑕疵体现为不成立、无效、可撤销。其一，依据《最高人民法院关于适用〈中华人民共和国公司法〉若干问题的规定（四）》[法释〔2020〕18号修正，以下简称《公司法解释（四）》]第5条的规定，未召开股东会会议或者董事会会议、会议未对担保决议事项进行表决、出席会议的人数或者股东所持表决权未达到《公司法》或者公司章程规定的最低要求、表决结果未达到《公司法》或者公司章程规定的通过比例，均将导致公司担保决议的不成立。上述议事方式和表决程序上的瑕疵，将无法形成公司的意思，也难以认定公司担保决议成立。公司担保决议没有成立，自然不发生法律效力。[⑥] 其二，依据《公司法》第25条的规定，公司担保决议的内容违反法律、行政法规的，无效。《公司法》第15条第1款、第2款均系为防免控股股东、法定代表人或者个别董事滥用权利，而对公司担保决议行为主体的限制。决议行为的主体作为法律行为构成要件中的当事人要素，当属决议内容之一，因此，在解释上，该两款

---

① 参见江苏省盐城市中级人民法院（2021）苏09民终6914号民事判决书；广东省江门市中级人民法院（2021）粤07民终3098号民事判决书；江苏省连云港市中级人民法院（2022）苏07民终123号民事判决书；江苏省无锡市中级人民法院（2022）苏02民终983号民事判决书等。

② 参见向志勇：《公司担保案件中的利益冲突及其平衡方法——以〈公司法〉第16条为中心的分析》，载陈金钊、谢晖主编：《法律方法》（第21卷），山东人民出版社2017年版，第341页。

③ 参见彭钰栋：《从决议的法律行为属性论公司对外担保》，载《西部法学评论》2019年第5期；房绍坤、张泽嵩：《营利法人决议外部效力规则的体系化阐释——以〈民法典〉第85条为中心》，载《法治研究》2022年第2期。

④ 参见蒋大兴：《公司组织意思表示之特殊构造》，载《比较法研究》2020年第3期。

⑤ 周淳：《组织法视阈中的公司决议及其法律适用》，载《中国法学》2019年第6期。

⑥ 参见王雷：《〈公司法〉中决议行为法律制度的力量与弱点》，载《当代法学》2018年第5期。

的规定系对决议行为“内容”的控制，违之，将导致公司担保决议无效。[①] 其三，依据《民法典》第85条前句、《公司法》第26条第2款的规定，股东会、董事会的会议召集程序、表决方式违反法律、行政法规或者公司章程，或者公司担保决议的内容违反公司章程的，股东可以请求人民法院撤销该公司担保决议。

公司担保决议不成立、被认定无效或者被撤销，公司内部的担保意思即未形成，法定代表人或者代理人所表示的公司担保意思即与公司的真实意思不一致。针对此种情形，有观点认为，关于违反《公司法》第15条的担保合同的效力，应先判断公司担保决议的效力，如公司担保决议被认定无效或被撤销后，再根据相对人的善恶意来判断担保合同的效力。[②] 出于保护善意相对人和维护交易安全的考虑，《民法典》第85条后句规定，营利法人依据该被撤销的决议与善意相对人形成的民事法律关系不受影响。学说和裁判进一步扩张了本条的文义，将决议无效的情形亦包括在内。[③]《公司法解释（四）》第6条更是明确指出：“股东会或者股东大会、董事会决议被人民法院判决确认无效或者撤销的，公司依据该决议与善意相对人形成的民事法律关系不受影响。”这里的“不受影响”，就公司担保而言，系指公司表意人根据公司担保决议与善意相对人签订的担保合同（形成的民事法律关系）的法律后果归属于公司，公司不能以公司担保决议的无效或者撤销对抗善意相对人。至于担保合同本身的效力状态，适用《民法典》关于法律行为效力的一般规定进行判断，与公司担保决议是否被认定为无效或者被撤销无关。[④] 适用上述两条的关键在于相对人善恶意的认定。[⑤] 此处的“善意”，是指相对人在与公司订立担保合同之时不知道也不应当知道公司担保决议存在无效和可

---

① 参见楼秋然：《公司对外担保的理论与实践——规范定性、善意认定与缺省决策机关》，载《汕头大学学报（人文社会科学版）》2017年第6期；彭钰栋：《从决议的法律行为属性论公司对外担保》，载《西部法学评论》2019年第5期。

② 参见施天涛：《〈公司法〉第16条的规范目的：如何解读、如何适用?》，载《现代法学》2019年第3期。

③ 参见李建伟：《公司决议的外部效力研究——〈民法典〉第85条法教义学分析》，载《法学评论》2020年第4期；王运鹏：《公司决议的溢出效力分析——兼评〈民法典〉第八十五条》，载《河南财经政法大学学报》2021年第3期。案例参见“绵阳市某实业有限公司、蒋某诉绵阳高新区某实业有限公司股东会决议效力及公司增资纠纷案”，载《中华人民共和国最高人民法院公报》2011年第3期。有学者不赞成这一扩张。参见房绍坤、张泽嵩：《营利法人决议外部效力规则的体系化阐释——以〈民法典〉第85条为中心》，载《法治研究》2022年第2期。不过，就决议无效的情形，相对人自非善意，无论采行哪种学说，均不影响解释结论。

④ 参见朱广新：《论营利法人决议撤销时善意相对人保护的条件与方法》，载《法律适用》2021年第8期。

⑤ 参见王志诚：《公司法人未经合法决议所为法律行为的效力——我国台湾地区司法实务的实践经验及启发》，载《北方法学》2017年第4期；朱广新：《论营利法人决议撤销时善意相对人保护的条件与方法》，载《法律适用》2021年第8期。

撤销的事由。[①] 但这两条均未涉及公司担保决议未成立的情形。

基于《民法典》第504条的规定，《民法典担保制度解释》第7条强调，在与公司订立担保合同时，相对人应通过对公司担保决议的合理审查来判断法定代表人所表达的公司担保意思是否为公司的真实意思，进而确定法定代表人是否有代表公司签订担保合同的权限。这里的“合理审查”既非宽松的“形式审查”，也非严苛的“实质审查”，而是“审慎的形式审查”。由此而决定，相对人并非仅就公司担保决议进行形式上的审查，而应结合公司章程和其他文件审查公司担保决议是否由有权机构作出、公司担保决议的签字人员和表决权比例是否符合法律和公司章程的规定、担保数额是否超过公司章程的限制。[②] 至于会议召集程序、表决方式等则不在审查范围。相对人是否知道或者应当知道法定代表人超越权限决定了其主观上的善恶意。所谓善意，是指相对人在订立担保合同时经合理审查不知道或者不应当知道法定代表人超越权限。此种善恶意又决定了担保合同对公司是否发生效力。相对人如未善尽合理审查义务，其对虚假担保外观不具有信赖基础，不能构成善意第三人，进而担保合同对公司不发生效力。

由此可见，《民法典》第85条后句和《公司法解释（四）》第6条所称善意，与《民法典担保制度解释》第7条所称善意的内容并不一致。二者之间有重合，也有不同。例如，公司担保决议不是由适格决议机构作出，将导致公司担保决议的无效。相对人基于该公司担保决议与公司签订担保合同，既属应当知道法定代表人超越权限，也属应当知道公司担保决议无效，依据《民法典担保制度解释》第7条的规定，担保合同对公司不发生效力；依据《民法典》第85条后句和《公司法解释（四）》第6条的规定，如公司担保决议被认定无效，则对担保合同的效力产生影响。再如，未达到《公司法》或者公司章程规定的通过比例的公司担保决议，相对人据此与公司签订担保合同，属于应当知道法定代表人超越权限，担保合同对公司不发生效力，但是否同时构成非为《民法典》第85条后句和《公司法解释（四）》第6条所称善意，尚值研究。会议的表决结果未达到《公司法》或者公司章程规定的通过比例，属于公司担保决议不成立的情形，并不属于公司担保决议无效或者可撤销事由。此时，《民法典》第85条后句和《公司法解释（四）》第6条应予类推适用。[③] 例如，在形式上，会议的表决结果已经达到《公司法》或者公司章程规定的通过比例，但其中之一董事或者股东的签名系伪

---

① 参见黄薇主编：《中华人民共和国民法典总则编释义》，法律出版社2020年版，第216页；最高人民法院民法典贯彻实施工作领导小组主编：《中华人民共和国民法典总则编理解与适用》，人民法院出版社2020年版，第433页。

② 参见高圣平：《再论公司法定代表人越权担保的法律效力》，载《现代法学》2021年第6期。

③ 参见房绍坤、张泽嵩：《营利法人决议外部效力规则的体系化阐释——以〈民法典〉第85条为中心》，载《法治研究》2022年第2期。

造，如缺少这一董事或者股东的同意，会议的表决结果将达不到《公司法》或者公司章程规定的通过比例。此际，公司担保决议将不成立，但该伪造的签名与备案样本之间真假难辨，非经司法鉴定即无法判断，相对人已尽合理审查义务仍无法探知其系伪造，应认可相对人主观上系善意，即使事后公司担保决议被认定不成立，对担保合同的效力亦不发生影响。

综上所述，只要相对人善尽合理审查义务并未发现公司担保决议存在效力上的瑕疵，即足以认定相对人在主观上的善意，这一善意既是不知道也不应当知道法定代表人超越权限，也是不知道也不应当知道公司担保决议存在不成立、无效和可撤销的事由。如此，担保合同对公司发生效力，如进一步也不存在令其无效的事由，担保合同有效。即使此后公司担保决议被认定不成立、无效或者被撤销，亦对担保合同的效力不发生影响。

三、适格公司担保决议的判断：以公司担保决议机构的确定为中心

公司担保决议是法定代表人代表权限与代理人代理权限的来源，相对人接受公司提供的担保之时，其审查对象也就集中在了公司担保决议。在“合理审查”的标准之下，相对人尚须对公司提交的公司担保决议是否适格进行审查。在《民法典》和《公司法》之下，适格的公司担保决议是适格的决议机构按照法律和章程规定的议事方式和表决程序所作出的决议，具体包括：决议机构适格；决议形式适格（组织召开会议、规定人数以上的成员参加会议、会议成员就某一事项作出表决、表决权比例达到规定的要求）；① 决议内容不违反强行法。本书仅关注公司担保决议机构，至于决议形成、内容是否适格，并非其中所有要素均为相对人的合理审查范围。②

对于非关联担保的决议机构，《公司法》第15条的表述是“按照公司章程的规定，由董事会或者股东会决议”，以此给予公司更多的自治空间，但也由此形成了法律漏洞：其一，在公司章程没有规定时，公司是否有担保能力，如有，应由董事会还是股东会决议，抑或无须决议；其二，公司章程是否可以规定由董事会和股东会之外的其他机构决议或者个人决定；其三，在公司章程规定由董事会决议时，直接由股东会决议是否有效；其四，在公司章程规定由股东会决议时，直接由董事会决议是否有效。对于关联担保的决议机构，《公司法》第15条第2款明确限制为股东会，但何为关联担保，是否仅限于为公司股东和实际控制人提供担保的情形，实际控制人如何认定，不无解释上的疑问。

---

① 参见王雷：《〈公司法〉中决议行为法律制度的力量与弱点》，载《当代法学》2018年第5期。

② 本书作者就此另有专文论述。参见高圣平：《再论公司法定代表人越权担保的法律效力》，载《现代法学》2021年第6期。

（一）公司章程未予规定时非关联担保决议机构的确定

《公司法》第15条第1款及相关条文的文义并不表明公司章程必须就公司担保决议机构作出规定。其一，《公司法》第46条第1款、第95条关于公司章程的“应当记载事项”中，并无公司担保的相关内容。在解释上，公司担保决议机构等应属“股东会会议认为需要规定的其他事项”；其二，《公司法》第59条、第67条、第111条、第120条第2款关于股东会和董事会的法定职权中亦无公司担保事项。在解释上，决定公司为他人债务提供担保应属“公司章程规定的其他职权”。值得注意的是，《上市公司监管指引第8号——上市公司资金往来、对外担保的监管要求》（中国证监会、公安部、国资委、中国银保监会公告〔2022〕26号，以下简称《上市公司资金往来、对外担保监管指引》）第8条规定：“上市公司的《公司章程》应当明确股东大会、董事会审批对外担保的权限及违反审批权限、审议程序的责任追究制度。”由此可见，在目前强监管的态势之下，禁止公司章程保持“沉默”，上市公司章程中必然要规定公司担保决议机构。① 但就非上市公司所提供的非关联担保而言，在公司章程未就公司担保决议机构作出规定的情形之下，将产生何种法律后果，学说和实务中一直存在争议。

第一种观点认为，就非关联担保，如公司章程未做规定，公司即不具有担保权利能力，其法律效果相当于公司章程明确禁止公司为他人债务提供担保。② 第二种观点认为，公司章程未就非关联担保作出规定之时，相对人无须审查公司担保决议。即使没有公司担保决议，相对人也有理由相信法定代表人有权代表公司签订担保合同，公司没有对案涉担保召开股东会或者董事会会议讨论决定属于其自身过错，不能以其自身过错而要求相对人承担风险。第三种观点认为，就非关联担保，《公司法》第15条规定了相对人的最低注意义务，只要相对人在接受公司提供的担保时审查了担保人的公司担保决议即可，至于该决议是由董事会抑或股东会作出，则非所问。③ 基于法政策或价值考量，此际由董事会作出决议更符合交易效率的要求。④ 第四种观点认为，既然公司章程未作规定，即可认为股东

---

① 参见曾大鹏：《公司关联担保三大类型的效力解释》，载《法律科学（西北政法大学学报）》2020年第6期。

② 参见蔡晖：《新公司法对公司担保的规范》，载《人民法院报》2006年4月5日。

③ 参见最高人民法院公司法司法解释小组：《〈最高人民法院关于适用《中华人民共和国公司法》若干问题的规定（三）〉研讨会综述》，载最高人民法院民事审判第二庭编：《民商事审判指导》2008年第4辑，人民法院出版社2009年版，第14页；贺小荣主编：《最高人民法院民事审判第二庭法官会议纪要：追寻裁判背后的法理》，人民法院出版社2018年版，第202~203页；最高人民法院民事审判第二庭编：《〈全国法院民商事审判工作会议纪要〉理解与适用》，人民法院出版社2019年版，第186页；最高人民法院民事审判第二庭编：《最高人民法院民法典担保制度司法解释理解与适用》，人民法院出版社2021年版，第136页。

④ 参见杨代雄：《公司为他人担保的效力》，载《吉林大学社会科学学报》2018年第1期。

并未通过公司章程授权董事会对公司担保问题作出决议，董事会自无公司担保决策权，而由股东会作为公司担保决议机构。① 本书作者支持第四种观点。

第一，公司章程未规定公司担保决议机构，并不表明否定公司的担保能力。依据《公司法》第15条的规定，未经公司担保决议机构的决议，公司法定代表人或者代理人不得代表或者代理公司与相对人签订担保合同。此系对法定代表人、代理人的权限的法定限制。这些规定赋予公司担保决议机构决定公司是否可以为他人提供担保，其本身即已表明，《公司法》承认了公司的担保能力，② 只不过，基于公司担保行为的特殊性，对公司担保意思的形成设定了一定的程序限制。“与其说是对权利能力的限制，毋宁说是对权力行使的控制”。③ 不宜以法定代表人代表权限和代理人代理权限的法定限制，直接推导出公司不具备担保能力的结论。相反，只有在公司具有担保能力的前提之下，法定代表人、代理人方可具备相应的代表或者代理权限，在未经公司担保决议机构决议的情形，则出现公司有担保能力但法定代表人、代理人欠缺相应代表或者代理权限的情况。④

第二，“无论章程是否对决议机关作出规定，均不能免除公司对外担保时必经的决议程序。”⑤《公司法》第15条将公司担保决议机构规定为董事会或者股东会，以股东会的资本民主和董事会的人头民主来体现公司治理的集体决定功能，意在从根本上遏制公司决议的专断，扭转肆意担保的混乱局面。⑥《公司法》第15条第1款规定公司章程仅得在董事会与股东会之间作出选择。基于此，这一

---

① 参见最高人民法院公司法司法解释小组：《〈最高人民法院关于适用《中华人民共和国公司法》若干问题的规定（三）〉研讨会综述》，载最高人民法院民事审判第二庭编：《民商事审判指导》2008年第4辑，人民法院出版社2009年版，第14页；罗培新：《公司担保法律规则的价值冲突与司法考量》，载《中外法学》2012年第2期；高圣平：《公司担保相关法律问题研究》，载《中国法学》2013年第2期。

② 参见施天涛：《〈公司法〉第15条的规范目的：如何解读、如何适用?》，载《现代法学》2019年第3期；李激汉、刘平：《公司为他人提供担保纠纷案件法律适用路径检讨——兼评最高人民法院〈公司担保司法解释（讨论稿）〉》，载黄红元总编，蒋锋、卢文道主编：《证券法苑》第26卷，法律出版社2019年版，第89页。

③ 参见施天涛：《〈公司法〉第15条的规范目的：如何解读、如何适用?》，载《现代法学》2019年第3期。

④ 参见李激汉、刘平：《公司为他人提供担保纠纷案件法律适用路径检讨——兼评最高人民法院〈公司担保司法解释（讨论稿）〉》，载蒋锋、卢文道主编：《证券法苑》第26卷，法律出版社2019年版，第87～88页。

⑤ 最高人民法院（2021）最高法民申7305号民事裁定书；同旨参见北京市高级人民法院（2021）京民终508号民事判决书；江苏省无锡市中级人民法院（2021）苏02民终5286号民事判决书等。

⑥ 参见华德波：《论〈公司法〉第15条的理解与适用——以公司担保债权人的审查义务为中心》，载《法律适用》2011年第3期；贺小荣主编：《最高人民法院民事审判第二庭法官会议纪要：追寻裁判背后的法理》，人民法院出版社2018年版，第195页。

“章程限制”也是一种“法定限制”。[①] 公司章程未规定公司担保决议机构，并不意味者无须公司担保决议即可形成公司担保意思。

第三，公司章程未规定公司担保决议机构的，公司担保决议机构的确定关涉公司内部的分权制衡机制。股东会是公司担保意思的形成机构，已如前述，在公司章程未将该本属股东会的事项委予董事会的情形之下，仅能认为公司担保意思的形成机构仍为股东会。进一步的疑问在于，在股东会与董事会的分权制衡机制之下，解释上是否可以认为《公司法》上关于公司机构职权的规定已经将公司担保事项概括性地授予董事会？《公司法》第 15 条的规制逻辑在于，担保行为是无偿行为，公司无法从担保行为中营利，为他人债务提供担保也就非属常规的经营行为，其决策权原则上由股东会行使，如公司章程规定由董事会决定公司担保事项，本质上亦属股东会对董事会的特别授权。[②] 如公司章程未就公司担保事项作出明确的权限划分，即表明股东会并未授权董事会就此作出决策，此际应按照股权主权思想，将该事项解释为股东会的职权范围。以股东会作为公司担保决议机构，更有利于对公司利益或者担保合同的利害关系人——全体股东的利益的保护。[③]

（二）公司章程规定由其他机构决议或者个人决定的效力

《公司法》第 15 条第 1 款前段规定：“公司……为他人提供担保，按照公司章程的规定，由董事会或者股东会决议”。由此可见，这里虽然允许公司章程就公司担保决议机构作出选择，从表面上看，似乎是对公司内部的授权，是任意性的，但按照该规定，公司章程只能在二者之间“二选一”，而不得选择由其他机构或者个人决议或者决定，这实质是强制性的。[④]

实践中有观点认为，“公司章程将大额担保授权由董事会决议，无需股东会决议，‘举重以明轻’，更小金额的担保也就更没有理由需要程序烦琐的股东会决议。按反推解释，公司章程既然只规定大额担保需要董事会决议，没有规定更小

① 参见蒋大兴：《超越商事交易裁判中的“普通民法逻辑”》，载《国家检察官学院学报》2021 年第 2 期。

② 参见曹士兵：《公司法修订前后关于公司担保规定的解读》，载《人民司法·应用》2018 年第 1 期；马更新：《公司担保中决议形成程序与合同效力认定间牵连关系探析》，载《法学杂志》2020 年第 6 期。

③ 参见李激汉、刘平：《公司为他人提供担保纠纷案件法律适用路径检讨——兼评最高人民法院〈公司担保司法解释（讨论稿）〉》，载蒋锋、卢文道主编：《证券法苑》第 26 卷，法律出版社 2019 年版，第 87 ~ 88 页。

④ 参见贺小荣主编：《最高人民法院民事审判第二庭法官会议纪要：追寻裁判背后的法理》，人民法院出版社 2018 年版，第 198 页；吴飞飞：《公司章程司法裁判问题研究》，商务印书馆 2020 年版，第 269 页。

金额的担保需要董事会决议，即是概括授权法定代表人代表公司签署。”[①] 这就意味着，公司章程可以规定公司担保事项由法定代表人决定。正如前述，章程自由受到一定程度的限制。《公司法》第15条第1款是对公司担保决议这一法律行为的内容的控制，公司章程在董事会与股东会之外另行指定其他机构决议或者个人决定公司担保事项，超出了法律赋予公司章程的权限，即应依据《公司法》第25条的规定认定相应公司担保决议为无效。[②] 值得注意的是，如公司章程明确约定公司不设股东会，公司为他人债务提供担保须经股东以特别决定审议通过，不属于“公司章程规定由其他机构决议或者个人决定”的情形，相对人自应审查股东的特别决定。[③]

（三）公司章程规定非关联担保的决议机构为股东会，但改由董事会作出决议的效力

如公司章程规定非关联担保由股东会决议，说明公司担保的决定权为公司所有者保留，并未授权予董事会行使。即使董事会作出了同意担保的决议，亦未形成公司担保意思，法定代表人也未获得有效授权。《公司担保解释稿》第3条第2款曾指出，“公司章程规定公司为他人提供担保由股东会或股东大会作出决议的，相对人仅举证证明担保经董事会决议同意并主张担保合同对公司发生效力的，人民法院不予支持。”但《民商事审判会议纪要》第18条第1款改变了这一观点，其中指出，“无论章程规定决议机关为董事会还是股东（大）会，根据《民法总则》第61条第3款关于‘法人章程或者法人权力机构对法定代表人代表权的限制，不得对抗善意相对人’的规定，只要债权人能够证明其在订立担保合同时对董事会决议或者股东（大）会决议进行了审查，同意决议的人数及签字人员符合公司章程的规定，就应当认定其构成善意，但公司能够证明债权人明知公司章程对决议机关有明确规定的除外。”

本书作者认为，《民法总则》第61条第3款（现《民法典》第61条第3款）仅适用于法定代表人代表权约定限制的情形，而《公司法》第15条系对法定代表人代表权的法定限制，前者并无适用余地。在通说认为相对人在接受公司提供

---

① 上海市高级人民法院（2020）沪民终9号民事判决书。

② 参见楼秋然：《公司对外担保的理论与实践——规范定性、善意认定与缺省决策机关》，载《汕头大学学报（人文社会科学版）》2017年第6期；彭钰栋：《从决议的法律行为属性论公司对外担保》，载《西部法学评论》2019年第5期。

③ 参见山东省高级人民法院（2021）鲁民终1601号民事判决书。

担保之时应将公司章程纳入合理审查范围的前见之下,[①] 公司章程中关于公司担保决议机构的规定自应属于相对人知道或者应当知道的内容。如公司章程规定的非关联担保的决议机构为股东会，相对人接受董事会决议通过的公司担保，主观上即非善意。正是基于此，《民法典担保制度解释》第 7 条虽然仍然在《民法典》第 504 条之外同时将第 61 条作为公司法定代表人越权担保的效果归属的解释基础，但起草者仍然认为，《民商事审判会议纪要》第 18 条原来所持的司法态度应予转变，在公司章程明确规定为股东会的情况下，相对人仅接受董事会决议的，不能认定其为善意相对人。[②]

不过，在我国公司治理普遍不规范的情形之下，董事会和股东会之间并非泾渭分明。在公司应提交股东会决议，但仅提交董事会决议的情形之下，如股东会和董事会的组成人员高度重合，在董事会决议上签章的董事就是公司的股东，此时，计算其中有表决权的股东所持表决权，如已达到法律和公司章程规定的比例，亦可认定决议适格。[③]

（四）公司章程规定非关联担保的决议机构为董事会，但改由股东会作出决议的效力

公司担保本属于股东会的决策事项，即使是公司章程规定由董事会进行决议，如股东会又对特定的担保事项作出决议，有两种解释路径：一种是认定公司同意或者追认担保。[④] 股东会本属公司的最高权力机关，在董事会未作出决议的情形之下，法定代表人的担保代表权限经由有效的股东会决议得以授予或者追认。公司章程规定由董事会决议的，根据“举轻以明重”的解释规则，股东会决议当然也是适格决议。[⑤] 另一种为股东会修改了公司章程，并在此事项上收回了对董事会的概括授权。不过，《公司法》第 66 条、第 116 条规定，股东会作出修改公司章程的决议，必须经出席会议的股东所持表决权的 2/3 以上通过。在股东会自行对公司担保作出决议时，同意提供担保的股东所持表决权须达到修改公司

---

① 参见朱颖琦、李瑶菲：《新司法政策下公司对外担保行为的效力认定》，载黄红元总编，蒋锋、卢文道主编：《证券法苑》第 29 卷，法律出版社 2020 年版，第 149 ~ 150 页；蒋大兴：《超越商事交易裁判中的“普通民法逻辑”》，载《国家检察官学院学报》2021 年第 2 期；高圣平：《再论公司法定代表人越权担保的法律效力》，载《现代法学》2021 年第 6 期。

② 参见最高人民法院民事审判第二庭编：《最高人民法院民法典担保制度司法解释理解与适用》，人民法院出版社 2021 年版，第 136 页。

③ 参见高圣平：《公司担保相关法律问题研究》，载《中国法学》2013 年第 2 期。

④ 参见贺小荣主编：《最高人民法院民事审判第二庭法官会议纪要：追寻裁判背后的法理》，人民法院出版社 2018 年版，第 193 页。

⑤ 参见最高人民法院民事审判第二庭编：《最高人民法院民法典担保制度司法解释理解与适用》，人民法院出版社 2021 年版，第 136 页。

章程的法定要求，以此尊重《公司法》的组织法特征。[①]

（五）关联担保的决议机构

依据《公司法》第15条第2款的规定，关联担保的决议机构为股东会。法定代表人未经股东会决议，仅经董事会决议的，其对外签署的担保合同均构成越权代表。在法律规定如此明确的情况下，未审查股东会决议就签订担保合同的相对人非为善意，不存在适用表见代表的可能。[②] 这一规定不得由公司章程或者内部决议而违反。有观点认为，《公司法》第15条第2款的立法本意在于“限制公司主体行为，防止公司实际控制人或者高级管理人员损害公司、小股东或其他债权人利益，故其实质是内部控制程序，不能以此约束相对人”。虽然关联担保必须经股东会决议，但在股东会通过公司章程授权董事会就此作出决议的情形之下，相对人对董事会决议进行了合理审查即足以证明其善意。本书作者认为，此观点是基于此前将《公司法》第15条理解为调整公司治理机构等内部关系的规范的结果，[③]《民商事审判会议纪要》和《民法典担保制度解释》已经确定地以代表权限制理论作为相关裁判规则的解释基础，上述观点即应抛弃。

《公司法》第15条第2款将关联担保界定为“为公司股东及实际控制人提供担保”的情形。公司为其股东及实际控制人提供担保之时，公司对其股东及实际控制人自是知悉，从内部控制的视角，此时公司应召开股东会会议，就公司担保事项进行表决，并排除为其担保的股东、受为其担保的实际控制人支配的股东的表决权。就接受公司提供担保的相对人而言，在审查公司担保决议机构是否适格之时，对于被担保人（主债务人）是否属于公司股东或者实际控制人，在判断难易程度上各有差异。就为股东提供的关联担保，可以通过备案公司章程的记载（有限责任公司）或者公司提供的股东名册（股份有限公司）加以确认；[④] 就为实际控制人提供的关联担保，《公司法》第265条第3项关于“实际控制人，是指通过投资关系、协议或者其他安排，能够实际支配公司行为的人”之规定中，仅有“投资关系”在通常情形下可以经由相对人的尽职调查得以发现，至于其他关系的实际控制人，除非公司主动披露，相对人尚无从查知。如此，从相对人审

---

① 参见石冠彬：《论公司越权担保的认定标准及法律效果》，载《法商研究》2020年第2期。

② 参见最高人民法院民事审判第二庭编：《〈全国法院民商事审判工作会议纪要〉理解与适用》，人民法院出版社2019年版，第186页；最高人民法院民事审判第二庭编：《最高人民法院民法典担保制度司法解释理解与适用》，人民法院出版社2021年版，第135页。

③ 就法定代表人越权担保的解释进路，有“内部关系说”“规范性质识别说”“代表权限制说”之争。就三种学说的介绍，参见周伦军：《公司对外提供担保的合同效力判断规则》，载《法律适用》2014年第8期；贺小荣主编：《最高人民法院民事审判第二庭法官会议纪要：追寻裁判背后的法理》，人民法院出版社2018年版，第190～193页；高圣平、范佳慧：《公司法定代表人越权担保效力判断的解释基础——基于最高人民法院裁判分歧的分析和展开》，载《比较法研究》2019年第1期。

④ 参见高圣平：《再论公司法定代表人越权担保的法律效力》，载《现代法学》2021年第6期。

查义务的视角，尚须结合合理审查标准，具体判断相对人是否知道或者应当知道案涉担保属于关联担保，并进而结合公司章程具体确定公司担保决议机构，不宜苛求相对人就公司与被担保人之间的控制关系作超出一般注意义务的要求。在解释上，如相对人因不知被担保人为实际控制人而仅按照公司章程的规定审查了董事会决议，应推定其为善意，由公司承担相对人不构成善意的举证责任。[①]

《公司法》第15条第2款仅将关联担保界定为“为公司股东及实际控制人提供担保”的情形，是否可以参酌具体情形对之适当扩张解释？实践中的扩张主要体现为两种情形。其一，提供担保的公司与为其提供担保的公司受同一实际控制人控制的情形。《公司法》第15条第2款的立法目的在于规制公司股东、实际控制人利用对公司的控制权不当转移公司利益，损害公司、其他股东、公司债权人等的利益。基于此，关联担保在解释上还应包括“公司与主债务人系关联公司、股东或实际控制人与主债务人有利害关系，从而公司提供担保构成向股东或者实际控制人输送利益的情形”，[②] 否则就无法避免实际控制人通过公司担保损害中小股东的利益。[③] 如此，提供担保的甲公司与主债务人乙公司因受同一实际控制人控制而属于关联公司，甲公司为乙公司的借款向商业银行提供担保，使得乙公司能够顺利从商业银行获得融资，作为乙公司的实际控制人因乙公司获得借款而获益，虽然乙公司既非甲公司股东，亦非甲公司实际控制人，但该担保仍应属《公司法》第15条第2款规定的关联担保的情形。其二，提供担保的公司与为其提供担保的公司的法定代表人相同的情形。此属《公司法》第265条第4项“关联关系”的情形之一。此际，案涉各方之工商登记信息包括法定代表人、股权结构、股东身份等均为向社会公开之内容，相对人应当明知案涉各家公司可能为关联公司，亦应明知法定代表人身兼两家公司法定代表人之客观事实，解释上可以认为是关联担保。但也有观点认为，两家公司均系独立法人，彼此之间经营范围不同、股权结构不同，在没有证据证明两家公司之间存在利益输送，为其提供担保的公司能够实际支配提供担保的公司的情况下，不能仅依法定代表人相同就推断为关联担保。

本书作者以为，对于《公司法》第15条第2款的文义进行目的性扩张解释有其必要性，但在《民法典担保制度解释》第7条将相对人对于公司担保决议的审查标准确立为“合理审查”的情形之下，这一目的性扩张解释应予限制。除非

---

① 参见钱玉林：《公司为他人提供担保的裁判规则与理由》，载蒋锋、卢文道主编：《证券法苑》第28卷，法律出版社2020年版，第189页。

② 段晓娟：《公司内部人接受未经决议程序公司担保效力探析》，载《法律适用》2019年第16期。

③ 参见最高人民法院民事审判第二庭编：《最高人民法院民法典担保制度司法解释理解与适用》，人民法院出版社2021年版，第144页。

相对人明知甲公司与乙公司受同一实际控制人的控制,[1] 对这一控制关系的“明知”应以相对人经查询国家企业信用信息公示系统、“天眼查”等可得获知为限。

应当注意的是,《公司法》第15条位于《公司法》的总则位置,自当一体适用于上市公司和非上市公司。[2] 就上市公司为他人债务提供担保的情形,《公司法》第15条第2款所确立的关联担保规则亦应适用。不过,《上市公司资金往来、对外担保监管指引》《上海证券交易所股票上市规则》(2022年修订,以下简称《上交所股票上市规则》)、《深圳证券交易所股票上市规则》(2022年修订,以下简称《深交所股票上市规则》)、《北京证券交易所股票上市规则(试行)》(北证公告〔2021〕13号,以下简称《北交所股票上市规则》)等监管规则将关联担保的范围作了扩充,由“公司为公司股东或者实际控制人提供担保”,扩张为“对股东、实际控制人及其关联方(人)提供的担保”,[3] 增加了上市公司为股东

① 在“甲管理咨询(深圳)有限公司与广州乙信息技术有限公司、湖南丙数字娱乐文化传媒股份有限公司、赖某锋等担保合同纠纷上诉案”中,二审法院即认为,“被上诉人甲公司是《商业保理合同》的签约当事人,《商业保理合同》明确载明,丙方(丙公司及赖某锋)为债务人乙公司的实际控制人。因此,甲公司对债务人及担保人之间的股权或控制关系应属明知,也应当意识到天润公司提供本案担保可能系受其实际控制人赖某锋的控制,更应对丙公司的内部有效决议做审慎审查。”参见上海金融法院(2020)沪74民终289号民事判决书。

② 基于一人公司的特殊性,《民法典担保制度解释》第10条特别规定:“一人有限责任公司为其股东提供担保,公司以违反公司法关于公司对外担保决议程序的规定为由主张不承担担保责任的,人民法院不予支持。公司因承担担保责任导致无法清偿其他债务,提供担保时的股东不能证明公司财产独立于自己的财产,其他债权人请求该股东承担连带责任的,人民法院应予支持。”详细分析参见范佳慧:《论一人公司关联担保的效力》,载《法学论坛》2021年第2期。

③ 《上市公司资金往来、对外担保监管指引》第9条第1款第4项;《上交所股票上市规则》第6.1.10条第2款第6项;《深交所股票上市规则》第6.1.10条第2款第6项;《北交所股票上市规则》第7.1.11条第2款第5项。

和实际控制人的关联人提供担保的情形。① 这在一定程度上增加了相对人在认定关联担保上的难度。有学者尖锐地指出，正是借助这些监管规则严密、系统的规整，“《公司法》第15条第2款和第3款的落实已臻极致状态”“使得债权人没有借口自称对此不知情”。② 不过，关联担保自属关联交易之一种，基于规制关联交易的必要，相关监管规则依据《公司法》《证券法》的规定对上市公司关联担保进行相应的扩张解释，自有其正当性。虽然这一扩张对于接受上市公司提供担保的相对人而言增加了审查并确定公司担保决议机构的难度，但《民法典担保制度解释》第9条已经将相对人直接审查的对象确定为上市公司公开披露的对外担保公告，而非董事会或者股东会决议。③ 只要上市公司对外担保公告中载明了相关担保事项已经董事会或者股东大会决议通过的信息，相对人即对其中的决议结果具有合理信赖，无须进一步审查公司担保决议是否符合公司章程的规定，是否为适格公司担保决议机构作出。④

四、豁免公司担保决议的具体情形

前已述及，《公司法》第15条是对法定代表人代表权限和代理人代理权限的法定限制，未经公司适格机构决议，法定代表人以公司名义签订担保合同的行为即构成越权代表，代理人以公司名义签订担保合同的行为即构成无权代理。不

---

① 依据《上市公司信息披露管理办法》第62条第4项的规定，“关联人包括关联法人（或者其他组织）和关联自然人。”“具有以下情形之一的法人（或者其他组织），为上市公司的关联法人（或者其他组织）：1. 直接或者间接地控制上市公司的法人（或者其他组织）；2. 由前项所述法人（或者其他组织）直接或者间接控制的除上市公司及其控股子公司以外的法人（或者其他组织）；3. 关联自然人直接或者间接控制的、或者担任董事、高级管理人员的，除上市公司及其控股子公司以外的法人（或者其他组织）；4. 持有上市公司百分之五以上股份的法人（或者其他组织）及其一致行动人；5. 在过去十二个月内或者根据相关协议安排在未来十二月内，存在上述情形之一的；6. 中国证监会、证券交易所或者上市公司根据实质重于形式的原则认定的其他与上市公司有特殊关系，可能或者已经造成上市公司对其利益倾斜的法人（或者其他组织）。”“具有以下情形之一的自然人，为上市公司的关联自然人：1. 直接或者间接持有上市公司百分之五以上股份的自然人；2. 上市公司董事、监事及高级管理人员；3. 直接或者间接地控制上市公司的法人的董事、监事及高级管理人员；4. 上述第1、2项所述人士的关系密切的家庭成员，包括配偶、父母、年满十八周岁的子女及其配偶、兄弟姐妹及其配偶，配偶的父母、兄弟姐妹，子女配偶的父母；5. 在过去十二个月内或者根据相关协议安排在未来十二个月内，存在上述情形之一的；6. 中国证监会、证券交易所或者上市公司根据实质重于形式的原则认定的其他与上市公司有特殊关系，可能或者已经造成上市公司对其利益倾斜的自然人。”

② 曾大鹏：《公司关联担保三大类型的效力解释》，载《法律科学（西北政法大学学报）》2020年第6期。

③ 参见最高人民法院民事审判第二庭编：《最高人民法院民法典担保制度司法解释理解与适用》，人民法院出版社2021年版，第154页。

④ 参见高圣平：《上市公司对外担保特殊规则释论——以法释〔2020〕28号第9条为中心》，载《法学》2022年第5期。

过，《公司法》第15条的规制前提是，公司为他人债务提供担保并非公司正常经营行为，通过对公司担保行为的程序控制，以确保其符合公司的真实意思，并实现对公司利益的保护。如公司担保属于其正常的经营行为，或者并不违背公司利益，或者公司决议的程序只是徒具形式，则可豁免相对人在接受公司提供担保之时对于公司担保决议的审查义务，以防止公司恶意逃避担保责任。[①]

（一）公司为他人债务提供担保属于其正常经营范围

公司是以营利为目的的社团法人，营利性决定了公司的设立本旨和存在目的即在于追求超出资本的利润，并将利润分配于股东。[②] 但公司为他人债务提供担保，无法自债权人（相对人）获得对价，如公司最终承担了担保责任，则公司实际上是为他人清偿了债务。因此，公司为他人债务提供担保与公司营利性本旨有违，属于公司非常规的、特殊的经营行为，此即《公司法》第15条的经济基础。[③] 在公司为他人债务提供担保构成其正常经营范围的情况之下，如金融机构开立保函即为其正常的授信业务，担保公司提供担保亦属其主营业务，公司基于自身经营需要为他人债务提供担保，系基于维护公司利益作出的行为，间接上亦有利于维护公司股东利益，如此，公司及股东利益与担保行为具有一致性，法定代表人已获概括授权，[④] 其代表权限即不受《公司法》第15条的限制。

就此，《民商事审判会议纪要》第19条第1项的表述是“公司是以为他人提供担保为主营业务的担保公司，或者是开展保函业务的银行或者非银行金融机构”；《民法典担保制度解释》第8条第1款第1项的表述是“金融机构开立保函或者担保公司提供担保”。二者之间在实质内容上并无差异。[⑤] 此时，相对人无须审查公司担保决议。

在公司为他人债务提供担保属于其正常经营范围的情形之下，公司法定代表人的身份已经具备可供相对人信赖的权利外观，而无须履行《公司法》第15条规定的决议程序；相对人对于与之缔约的法定代表人或者代理人的权限的审查，也就不包括公司担保决议。即使相对人知道或者应当知道没有公司担保决议，无

① 参见最高人民法院民事审判第二庭编：《全国法院民商事审判工作会议纪要理解与适用》，人民法院出版社2019年版，第188页；最高人民法院民事审判第二庭编：《最高人民法院民法典担保制度司法解释理解与适用》，人民法院出版社2021年版，第142～143页；王毓莹：《公司担保规则的演进与发展》，载《法律适用》2021年第3期。

② 参见刘俊海：《现代公司法》（第二版），法律出版社2011年版，第15页。

③ 参见曹士兵：《我国新公司法关于公司担保能力的规定评述——重温最高人民法院“中福实业公司担保案”》，载《法律适用》2006年第6期。

④ 参见申惠文主编：《民法典担保制度司法解释适用指南：专题解读·适用难点·风险防范·类案指引》，法律出版社2021年版，第54页。

⑤ 参见最高人民法院民事审判第二庭编：《最高人民法院民法典担保制度司法解释理解与适用》，人民法院出版社2021年版，第141页。

论是基于保护公司股东利益或是维护债权人的信赖利益考量，均应认定相关担保合同符合公司的真实意思表示，对公司发生效力。[①] 应予注意的是，虽然相对人在接受金融机构开立的保函或者担保公司提供的担保之时，无须审查公司担保决议，但并不表明相对人无审查公司法定代表人代表权限或代理人代理权限的义务。《民法典》第 504 条关于“相对人知道或者应当知道法定代表人的代表权限”的规定，表明相对人仍应审查法定代表人的身份证明、代理人的授权证书，以探知法定代表人或者代理人的权限。在解释上，虽然金融机构开立保函或者担保公司提供担保等经营决策应依据公司章程的规定而展开，但即使公司章程或内部决议对于法定代表人的代表权限设置了权限，依据《民法典》第 61 条第 3 款的规定，该限制不得对抗善意相对人。

尚存疑问的是，“公司为他人债务提供担保属于其正常经营范围”是否仅限于《民法典担保制度解释》第 8 条第 1 款第 1 项所规定的“金融机构开立保函或者担保公司提供担保”等两种情形？信贷实践中，为担保个人住房借款合同的履行，商业银行大多在预售商品房上设立抵押权，但无论是不动产抵押权预告登记，还是不动产抵押权设立登记，均须满足一定的条件，商业银行的抵押权（预告登记）是否得以有效成立即存在风险。房地产开发商的阶段性保证方式据此在房地产金融实践中得以确立和展开，其本意就是由开发商为购房者在特定阶段内（个人住房借款合同签署之日起至不动产抵押权预告登记之日[②]或者不动产抵押权有效设立之日止[③]）向商业银行履行还款义务提供保证。开发商就这一阶段性保证是否需要作成和提交公司担保决议，不无疑问。实践中多数观点认为，开发商为了及时售出房屋，为购房者的个人住房借款合同提供阶段性保证，系为自身利益的正常经营行为，不会因此损害公司及股东利益，应认定为公司真实意思表示，商业银行无须审查公司担保决议，即使不存在公司担保决议，亦应认为阶段

---

① 参见吉林省白城市中级人民法院（2019）吉 08 民终 1194 号民事判决书；吉林省高级人民法院（2020）吉民终 369 号民事判决书；湖南省常德市中级人民法院（2021）湘 07 民终 287 号民事裁定书；新疆维吾尔自治区乌鲁木齐市中级人民法院（2021）新 01 民终 1830 号民事判决书等。

② 参见最高人民法院（2017）最高法民申 3474 号民事裁定书，载《最高人民法院公报》2018 年第 5 期。

③ 参见北京市高级人民法院（2006）高民终字第 547 号民事判决书；上海市第二中级人民法院（2013）沪二中民六（商）终字第 52 号民事判决书，载《最高人民法院公报》2014 年第 9 期；周明珠：《中国某银行股份有限公司北京上地支行诉薛某纯抵押借款合同案》，载最高人民法院中国应用法学研究所编：《人民法院案例选（分类重排本）（商事卷）》，人民法院出版社 2017 年版，第 2137 页。

性保证合同对开发商发生效力。[1] 实践中所揭示的同类情形还包括汽车经销商为向其购买车辆的买受人提供阶段性担保，此系汽车经销商为了自身经营作出的正常商事安排，其提供的担保应被认定为符合公司真实意思。[2]

（二）担保事项符合公司利益

担保交易是促进市场资金流通的必要工具，即使规范公司担保行为，《公司法》第 15 条的立法目的也是保护公司利益，而非限制公司担保能力。如公司担保事项符合公司利益，但公司却得因未经公司担保决议而无须承担担保责任，有失公允。因此，《公司法》第 15 条的适用应当予以目的性限缩——对于符合公司利益的担保合同，即使是未经公司担保决议而签订，亦应推定法定代表人或者代理人所表达的意思为公司的真实意思，《公司法》第 15 条即可豁免适用。司法实践中，存在如下被认定为符合公司利益的担保类型：

1. 公司为其全资子公司开展经营活动提供担保

全资子公司开展经营活动的后果归属于母公司，属于在财务上应予并表反映的范畴，[3] 因此，公司为其全资子公司开展经营活动提供担保相当于公司为自身债务提供担保，[4] 符合公司利益，无须公司担保决议。这一规则在裁判实践中得以部分扩张适用。如甲公司持有乙公司部分股权，并通过全资子公司丙持有乙公司剩余股权，乙公司实质上系甲公司完全控股的全资子公司，甲公司为乙公司开展经营活动提供担保，即使不存在公司担保决议，亦应认定案涉担保合同符合甲公司的真实意思。[5] 再如乙公司是甲公司的全资子公司，丙公司是乙公司的全资子公司，丙公司则为甲公司全资控股的孙公司，甲公司为丙公司开展经营活动提供担保，亦应作相同理解。[6]

《民商事审判会议纪要》第 19 条第 2 项曾经指出，“公司为其直接或者间接控制的公司开展经营活动向债权人提供担保”，豁免相对人对公司担保决议的审查。一般而言，公司为其直接或者间接控制的公司开展经营活动提供担保，可以

---

① 参见江苏省宿迁市宿城区人民法院（2020）苏 1302 民初 6506 号民事判决书；山东省商河县人民法院（2021）鲁 0126 民初 1836 号民事判决书；湖北省荆门市东宝区人民法院（2021）鄂 0802 民初 809 号民事判决书；《商品房买卖中推定担保意思表示真实的标准——某银行与某置业公司、王某某、孟某某借款合同纠纷》，载《山东法院商事审判、破产审判典型案例》，山东高法微信公众号 2022 - 01 - 19。

② 参见上海金融法院（2021）沪 74 民终 1239 号民事判决书；上海金融法院（2021）沪 74 民终 1303 号民事判决书。

③ 《企业会计准则第 33 号——合并财务报表》（2014 年修订）第 21 条。

④ 参见王毓莹：《公司担保规则的演进与发展》，载《法律适用》2021 年第 3 期。

⑤ 参见山东省青岛市中级人民法院（2021）鲁 02 民初 1116 号民事判决书。

⑥ 参见陕西省汉中市中级人民法院（2021）陕 07 民初 48 号民事判决书。

直接或者间接地导致公司股权价值的上升。[1] 不过，“控制”这一概念过于宽泛，[2] 且公司为非全资子公司或者全资子公司提供担保，所带来的利益可能只是间接利益，而非直接利益，这种间接利益是否能成为公司担保免予决议的基础尚值研究。更何况，某项担保给公司带来的是直接利益抑或间接利益本身难以区分。对于是否能给公司带来直接利益难以确定的担保，仍然应当履行《公司法》第15条规定的程序要件。据此，《民法典担保制度解释》第8条第1款将“公司为其直接或者间接控制的公司开展经营活动向债权人提供担保”限缩为“公司为其全资子公司开展经营活动提供担保”，这一修改有利于防止大股东通过公司担保进行利益输送，维护公司中小股东的利益。[3]

值得注意的是，在《民法典担保制度解释》作出明确规定之前，就公司为其直接或者间接控制的公司开展经营活动向债权人提供担保的情形，即便债权人知道或者应当知道没有公司担保决议，亦应认定担保合同系公司的真实意思表示。[4]

2. 公司与主债务人之间存在相互担保等商业合作关系

《民商事审判会议纪要》第19条第3项中曾经指出，“公司与主债务人之间存在相互担保等商业合作关系”的，应当认定担保合同属于公司的真实意思表示。这一规定的初衷是，商业实践中，公司之间互相提供担保是公司融资的重要保障。[5] 基于公司与主债务人之间过往的一系列担保合作，债权人有理由相信，在公司与主债务人之间存在着相互提供担保的“默示契约”，这一“默示契约”本身即蕴含着作为公司最高权力机构的股东会的意思，无须再针对每项担保另行作出决议。[6] 但是，实践中大量存在着利用“相互担保等商业合作关系”规避公司担保的程序控制的情形。例如，甲公司为乙公司在丙银行的贷款提供担保，未提交公司担保决议；对于甲公司在丁银行的贷款，乙公司原本没有提供担保，但为达到“相互担保”的要求，乙公司为甲公司的贷款追加担保。如此，即可达到

---

① See Martin J. Conlon, The Corporate Guaranty Revisited: Upstream, Downstream, and beyond—A Statutory Approach, 32 *Rutgers Law Review* 327 (1979).

② 《企业会计准则第36号——关联方披露》第3条中规定，控制的表现形式有：第一，一方拥有另一方超过半数以上表决权资本；第二，虽然一方拥有另一方表决权资本的比例不超过半数以上，但通过拥有的表决权资本和其他方式达到控制，其中又可分为，一是通过与其他投资者的协议，拥有另一方半数以上表决权资本的控制权；二是根据章程或协议有权控制另一方的财务和经营政策；三是一方拥有另一方表决权资本的比例虽然不超过半数，但根据章程、协议等能够任免董事会等类似机构的多数成员；四是一方拥有另一方表决权资本的比例虽然不超过半数，但是在董事会或类似机构会议上有半数投票权。

③ 参见王毓莹：《公司担保规则的演进与发展》，载《法律适用》2021年第3期。

④ 参见北京市高级人民法院（2021）京民终48号民事判决书。

⑤ 参见石冠彬：《论公司越权担保的认定标准及法律效果》，载《法商研究》2020年第2期。

⑥ 参见最高人民法院民事审判第二庭编：《最高人民法院民法典担保制度司法解释理解与适用》，人民法院出版社2021年版，第143页。

两个公司担保均无须提交公司担保决议的目的，“两个违法行为反而导致合法效果”。[①] 同时，“‘相互担保等商业合作关系’系包括相互担保在内的多种商业合作关系，并非……‘相互担保的商业合作关系’。”如公司与主债务人之间存在工程施工合同关系、主债务人不能依约支付货款可能导致建筑材料断供而耽误工期，公司（建设单位）为了其自身利益为主债务人的买卖合同提供担保，系公司真实的意思表示。“等商业合作关系”的范围过于宽泛，通常情形之下，公司不会为与自己毫无关系的人提供担保，其与主债务人或多或少会存在商业合作关系。如此，《民商事审判会议纪要》第 19 条第 3 项的宽泛适用极易造成“一家企业出事全体参保企业跟着遭殃”的不良社会后果，从而使得《公司法》第 15 条的规范目的落空。[②]

《民商事审判会议纪要》发布之后，实践中对于“公司与主债务人之间存在相互担保等商业合作关系”的认定和把握渐呈严格趋势，主要体现在两方面：其一，对于“相互担保等商业合作关系”应理解为“同一”提供担保的公司与“同一”主债务人之间存在着长期、多次的“相互”担保行为；其二，“相互担保”的事实应形成于提供涉案担保之前，不能以事后主债务人为公司提供过担保的事实，反推担保属于公司的真实意思表示，而应以担保合同签订之时进行判断。不过，互保关系中的“长期”“多次”本就需要解释，认定公司间存在“相互担保等商业合作关系”存在操作上的困难。基于此，《民法典担保制度解释》第 8 条删去了《民商事审判会议纪要》第 19 条第 3 项的这一规定，体现着从严限制例外情形适用、规范公司治理活动的基本思想。[③]

基于《民法典担保制度解释》的时间效力，[④] 对于 2021 年 1 月 1 日之前生效的担保合同，仍然可以参照《民商事审判会议纪要》第 19 条第 3 项所确立的司法态度进行说理，但应从严把握。如对该规定中的“等商业合作关系”扩大理解为包含互相担保在内的一切商业合作关系，会导致例外情形的外延被无限扩大，偏离《公司法》第 15 条的立法初衷，结合《民法典担保制度解释》已将上述例外情形予以剔除的事实，对“等商业合作关系”不宜作扩大解释。

---

① 最高人民法院民事审判第二庭编：《最高人民法院民法典担保制度司法解释理解与适用》，人民法院出版社 2021 年版，第 143 页。

② 参见最高人民法院民事审判第二庭编：《最高人民法院民法典担保制度司法解释理解与适用》，人民法院出版社 2021 年版，第 143 页；林文学、杨永清、麻锦亮、吴光荣：《〈关于适用民法典有关担保制度的解释〉的理解与适用》，载《人民司法》2021 年第 4 期；王毓莹：《公司担保规则的演进与发展》，载《法律适用》2021 年第 3 期；甘培忠、马丽艳：《公司对外担保制度的规范逻辑解析——从〈公司法〉第 16 条属性认识展开》，载《法律适用》2021 年第 3 期。

③ 参见最高人民法院民事审判第二庭编：《最高人民法院民法典担保制度司法解释理解与适用》，人民法院出版社 2021 年版，第 143 页。

④ 《民法典担保制度解释》第 71 条规定：“本解释自 2021 年 1 月 1 日起施行。”

3. 实质上的一人公司为公司股东提供担保

在一人公司中，全部所有者权益均归属于唯一股东，不存在防止大股东损害小股东利益的问题。因此，一人公司在解释上不适用《公司法》第15条，一人公司为其股东提供担保就是公司为自己的债务提供担保，自然无须公司担保决议。实践中，不仅存在着形式上的一人公司，也存在着实质上的一人公司。实质上的一人公司亦应适用《民法典担保制度解释》第10条的规定，豁免公司担保决议。与此同时，为保护公司债权人的利益，明确当公司因承担担保责任而无法清偿公司债务时，公司债权人可请求公司股东承担连带责任。至于实质上一人公司的判断标准，实践中的观点认为，如公司股东的持股比例过于悬殊，不仅存在对公司处于绝对控股地位的股东，且股东之间存在近亲属关系，除控股股东外，被担保的债权人有证据证明其他股东从未参与过公司的经营和管理，则可以推定公司构成实质上的一人公司，再将举证责任分配给一人公司，由该公司承担举证证明不是实质上一人公司的责任。

实践中存在以下情形：其一，夫和妻为股东的公司为夫或妻的债务提供担保。公司的出资来源于夫妻共同财产，全部股权属于夫妻婚后取得的共同财产。如此，该公司全部股权实质来源于同一财产权，并为一个所有权共同享有和支配，股东之间具有利益的一致性和实质的单一性，系实质上的一人公司，其为夫或妻的债务提供担保，实质上系为自己的债务提供担保，自应豁免公司担保决议。但亦有观点认为，虽然公司的全部股权来源于夫妻共有财产，但夫妻财产的共有并不代表意思表示的一致，公司为其股东提供担保之时，不能豁免股东会决议，即在排除被担保一方表决权的情况下，由非被担保一方在股东会决议中签名；在并无证据证实非被担保一方对公司担保系知情或者同意的情形之下，不宜认定公司内部已经形成担保意思。其二，提供担保的公司和被担保的公司（主债务人）均属于夫妻关系存续期间由夫或妻一方直接或者间接控制的公司，具有夫妻共同经营的特殊利益关系。对相对人而言，两公司具有夫妻共同经营、共同受益的外观表象。相对人有理由信赖提供担保的公司的法定代表人实际经营管理两公司时有权决定互相之间的担保问题，不能苛求相对人掌握夫妻内部对不同公司有不同的分配或安排。尤其在案涉担保行为并不涉及夫妻之外其他中小股东权益的情况下，相对人对夫妻共同经营公司之间内部决策的信赖利益更应予以保护。该法定代表人代表公司为实际控制并经营管理的另一公司提供担保的行为，属于无须公司担保决议的例外情形。即便债权人知道或者应当知道没有公司担保决议，也应当认定担保合同符合公司的真实意思，担保合同对公司发生效力。本书作者认为，前述两种情形尚须以夫妻共同债务规则为基础，结合夫妻是否共同经营、共同受益予以判断，不宜一概而论。

4. 被担保的借款直接用于公司的经营活动

例如，在“某旅游公司、徐某英民间借贷纠纷上诉案”中，某旅游公司为法定代表人的借款提供担保，法定代表人在担保合同上签字并加盖某旅游公司印章。虽然案涉担保合同未经公司机关决议，但当事人约定借款人所借款项将专项用于投资某旅游公司国有建设用地使用权出让合同的项目。最高人民法院认为，某旅游公司作为用款人对本案借款提供担保符合其利益，相对人有理由相信法定代表人的越权行为系某旅游公司的真实意思表示，担保合同对公司发生效力。

（三）推定担保合同经过公司决议机构决议

《公司法》第15条以公司担保决议所体现的公司担保意思作为法定代表人代表权限的基础，相对人在接受公司提供担保之时，负有甄别法定代表人实施的担保行为是否符合公司真实意思的注意义务。虽然公司担保决议是证明担保行为符合公司真实意思的最直接的书面证据，但公司担保本属于股东会的决议事项，如同意担保的股东所持表决权已占绝大多数，公司决议此时已经徒具形式，应推定该担保行为符合公司意思。考虑到现阶段我国公司治理水平整体较低、没有公司担保决议而径行对外担保较为普遍的实际情况，为了更好地协调公司内部和外部关系，平等保护公司股东特别是中小股东与债权人的合法权益，《民商事审判会议纪要》第19条第4项、《民法典担保制度解释》第8条第1款第4项均将“担保合同系由单独或者共同持有公司三分之二以上对担保事项有表决权的股东签字同意”作为豁免审查事由之一加以规定。与此不同的是，在股东会已作决议的情形下，如公司章程没有特别安排，有表决权的股东所持表决权过半数即可通过公司担保决议。

1. 规则的正当性

在公司担保事项应由股东会决议的情形下，依据《公司法》第66条的规定，公司对重大事项作出的决议，应当经代表2/3以上表决权的股东通过。如担保合同经持有公司2/3以上有表决权的股东签字同意的，应可认定该担保行为符合公司的真实意思，担保合同对公司发生效力。①

在公司担保事项应由董事会决议的情形，在解释上，由股东会作出决议亦无不可，因为股东之间是借助公司章程把本属自己的权利授权董事会概括行使，在股东具体行使权利之时，自可取消该授权而改由自己行使。《公司法》第66条第3款规定：“股东会作出修改公司章程、增加或者减少注册资本的决议，以及公司合并、分立、解散或者变更公司形式的决议，应当经代表2/3以上表决权的股东

---

① 参见贵州省高级人民法院（2019）黔民终847号民事判决书；北京市高级人民法院（2019）京民终500号民事判决书；山东省高级人民法院（2020）鲁民终949号民事判决书；安徽省芜湖市中级人民法院（2020）皖02民终1477号民事判决书。

通过。”因此，即使公司章程中规定决议机关是董事会，由持有公司2/3以上有表决权的股东单独或共同实施的，亦可认为已经事实上形成了有效的股东会决议，以替代董事会决议，推定为公司的意思。

学说上有观点认为，如在没有公司担保决议时采取前述表决权判断标准，有违《公司法》的组织法特性。公司具备独立的人格，其独立意思通过股东会或者董事会决议而形成，即使股东行使职权也必须通过股东会的组织形式予以实现，除非全体股东均对表决事项表示同意，否则不能因为同意该事项的股东所占表决权已经符合法律和公司章程的规定就免除召开股东会这一程序要求。[①]《公司法》第15条的规范属性决定了其确立的程序控制规则不应被随意打破，不宜以股东签字同意替代股东会的决策机制，而置程序正义于不顾。[②] 实践中也有观点认为，即使同意的股东所持表决权达到了公司章程规定的比例，但不召开股东会会议，剥夺了其他股东的知情权以及请求确认股东会决议无效的救济途径，背离了《公司法》第15条的立法目的。

本书作者认为，在担保合同系由单独或共同持有公司2/3以上有表决权的股东签字同意时，豁免相对人对公司担保决议的审查义务，系在事后将该担保合同推定为符合公司真实意思，这种事后裁判中的推定技术与关于公司意思形成的事前规范并不矛盾。更为重要的是，该推定是否公允，即推定的结果是否符合公司事实上进行决议的结果。相较于上市公司，非上市公司的股权较为集中，一般是少数股东持有多数股权，且股权的持有具有较高的稳定性，如同意担保的股东所持有效表决权比例超过2/3，体现的是其对公司的绝对控制权，以及资本多数与风险担当的一致性，即使在担保合同签订前召开股东会会议进行表决，其结果也必然是通过公司担保决议，因而再苛求相对人审查公司担保决议已无必要。[③] 这一规定可以视为与《公司法》第59条以书面形式一致同意直接作出决定而无须召开股东会会议的立法意趣相通。[④]

2. 规则的构成

《民法典担保制度解释》第8条第1款第4项的适用应把握三大构成：

第一，“对担保事项有表决权的股东”。同意担保的股东首先应对担保事项有

---

① 参见石冠彬：《论公司越权担保的认定标准及法律效果》，载《法商研究》2020年第2期。

② 参见甘培忠、马丽艳：《公司对外担保制度的规范逻辑解析——从〈公司法〉第16条属性认识展开》，载《法律适用》2021年第3期。

③ 参见马作彪、朱月娥、单银银：《持公司三分之二以上表决权的股东签字同意担保的效力》，载《人民法院报》2020年4月9日。

④ 参见李激汉、刘平：《公司为他人提供担保纠纷案件法律适用路径检讨——兼评最高人民法院〈公司担保司法解释（讨论稿）〉》，载蒋锋、卢文道主编：《证券法苑》第26卷，法律出版社2019年版，第98页。

表决权。就非关联担保而言，所有股东对之均有表决权；就关联担保而言，仅有非利害关系股东才有表决权，被担保的股东或者受被担保的实际控制人支配的股东，不得对担保事项进行表决。① 实践中不少的观点认为，公司为其持股超过2/3的股东提供担保之时，该股东签字同意即视为担保行为符合公司的真实意思，无须再行提交股东会决议。② 依据《公司法》第15条第3款的规定，该股东对于案涉担保事项并无表决权，《民法典担保制度解释》第8条第1款第4项中的“股东”，应为对担保事项有表决权的股东。亦即，排除利害关系股东，剩余同意担保的股东所持表决权已经超过2/3，才能豁免公司担保决议。③

第二，“单独或者共同持有公司三分之二以上”“表决权”。这里的“持有”既包括直接持有，也包括间接持有。例如，在全资子公司为他人债务提供担保之时，母公司的占股比例超过2/3的控股股东同意，亦符合本要件。④ 公司全体股东和公司均在担保承诺书上签字盖章，共同为他人债务提供担保，即足以表明全体股东均同意公司担保事项。⑤ 公司部分股东和公司均在担保承诺书上签字盖章并承诺担任担保人的，只要部分股东所持有效表决权之和超过2/3，亦符合本要件。⑥ 同意担保的股东持股比例仅为50%，并未超过2/3，不构成多数股东对担保行为的实质认可。⑦

第三，“签字同意”。在解释上，有表决权的股东书面同意公司为他人债务提供担保的，均应认定为符合本项的“签字同意”要件，至于“同意”的载体，则在所不问。其一，在担保合同上签字同意。如在非关联担保的情形，法定代表人作为公司单独持有2/3以上表决权的股东，其在案涉担保合同上签字，即可认为其作为股东亦同意公司为他人债务提供担保，虽然未经公司股东会或者董事会决

① 参见最高人民法院民事审判第二庭编：《最高人民法院民法典担保制度司法解释理解与适用》，人民法院出版社2021年版，第144页。

② 参见上海市高级人民法院（2020）沪民终578号民事判决书；北京市高级人民法院（2021）京民再72号民事判决书；河南省郑州市中级人民法院（2020）豫01民终17399号民事判决书；河南省开封市中级人民法院（2020）豫12民终1456号民事判决书；江苏省南通市中级人民法院（2020）苏06民终4355号民事判决书；四川省南充市中级人民法院（2021）川13民终255号民事判决书；广东省惠州市中级人民法院（2021）粤13民终2884号民事判决书；广西壮族自治区桂林市中级人民法院（2021）桂03民终1492号民事判决书。

③ 参见浙江省金华市中级人民法院（2020）浙07民终3356号民事判决书；广东省广州市中级人民法院（2021）粤01民终11912号民事判决书；广东省广州市中级人民法院（2022）粤01民终1907号民事判决书。

④ 参见河南省开封市中级人民法院（2021）豫02民申11号民事裁定书。

⑤ 参见广东省高级人民法院（2020）粤民终995号民事判决书；四川省广安市中级人民法院（2021）川16民终1204号民事判决书。

⑥ 参见福建省泉州市丰泽区人民法院（2021）闽0503民初5558号民事判决书。

⑦ 参见上海市虹口区人民法院（2021）沪0109民初2732号民事判决书。

议，亦应认定案涉担保符合公司的真实意思。[①] 单独持有2/3以上表决权的股东兼法定代表人授权他人在案涉担保合同上签字，亦无不可。[②] 其二，在担保函或者承诺书等单方文件中签字同意。如在关联担保的情形，公司虽未向相对人提供股东会决议，但在其向相对人提供的担保承诺书上明确有其他股东的签名、盖章，且该担保承诺书对担保内容的记载清晰明确，应认定与股东会决议具有同样的效力。[③] 其三，虽未签字但以其他方式表示同意。“同意”一般系指作出明确的意思表示，其与属于客观事实范畴的“知晓”，在法律效力上存在较大差别。仅仅只是知晓，并未明确表示同意，不符合本要件。[④]

（四）上市公司的特别规则

就上市公司为他人债务提供担保而言，《民商事审判会议纪要》与《民法典担保制度解释》第9条均将相对人的审查对象确定为“上市公司公开披露的关于担保事项已经董事会或者股东大会决议通过的信息”，而非上市公司情形下的“公司担保决议”。因此，前述公司担保决议的审查豁免情形，对于上市公司而言，解释论上自应有所不同。《民法典担保制度解释》第8条第2款明确规定，上市公司对外提供担保不适用该条第1款第2项、第3项之规定，亦即前述第2、3种豁免情形。

就第1种豁免情形而言，《上交所股票上市规则》第6.1.1条、《深交所股票上市规则》第6.1.1条均将上市公司应予公开披露的担保事项限定于“上市公司日常经营活动之外”。[⑤] 这也就意味着上市公司对外提供担保属于其正常经营范围之时，既豁免公开披露，也豁免公司担保决议，相对人无须审查公开披露的信息以及公司担保决议。

就第2种豁免情形而言，《上交所股票上市规则》第6.1.1条第4项、《深交所股票上市规则》第6.1.1条第5项均将应予披露的交易表述为“提供担保（含对控股子公司担保等）”，这里的“控股子公司”在文义上自然包括上市公司全资子公司。如此，上市公司为其全资子公司提供担保，不能豁免内部决策程序和信息披露义务，相对人仍须审查上市公司公开披露的关于担保事项已经董事会或者

---

① 参见北京市高级人民法院（2021）京民再72号民事判决书；河南省郑州市中级人民法院（2021）豫01民终5531号民事判决书；四川省成都市中级人民法院（2021）川01民终14654号民事判决书；山东省济南市中级人民法院（2021）鲁01民终9394号民事判决书；贵州省黔东南苗族侗族自治州中级人民法院（2022）黔26民再4号民事判决书等。

② 参见湖南省常德市中级人民法院（2021）湘07民终2273号民事裁定书。

③ 参见辽宁省抚顺市中级人民法院（2021）辽04民终650号民事判决书。

④ 参见北京市第一中级人民法院（2021）京01民终5551号民事判决书。

⑤ 虽然《北京证券交易所股票上市规则（试行）》（北证公告〔2021〕13号，以下简称《北交所股票上市规则》）第7.1.1条没有明确指出此点，但依体系解释，亦可得出相同的结论。

股东会决议通过的信息。[①]

就第3种豁免情形而言，既然上市公司为他人提供担保之时，相对人的审查对象已经不是公司担保决议而是公开披露文件，推定公司担保决议的有效存在也并不豁免公开披露义务，相对人仍应根据上市公司公开披露的关于担保事项已经董事会或者股东会决议通过的信息与上市公司签订担保合同。同时，上市公司股权较为分散，股权的持有状况变化较为频繁，实践中也可能出现反对担保事项的股东在决议之前收购其他股东的股权，从而获得足以使担保决议不予通过的优势表决权的情形，此时如采用前述事后推定的裁判技术很可能有违公司的真实意思。

五、小结

在公司担保交易中，公司作为担保合同的主体，至少需要完成两个法律行为，即内部的决议行为和对外签订担保合同的行为。[②] 公司担保决议就成了连接公司内部和外部关系的支点。在内部关系上，公司担保决议体现的是公司内部担保意思的形成，如此，《公司法》第15条调整的是公司内部法律关系，其效力仅及于受该决议拘束的内部人，[③] 不能直接作为公司担保合同效力的裁判依据。[④] 在外部关系上，公司担保决议决定着法定代表人的代表权限和代理人的代理权限。这既决定了代表行为或代理行为的效力评价应符合公司的意思——公司担保决议，代表权或者代理权也成了公司担保决议影响担保合同效力的唯一媒介，[⑤] 相对人在接受公司提供担保之时也就应当合理审查公司担保决议；也决定了在即使不存在公司担保决议之时仍可确定或者推定公司担保意思之时，公司无须提供公司担保决议，相对人也无须审查公司担保决议。在内外关系的交错上，公司担保决议本身即属《民法典》所称决议行为，自有不成立、无效、可撤销等各种效力瑕疵，但这些瑕疵对于公司依据该决议与善意相对人订立的担保合同不发生影响。

---

① 参见高圣平：《上市公司对外担保特殊规则释论——以法释〔2020〕28号第9条为中心》，载《法学》2022年第5期。

② 参见彭钰栋：《从决议的法律行为属性论公司对外担保》，载《西部法学评论》2019年第5期。

③ 参见施天涛：《〈公司法〉第16条的规范目的：如何解读、如何适用?》，载《现代法学》2019年第3期。

④ 参见钱玉林：《公司法第16条的规范意义》，载《法学研究》2011年第6期。

⑤ 参见柯勇敏：《公司决议对外效力的原理及其强度谱系》，载梁慧星主编：《民商法论丛》2019年第2期（总第69卷），社会科学文献出版社2019年版，第61页。

试论公司担保中的无权代理规则的适用
——基于裁判分歧的展开和分析

公司为他人提供担保的意思表示可以由法定代表人或者代理人作出。《公司法》第15条既是对法定代表人代表权限的法定限制，也是对代理人代理权限的法定限制。如此，担保代理权的外观就包括公司担保决议与代理权授予行为。代理人无权代理，以公司名义与相对人订立担保合同，未经公司以适格的公司担保决议追认，担保合同对公司不发生效力，不管担保合同是否有效，其法律后果均不由公司承受。此时，相对人知道或者应当知道代理人无代理权，在主观上应属恶意，仅得向有过错的无权代理人主张损害赔偿请求权。法定代表人越权代表的法律后果应类推适用《民法典》第171条无权代理规则，公司享有追认与否的选择权。公司选择追认的，担保合同的法律后果由公司承受；公司拒绝追认的，公司不承担担保责任，由法定代表人和相对人按照各自的过错承担责任。

一、问题的提出

公司为他人债务提供担保,[①] 是金融市场中开展融资活动的重要增信工具，但也伴随着直接减少公司营业资产、危及公司股东和其他债权人利益的风险。[②]《公司法》第15条对法定代表人代表公司为他人债务提供担保的权限作了法定限制，未经公司担保决策机构的决议，法定代表人无权与相对人签订担保合同。就法定代表人越权订立担保合同的法律效果，《最高人民法院关于适用〈中华人民共和国民法典〉有关担保制度的解释》（以下简称《民法典担保制度解释》）第7条规定，相对人善意之时，担保合同对公司发生效力；相对人非为善意之时，担保合同对公司不发生效力，但有过错的公司应承担相应的赔偿责任。这一规则是否以及如何适用于公司其他人员越权代理的情形？公司其他人员的代理权外观是什么？越权担保适用表见代理规则之时是否有特殊性？公司其他人员构成狭义的无权代理之时的法律效果，是否可以直接适用《民法典担保制度解释》第7条第1款第2项的规定，参照无效担保合同的规则予以处理？如此等等，不无解释上

① 在解释上，公司为自身债务提供担保之时，也存在法定代表人代表和委托代理人代理的问题。只不过，此时适用一般的代表和代理规则即可。本书以公司为他人债务提供担保之时的代理问题为中心。为使行文简洁，本书以“公司担保”对前者予以简称。

② 参见高圣平：《再论公司法定代表人越权担保的法律效力》，载《现代法学》2021年第6期。

的疑问。就此，《最高人民法院关于审理公司为他人提供担保纠纷案件适用法律问题的解释（稿）》（以下简称《公司担保解释稿》）[①]曾经明确司法态度，但最终未获通过。《民法典担保制度解释》就此未置明文，裁判实践中的分歧大量存在。

二、担保代理权外观与相对人的审查责任

担保合同作为民事法律行为之一种，自因债权人与担保人之间的意思表示一致而成立（《民法典》第134条第1款）。但在公司作为担保人之时，其表意人如何确定，不无疑问。依据《民法典》第61条的规定，法定代表人系代表法人从事民事活动的负责人，法定代表人以法人名义从事的民事活动，其法律后果由法人承受。舍此之外，《民法典》总则编"法人"章和"民事法律行为"章并未明确除法定代表人之外的其他表意通道，容易导致唯有法定代表人才是公司表意人的误解。[②] 但《民法典》总则编"代理"章明确规定："民事主体可以通过代理人实施民事法律行为"（第161条第1款）。如此一来，公司的表意人尚有代理人。公司为他人债务提供担保之时，在组织内部，公司意思须经由股东会或者董事会决议而形成，对外则有赖于公司的法定代表人或者代理人予以表示。易言之，集体意思形成之后，公司担保决议本身并非当然产生对外表示的效果。受制于组织特征，公司表意或通过法定代表人为之，或通过决议授权代理人为之，或通过法定代表人授权代理人为之。[③]

（一）公司担保时的代理权外观

就公司担保时的代表权外观而言，与通常情形不同的是，仅法定代表人的身份并不足以构成相对人可资信赖的外观。在《民法典》第61条、第504条的体系解释之下，《公司法》第15条构成法定代表人代表权限的法定限制。公司法定代表人未经公司担保决策机构的决议，并无代表公司与相对人签订担保合同的权限。基于法律的公开性，推定相对人知悉法律所规定的内容，自不能豁免其审查法定代表人代表权限的义务。[④] 对于未经公司担保决策机构决议的情形，所谓法定代表人越权代表实为无权代表，相对人不能以行为人具有法定代表人身份而主

---

① 最高人民法院办公厅秘书一处2018年8月9日印发。《公司担保解释稿》的基本精神，体现在"公司对外担保合同的效力认定和效果归属"（最高人民法院民二庭第7次法官会议纪要）之中。参见贺小荣主编：《最高人民法院民事审判第二庭法官会议纪要：追寻裁判背后的法理》，人民法院出版社2018年版，第189～205页（执笔人：郑勇）。

② 参见刘斌：《公司治理视域下公司表意机制之检讨》，载《中国政法大学学报》2021年第2期。

③ 参见刘斌：《公司治理视域下公司表意机制之检讨》，载《中国政法大学学报》2021年第2期；栗鹏飞：《股东会决议瑕疵法律问题探析——公司决议中冒名（伪造签名）案件的实证分析》，载《中国政法大学学报》2019年第1期。

④ 参见周伦军：《公司对外提供担保的合同效力判断规则》，载《法律适用》2014年第8期。

张担保合同的效果当然归属于公司。如此，“适格的公司担保决议” + “法定代表人的身份”，才是公司担保时的代表权外观。

就公司担保时的代理权外观而言，同样也应当与通常情形不同。在代理法律关系中，代理人的代理权来自被代理人的代理权授予行为。公司可以通过决议方式直接授予代理权，也可以由法定代表人以公司的名义授予代理权。《公司法》第 15 条既是对法定代表人代表权限的法定限制，也是对代理人代理权限的法定限制。“担保合同系单务合同，公司担保行为因可能为公司在无对价的情况下负担债务，涉及公司利益和中小股东利益保护问题，《公司法》对于公司担保行为具有诸多限制，该类限制于公司内部而言是对法定代表人、高级管理人员或其他人员从事担保行为时的法律约束或者承担法律责任的依据，于公司外部而言是行为人是否具备代表或代理公司从事担保行为的权限，交易相对人基于法律的明确规定，对于相关人员代表或代理公司对外从事担保行为的权限是否受法律规定限制，具有一定的审查义务。”①

由此可见，代理人代理公司与相对人签订担保合同的正常操作程序是，在有适格公司担保决议的前提之下，法定代表人以公司的名义签署授权委托书授权代理人签订担保合同。即使担保合同上仅有公司及其法定代表人盖章，并无委托代理人签章，亦无不可。② 实务中，如授权委托书中明确授权代理人与相对人签订担保合同，且该授权委托书除了公司盖章之外尚有全体股东签章表示同意，在解释上即视为已经存在有效的股东会决议。③

依据《民法典》第 134 条第 2 款和《公司法》第 15 条的规定，公司依照法律或者章程规定的程序作出适格的公司担保决议，且授权代理人签订担保合同的，该决议行为成立，代理人即取得代理权。由于法定代表人并无独自代表公司对外签订担保合同的权限，解释上，其向代理人授予代理权亦应以适格公司担保决议为基础，而不能未经公司担保决议将其本不具备的权限授权他人行使。从相对人的视角，仅当公司针对特定的担保事项作出适格的公司担保决议，以及代理人拥有该特定担保的代理权时，代理人与相对人签订的担保合同在法律效果上才能归属于公司，产生有权代理的法律后果。④

值得注意的是，职务代理一般并不构成公司担保时代理权外观。在现代市场经济背景下，职务代理作为现代团体内部的结构性制度，实现了让经理以及代办人等职务代理人能够在团体的法律架构下按照团体意志行事的目的，承载了团体

① 重庆市高级人民法院（2018）渝民终 317 号民事判决书。

② 参见最高人民法院（2017）最高法民再 23 号民事判决书。

③ 参见最高人民法院（2017）最高法民再 279 号民事判决书。

④ 参见最高人民法院（2019）最高法民再 170 号民事判决书；最高人民法院（2020）最高法民申 2319 号民事裁定书。

自治对外发生效力的媒介功能。[①] 公司职工在其职权范围享有一定的事务代理权，无须另行单独授权，其代理行为的法律效果归属于公司。职务代理人的职权范围在内部关系上由公司授予，但在外部关系上，交易相对人通过授予行为所形成权利外观判断职务代理人的职务，通过职务身份推断其完成职务所应具备的代理权范围。[②] 考虑到交易相对人的信赖保护，法人对职工职权范围的限制不得对抗善意相对人。[③] 就此，《民法典》第 170 条第 1 款规定："执行法人或者非法人组织工作任务的人员，就其职权范围内的事项，以法人或者非法人组织的名义实施的民事法律行为，对法人或者非法人组织发生效力。"实践中即有观点认为，"［行为人］系［担保人］公司的经理，对外有代理［担保人］公司进行民事活动的职权范围，且［行为人］在签订保证合同时，还向［债权人］提供了［担保人］公司的经济情况表、开户情况表、营业执照复印件等资料，［担保人］公司亦在保证合同上加盖了公章，故［行为人］的行为应是代理［担保人］公司的职务行为，［担保人］公司与［债权人］签订的保证合同已经生效"。

《民法典》第 170 条关于职务代理的规定不能涵盖代理公司担保的权限。在公司担保场合，公司法定代表人也不能当然地具有代表公司与相对人签订担保合同的权限，"举重以明轻"，公司职工更不能当然地具有代理公司与相对人签订担保合同的权限。实践中多数观点认为，接受公司担保的相对人也不应对公司职工一般性地享有代理公司签订担保合同的代理权产生信赖，而是应核实该职工是否具有相应权限。行为人系公司经理但非法定代表人，"通过私盖公章行为以公司资产为个人债务担保，显然违反了上述规定［《公司法》原第 16 条和第 148 条］，且对外提供担保并非［公司］主业，［行为人］上述行为不属于履行职务而是无权代理。债权人在接受以公司资产提供担保时，有义务向债务人索取公司章程规定的担保决策机构关于同意担保的决议，并对其进行形式审查，否则债权人因未尽到必要注意义务而存在过错，不能获得表见代理制度的保护，担保行为归于无效。由于无权代理人不具有法定代表人（负责人）的特殊身份，不能适用善意推定方法，因此，相对人应当对自己的主观善意即尽到合理注意义务承担举证责任。"[④] 不过，如公司以对外担保作为主营业务，相对人可能对具有代理公司签订

---

① 参见徐深澄：《〈民法总则〉职务代理规则的体系化阐释——以契合团体自治兼顾交易安全为轴心》，载《法学家》2019 年第 2 期。

② 参见徐深澄：《〈民法总则〉职务代理规则的体系化阐释——以契合团体自治兼顾交易安全为轴心》，载《法学家》2019 年第 2 期。

③ 参见黄薇主编：《中华人民共和国民法典总则编释义》，法律出版社 2020 年版，第 446～448 页；最高人民法院民法典贯彻实施工作领导小组主编：《中华人民共和国民法典总则编理解与适用》（下），人民法院出版社 2020 年版，第 849～851 页。

④ 最高人民法院（2016）最高法民再 207 号民事判决书。

担保合同的职工产生具有代理权的信赖。[①]

综上，《公司法》第 15 条规定的公司担保决议，是公司为他人债务提供担保之意思的认定根据。无论是法定代表人，还是代理人，未经公司担保决策机构的决议，即构成越权行为，“该越权行为系何人具体实施，是区分越权代表与越权代理的事实基础”。[②] 就此而言，《公司担保解释稿》第 1 条第 1 款指出：“公司的法定代表人未按公司法第十六条第一款、第二款的规定以公司名义为他人提供担保，公司依照合同法第五十条等规定，主张担保合同对其不发生效力的，人民法院应予支持。但公司有权决议机构在法庭辩论终结前依法作出同意为他人提供担保的决议及本规定第六条规定情形的除外。”同条第 2 款进一步指出：“公司其他人员经法定代表人授权，以公司名义为他人提供担保的，适用前款规定。公司其他人员未经法定代表人授权，以公司名义为他人提供担保，担保合同对公司不发生效力，但公司有权决议机构依法作出同意为他人提供担保的决议的除外。”这一司法态度值得赞同。

（二）相对人的审查义务

公司通过授予代理权的方式，以代理人作为公司表意人与相对人签订担保合同，属于意定代理的范畴。《民法典》第 165 条规定：“委托代理授权采用书面形式的，授权委托书应当载明代理人的姓名或者名称、代理事项、权限和期限，并由被代理人签名或者盖章。”结合《公司法》第 15 条的规定可见，公司作为被代理人授权代理人签订担保合同，公司首先须有提供担保的意思，其表征就是适格的公司担保决议；其次，公司尚须作出单独的代理权授予行为，这一代理权授予行为可以是书面的，也可以是口头的。因此，代理人以公司名义与相对人签订担保合同的，其代理权的来源是公司担保决议以及代理权授予行为的结合。[③] 这也就决定了相对人接受公司提供担保之时，对代理人代理权限的审查范围。

相对人首先应当审查公司担保决议是否适格。具体而言，相对人判断代理人是否享有代理权时，应当依据公司章程及股东名册，判断案涉担保合同是否为向公司股东或者实际控制人提供的关联担保，进而确定相应的公司担保决议机构。在非关联担保的情况下，相对人须根据公司章程的规定判断公司担保决议机构是股东会还是董事会，并审查签字人员和表决权比例是否符合公司章程的规定；在关联担保的情况下，相对人须审查股东会决议，对决议中的股东签章与公司章程上的股东签章或者股东名册进行形式上的核对，同时计算同意担保的股东所持表

---

① 参见新疆维吾尔自治区高级人民法院（2019）新民终 206 号民事判决书。

② 最高人民法院（2021）最高法民申 146 号民事裁定书。

③ 参见最高人民法院（2020）最高法民申 6899 号民事裁定书。

决权是否达到法律和公司章程规定的比例要求。①

相对人应当进一步审查代理权授予行为。代理人通过公司的代理权授予行为获得公司担保的代理权。代理权授予行为是单方法律行为，公司可以采取内部授权的方式向代理人作出授权意思表示，如出具授权文件，也可以向相对人作出授权意思表示。公司还可以对第三人进行特别通知或以公告方式发出授权通知，此为内部授权的外部告知，在性质上属于观念通知。无论何种方式，均将使得代理人获得相应的代理权。② 因此，实践中，不能仅依凭挂靠或合作关系而持有印章的事实，径直认定行为人享有代理公司对外提供担保的权限。

存有疑问的是，仅有适格的公司担保决议，是否足以表征代理人的代理权？对此，有的观点认为，行为人提交了适格的公司董事会决议或股东会决议，虽然其中未注明“授权委托”，但决议内容包含授权委托的意思表示，代理人可据此享有代理权。另有观点认为，受托人须凭委托人的授权意思表示方可享有代理权，不能依据公司股东会决议成立委托代理关系，而应以是否存在公司对外意思表示作为判断委托代理关系成立的依据。本书作者主张，问题的关键在于公司是否具有授予某人以公司担保代理权的意思表示，至于其体现为独立的授权文件还是内含于公司担保决议，则无关紧要。既然在公司担保的情形下，审查公司担保决议已成为相对人的义务，若代理权授予的意思表示内含于公司担保决议之中，自应认为代理人享有相应的代理权限。

不过，在某些情形下，公司为他人债务提供担保无须经过公司机关决议，此时公司担保代理人的代理权基础也相应地发生变化。依据《民法典担保制度解释》第8条的规定，公司担保为其正常经营范围、公司为其全资子公司开展经营活动提供担保、担保合同由单独或者共同持有公司2/3以上对担保事项有表决权的股东签字同意等三种情形，可以径直认定公司具有对外提供担保的真实意思表示，而无须经过《公司法》第15条的决议程序。在解释上，公司仍有对外提供担保的真实意思，但未通过公司担保决议的形式呈现。虽然此时公司担保不以公司决议为必要，但公司提供担保的真实意思不可或缺。公司通过代理人与相对人签订担保合同的，代理权限即直接源于公司提供担保的真实意思。其一，在公司担保为其正常经营范围的情形下，代理人既可能是公司职工，也可能是公司职工以外的第三人，前者可在职务代理的框架下解释职工的代理权限，后者则依然需要公司授予代理权的意思表示，如授权委托书等。

一人公司为他人债务提供担保亦是如此。内部只有一名股东、不设股东会的

① 详细论证，参见高圣平：《再论公司法定代表人越权担保的法律效力》，载《现代法学》2021年第6期。

② 参见朱庆育：《民法总论（第二版）》，北京大学出版社2016年版，第340～341页。

一人公司，不具备满足《公司法》第15条规定的前置程序之条件，也不存在违背《公司法》第15条保护公司利益和小股东利益之规范目的的可能。因此，一人公司提供担保不适用《公司法》第15条的规定。① 基于此，股东以公司名义提供担保的意思便成为代理人代理权限的基础。由于一人公司内部不设股东会，股东作出股东决定时，依据《公司法》第60条的规定，"应当采用书面形式，并由股东签名或者盖章后置备于公司"。实践中，一人公司提供担保往往是由股东直接在担保合同上签章，此时股东个人同意的意思表示在担保合同中得到体现，担保合同上加盖了公司的公章就意味着股东作出了同意担保的意思表示。如股东通过代理人与相对人签订担保合同，股东应当向代理人出具书面形式的股东决定，或者是以公司名义出具的授权委托书。有的观点还认为，一人公司的股东授权行为人在项目现场负责处理事务，并将公司公章交由其使用，也应视为行为人获有以公司名义在担保方处签章的权限，但应结合公司及公司股东事后对担保责任的履行表现综合判断。在解释上，如行为人在无代理权的前提下与相对人签订担保合同，公司股东予以追认的，也可以补正代理权瑕疵，令担保合同的法律效果归属于公司。

三、狭义无权代理之下的法律后果

依据《民法典》第162条的规定，代理人在代理权限内以公司名义与相对人签订担保合同，该合同对公司发生效力，公司成为担保人。如行为人在没有代理权、超越代理权或者代理权终止后，仍然以公司的名义与相对人签订担保合同的，依据《民法典》第171条第1款的规定，公司享有追认与否的选择权，相对人也可以催告公司自收到通知之日起30日内予以追认。公司未追认的，担保合同不能归属于公司。相对人对行为人无权代理为善意的，相对人还享有公司追认前的撤销权；如果公司未追认该无权代理行为，相对人有权请求行为人履行债务或者就其受到的损害请求不超过公司追认时所能获得的利益的赔偿。相对人对行为人无权代理非为善意的，相对人和行为人按照各自的过错承担责任。在具体的责任承担上，通常以《民法典担保制度解释》第17条（原《担保法解释》第7条）为标准进行计算。

（一）被代理人追认的特殊性

《民法典》第171条第1款规定："行为人没有代理权、超越代理权或者代理权终止后，仍然实施代理行为，未经被代理人追认的，对被代理人不发生效力。"行为人无代理权而以被代理人的名义所实施的民事法律行为，本应对被代理人不发生效力，但从鼓励交易、维护交易秩序稳定以及更好地保护各方当事人利益的

① 参见范佳慧：《论一人公司关联担保的效力》，载《法学论坛》2021年第2期。

角度出发，允许被代理人事后承认对其有利的无权代理行为。此时，原本对其不发生效力的民事法律行为即对其发生效力。依据《民法典》第171条第2款的规定，如相对人意欲尽早确定无权代理行为的效力，可以催告被代理人予以追认；善意相对人还可以在被代理人追认前行使撤销权使之确定地不发生效力。[①] 这一规则同样适用于公司担保无权代理的情形。值得注意的是，《民法典》第171条本身并不属于民事法律行为的效力判断规则，而仅为民事法律行为的效果归属规则。无权代理人与相对人所签署的担保合同，未经公司追认，对公司不发生效力，但并不表明担保合同无效；无权代理人与相对人所签署的担保合同，虽经公司追认，也仅表明对公司发生效力，并不表明担保合同当然有效。担保合同的效力尚须经由民事法律行为的效力判断规则予以判断。正如最高人民法院所言，"公司依照《公司法》第15条规定的程序为他人提供担保且不具有其他合同无效情形的，应认定担保合同有效。"[②] 是否违反《公司法》第15条，仅决定着担保合同的效果归属，并不能据此认定担保合同无效，尚须结合是否存在"合同无效情形"进行效力判断。

由《民法典》第171条第1款所见，无论是基于文义的当然解释，还是反对解释，无权代理在被代理人追认的情况下，发生与有权代理相同的法律效果。这里的"追认"，是指被代理人对代理人实施的无权代理行为事后单方予以认可。被代理人的追认权在性质上属于形成权，一经行使，即发生使无权代理行为自始对被代理人发生效力的后果。[③] 与追认权相对的是拒绝权，即被代理人对代理人实施的无权代理行为事后予以单方否认的权利，被代理人拒绝追认使无权代理行为确定地不发生法律效力。[④] 被代理人的拒绝权在性质上亦属形成权，且不以相对人行使催告权为限。在解释上，被代理人的追认权和拒绝权，既可以采取明示的方式，亦可以采取默示的方式，但必须存在积极的可推断行为。[⑤] 单纯的沉默不构成追认，《民法典》第171条第2款所称"被代理人未作表示的，视为拒绝追认"，只是除斥期间经过的法律后果，并非沉默的追认表示。[⑥]

---

① 参见黄薇主编：《中华人民共和国民法典总则编释义》，法律出版社2020年版，第452页。

② 贺小荣主编：《最高人民法院民事审判第二庭法官会议纪要：追寻裁判背后的法理》，人民法院出版社2018年版，第193页。

③ 参见纪海龙：《〈合同法〉第48条（无权代理规则）评注》，载《法学家》2017年第4期。

④ 参见马新彦：《代理》，载张鸣起主编：《民法总则专题讲义》，法律出版社2019年版，第506~507页；黄薇主编：《中华人民共和国民法典总则编释义》，法律出版社2020年版，第452~453页；最高人民法院民法典贯彻实施工作领导小组主编：《中华人民共和国民法典总则编理解与适用》，人民法院出版社2020年版，第857~858页。

⑤ 参见纪海龙：《〈合同法〉第48条（无权代理规则）评注》，载《法学家》2017年第4期；杨代雄主编：《袖珍民法典评注》，中国民主法制出版社2022年版，第95页。

⑥ 参见杨代雄主编：《袖珍民法典评注》，中国民主法制出版社2022年版，第95页。

在无权代理担保的情形，公司的追认具有特殊性。由于担保代理权限来自公司担保决议和法定代表人的授权，公司的追认也就体现为不同的形态。在有适格公司担保决议但欠缺法定代表人授权的情形之下，公司的追认与一般无权代理情形之下被代理人的追认并无二致；在欠缺适格公司担保决议但有法定代表人授权的情形之下，公司的追认就体现为公司有权决议机构依法作出同意为他人提供担保的决议；在欠缺适格公司担保决议和法定代表人授权的情形之下，除了公司有权决议机构依法作出同意为他人提供担保的决议之外，尚须补足无权代理人的代理权限，可以在公司担保决议中一并作出，亦可另外签署授权委托文件。在解释上，基于公司担保决议的形成机制，公司担保决议可以补正代理人的代理权，构成对代理人无权代理行为的追认。[①] 就此，《公司担保解释稿》第 1 条第 2 款规定：“公司其他人员经法定代表人授权，以公司名义为他人提供担保的，适用前款规定。公司其他人员未经法定代表人授权，以公司名义为他人提供担保，担保合同对公司不发生效力，但公司有权决议机构依法作出同意为他人提供担保的决议的除外。”这里，公司以担保行为违反《公司法》第 15 条的规定、对公司不生效力为由提出抗辩后，公司有权决议机构依法作出同意为他人提供担保的决议予以追认的，应予准许。公司拒绝追认担保且该担保不构成表见代表、表见代理的，相对人主张由行为人履行保证合同约定的义务或者承担赔偿责任的，应予支持。[②] 这一司法态度值得赞同。

公司的追认是否有时间限制？《民法典》第 171 条第 2 款规定：“相对人可以催告被代理人自收到通知之日起三十日内予以追认。被代理人未作表示的，视为拒绝追认。行为人实施的行为被追认前，善意相对人有撤销的权利。撤销应当以通知的方式作出。”由此可见，追认的意思表示在催告期间内，即接到相对人的催告通知之日起 30 日内，善意相对人撤销权行使之前到达相对人的，[③] 始发生追认的效力。在催告期间内被代理人未予追认的，视为拒绝追认。催告期间经过之后，被代理人表示追认的，该追认不再是形成权意义上的追认权的行使，无权代理行为是否在被代理人与相对人之间发生效力取决于相对人的同意，被代理人的

---

① 参见迟颖：《法定代表人越权行为的效力与责任承担——〈民法典〉第 61 条第 2、3 款解释论》，载《清华法学》2021 年第 4 期；相关案例参见最高人民法院（2019）最高法民申 2439 号民事裁定书。

② 参见贺小荣主编：《最高人民法院民事审判第二庭法官会议纪要：追寻裁判背后的法理》，人民法院出版社 2018 年版，第 194 页。

③ 依据《最高人民法院关于适用〈中华人民共和国民法典〉总则编若干问题的解释》（法释〔2022〕6 号，以下简称《民法典总则编解释》）第 29 条的规定，被代理人依据《民法典》第 171 条的规定向相对人作出追认的意思表示的，人民法院应当依据《民法典》第 137 条的规定确认其追认意思表示的生效时间。

追认视为新的要约，相对人的同意视为承诺。[①] 至于相对人未行使催告权的，公司的追认自无上述除斥期间的限制。

（二）行为人的责任

在无权代理担保的裁判实践中，鲜少有债权人对无权代理人主张责任的情形。但在实定法上，《民法典》第171条第3款和第4款就狭义无权代理之下行为人的责任作了规定。无权代理未经追认时，也不是归于无效，而仅是对被代理人不发生效力，但在行为人与相对人之间发生法律效果。[②] 依据《民法典》第171条第3款的规定，善意相对人此际对无权代理人享有选择权，既可以请求无权代理人履行合同中的义务，也可以请求无权代理人承担损害赔偿责任。这里，善意相对人请求无权代理人履行义务，并不意味着无权代理人取代被代理人成为了合同相对人，而是直接依据该款的规定，在善意相对人与无权代理人之间产生了一项法定之债，该法定之债的内容与无权代理人订立合同的内容相同，无权代理人应当通过履行该法定之债，使善意相对人的法律地位恢复到有权代理下善意相对人的法律地位。[③] 同时，《民法典》第171条第4款改变了《合同法》第48条第1款不区分相对人是否善意而统一规定"由行为人承担责任"的态度，在无权代理人无过错而相对人有过错时，相对人无权向无权代理人主张损害赔偿请求权；在二者均有过错时，二者依照过错相抵的规则分担不利后果。

值得讨论的是，在发生无权代理担保且不构成表见代理的情形之下，相对人知道或者应当知道行为人无权代理，此时《民法典》第171条第3款是否还有适用余地？亦即是否还存在相对人善意的情形。有观点认为，"在相对人善意无过失的情况下，由公司承担担保责任；在相对人善意有过失的情况下，由行为人承担保证责任或赔偿责任；在相对人恶意即明知的情况下，行为人不承担责任"。[④] 这一观点明显将《民法典》第171条第3款中的"善意"解释为"没有重大过失"。《民法典》第171条第3款和第4款相并而称，就第3款中相对人善意的认定尚须结合第4款中非善意相对人的表述，以体现二者之间的体系关联。第4款中将相对人非善意界定为"知道或者应当知道行为人无权代理"，与之相对，相对人善意应为"不知道且不应当知道行为人无权代理"，涵盖了不存在一般过失

---

① 参见马新彦：《代理》，载张鸣起主编：《民法总则专题讲义》，法律出版社2019年版，第507页。

② 参见杜万华主编：《中华人民共和国民法总则实务指南》，中国法制出版社2017年版，第654~655页。

③ MüKoBGB/Schubert, 7. Aufl. 2015, BGB § 179 Rn. 36; BeckOK BGB/Schäfer, 42. Ed., 2017, BGB § 179 Rn. 20.

④ 贺小荣主编：《最高人民法院民事审判第二庭法官会议纪要：追寻裁判背后的法理》，人民法院出版社2018年版，第202页。

（轻过失）的情形。[①] 准此以解，就无权代理担保而言，只要不存在表见代理的情形，相对人非为善意，自无第 3 款适用的可能。值得注意的是，如此解释将导致《民法典》第 171 条第 3 款和第 172 条之间在“善意”认定上基本相同，但并不使《民法典》第 171 条第 3 款失去意义，因为即使构成表见代理，也并不意味着相对人不能基于《民法典》第 171 条第 3 款主张权利。

如此，在《民法典》第 171 条第 4 款之下，由相对人与行为人按照各自的过错承担责任。由此可见，行为人对恶意相对人的损害赔偿责任采取过错责任原则，并适用过失相抵。[②] 关于第 4 款中的“责任”究为何指，存有争议。一种观点认为，无权代理人与相对人尚须就无权代理行为给两人以外的其他人依各自过错承担赔偿责任，如对于被代理人。[③]“本款内容和行为人在适用范围上既包括了被代理人在内的他人损害的赔偿，也包括了代理人与相对人之间责任的确定的情形”；[④] 另一种观点认为，该款的“责任”针对的是相对人因无权代理未被追认所遭受的损失。[⑤] 后一观点为通说，相对人的损失主要体现为债务人不能清偿的部分，但以担保合同有效时相对人所能实现的债权为限。在无权代理行为的法律效果不归属被代理人的情形之下，所谓被代理人的损失经由其拒绝追认无权代理行为一般即可防免。[⑥] 被代理人未予追认，无权代理行为仅在行为人与相对人之间发生效力。如此，相对人与行为人按照各自的过错所承担的损害赔偿责任范围，仅限于相对人与行为人因无权代理行为所受损失。

在程序法意义上，相对人在提起诉讼之时，通常请求公司（被代理人）承担担保责任。如公司以无权代理为由提出担保合同对其不发生效力的抗辩，虽然相对人对公司的抗辩不一定承认，但相对人进一步是否可以行为人（“代理人”）为被告请求其承担损害赔偿责任，不无疑问。裁判实践中，多数对公司提起的担保纠纷案件中，相对人并未请求行为人承担赔偿责任。即使法院在判决论理过程中认为行为人与相对人应按照各自的过错承担责任，但在判决主文中并未有相应判

---

① 参见纪海龙：《〈合同法〉第 48 条（无权代理规则）评注》，载《法学家》2017 年第 4 期；杨代雄主编：《袖珍民法典评注》，中国民主法制出版社 2022 年版，第 149 页。

② 参见最高人民法院民法典贯彻实施工作领导小组主编：《中华人民共和国民法典总则编理解与适用》，人民法院出版社 2020 年版，第 860 页。

③ 参见李宇：《民法总则要义：规范释论与判例集注》，法律出版社 2017 年版，第 816 页。

④ 参见最高人民法院民法典贯彻实施工作领导小组主编：《中华人民共和国民法典总则编理解与适用》，人民法院出版社 2020 年版，第 860 页。

⑤ 参见王利明主编：《中华人民共和国民法典释评·总则编》，中国人民大学出版社 2020 年版，第 429 页；纪海龙：《〈合同法〉第 48 条（无权代理规则）评注》，载《法学家》2017 年第 4 期。

⑥ 参见纪海龙：《〈合同法〉第 48 条（无权代理规则）评注》，载《法学家》2017 年第 4 期。

项。[①]“公司以担保行为违反《公司法》第16条的规定、对公司不产生效力为由提出抗辩后，相对人在一审法庭辩论终结前请求追加行为人为被告的，应予准许。”[②] 这一观点值得赞同。

（三）公司（被代理人）的责任

在担保合同对公司不发生效力的情形之下，《民法典》第171条第3款和第4款仅规定了行为人的责任，这是否意味着公司（被代理人）对相对人无须承担任何责任？对此，有观点认为，被代理人的损害赔偿责任并非无权代理中的特殊问题，也就无须在无权代理规则中作出特别规定，仅须适用责任法的一般规则，如侵权责任规则、缔约过失责任规则。[③] 实践中也有以公司在公章管理上具有过错为由要求公司承担缔约过失赔偿责任的情形。

本书作者以为，在担保代理权的外观体现为公司担保决议和代理权授予行为的情形之下，责任法上一般规则的适用，应作严格限制。如在欠缺公司担保决议，仅有代理权授予行为的可能表象之情形下，将公章管理不严等所谓组织过错归咎于公司，因果链条较为遥远。无权代理的产生一般均与被代理人的过错存在一定程度的关联。例如，被代理人管理混乱从而导致其公章、介绍信等被他人借用或者冒用；被代理人在知道行为人以其名义与第三人实施民事法律行为而不作否认表示等。[④] 此时，如一概令被代理人承担基于其过错的缔约过失责任，将导致被代理人在大多数情形之下均应承担缔约过失责任。这一解释结论对于公司担保情形尤为不妥。“被代理人若拒绝追认无权代理行为，不必承受法律行为后果，亦无损害赔偿责任可言，但第三人若善意信赖代理行为有效，理应值得保护。由于该善意信赖源于代理人，故第三人之请求权当以代理人为相对人。”[⑤] 相对人接受公司提供担保之时对于代理人的代理权限的注意义务明显重于一般情形，公司通过公司担保决议即可有效控制代理人滥用代理权限，至于其他所谓代理权的表象，如盖章、介绍信等，在欠缺公司担保决议的情形之下，并不能使相对人产生代理人具有担保代理权的信赖。如此，恶意相对人仅得向有过错的行为人主张损害赔偿请求权，不得向被代理人主张缔约过失责任。非善意相对人与无权代理人

① 参见黑龙江省高级人民法院（2019）黑民终536号民事判决书。不过，该案中，行为人（无权代理人）同时也是主债务的连带责任保证人，在判项中已经明确判令其承担连带责任的情形之下，自无须就其无权代理行为所承担的损害赔偿责任再行裁判。

② 贺小荣主编：《最高人民法院民事审判第二庭法官会议纪要：追寻裁判背后的法理》，人民法院出版社2018年版，第194页。

③ 参见杨代雄主编：《袖珍民法典评注》，中国民主法制出版社2022年版，第149页。

④ 参见黄薇主编：《中华人民共和国民法典总则编释义》，法律出版社2020年版，第456页。

⑤ 朱庆育：《民法总论（第二版）》，北京大学出版社2016年版，第361页。

实施民事法律行为属于自涉风险，无特别保护价值。① 此外，在承认恶意相对人对有过错的行为人的损害赔偿请求权的同时，再承认恶意相对人对被代理人的损害赔偿请求权，行为人和被代理人的责任均为基于过错的缔约过失责任，二者之间的关系如何处理，也是教义法学上的一大难题。

四、公司担保中表见代理的认定

公司通过代理人与相对人签订担保合同的，直接适用代理规则明确当事人之间的法律关系，其中自有《民法典》第 172 条表见代理规则的适用空间。如行为人在欠缺代理权的情况下以公司名义与相对人签订担保合同，相对人有理由相信行为人具有代理权的，担保合同的法律效果应当归属于公司，以维护相对人的积极信赖利益。《民法典总则编解释》第 28 条第 1 款规定："同时符合下列条件的，人民法院可以认定为民法典第一百七十二条规定的相对人有理由相信行为人有代理权：（一）存在代理权的外观；（二）相对人不知道行为人行为时没有代理权，且无过失。" 由此可见，表见代理的构成不仅要求代理人的无权代理行为在客观上形成具有代理权的外观，而且要求相对人在主观上善意且无过失地相信行为人有代理权。

（一）存在代理权的外观

代理权的外观在代理签订担保合同之时，有其特殊性，已如前述。同时存在公司担保决议以及代理权授予行为，才构成担保代理权的外观。就是否存在代理权的外观，由相对人承担举证责任。由此可见，认定是否存在代理权的外观，首先要看是否存在适格的公司担保决议。相对人对公司担保决议的审查，意在探知公司是否具有对外提供担保的真实意思。公司代理人代理权的产生离不开公司担保决议，即使是在法定代表人对外委托代理人的情况下，委托代理人的代理权限以法定代表人的代表权限为其前提。既然公司为他人债务提供担保必以公司担保决议为前提，相对人自应对此进行审查；其次要看代理人是否存在代理权限。如前所述，公司代理人的代理权限可能有两种来源：一是公司直接授予代理人以代理权，二是公司法定代表人以公司的名义授予代理人以代理权。相对人的审查也据此而展开。

其一，公司公章不足以构成代理权的外观。《全国法院民商事审判工作会议纪要》（法〔2019〕254 号，以下简称《民商事审判会议纪要》）第 41 条第 2 款指出："法定代表人或者其授权之人在合同上加盖法人公章的行为，表明其是以法人名义签订合同，除《公司法》第 16 条②等法律对其职权有特别规定的情形外，

① 参见朱庆育：《民法总论（第二版）》，北京大学出版社 2016 年版，第 371 页。

② 现为《公司法》第 15 条。

应当由法人承担相应的法律后果。法人以法定代表人事后已无代表权、加盖的是假章、所盖之章与备案公章不一致等为由否定合同效力的，人民法院不予支持。”这里明显将担保代理权的外观作了不同的处理。相对人应当知晓公司担保的前置决议程序，因而负有审查公司担保决议内容的义务；如仅凭担保人公司的盖章，并不足以使相对人有理由相信代理人具有代理公司签订担保合同的代理权限。实践中，有的观点即认为，对于公司经理在其个人借款协议上加盖公司公章，“从一般社会常识判断，任何公司通常都不会在不问借款金额、借款用途、借款期限、还款资金来源等条件，亦即对主债权债务的状况一无所知的情况下，轻易授权其聘用的经理对外提供担保。”而在通常的代理场合，行为人不但会携带担保公司的公章与相对人签订合同，还会凭借其他事实来“佐证”其代理权限，使相对人相信其为有权代理。例如，行为人同时持有担保公司的公章以及法定代表人的私章，但仍不足以形成代表权之外观。再如行为人是持有公司一半股权的股东，公司的法定代表人是其前夫，且行为人在公司持续经营业务，但以上事实构成亦不足以使相对人相信行为人具有代理权。

其二，公司实际控制人的身份是否构成代理权的外观？行为人以其公司实际控制人的身份与相对人签订担保合同，相对人此时是否有义务对行为人实际控制人身份进行审查？若确为其是，相对人能否信赖实际控制人身份所表征的代理权限？依据《公司法》第265条第3项的界定，公司的实际控制人虽不是公司的股东，但通过投资关系、协议或者其他安排，能够实际支配公司行为。司法实践中有观点即认为，由于实际控制人对公司拥有“实质性控制力”，因此，在实际控制人非为自己的债务以公司名义与相对人签订担保合同时，应认为实际控制人为有权代理，相对人应重点关注签约人实际控制人身份的真实性。相对人明知行为人是公司实际控制人的，如作为公司监事知悉公司内部情况，即产生有权代理的法律效果，公司成为担保合同的当事人。对于自称为公司实际控制人的行为人，相对人不应对此产生正当信赖。

本书作者认为，代理权的外观并不因实际控制人的身份而存在不同的解释方案。就公司为实际控制人提供担保而言，应由公司股东会作出同意担保的决议，并排除受实际控制人支配的股东的表决权。此时，实际控制人的身份并不足以构成代理权的外观。就公司非为股东或者实际控制人提供担保而言，实际控制人的身份仅表明其同意公司为他人债务提供担保。此时，尚须结合《民法典担保制度解释》第8条第1款第3项“担保合同系由单独或者共同持有公司三分之二以上对担保事项有表决权的股东签字同意”，视受实际控制人支配的股东的表决权是否已经达到2/3，而确定是否豁免公司担保决议。也就是说，即使在此种情形之下，也仅仅只是无须借助公司担保决议来作为代理权的外观。

此外，即使代理人获得了公司或公司法定代表人的授权，其中也可能存在代理权限不明等问题。如代理权有其清晰的边界，相对人的信赖亦不应超越该边界，产生代理人在其他事项上同样具有代理权的信赖。例如，有的观点认为，代理人具有以公司名义对外开展房地产相关业务的代理权外观，但相对人对该外观的合理信赖应当限于与房地产开发相关的事务，并不能延展至为他人提供担保这一特别事项方面。而在代理权的模糊地带，如相对人对代理人的代理权限产生了值得保护的积极信赖，即便有违公司的真实意思，也应当适用表见代理规则，令担保合同对公司发生效力。对此，应当结合个案具体情况予以综合判断。相对人基于此前与行为人的多次正常交易所产生的信赖，应为合理信赖。如在一起案件中，公司董事会授权主持公司融资工作的总经理全权办理有关资金融资业务，授权委托书中未明确限定代理期限以及限定办理具体哪笔业务，代理人曾经据此与相对人签订保证合同，公司对此表示认可。此后，公司与相对人就由代理人签订的其他保证合同产生纠纷。法院认为，即便认为授权委托书中的代理权限不及于后一保证合同，总经理也具有代理权外观，构成表见代理。此外，行为人身份、借款与担保目的等事实结合，也能使相对人产生合理信赖，如项目负责人举债支付所欠薪水以推进项目，并以公司名义提供担保，此时相对人有理由相信项目负责人有权代表公司为借款提供担保，项目负责人的行为构成表见代理。① 但挂靠的项目负责人仅为自己债务而以公司名义提供担保的，不应认定为表见代理。②

（二）相对人不知道行为人没有代理权，且无过失

构成表见代理，相对人必须是善意无过失，即相对人不知道行为人行为时没有代理权，且对其“不知道”没有主观上的过失。在表见代理中，行为人必须以被代理人的名义作出代理行为，因此，相对人至少知道被代理人的存在，获知行为人无权代理的信息成本较低。因此，表见代理中相对人善意的要求程度较高，相对人不仅主观上不能有重大过失，而且应无一般过失，否则容易因滥用表见代理制度损害被代理人的利益。③ 被代理人应当就相对人非为善意承担举证责任，因为“按照社会生活经验，‘不知道’是难于通过证据加以证明的，而‘知道’则是可以通过举证加以证明的。因此，诉讼中法庭不要求主张自己属于善意的当事人举证证明自己属于善意，而直接‘推定’其为善意相对人”。④

在认定相对人主观上是否属于善意且无过失时，应当结合担保合同缔结与履行过程中的各种因素综合判断相对人是否尽到合理注意义务，包括合同的缔结地

① 参见上海市高级人民法院（2020）沪民申 2197 号民事裁定书。

② 参见湖北省黄冈市中级人民法院（2018）鄂 11 民终 121 号民事判决书。

③ 参见郭锋、陈龙业、蒋家棣、刘婷：《〈关于适用民法典总则编若干问题的解释〉的理解与适用》，载《人民司法》2022 年第 10 期。

④ 梁慧星：《〈民法总则〉重要条文的理解与适用》，载《四川大学学报（哲学社会科学版）》2017 年第 4 期。

点、以谁的名义签字、签章真伪、交易方式等各种因素，作出综合分析判断。对于具有丰富交易经验的相对人而言，其应负有更高程度的注意义务。相较于作为自然人的债权人，规模较大的公司、金融机构、担保公司应当更有经验与能力审核行为人的代表权限。因此，裁判实践往往对银行、小额贷款等专业金融机构要求更为审慎的注意义务。但即便是作为自然人的债权人，也应当对权利表象的形式要素进行审查，如是否存在公司担保决议、是否存在授权委托书、是否携带公司公章等，而不能仅凭在公司办公场所签订担保合同就产生合理信赖。在具体认定上，如果行为人与相对人在公司的办公场所签订担保合同，相对人更容易产生信赖；虽然相对人通常不具备鉴别签章真伪的能力，但也应该对明显存在伪造嫌疑的公章保持警惕，如公章字体不端正、缺字漏字或其他肉眼可见的不正常之处等；① 如相对人此前与某公司仅有非借贷、担保等业务领域的往来，相对人不应未经充分核实确认就贸然接受该公司提供的担保，尤其是在行为人与该公司缺乏密切关联性之时。②

担保代理权外观的特殊性，也影响着相对人善恶意的判断。例如，在一起无权代理纠纷案例中，基于担保人与债务人的关联关系、在同一场所办公、代理人在担保人公司的任职情况等综合考虑，“在［担保文件］上加盖担保人公司公章的行为是由公司工作人员［总经理］具体实施，作为以公司名义作出的民事法律行为，具有较大的可能性和合理性”，因此，在担保文件上加盖担保人公司公章，即为代理人代理担保人公司实施的行为。但同时认为，“担保行为必须以公司股东（大）会、董事会等公司机关的决议作为授权的基础和来源，行为人未经授权擅自为他人提供担保的，应根据代表或者代理的相关规则，区分订立合同时债权人是否善意分别认定合同效力。”“案涉［担保文件］系由［代理人］现场拿去盖章完毕即提交给［债权人］，其应系明知该担保行为未经［担保人］的股东会或董事会决议，属于越权行为，因此，其不属于善意的相对人，不符合表见代表或是表见代理的构成要件，上述担保行为对［担保人］不发生效力。”③

如行为人以公司名义与相对人签订担保合同符合《民法典担保制度解释》第8条所列情形，或者该公司为一人公司的，由于公司担保意思的作出无须经过决议，相对人仅需对行为人取得了公司或其法定代表人的授权产生合理信赖，即可依表见代理规则将担保合同的法律效果归于公司。在解释上，单独或者共同持有公司2/3以上对担保事项有表决权的股东也有权委托他人代理签订担保合同，相对人对此产生合理信赖的，亦适用《民法典》第172条。

---

① 参见山东省高级人民法院（2021）鲁民申3654号民事裁定书。

② 参见浙江省高级人民法院（2020）浙民申4306号民事裁定书。

③ 四川省高级人民法院（2019）川民终1146号民事判决书。

值得注意的是，虽然《民法典》第172条在文义上未显示出被代理人方面的要件，但学界渐成通说的观点认为，表见代理的构成还要求被代理人具有可归责性。[①] 如被代理人的过失行为使相对人确信代理人有代理权，在相对人善意的情形之下，表见代理行为的法律效果归属于公司，反之则不归属于公司。按照这一观点，如行为人的权利表象由公司制造，公司应当在代理权消灭后及时对外告知，否则应当承受可能的风险。如公司在解除行为人主持全面工作的总经理职位后，未及时告知债权人，行为人仍然代理公司为其他债务提供担保，则债权人有理由相信行为人具有代理公司签署担保合同的权限。[②] 如行为人的权利表象非由公司制造，如私刻印章、伪造授权委托书等，公司不具有可归责性。[③] 但如公司对此明知、能够告知相对人或轻易阻止行为人的，公司具有可归责性。[④]

尽管不断有裁判开始将被代理人的可归责性作为表见代理的构成要件，但无论是从《民法典》编纂时的立法政策还是最高人民法院的司法政策，一直对此持否定态度。在《民法典》第172条的立法过程中，立法者认为表见代理制度的规范目的在于保护交易安全，不至于使没有过失的相对人劳而无获，被代理人在行为人实施民事法律行为时是否有过失，则非表见代理的构成要件。[⑤] 从《最高人民法院关于当前形势下审理民商事合同纠纷案件若干问题的指导意见》（法发〔2009〕40号）到《民法典总则编解释》，最高人民法院始终认为，被代理人的可归责性并非表见代理的构成要件。[⑥] 基于此，《民法典总则编解释》将《民法典》第172条“相对人有理由相信行为人有代理权”解释为“相对人不知道行为人行为时没有代理权，且无过失”，采取严格的善意认定标准，要求相对人负担较重的注意义务（无一般过失），以避免未将被代理人的可归责性作为构成要件所可能带来的被代理人较为宽泛的受损害风险。[⑦]

---

① 参见杨代雄：《表见代理的特别构成要件》，载《法学》2013年第2期；王浩：《表见代理中的本人可归责性问题研究》，载《华东政法大学学报》2014年第3期；朱虎：《表见代理中的被代理人可归责性》，载《法学研究》2017年第2期；杨芳：《〈合同法〉第49条（表见代理规则）评注》，载《法学家》2017年第6期。上述文献观点的分歧在于，被代理人的可归责性所采取的认定标准不同。

② 参见最高人民法院（2020）最高法民申825号民事裁定书。

③ 参见湖北省高级人民法院（2017）鄂民再104号民事判决书；最高人民法院（2019）最高法民申2613号民事裁定书。

④ 参见贵州省黔东南苗族侗族自治州中级人民法院（2017）黔26民初102号民事判决书；安徽省高级人民法院（2019）皖民申2912号民事裁定书。

⑤ 参见黄薇主编：《中华人民共和国民法典总则编释义》，法律出版社2020年版，第456页。

⑥ 参见杨代雄主编：《袖珍民法典评注》，中国民主法制出版社2022年版，第153～154页；郭锋、陈龙业、蒋家棣、刘婷：《〈关于适用民法典总则编若干问题的解释〉的理解与适用》，载《人民司法》2022年第10期。

⑦ 参见郭锋、陈龙业、蒋家棣、刘婷：《〈关于适用民法典总则编若干问题的解释〉的理解与适用》，载《人民司法》2022年第10期。

五、余论：反思越权代表行为对公司不发生效力的法律效果

公司担保情形之下的无权代理问题至此也就相对清晰了。基于担保代理权外观的特殊性，相关问题的展开也就增加了“公司担保决议”这一考虑因素。代理人的代表权外观在通常情形之外尚须存在适格的公司担保决议。如此，代理人无权代理，以公司名义与相对人订立担保合同，未经公司以适格的公司担保决议追认，担保合同对公司不发生效力，不管担保合同是否有效，其法律后果均不由公司承受。此时，相对人知道或者应当知道代理人无代理权，在主观上应属恶意，仅得向有过错的无权代理人主张损害赔偿请求权。代理人无权代理，构成表见代理的，产生与有权代理相同的效力，表见代理行为的法律效果由公司承受。

与本文所及的话题密切相关的是，法定代表人超越代表权限所订立的担保合同的法律后果。调整法定代表人越权代表行为的《民法典》第 504 条与调整代理人无权代理行为的第 171 条第 1 款一样，同样具有效果归属规则的属性。[①] 二者之间的不同在于被代理人就无权代理行为有追认权和拒绝追认权，此前二者间就相对人善恶意上举证责任上的差异，[②] 也因《民法典总则编解释》的实施而消解。值得讨论的是，法定代表人超越权限代表公司与相对人订立担保合同，在相对人知道或者应当知道代表人超越权限，且公司拒绝追认时，该担保合同的法律效果不归属于公司，但此时公司是否应对相对人承担赔偿责任，理论和裁判实践中存在较大分歧。《民商事审判会议纪要》第 20 条认为，法定代表人是公司的机关，法定代表人的意思就是公司的意思，即使担保合同无效或者对公司不发生效力，公司也应当承担部分责任。[③] 这一责任在性质上属于缔约过失责任，以信赖利益为限。[④]《民法典担保制度解释》第 7 条第 1 款第 2 项与《民商事审判会议纪要》第 20 条保持了一致的态度。[⑤]

《民商事审判会议纪要》第 20 条和《民法典担保制度解释》第 7 条之所以认为公司应承担赔偿责任，是因为最高人民法院认为代表制度有别于代理制度。“法人实在说”之下法定代表人的行为就是公司的行为，公司作为订约主体应当

---

① 参见黄薇主编：《中华人民共和国民法典合同编解读》，中国法制出版社 2020 年版，第 149 ~ 150 页；最高人民法院民法典贯彻实施工作领导小组主编：《中华人民共和国民法典合同编理解与适用》（一），人民法院出版社 2020 年版，第 313 ~ 315 页。

② 参见杨芳：《〈合同法〉第 49 条（表见代理规则）评注》，载《法学家》2017 年第 6 期。

③ 参见最高人民法院民事审判第二庭编：《〈全国法院民商事审判工作会议纪要〉理解与适用》，人民法院出版社 2019 年版，第 191 页；相关案例参见最高人民法院（2019）最高法民终 267 号民事判决书；辽宁省高级人民法院（2020）辽民终 835 号民事判决书。

④ 参见重庆市高级人民法院（2020）渝民终 536 号民事判决书。

⑤ 参见最高人民法院民事审判第二庭编：《最高人民法院民法典担保制度司法解释理解与适用》，人民法院出版社 2021 年版，第 138 页。

对相对人承担赔偿责任；其背后的政策基础是，如公司不承担任何赔偿责任，难以得到社会认同，因为法定代表人就是公司的机关。① 理论上也有观点认为，无权代理情形下被代理人也可能基于过错向相对人承担缔约过失责任，但该项责任适用缔约过失一般规则即可，而无须在《民法典》第171条作出特别规定。② 在法定代表人越权担保的场合，法定代表人作为公司的代表机关，其过错可以构成公司自身的过错，甚至在法定代表人的过错体现为故意时亦复如此。③ 可以认为，这是“法人实在说”理论与裁判中追求公平的价值取向相结合的产物，并以法定代表人与法人过错的相伴认定为支撑。换言之，以上思路是绝对“同一论”的产物，法定代表人作为法人的代表机关，法定代表人的行为及过错均将构成法人自身的过错，因此，在法定代表人越权代表公司签订担保合同之时，作为被代表的公司亦应向相对人承担损害赔偿责任。如此一来，公司实际上仍承担着部分担保责任。在行为人无权代理公司签订担保合同的场合，如相对人非为善意，担保合同的法律效果不归属于公司，行为人与相对人直接依据《民法典》第171条第4款分担损失。如公司存在未及时撤回授权通知等对无权代理行为发生有过错的情形，则公司对相对人承担缔约过失责任；但在行为人伪造代理权外观等公司无过错的情形，公司对相对人不承担缔约过失责任。两相比较，公司在无权代理场合的处境将优于法定代表人越权代表场合。但是，对于公司而言，二者都是公司表意人超越权限与相对人签订担保合同，唯一的不同之处在于法定代表人相对于公司代理人的特殊地位。然而，在公司担保情形下，法定代表人的代表权限已受法定限制，相对人负有权限审查义务而不得豁免，如此前述差异的基础便不存在，法定代表人由于不当然享有代表公司签订担保合同的权限，进而与代理人地位无异。

沿循《民法典担保制度解释》第7条的裁判态度，法定代表人越权代表且相对人非为善意的，相对人可以请求公司参照《民法典担保制度解释》第17条的有关规定承担赔偿责任。在公司过错的认定上，有的观点仅笼统认为公司对此具有过错；有的观点则认为公司在印章管理或对法定代表人的选任与监管上存在过错。但有的观点持相反意见，认为公司对于法定代表人并不具有选任或管理上的失职，法定代表人本就有代表公司和管理使用公章的权利。以上观点分歧已然显示出其中的内在矛盾：既然法定代表人的过错构成公司自身的过错，那么又何必再行寻找公司自身的过错？正如有学者所言，“若不加区分地将代表人行为完全

---

① 参见最高人民法院民事审判第二庭编：《〈全国法院民商事审判工作会议纪要〉理解与适用》，人民法院出版社2019年版，第191页；最高人民法院民事审判第二庭编：《最高人民法院民法典担保制度司法解释理解与适用》，人民法院出版社2021年版，第137～138页。

② 参见［德］维尔纳·弗卢梅：《法律行为论》，迟颖译，法律出版社2013年版，第964～965页。

③ 参见杨代雄：《越权代表中的法人责任》，载《比较法研究》2020年第4期。

等同于公司行为，就意味着越权代表、表见代表等和权限相关的一系列制度会失去意义。”① 法定代表人越权代表的，其自身存在过错自无疑问，但不能径直将法定代表人的过错视为公司自身的过错。至于公司自身的过错，实践则聚焦于公司在选任、监督法定代表人方面的过错。如此认定公司过错值得商榷。一方面，法定代表人在个案越权代表行为之前可能并无不当行为，甚至带领公司取得不俗的经营业绩，若要论证公司的选任过错则要求当事人及法院回溯法定代表人的基本情况与既往表现，显然不妥。另一方面，在我国公司治理结构中，法定代表人对外代表公司参与交易，股东会与董事会面对法定代表人普遍存在信息不对称的现象，公司对法定代表人的监督存在结构性缺陷；“委托—代理”结构之下，公司对每次代表行为的实时监督本就不现实，基于此认定公司的监督过失过于严苛。除此之外，关于公司自身过错的认定，理论上还存在企业组织体责任的概念，其核心在于对组织义务的违反。组织义务就是指企业在其内部以确定的方式有计划地保障企业顺利经营以避免导致第三人损害，包括组织运营义务和组织设置义务：前者是指企业在运营过程中防止其雇员、机器及产品侵害他人权益，后者是指企业应建立完善的组织体系。② 但即便是拥有完备治理结构的公司也难以实现对法定代表人越权代表行为的预防。实际上，在强调法定代表人代表权限存在法定限制的前提下，公司担保领域的公司过错与法定代表人过错认定即有其特殊性。《公司法》第 15 条已明确法定代表人不当然具有代表公司签订担保合同的权限，基于法律的公开性，担保合同的相对人对此应为明知。公司章程经备案登记也有公开性，其中记载有公司内部关于担保决策的机构、表决权比例等信息，可以说，公司已尽其所能向担保合同相对人公示必要的决策信息，实在难谓其仍有过错。

本书作者认为，就法律效果不归属于公司的担保合同如何处理，亦应类推适用无权代理规则。相对人未尽审查义务、知道或应当知道法定代表人超越代表权限的，法定代表人和相对人在主观上均非为善意，应无疑问。准此，相对人仅享有催告权，而不享有撤销权。同时，以相对人善意为基础的《民法典》第 171 条第 3 款不能被类推适用于未经追认的越权代表情形，以相对人恶意为适用前提的同条第 4 款即应为类推适用之时所置重。《民法典》第 171 条第 4 款之下，被代理人并未追认无权代理行为，自不必承受相应法律行为的后果，亦无损害赔偿责任可言，相应损失应在代理人和相对人之间基于过错进行分担。越权代表准用这一规则之时亦应做相同解释。有观点认为，“如果公司作为担保人，董事会违反章

① 参见殷秋实：《公司担保无效责任的复位——基于责任性质、主体与效果的区分视角》，载《法学》2022 年第 2 期。

② 参见朱岩：《论企业组织责任——企业责任的一个核心类型》，载《法学家》2008 年第 3 期。

程作出决议，公司存在监管上的过错，而且债权人知道或者应当知道该事实。易言之，公司董事、经理与债权人均处于明知状态，因此应当分担损失……在担保合同无效时公司承担的应该是缔约过失责任。”① 这一观点值得商榷。在公司拒绝追认的情形之下，公司并不能成为《民法典担保制度解释》第 18 条所谓的“担保人”，也就不应承担担保合同无效的法律后果。否则，公司将实际上无法免除民事责任。虽然公司的损失最终可由法定代表人来承担，但是这样一种制度安排，是在充分保障债权人的基础上作出的，牺牲了公司股东的利益，同时也违背了《公司法》第 15 条限制公司担保的立法初衷。② 此时，应直接类推适用《民法典》第 171 条第 4 款，由法定代表人和相对人按其过错分担相对人所受损失。

---

① 冉克平：《论公司对外担保合同的效力——兼评〈公司法〉第 149 条第 3 款》，载《北方法学》2014 年第 2 期。

② 参见钱玉林：《股东大会决议瑕疵研究》，法律出版社 2005 年版，第 242 页。

【民法典担保制度司法解释新规则的解释与适用】

论时间的经过对抵押权行使的影响
——基于《民法典》实施之后的裁判分歧的展开和分析

抵押权属于物权，本身并无诉讼时效期间或者除斥期间的适用，但抵押权从属于主债权，时间的经过对于主债权的影响必然及于抵押权。主债权因罹于时效而效力减损，抵押权随之效力减损，抵押人自可援引主债务人对债权人的时效抗辩权，拒绝抵押权人行使抵押权的权利主张。此时，抵押权并不消灭，抵押人既可自愿承担抵押担保责任，也可与抵押权人达成实现抵押权的协议，抵押人并不得事后反悔。不过，抵押登记的持续存在，导致抵押权的权利外观与实际的权利现状不一致，滞碍了抵押财产的转让、出租和再融资。为固化抵押人援引时效抗辩权的效果，赋予抵押人注销登记请求权，既有利于维护交易相对人对登记外观的合理信赖，又有利于实现《民法典》第419条的规范目的。《民法典》第419条还可类推适用于其他担保物权，使得抵押权、质权和留置权一同受主债权诉讼时效的影响。

一、问题的提出

置重于保全功能的担保法制之下，抵押权具有从属性，其所谓的独立性仅仅只是相对的。由此，抵押权附随于其所担保的主债权，与主债权同其命运，主债权消灭，抵押权亦消灭。但主债权因罹于时效而效力减损之时，抵押权的效力状况若何，学说和裁判上均存在重大争议。经由《担保法》《最高人民法院关于适用〈中华人民共和国担保法〉若干问题的解释》（以下简称《担保法解释》）、《物权法》《全国法院民商事审判工作会议纪要》（以下简称《民商事审判会议纪要》），及至《民法典》和《最高人民法院关于适用〈中华人民共和国民法典〉有关担保制度的解释》（以下简称《民法典担保制度解释》），我国担保法制呈现出强制性的制度变迁过程。《民法典》第419条语焉不详的文句，带来了巨大的解释冲突和裁判分歧。《民法典担保制度解释》第44条试图解决这一问题，但相互矛盾的表述增加了相关问题解释上的困难。

二、抵押权行使期间的规则变迁

《民法典》实施之后所体现出来的裁判分歧，反映着法院对于不同时期所形成的抵押权行使期间规则的不同理解。因此，有必要梳理我国抵押权行使期间的规则变迁，并进而在准确把握时间效力问题的前提之下，寻求现行法之下的解释结论。

（一）《担保法》与《担保法解释》的政策选择

我国《担保法》上就抵押权的行使期间未置明文。① 在《担保法》立法过程中，有专家认为，抵押权、质权属于物权，只要债权存在，抵押权、质权也应当同时存在，不应当规定抵押期限和质押期限。《担保法》最终采纳了这一建议，删除了草案中期限和质押期限的规定，② 转而强调抵押权是主债权的从权利（第5条第1款前段），"抵押权与其担保的债权同时存在，债权消灭的，抵押权也消灭"（第52条），抵押权人在"债务履行期届满抵押权人未受清偿"时即可行使抵押权（第53条）。准此，抵押权从属于主债权，其行使并无单独的期间限制。

《担保法解释》起草者认为，担保物权本身并无诉讼时效的适用，但为便于担保物的流转并实现其价值，该司法解释在"没有立法上的依据"的情况下进行"漏洞补充式的解释"，参照其他国家的立法经验和我国《物权法》初稿，于其第12条第2款规定："担保物权所担保的债权的诉讼时效结束后，担保权人在诉讼时效结束后的二年内行使担保物权的，人民法院应当予以支持。"③ 这里明确了担保物权可因罹于一定期间而消灭，只是为避免司法解释僭越立法权限，"对于有着立法性质的担保物权的存续期间的解释，在表述上以人民法院在何种条件下保护担保物权为表述方式"。④ 至于为何在主债权诉讼时效期间完成之后担保物权人仍得行使担保物权，起草者认为："主债权诉讼时效完成后，因为债权不消灭，

---

① 对约束抵押权的期间的名称，学界并未形成统一认识，有称"抵押权的诉讼时效""抵押权的司法保护期"的，也有称"抵押权的存续期间""抵押权的期间""抵押期间"的，还有称"抵押权的实行期间"的。本书基于《物权法》第202条、《民法典》第419条的规定，直接称之为"抵押权的行使期间"，暂时搁置相关学说争议，以一个相对中性的词汇来指称该制度，便于对争议的评析。

② 参见项淳一：《全国人大法律委员会关于〈中华人民共和国担保法（草案）〉审议结果的报告——1995年6月23日在第八届全国人民代表大会常务委员会第十四次会议上》，载《中华人民共和国全国人民代表大会常务委员会公报》1995年第5期。

③ 参见李国光等：《最高人民法院〈关于适用中华人民共和国担保法若干问题的解释〉理解与适用》，吉林人民出版社2000年版，第88～89页。

④ 李国光等：《最高人民法院〈关于适用中华人民共和国担保法若干问题的解释〉理解与适用》，吉林人民出版社2000年版，第89页。

所以并不导致担保物权的消灭”,[①] 以此表达起草者就担保物权从属性的认识。同时,“诉讼时效结束后的二年”期间的经过产生担保物权消灭的法律效果,该期间具有除斥期间性质。[②]

(二)《物权法》与《民商事审判会议纪要》的解释论发展

在我国《物权法》立法过程中,比较一致的意见是,在抵押权消灭事由之外,应专门规定抵押权的“存续期间”。[③] 其主要理由在于:“随着市场经济的快速运转,如果允许抵押权一直存续,可能会使抵押权人怠于行使抵押权,不利于发挥抵押财产的经济效用,制约经济的发展。”[④] 在将《担保法解释》第12条第2款转化为法典语言时,以“人民法院不予保护”替代了“人民法院应当予以支持”,于《民法典》第419条规定:“抵押权人应当在主债权诉讼时效期间行使抵押权;未行使的,人民法院不予保护。”这里将抵押权的行使期间确定为“主债权诉讼时效期间”,并未采纳《担保法解释》第12条第2款的解决方案,因为在主债权诉讼时效期间经过之后,充任抵押人的第三人如仍承担担保责任即会出现求偿困境,无论此际是否承认抵押人对主债务人的追偿权,均将导致权利失衡。同时也未采纳抵押权因主债权履行期间届满后4年不行使即消灭的立法建议,因为这样会出现主债权诉讼时效期间尚未届满,而抵押权已经消灭的情形。[⑤] 如此看来,《物权法》固守了抵押权的从属性,将抵押权的行使与主债权诉讼时效紧密关联,使得抵押权并无独立的期间限制。但“不予保护”,究竟是因抵押权消灭而不予保护,还是因抵押权效力减损而不予保护?不予保护抵押权究竟是由抵押权对主债权的从属性引起的,还是直接由时效完成引起的?[⑥] 如此形成了各种学说,“不予保护说”“胜诉权消灭说”“抵押权消灭说”“时效抗辩权发生说”等,[⑦] 不一而足。

---

① 李国光等:《最高人民法院〈关于适用中华人民共和国担保法若干问题的解释〉理解与适用》,吉林人民出版社2000年版,第91页。

② 参见《〈关于适用《中华人民共和国担保法》若干问题的解释(送审稿)〉的说明》(1999年9月8日),载李国光等:《最高人民法院〈关于适用中华人民共和国担保法若干问题的解释〉理解与适用》,吉林人民出版社2000年版,第46页。

③ 参见全国人大常委会法制工作委员会民法室:《中华人民共和国物权法条文说明、立法理由及相关规定(第二版)》,北京大学出版社2017年版,第413页。

④ 全国人大常委会法制工作委员会民法室:《中华人民共和国物权法条文说明、立法理由及相关规定(第二版)》,北京大学出版社2017年版,第414页。

⑤ 参见全国人大常委会法制工作委员会民法室:《中华人民共和国物权法条文说明、立法理由及相关规定(第二版)》,北京大学出版社2017年版,第414页。

⑥ 参见徐洁:《担保物权与时效的关联性研究》,载《法学研究》2012年第5期。

⑦ 学说分歧的介绍,参见高圣平:《担保物权的行使期间研究——以〈物权法〉第202条为分析对象》,载《华东政法大学学报》2009年第1期。

针对上述分歧，《民商事审判会议纪要》出于统一裁判思路和解决实际问题的考量，于第 59 条第 1 款规定主债权罹于时效对抵押权的影响，即“抵押人在主债权诉讼时效届满后请求涂销抵押权登记的，人民法院依法予以支持。”① 这里明确了《物权法》第 202 条中争议重重的“不予保护”，实为抵押权因罹于除斥期间而消灭，此时抵押人可以请求涂销抵押登记。② 《民商事审判会议纪要》第 59 条第 2 款还对《物权法》第 202 条的适用范围进行了一定程度的扩张，将该条类推适用于以登记作为公示方法的权利质权。然而，《民商事审判会议纪要》第 59 条将“人民法院不予保护”解释为“抵押权消灭”，在我国民法规则体系内部造成了冲突。在《民法总则》第 192 条就诉讼时效期间完成采“时效抗辩权发生说”的立法选择之下，诉讼时效期间的经过并不导致实体权利消灭，基于抵押权从属性的原理以及逻辑自洽的要求，抵押权也不应随之消灭。

（三）《民法典》与《民法典担保制度解释》的解释论转向

在《民法典》编纂过程中，曾有建议将“人民法院不予保护”修改为“抵押权消灭”，但《民法典》最终还是于第 419 条完整保留了《物权法》第 202 条之规定，并未采纳抵押权消灭说的观点。其主要理由在于：其一，主债权并不因罹于时效而消灭，作为从权利的抵押权亦不得因此而消灭；其二，如采纳抵押权消灭说，抵押人自可基于抵押权已消灭的理由而请求债权人返还其已承担的担保责任，有违诚信原则；其三，在《民法典》已经承认抵押权的追及效力的前提之下，即使采纳抵押权不因罹于主债权诉讼时效而消灭，也不影响抵押财产的流转。③ “过了主债权诉讼时效期间后，抵押权人丧失的是抵押权受人民法院保护的权利即获得司法强制执行的权利，而抵押权本身并没有消灭，如果抵押人自愿履行担保义务的，抵押权人仍可以行使抵押权。”④ 这里明显采取了胜诉权消灭说的观点。但此际仍然存在抵押权人既不能行使抵押权，又不能请求注销抵押登记的僵局。司法实践中即有观点认为，“在此情形之下，《民商事审判会议纪要》第 59

---

① 这里的“涂销”实为“注销”。我国不动产登记类型中仅有“注销登记”，尚无“涂销登记”。裁判实践中甚至出现了，当事人以一审判决书中的“配合办理注销他项权登记事宜”的判项与《民商事审判会议纪要》第 59 条第 1 款“涂销抵押权登记”表述不一致而提起上述的情形。参见吉林省通化市中级人民法院民事判决书（2021）吉 05 民终 739 号民事判决书。

② 参见最高人民法院民事审判第二庭编：《〈全国法院民商事审判工作会议纪要〉理解与适用》，人民法院出版社 2019 年版，第 359 页。

③ 参见黄薇主编：《中华人民共和国民法典物权编释义》，法律出版社 2020 年版，第 545～546 页。

④ 黄薇主编：《中华人民共和国民法典物权编释义》，法律出版社 2020 年版，第 547 页。

条的规定仍然不失为一种妥当的解决方法。”①

随后，《民法典担保制度解释》第44条第1款第一句前段指出：“主债权诉讼时效期间届满后，抵押权人主张行使抵押权的，人民法院不予支持”。这里近乎重复了《民法典》第419条的规定。依其文义，人民法院对于抵押权人的权利主张不予支持，并不以抵押人主张时效抗辩权为前提，与时效抗辩权发生说之下人民法院不得主动援用诉讼时效规定的“职权禁用规则”发生冲突。② 该条第1款第一句后段规定：“抵押人以主债权诉讼时效期间届满为由，主张不承担担保责任的，人民法院应予支持。”这里又导向了时效抗辩权发生说，③ 在抵押权人向抵押人主张行使抵押权之时，抵押人自可主张主债务人对债权人的时效经过抗辩权。如此，第44条第1款第一句前后两段即相互矛盾。如欲表达时效抗辩权发生说的本旨，该款第1句应为：“主债权诉讼时效期间届满后，抵押权人主张行使抵押权，抵押人以主债权诉讼时效期间届满为由提出抗辩或者反诉的，人民法院不予支持。”参与司法解释起草的法官同时认为，抵押人可以继续适用《民商事审判会议纪要》第59条的规定，请求抵押权人协助办理注销抵押登记。④ 这一观点又与第44条第1款坚持的抗辩权发生说之间缺乏充分的逻辑勾连，增加了《民法典担保制度解释》第44条解释上的困难。

三、《民法典》第419条中“主债权诉讼时效期间”的性质与计算

《民法典》第419条的解释分歧既涉及其中“主债权诉讼时效期间”的性质，也关乎“人民法院不予保护”之法律效果。既有的研究多将二者之间直接关联，如主张“主债权诉讼时效期间”属于抵押权的除斥期间，则“人民法院不予保护”就意味着抵押权的消灭；如认为“主债权诉讼时效期间”属于抵押权的从属性在时间意义上的一种体现，则“人民法院不予保护”就意味着在抵押人援引时效抗辩权的情形之下不支持抵押权人的权利主张，抵押权并不消灭。但《民法

---

① 最高人民法院民法典贯彻实施工作领导小组主编：《中华人民共和国民法典物权编理解与适用》，人民法院出版社2020年版，第1145页。学说上的相同见解，参见刘保玉：《民法典担保物权制度新规释评》，载《法商研究》2020年第5期；武亦文：《〈民法典〉第410条（抵押权的实现）评注》，载《法学家》2022年第3期。

② 《民法典》第193条“职权禁用规则”与第192条“抗辩权发生主义”实为同一规则在不同角度上的体现，既然诉讼时效期间届满仅直接产生债务人的抗辩权，则该抗辩权当然只能由当事人享有和行使，法院自无权主动援用。参见杨巍：《〈民法典〉第192条、第193条（诉讼时效届满效力、职权禁用规则）评注》，载《法学家》2020年第6期。

③ 参见杨巍：《中国民法典评注·规范集注（第1辑）：诉讼时效·期间计算》，中国民主法制出版社2022年版。

④ 参见最高人民法院民事审判第二庭编：《最高人民法院民法典担保制度司法解释理解与适用》，人民法院出版社2021年版，第395页。

典》实施之后的实践显示，二者之间并无必然关联。如人民法院判令抵押权消灭，其对“主债权诉讼时效期间”属性的认识，既可以是除斥期间、失权期间，也可以是抵押权诉讼时效、主债权受保护的期间。如此，将二者分别讨论更有利于厘清争议。

（一）抵押权行使期间的裁判分歧

实践中就《民法典》第419条中“主债权诉讼时效期间”的性质存在不同的认识。

第一种观点认为，抵押权的行使期间在性质上属于除斥期间。这一观点深受《担保法解释》第12条第2款的影响。该观点认为，该款中“诉讼时效结束后的二年”属于一个固定的不变期间，具有除斥期间的性质。尽管该条司法解释未被《物权法》采纳，但与《物权法》第202条的规定相比，仅仅只是缩短了抵押权行使期间、取消了2年的宽限期，这说明对抵押权行使期间的要求更加严格，并未改变其除斥期间属性。此类观点对于“除斥期间说”并未进行充分论证，更像是在预设了“抵押权应归于消灭”的结果之后，倒推出抵押权行使期间在性质上属于除斥期间。

第二种观点认为，抵押权的行使期间在性质上属于抵押权的诉讼时效期间。这一观点系在否认除斥期间说的基础上而形成。“该条款（《物权法》第202条）明确规定了抵押权人行使抵押权的期间限制为主债权诉讼时效内，诉讼时效并非除斥期间，存在中止、中断事由的，可以中止、中断计算，即本条规定中所述的抵押权行使期间适用主债权诉讼时效的中止、中断情形。”

第三种观点认为，抵押权的行使期间在性质上属于抵押权的失权期间。抵押权“既不能成为诉讼时效的客体，亦不能成为除斥期间的客体，虽然就行使期间而言，抵押权受到主债权诉讼时效期间的限制，但抵押权本身并非因诉讼时效而消灭，而是适用权利失效原则。权利失效原则即权利者在相当期间内不行使其权利，依特别情事足以使义务人正当信任债权人不欲其履行义务者，基于诚信原则不得再为主张。”“该条（《物权法》第202条）仅仅规定了人民法院不予保护抵押权人诉讼权，抵押权本身并没有消灭，只是成为自然权利（相对于抵押人为自然债务）。”

第四种观点认为，抵押权的行使期间不是一种独立的期间制度，仅仅只是抵押权从属性的一种体现，在主债权因罹于时效而无法获得人民法院保护时，抵押权也不再受人民法院的保护。《物权法》第202条、《民法典》第419条将抵押权的行使期间与主债权的诉讼时效期间挂钩，“实质在于明确抵押权人应在主债权受到法律保护的期间内行使抵押权”。“该行使期间与主债权诉讼时效期间相同，随着主债权诉讼时效中断、中止而变化。也就是说，抵押权行使期间只是以主债权诉讼时效期间为参照来计算，并不等于对抵押权也要适用诉讼时效制度。”

上述分歧体现着对于《物权法》第202条和《民法典》第419条规范目的、文义、体系等方面的不同理解。无论是《物权法》第202条，还是《民法典》第419条，立法者所欲规范的目标均体现为，督促抵押权人积极行使权利，避免抵押权的永续存在害及抵押财产的流转，借由抵押财产经济效用的充分发挥促进经济发展。[①] 如此，抵押权的行使即有了期间限制。在体系解释上，抵押权属于物权之一种，《民法典》总则编诉讼时效的适用范围尚不包括抵押权人行使抵押权的情形，因此，抵押权并无诉讼时效制度的适用；抵押权也非与撤销权、解除权等一样同属形成权，抵押权行使期间可因主债权诉讼时效期间的中止、中断而变化，并非固定不变，因此，抵押权亦无《民法典》第199条除斥期间的适用。如此，前述第一、二种观点即不足采。虽然在学说上，失权期间对请求权和支配权均有适用余地，且不受固定期限的限制，[②] 但权利失效理论尚无实定法依据，且失权期间经过的法律效果本身即存有权利消灭抑或抗辩权产生的争议，在不同情形下结论迥异。[③] 由此，第三种观点失权期间说难以为抵押权行使期间的定性提供理论支撑。

《民法典》第388条中规定："担保合同是主债权债务合同的从合同"；第393条第1项规定："主债权消灭""担保物权消灭"。由此可见，抵押权从属于主债权，抵押权的范围和强度也就不能高于主债权。依据《民法典》第192条的规定，主债权罹于时效，主债务人取得时效抗辩权，主债务人自可据此提出拒绝履行的抗辩以对抗债权人的履行请求。主债权罹于时效并不产生主债权消灭的法律后果，主债务人同意履行的，不得以诉讼时效期间届满为由抗辩；主债务人已经自愿履行的，不得请求返还。抵押权作为物权的一种，本身原则上并无诉讼时效期间或者除斥期间的适用，但在抵押权的从属性之下，如主债权因罹于时效而效力减损之时，抵押权自然也不能再维持其本来的效力状态。如此看来，第四种观点更为可取。

（二）"主债权诉讼时效期间"的计算与文义扩张

1. 普通诉讼时效期间的计算

在抵押权支配性和从属性之下，《民法典》第419条中的"主债权诉讼时效期间"既不是抵押权的诉讼时效，也不是抵押权的除斥期间、失权期间。"主债

---

① 参见全国人大常委会法制工作委员会民法室：《中华人民共和国物权法条文说明、立法理由及相关规定（第二版）》，北京大学出版社2017年版，第414页；黄薇主编：《中华人民共和国民法典物权编释义》，法律出版社2020年版，第546页。

② 参见王泽鉴：《民法学说与判例研究（第一册）》，北京大学出版社2009年版，第157页；张永：《抵押权法定存续期间效力及性质的二重性分析——以〈物权法〉第202条为中心》，载《政治与法律》2014年第2期。

③ 参见蒋言：《论权利失效的立法》，载《政治与法律》2018年第2期。

权诉讼时效期间”即应依主债权债务关系的情况而判断其是否届满。由于主债权诉讼时效期间因中止、中断事由的出现而继续计算或者重新计算，因此主债权诉讼时效期间也就不是一段固定期间。在《民法典担保制度解释》进一步强化担保从属性的背景下，[①] 主债权诉讼时效期间因特定事由的出现发生中止或者中断，只要尚未届满，对抵押权的行使均不发生影响。实践中，以固定的“两年”或者“三年”判断主债权诉讼时效期间是否经过，罔顾中断事由所引起的诉讼时效重新计算，至为可议。

基于相对性，主债权诉讼时效期间的进行通常仅与债权人和主债务人的行为相关，但在解释上，如抵押权人仅在主债权诉讼时效期间内申请启动实现担保物权案件特别程序，并未向主债务人提起诉讼或者以其他方式主张权利，由于抵押权人实现抵押权的目的在于就主债权获得清偿，基于抵押权的从属性，抵押权人申请启动特别程序具有中断主债权诉讼时效期间计算的效力。[②] 不过，此际抵押权人已经在主债权诉讼时效期间内行使了抵押权，《民法典》第 419 条原则上已无适用余地，主债权亦罹于执行时效的除外。

2. 最长诉讼时效期间的适用

依据《民法典》第 188 条第 2 款的规定，普通和特殊时效期间的计算须受 20 年期间限制，即起算、中止、中断均须发生于 20 年期间之内。[③] 但这并不表明主债权诉讼时效期间即为 20 年，而仅仅只是指主债权诉讼时效期间即使经不断中断，也不能超过 20 年，[④] 20 年期间是对权利的最长保护期间，[⑤] 原则上属于不变期间，不适用中止、中断规则，仅于特殊场合下可以延长。[⑥] 20 年期间届满效力亦采“抗辩权发生主义”，即由义务人取得抗辩权，而非实体权利消灭。《民法典》第 192 条（时效届满的效力）和第 193 条（职权禁用规则）亦适用于 20 年期间。[⑦] 抵押权人未在自主债务履行期限届满之日 20 年期间内行使抵押权，即有

---

① 参见刘贵祥：《担保制度一般规则的新发展及其适用——以民法典担保制度解释为中心》，载《比较法研究》2021 年第 5 期。

② 参见最高人民法院民事审判第二庭编：《最高人民法院关于民事案件诉讼时效司法解释理解与适用》，人民法院出版社 2008 年版，第 260 ~261 页。

③ 参见杨巍：《〈民法典〉第 188 条第 2 款第 3 句（最长时效期间及其延长）评注》，载《南京大学学报（哲学·人文科学·社会科学）》2022 年第 2 期。

④ 参见陕西省西安市中级人民法院（2021）陕 01 民终 12771 号民事判决书。

⑤ 参见黄薇主编：《中华人民共和国民法典总则编释义》，法律出版社 2020 年版，第 504 页。

⑥ 参见王利明：《民法总则（第三版）》，中国人民大学出版社 2022 年版，第 468 ~469 页；最高人民法院民法典贯彻实施工作领导小组主编：《最高人民法院民法典总则编司法解释理解与适用》，人民法院出版社 2022 年版，第 497 页。

⑦ 参见杨巍：《〈民法典〉第 188 条第 2 款第 3 句（最长时效期间及其延长）评注》，载《南京大学学报（哲学·人文科学·社会科学）》2022 年第 2 期。

《民法典》第419条之适用,[①] 抵押人可以援引主债务人的时效抗辩权对抗抵押权人的权利主张。

3. 执行时效期间的适用或者准用

就抵押权实现的公力程序供给而言,《民法典》第410条第2款规定了非讼程序,抵押权人可以请求人民法院拍卖、变卖抵押财产。但这一规定并不排斥抵押权人以提起诉讼的方式实现其抵押权。[②] 此际,《民法典担保制度解释》第45条第3款要求债权人(抵押权人)应当以主债务人和抵押人为共同被告提起诉讼,旨在查明抵押权基于其从属性地位的效力及其就抵押财产的优先受偿范围,以合于诉讼经济原则,并避免就主债权和抵押权分别作出相冲突的裁判。[③] 但这并不意味着债权人在起诉主债务人时,必须一并起诉抵押人。如债权人单独起诉主债务人,并不影响其此后单独向抵押人主张抵押权。[④] 此际,债权人就主债务人取得胜诉裁判之后,其就抵押权的行使是否受到《民法典》第419条规定的期间限制,不无解释上的疑问。

依据《民事诉讼法》第250条第1款的规定,"申请执行的期间为二年。申请执行时效的中止、中断,适用法律有关诉讼时效中止、中断的规定。"这就意味着,债权人就主债务人的胜诉裁判中的权利实现受到执行时效的约束。就诉讼时效与执行时效的关系,学说上素有争议,也直接影响了前述疑问的解决。

第一种观点认为,诉讼时效与执行时效是两种不同的制度,分别适用于诉讼阶段和执行阶段。在债权人就主债务人提起诉讼并获得生效判决的情况下,基于"一事不再理"原则,债权人不能再就同一事项向人民法院提起诉讼,也就不存在诉讼时效期间重新计算的问题。《民法典》第195条所谓"权利人提起诉讼或者申请仲裁""诉讼时效中断,从中断、有关程序终结时起,诉讼时效期间重新计算",系专门针对债权人撤诉等情形。参照《民法典》第419条规定之精神,只要在主债权受到保护的法定期间内行使,抵押权即应受到保护。[⑤] 在主债权经生效裁判确认后,此时的主债权受到法律保护的期间不再是诉讼时效期间,而是申请执行期间。同理,在债务人破产的情况下,此时的主债权受到法律保护的期

① 参见湖南省岳阳市中级人民法院(2021)湘06民终4913号民事判决书;辽宁省丹东市中级人民法院(2022)辽06民终1409号民事判决书。

② 参见高圣平:《民法典担保制度及其配套司法解释理解与适用》,中国法制出版社2021年版,第688页。

③ 参见高圣平:《担保法前沿问题与判解研究(第五卷):最高人民法院新担保制度司法解释条文释评》,人民法院出版社2021年版,第318页。

④ 参见贺小荣主编:《最高人民法院第二巡回法庭法官会议纪要(第三辑)》,人民法院出版社2022年版,第351页。

⑤ 参见贺小荣主编:《最高人民法院第二巡回法庭法官会议纪要(第三辑)》,人民法院出版社2022年版,第351~352页。

间就是法律规定的申报债权期间。只要当事人在前述的保护期间内依法行使权利，抵押权就应受到保护。①

第二种观点认为，虽然现行法采取诉讼时效与执行时效分别规定的“二元模式”，但《民事诉讼法》以及《最高人民法院关于适用〈中华人民共和国民事诉讼法〉的解释》（以下简称《民事诉讼法解释》）的相关规定已使两种时效的性质趋同化。诉讼时效与执行时效之间在时效届满效力、法院不得主动适用、中止中断规则的适用等方面保持了一致，仅在期间长短、最长20年期间的适用等方面存在差异：执行时效为2年；执行时效不适用最长20年期间。② 诉讼时效并非仅与“诉讼”有关，将其仅适用于诉讼程序是对诉讼时效制度的误解。③ 执行时效在解释上即为诉讼时效在执行程序中的适用。如此，债权人就主债务人提起诉讼的，诉讼时效中断，按照《民法典》第195条规定的“从中断、有关程序终结时起，诉讼时效期间重新计算”之中，重新计算的诉讼时效期间，即为执行时效期间。《民法典》第419条规定的“主债权诉讼时效期间”也就包括了执行时效期间，债权人在就主债务人取得胜诉裁判后，未在执行时效期间内行使抵押权的，抵押人同样取得时效抗辩权。④

本书作者认为，随着理论研究的深入和《民事诉讼法》2007年的修正，学说和实务中对于执行时效的认识已经渐趋一致，即执行时效仅为诉讼时效在执行程序中的反映。⑤ 即使债权人的请求权经过生效裁判所确认，但仍然属于实体法上的请求权，仍然有请求人民法院保护的必要，只不过，此时保护的程序是强制执行程序。如此，《民法典》第188条第1款中“向人民法院请求保护民事权利的诉讼时效期间为三年”，既包括在诉讼程序、非讼程序中请求人民法院保护，也包括在强制执行程序中请求人民法院保护。《民事诉讼法》第246条第1款对

---

① 参见贺小荣主编：《最高人民法院第二巡回法庭法官会议纪要（第三辑）》，人民法院出版社2022年版，第353页。

② 参见杨巍：《中国民法典评注·规范集注（第1辑）：诉讼时效·期间计算》，中国民主法制出版社2022年版，第13页。

③ 参见杨巍：《〈民法典〉第192条、第193条（诉讼时效届满效力、职权禁用规则）评注》，载《法学家》2020年第6期。

④ 参见高圣平：《担保法前沿问题与判解研究（第五卷）：最高人民法院新担保制度司法解释条文释评》，人民法院出版社2021年版，第302～303页；杨巍：《〈民法典〉第195条评注之二（起诉、其他中断事由）》，载《法学家》2021年第5期。

⑤ 参见刘学在：《论执行时效制度之理解误区及其矫正》，载《北方法学》2014年第4期；金印：《执行时效的体系地位及其规制方式——民法典编纂背景下执行时效制度的未来》，载《法律科学》2017年第5期；杨巍：《〈民法典〉第195条评注之二（起诉、其他中断事由）》，载《法学家》2021年第5期；孙超：《执行时效的制度变革、规则适用与立法展望》，载《法律适用》2022年第7期；最高人民法院民法典贯彻实施工作领导小组主编：《最高人民法院新民事诉讼法司法解释理解与适用》，人民法院出版社2022年版，第1080页。

“二年”执行时效期间的规定，属于《民法典》第188条第1款中“法律另有规定的”情形，自应优先适用。在此前提之下，《民法典》和最高人民法院司法解释中一系列规定才能得到合理的解释。

其一，《民法典》第195条“权利人提起诉讼或者申请仲裁”是诉讼时效的中断事由，而诉讼时效中断的法律后果自然涉及诉讼时效期间的重新计算，从有关程序终结时起重新计算的执行时效，只有定性为诉讼时效才具有正当性。也只有在这一解释论的前提之下，《最高人民法院关于审理民事案件适用诉讼时效制度若干问题的规定》（以下简称《诉讼时效规定》）第11条第5项才将“申请强制执行”作为“与提起诉讼具有同等诉讼时效中断的效力”的事由之一加以明确。该规定的理由在于，“诉讼时效的效力在于诉讼时效期间内，债权人的债权受法院强制力保护，该法院强制力保护，既包括法院依法进行裁判，也包括判决后法院予以强制执行，因此，即使是债权已经法院生效判决、仲裁生效裁决确认，但诉讼时效的效力并未完结，其还在强制执行过程中继续存在。”①

其二，《民事诉讼法解释》第219条规定：“当事人超过诉讼时效期间起诉的，人民法院应予受理。受理后对方当事人提出诉讼时效抗辩，人民法院经审理认为抗辩事由成立的，判决驳回原告的诉讼请求。”这一程序法上的处理契合《民法典》上诉讼时效期间届满即抗辩权发生的效力规则。②《民事诉讼法解释》第481条第1款规定：“申请执行人超过申请执行时效期间向人民法院申请强制执行的，人民法院应予受理。被执行人对申请执行时效期间提出异议，人民法院经审查异议成立的，裁定不予执行。”这里改变了此前将申请执行期间理解为公法上强制执行申请权的期间的观点，将《民事诉讼法》第246条第1款所定期间界定为执行依据所载之请求权的强制保护的期间，如此，正如当事人行使起诉权并无期间的限制，债权人获得胜诉裁判之后，其享有的强制执行申请权这种公法上的司法救济权同样没有期间的限制。③申请执行人向人民法院申请强制执行，人民法院不能以超过执行时效期间为由拒绝受理，也不得主动审查执行时效期间是否经过。在强制执行程序中，被执行人的时效抗辩权以异议的形式提出。即使执行时效期间已经经过，只要被执行人不就此提出异议，法院仍应予以强制执行。被执行人履行全部或者部分义务后，不得以不知道申请执行时效期间届满为由请

---

① 最高人民法院民事审判第二庭编：《最高人民法院关于民事案件诉讼时效司法解释理解与适用》，人民法院出版社2008年版，第252页。

② 参见最高人民法院民法典贯彻实施工作领导小组主编：《最高人民法院新民事诉讼法司法解释理解与适用》，人民法院出版社2022年版，第468页。

③ 参见刘学在：《论执行时效制度之理解误区及其矫正》，载《北方法学》2014年第4期；金印：《执行时效的体系地位及其规制方式——民法典编撰背景下执行时效制度的未来》，载《法律科学》2017年第5期。

求执行回转。

综上，前述第二种解释路径更为可取。《民法典担保制度解释》第 44 条第 1 款第二句规定："主债权诉讼时效期间届满前，债权人仅对债务人提起诉讼，经人民法院判决或者调解后未在民事诉讼法规定的申请执行时效期间内对债务人申请强制执行，其向抵押人主张行使抵押权的，人民法院不予支持。"这也意味着，只要主债权执行时效未届满（包括因中断情形），债权人向抵押人主张行使抵押权的，人民法院应予支持。与本款第一句前段一样，本句所谓"人民法院不予支持"同样以抵押人援引时效抗辩权为前提（容后详述）。抵押权人在诉讼时效期间内起诉主债务人，即产生主债权诉讼时效中断的效果，[①] 只要抵押权人未在申请执行期间届满前行使抵押权，抵押人即可以主债权诉讼时效期间经过为由主张抗辩。这一规定，实际是为了配合我国现行法对申请执行期间所进行的时效化改造，[②] 并将诉讼时效扩展于执行时效。[③]

在解释上，债权人对债务人申请仲裁、申请支付令、申请作出公证债权文书等，与《民法典担保制度解释》第 44 条第 1 款第二句中"债权人仅对债务人提起诉讼"的功用相同，均为取得执行依据，亦有本款规定之适用。本款中"对债务人申请强制执行"，也仅为对中断事由的不完全列举，请求履行、主张抵销等亦属文义涵摄范围。[④]

申请执行人在执行时效期间内申请执行，引起执行时效中断。案涉主债权进入强制执行程序且执行程序尚未终结，意味着案涉主债权仍有强制执行力，正处于强制实现过程之中。法律对于具有强制执行可能性的主债权（即诉讼时效期间内的主债权），都支持债权人行使与之相关的抵押权。举重以明轻，对正处于现实的强制执行中的主债权，更应支持债权人行使与之相关的抵押权。在强制执行程序中，执行时效的中断事由具有特殊性。一是执行和解协议。达成执行中的和解协议引起执行时效中断，执行时效期间自和解协议约定履行期限的最后一日起重新计算。二是中止执行裁定。在出现《民事诉讼法》第 263 条所规定的情形之时，执行法院应当裁定中止执行，此时执行时效中断。中止执行的情形一旦消失即应恢复执行，无须重新立案或者另行制作恢复执行裁定或者撤销中止裁定。当

---

① 参见周家开：《执行异议之诉中抵押权实现的相关问题探析——以〈民法典〉第 419 条为视角》，载《法律适用》2021 年第 5 期。

② 参见最高人民法院民事审判第二庭编：《最高人民法院民法典担保制度司法解释理解与适用》，人民法院出版社 2021 年版，第 395 页。

③ 参见孙超：《执行时效的制度变革、规则适用与立法展望》，载《法律适用》2022 年第 7 期。

④ 参见杨巍：《〈民法典〉第 195 条评注之一（诉讼外请求、义务承认）》，载《法学家》2021 年第 4 期。

事人申请恢复执行并无期限限制,[①] 但自中止的情形消失、恢复执行之时重新计算执行时效。三是终结本次执行裁定。经过财产调查未发现可供执行的财产，执行法院可以裁定终结本次执行程序。债权人发现被执行人有其他财产的，可以随时请求人民法院执行。《民事诉讼法解释》第515条规定：“债权人根据民事诉讼法第二百六十一条规定请求人民法院继续执行的，不受民事诉讼法第二百四十六条规定申请执行时效期间的限制。”第517条第2款也规定：“依照前款规定终结执行后，申请执行人发现被执行人有可供执行财产的，可以再次申请执行。再次申请不受申请执行时效期间的限制。”由此可见，终结本次执行裁定并非债务消灭意义上的终结执行，其法律效果相当于中止执行，执行法律关系并未终结，在符合条件之时债权人可随时请求法院恢复执行。[②] 这里的“不受申请执行时效期间的限制”并非指“执行依据所载请求权”成为不适用执行时效的权利，而是指债权人的恢复执行请求不构成中断事由，亦不受时效限制，执行法律关系消灭前时效停止计算。[③]

四、《民法典》第419条中“人民法院不予保护”的法律意义

在明确《民法典》第419条所定仅为主债权诉讼时效期间的经过对于抵押权行使的影响的前提之下，该条中“人民法院不予保护”采用极具司法解释风格之表述,[④] 尚存在“抵押权存在，但不予保护”“抵押权消灭（或不存在），不予保护”等两种文义解释空间。[⑤] 其究为何指，即为法释义学上的解释争论焦点。[⑥]

（一）“人民法院不予保护”的分歧

就此而言，实践中存在以下观点：

第一种观点“不予保护说”认为，抵押权人未在主债权诉讼时效期间行使抵押权的，不予保护，即意味着抵押权人行使抵押权的诉讼请求无法得到支持。有

---

① 参见丁亮华：《民事执行程序注释书（第二版）》，中国民主法制出版社2022年版，第1061页。

② 参见杨巍：《〈民法典〉第196条（不适用诉讼时效的请求权）评注》，载《南大法学》2022年第2期。

③ 参见杨巍：《〈民法典〉第195条评注之一（诉讼外请求、义务承认）》，载《法学家》2021年第4期。

④ 参见王闯：《规则冲突与制度创新——以物权法与担保法及其解释的比较为中心而展开》，载梁慧星主编：《民商法论丛》第40卷，法律出版社2008年版，第295页。

⑤ 参见戴永盛：《论债权之罹于时效与担保物权之存续》，载《法律科学（西北政法大学学报）》2014年第3期；罗帅：《目的论下抵押权期间规则的解释——以〈民法典〉第419条为中心》，载《山东大学学报（哲学社会科学版）》2020年第6期。

⑥ 参见孙超、杨留强：《法律解释方法在民法中的应用分析——以〈物权法〉第202条为对象》，载《湖北社会科学》2010年第9期；郑永宽：《论抵押期间的性质与效力》，载《法学家》2022年第3期。

的裁判进一步判令抵押权人协助抵押人办理注销（涂销）抵押登记手续。

第二种观点“胜诉权消灭说”认为，抵押权人未在主债权诉讼时效期间行使抵押权的，即丧失抵押权受人民法院保护的权利，亦即所谓胜诉权消灭。不过，抵押权“自然存在”的状态也并非意味着抵押权应当永续存在，否则，将不利于抵押财产交易价值的发现和担保秩序的稳定，反而可能会助长抵押权人滥用因物之担保而取得的优势地位，胁迫抵押人在抵押权行使期间结束后仍然承担担保“义务”。“抵押权人未在抵押权诉讼时效期间行使的，丧失胜诉权，但抵押人自愿履行的除外；抵押人在抵押权人胜诉权丧失后，得请求人民法院解除抵押登记。”

第三种观点“抵押权消灭说”认为，抵押权人未在主债权诉讼时效期间行使抵押权的，抵押权消灭，或者免除抵押人的抵押担保责任。其主要理由在于：其一，抵押权行使期间制度的规范目的之一在于督促抵押权人积极地行使抵押权，迅速了结债权债务关系，维系社会经济秩序的稳定。如在主债权罹于时效且主债务人因此取得抗辩权之后，债权人仍可从抵押人处受偿，将使抵押人追偿权的行使与主债务人的诉讼时效抗辩置于两难境地。其二，既然主债权因诉讼时效经过而失去了国家强制力的保护，依附于该债权的抵押权也失去了国家强制力的保护，继续维持抵押登记的存在，就丧失了合法的依据，此时只有令抵押权消灭方能更好地发挥抵押财产的效用。如此，在法律已经规定抵押权的行使期间的情形之下，抵押权人仍长期怠于行使权利，亦无特别加以保护的必要，应使抵押权消灭。有些观点并未认定抵押权消灭，但基于《民商事审判会议纪要》的精神，判决支持抵押人涂销（注销）抵押登记的诉讼请求。

第四种观点“时效抗辩发生说”认为，抵押权人未在主债权诉讼时效期间行使抵押权的，抵押人取得诉讼时效抗辩权，抵押权本身并未消灭。如抵押人自愿履行担保义务或者债权人私力救济成功的，抵押权人仍然可以行使抵押权。《民法典》第419条并未采纳《民商事审判会议纪要》的观点，即表明全国人大立法时对于此类法律问题是否采取涂销抵押登记选择了谨慎的态度，人民法院更不应在裁判时扩大解释。抵押人在一审庭审中仍同意以该抵押物抵偿债务，并未提出诉讼时效抗辩，因此，并未发生超过诉讼时效期间对抵押权不予保护的情形，抵押权并未消灭。

本书作者认为，在将《民法典》第419条所定期间的性质界定为主债权诉讼时效期间的经过对抵押权行使的影响的情形之下，诉讼时效期间经过的法律效果，对于“人民法院不予保护”的解释论展开即深具意义。《民法典》第188条第1款虽然维系了《民法通则》第135条就诉讼时效期间的法律意义的表述——“向人民法院请求保护民事权利的诉讼时效期间”，但是，就诉讼时效期间届满的法律效果却发生了重大的转变。结合《民法通则》第138条的规定，通说上认为，《民法通则》采取的是胜诉权消灭主义，即权利人实体意义上的诉权（胜诉权）消灭，而形式意义上的诉权（起诉权）和实体权利并不消灭。无论当事人是否了解诉讼时效的规定或者是否援引时效抗辩权，人民法院均须依职权主动查明诉讼时效期间是否已经完成。① 结合《民法典》第192条、第193条的规定，《民法典》采取的是抗辩权发生主义，诉讼时效期间届满并不导致实体权利消灭，仅发生义务人取得拒绝履行的抗辩权的效果。该抗辩权尚须由义务人援引，法院不得依职权主动适用，且在诉讼过程中不得释明。② 这一解释论的转向带来的后果是，第188条第1款不再构成诉讼时效期间届满的法律效果规则，而仅为普通诉讼时效的期间规范。换言之，诉讼时效期间届满的法律效果并非当然的是“人民法院不予保护”，尚须结合义务人是否援引时效抗辩权而判断，③ 如义务人不援引时效抗辩权，人民法院应当判决权利人胜诉。④ 如此，《民法典》第419条所规定的“人民法院不予保护”亦应作同一解释。第一种观点“不予保护说”并未就《民法典》第419条“人民法院不予保护”的法律效果明确其司法态度，且未就“人民法院不予保护”与“注销抵押登记”之间的关系展开说理，不足可采。第二种观点“胜诉权消灭说”尚未关注上述制度变迁，亦不足采。实践中，这两种观点均为少数说。

在第三种观点“抵押权消灭说”和第四种观点“时效抗辩发生说”之间，“抵押权消灭说”是目前实践中的主流观点，明显受到《民商事审判会议纪要》以及《最高人民法院公报》上刊载的“王某诉李某抵押合同纠纷上诉案”⑤ 的影响。但是，《民法典担保制度解释》已经否定了《民商事审判会议纪要》所持司法态度。《民法典担保制度解释》第44条第1款将《民法典担保制度解释（征求意见稿）》第43条第1款中的“抵押人在主债权诉讼时效届满后请求注销抵押权登记的，人民法院应予支持”，修改为“抵押人以主债权诉讼时效期间届满为由，主张不承担担保责任的，人民法院应予支持”。其理由在于，“考虑到除斥期间经

---

① 参见江平、张佩霖：《民法教程》，中国政法大学出版社1986年版，第144页；孙亚明主编：《民法通则要论》，法律出版社1991年版，第253～254页；佟柔主编：《中国民法学·民法总则（修订版）》，人民法院出版社2008年版，第233页；谢怀栻：《民法总则讲要》，北京大学出版社2007年版，第201～202页。

② 参见黄薇主编：《中华人民共和国民法典总则编释义》，法律出版社2020年版，第515页；王利明：《民法总则（第三版）》，中国人民大学出版社2022年版，第488～489页；梁慧星：《民法总论（第六版）》，法律出版社2021年版，第259～260页。

③ 参见杨巍：《〈民法典〉第192条、第193条（诉讼时效届满效力、职权禁用规则）评注》，载《法学家》2020年第6期。

④ 参见朱庆育：《民法总论（第二版）》，北京大学出版社2016年版，第543页；杨代雄：《民法总论》，北京大学出版社2022年版，第517页。

⑤ 参见《王某诉李某抵押合同纠纷上诉案》，载《中华人民共和国最高人民法院公报》2017年第7期。

过说确实不完全符合《民法典》第 393 条有关担保物权从属性的规定，尤其是立法机关明确反对，登记主管机关也表示办理此种注销登记缺乏明确依据，最终该司法解释未采纳除斥期间经过说，未对抵押人请求办理注销抵押登记作出规定。”① 因此，“抵押权人未在主债权诉讼时效期间行使抵押权，抵押人请求办理抵押权注销登记的，人民法院不予支持。”②

本书作者赞成“时效抗辩发生说”。抵押权作为担保物权之一种，本无期间限制，但基于其从属于主债权的特性，主债权因罹于时效而效力减弱，自当对抵押权的行使产生影响，已如前述。依据《民法典担保制度解释》第 20 条之规定，《民法典》第 701 条关于保证人可得援引主债务人对债权人的抗辩的规定，亦得适用于物上保证人。如此，在主债权罹于时效之后，抵押人自得援引主债务人对债权人的时效抗辩权，拒绝抵押权人实现抵押权的请求。③ 值得注意的是，有观点认为，时效抗辩权对抗的是债权人的给付请求权，抵押权在性质上是否属于物权，抵押权人行使抵押权之时，抵押人自无法援引主债权诉讼时效经过抗辩权。④ 不过，与具有独立性的用益物权不一样的是，包括抵押权在内的担保物权从属于主债权，如此，所谓担保物权的实现或者行使，均在于使得主债权得以优先受偿。据此，在抵押权人向抵押人行使抵押权之时，抵押人自可就主债权的具体数额、效力状态等援引主债务人对债权人的抗辩，以此确定抵押权是否可得行使以及其优先受偿范围。但时效抗辩权的援引并不具备消灭请求权的效力，更无法发生使具有从属性的抵押权归于消灭的效果。⑤ 抵押权人未在主债权诉讼时效期间内行使抵押权，并不属于《民法典》第 393 条所明定的担保物权的消灭情形，在法律未就此作出明确规定的情形之下，亦不宜将其解释为该条第 4 项“法律规定担保物权消灭的其他情形”之一。⑥ 就此而言，《民法典担保制度解释》第 44 条第 1 款前句后段已予明定，“抵押人以主债权诉讼时效期间届满为由，主张不承担担保责任的，人民法院应予支持”。至于本书前述《民法典担保制度解释》第

① 贺小荣主编：《最高人民法院第二巡回法庭法官会议纪要（第三辑）》，人民法院出版社 2022 年版，第 354 页。

② 贺小荣主编：《最高人民法院第二巡回法庭法官会议纪要（第三辑）》，人民法院出版社 2022 年版，第 354 页。

③ 参见崔建远：《物权：规范与学说——以中国物权法的解释论为中心（第二版）》，清华大学出版社 2021 年版，第 475 页；杨巍：《行使抵押权与主债权诉讼时效之关联——以〈民法典〉第 419 条和司法解释新规定为视角》，载《北方法学》2021 年第 6 期。

④ 参见程啸：《论担保物权之存续期限》，载《财经法学》2015 年第 1 期。

⑤ 参见申海恩：《抗辩权效力的体系构成》，载《环球法律评论》2020 年第 4 期；杨巍：《行使抵押权与主债权诉讼时效之关联——以〈民法典〉第 419 条和司法解释新规定为视角》，载《北方法学》2021 年第 6 期。

⑥ 相反观点，参见张永：《抵押权法定存续期间效力及性质的二重性分析——以〈物权法〉第 202 条为中心》，载《政治与法律》2014 年第 2 期。

44 条第 1 款前句中所出现的解释冲突，可以认为，第 1 款前句前后段系“从正反两面揭示《民法典》第 419 条的文义和适用范围”,[①] 所欲表达的均为“时效抗辩发生说”的观点。

在主债权已经罹于时效的情形之下，主债务人自可放弃时效抗辩权，此时对抵押权的行使造成何种影响，不无疑问。实践中存在完全相反的两种观点：一是主债务人放弃时效抗辩权，重新确认主债务，构成主债权诉讼时效中断的法定事由，亦对抵押人产生法律拘束力。在执行时效期间已经经过的情形之下，被执行人同意偿还，构成执行时效的中断。在重新计算的执行时效期间内，抵押权人自可行使抵押权。二是主债务人放弃时效抗辩权，重新确认主债务，主债权诉讼时效重新起算，但其效力不及于抵押人。本书作者认为，当事人双方就原债务达成新的协议、主债务人在催款通知单上签章等行为构成主债务人对时效抗辩权的放弃。此类债务重新确认的后果是债务人不得再主张原时效抗辩权，诉讼时效重新起算，并非原诉讼时效的中断。[②] 在解释上，主债权时效抗辩权非属主债务人专有，在债权人和主债务人之外的第三人充任抵押人的情形，抵押人并非代主债务人主张，而系基于抵押人之地位以自己名义独立主张该抗辩权。因此，即使主债务人放弃该时效抗辩权，抵押人仍然有权主张。[③] 如主债务人自己充任抵押人之时，主债务人放弃时效抗辩权同样导致主债权诉讼时效重新起算。不过，新起算的诉讼时效仍属于《民法典》第 419 条之“主债权诉讼时效期间”，债权人自可在该期间内行使抵押权。[④]

至于“抵押权消灭说”所关注的抵押人的追偿问题，在第三人提供抵押的情形，主债权因罹于时效而效力减损，主债务人因此取得时效抗辩权。若此时抵押人仍须承担担保责任，其承担担保责任之后自应有权向主债务人追偿,[⑤] 主债务人因时间的经过而本已获得的时效利益即丧失殆尽。[⑥] 采纳“时效抗辩发生说”与“抵押权消灭说”，均可解决抵押人的追偿困境问题，但“抵押权消灭说”无

---

① 崔建远：《物权：规范与学说——以中国物权法的解释论为中心（第二版）》，清华大学出版社 2021 年版，第 475 页。

② 参见杨巍：《行使抵押权与主债权诉讼时效之关联——以〈民法典〉第 419 条和司法解释新规定为视角》，载《北方法学》2021 年第 6 期。

③ 参见罗帅：《目的论下抵押权期间规则的解释——以〈民法典〉第 419 条为中心》，载《山东大学学报（哲学社会科学版）》2020 年第 6 期；曹明哲：《民法典保证人抗辩规则的再体系化》，载《东方法学》2023 年第 1 期。

④ 参见杨巍：《行使抵押权与主债权诉讼时效之关联——以〈民法典〉第 419 条和司法解释新规定为视角》，载《北方法学》2021 年第 6 期。

⑤ 在承认物上保证人的清偿承受权的情形下，该清偿承受权系于主债权，并非新生的权利，自应与主债权适用相同的诉讼时效。参见李潇洋：《论保证人清偿后对主债权的承受》，载《东方法学》2023 年第 1 期。

⑥ 参见高圣平：《论担保物权“一般规定”的修改》，载《现代法学》2017 年第 6 期。

法解释的是，抵押人自愿承担担保责任之时，抵押权人基于何种理由保有其已受领的利益。而在“时效抗辩发生说”之下，既属权利，抵押人自可放弃援引该抗辩权，自愿承受抵押权人行使抵押权、变卖抵押财产的结果。[①] 例如，在主债权已经罹于时效的情形之下，抵押人与抵押权人仍然可以达成实现抵押权的协议，抵押权人仍可据此实现抵押权。[②] 不过，抵押人知道或者应当知道主债权已经罹于时效而仍然承担担保责任，又以诉讼时效期间届满为由请求返还财产的，人民法院不予支持；抵押人承担担保责任后向主债务人追偿的，人民法院不予支持，但是主债务人放弃诉讼时效抗辩的除外。如此，“时效抗辩发生说”在保护主债务人的时效利益与尊重抵押人意思自由之间均能得到合理解释。

（二）“时效抗辩发生说”之下的注销登记请求权

“时效抗辩发生说”之下，抵押权人未在主债权诉讼时效期间行使抵押权的，抵押权并未消灭。如此，标的财产之上的抵押负担仍然存在，已经办理的抵押登记如无从注销，势必影响抵押财产之流转，“抵押权消灭说”所关注的抵押财产的效用发挥问题仍然存在。虽然《民法典》第 406 条明确承认了抵押权的追及效力，改变了《物权法》第 191 条限制抵押财产转让的立法态度，[③] 但是，《民法典担保制度解释》第 43 条和《自然资源部关于做好不动产抵押权登记工作的通知》（自然资发［2021］54 号）赋予禁止或者限制转让抵押财产的约定以登记能力，如此类约定已行登记，虽然抵押财产转让合同并不因此受到影响，但抵押财产的转让并不发生物权变动的效力；如不存在此类约定或者此类约定尚未登记，虽然抵押财产转让的合同效力和物权变动效力均不受影响，但抵押权的追及效力决定着抵押权人可就第三人受让取得的抵押财产主张权利。如此，在正常的商事背景之下，《民法典》对于抵押财产转让的限制甚至强于《物权法》。抵押登记如不注销，即使主债权已罹于时效，（潜在的）交易相对人亦须在登记外观之外履行尽职调查义务，直接影响着交易相对人就抵押财产的交易意愿和交易价格，不合理

① 参见崔建远：《物权：规范与学说——以中国物权法的解释论为中心（第二版）》，清华大学出版社 2021 年版，第 475 页。

② 参见杨代雄：《民法总论》，北京大学出版社 2022 年版，第 520 页。

③ 参见黄薇主编：《中华人民共和国民法典物权编释义》，法律出版社 2020 年版，第 510～511 页；高圣平：《民法典担保制度及其配套司法解释理解与适用》，中国法制出版社 2021 年版，第 765 页。

地提高了交易的风险与成本，严重限制了抵押财产的转让、出租与再融资。[①]“解决这样的问题，不妨在《民法典》第419条的基础上，再设置一抵押权最长的存续期间，该期间届满，抵押权便彻底消灭，即使担保债权仍在，也是如此。”[②] 不过，这是立法论视角的观察。“时效抗辩发生说”之下抵押人是否可得请求注销抵押登记，仍然是解释论上的一大难题。

学说上主要存在以下几种解释路径：其一，“交由当事人自行协商，以兼顾双方利益平衡”。[③] 但在抵押人本可基于时效抗辩权拒绝承担抵押担保责任的情形之下，当事人之间是否可就抵押登记的注销达成协议，尚存疑问。其二，抵押权人因不能请求人民法院保护抵押权，也不能再使抵押登记的存在阻碍抵押人对标的物的利用。抵押人此际自可请求注销抵押登记，其法律依据是《民法典》第220条第1款规定的更正登记：一旦抵押权因主债权诉讼时效期间届满而不再受人民法院保护，即构成登记错误，抵押人自可获得更正登记请求权，请求抵押权人协助办理注销登记。[④] 这里，抵押权不再受人民法院保护，并非仅仅基于抵押权人未在主债权诉讼时效期间内行使抵押权的事实，尚须抵押人援引时效抗辩权。其三，在债权人主张行使抵押权之时，抵押人援引主债务人的时效抗辩权予以拒绝，其基本效力是永久地阻止法院执行抵押财产。[⑤] 此际，“抵押人请求注销抵押登记，不仅包含了援引时效抗辩权意思的延伸，亦是使排除强制执行效力具备公示性的具体路径。”如抵押人放弃时效抗辩权，转而配合债权人完成了行使抵押权的行为，则抵押权仍具强制执行效力，抵押人自无注销抵押登记请求权可言。[⑥] 其四，抵押权作为物权的一种，具有直接支配性和排他性，由此而决定，

---

① 参见周中举、王明成：《主债权诉讼时效届满，担保物权消灭吗？——评〈物权法（草案）〉第199条》，载刘云生主编：《中国不动产法研究（第1卷）》，法律出版社2006年版，第339页；孙超、杨留强：《法律解释方法在民法中的应用分析——以〈物权法〉第202条为对象》，载《湖北社会科学》2010年第9期；景光强：《抵押权行使期间的性质和效力》，载《人民司法》2017年第29期；高圣平：《论担保物权“一般规定”的修改》，载《现代法学》2017年第6期；杨秋宇：《论担保物权存续期限的制度构造——兼评〈中华人民共和国民法典（草案）〉第419条》，载《东北大学学报（社会科学版）》2020年第2期。

② 崔建远：《物权：规范与学说——以中国物权法的解释论为中心（第二版）》，清华大学出版社2021年版，第478页。

③ 申海恩：《抗辩权效力的体系构成》，载《环球法律评论》2020年第4期。

④ 参见最高人民法院民事审判第二庭编：《最高人民法院民法典担保制度司法解释理解与适用》，人民法院出版社2021年版，第400～401页。

⑤ 参见申海恩：《抗辩权效力的体系构成》，载《环球法律评论》2020年第4期；杨巍：《行使抵押权与主债权诉讼时效之关联——以〈民法典〉第419条和司法解释新规定为视角》，载《北方法学》2021年第6期。

⑥ 参见杨巍：《行使抵押权与主债权诉讼时效之关联——以〈民法典〉第419条和司法解释新规定为视角》，载《北方法学》2021年第6期。

抵押权不可能像债权一样，在失去法律强制保护的情况下作为自然债权而存在，同时不妨害他人权利的行使。依据《民法典》第236条“妨害物权或者可能妨害物权的，权利人可以请求排除妨害或者消除危险”之规定，法律上已经不能实现的抵押权会对物的权利人（抵押人）行使物权造成妨害，抵押人有权请求抵押权人注销抵押登记以排除妨害。

本书作者认为，基于《民法典》物权编“物尽其用”“物畅其流”的法政策目标，即使在“时效抗辩发生说”之下，亦可承认抵押人注销抵押登记的请求权。[①] 抵押权的从属性并不表明其效力范围或者强度与主债权完全相同，而仅仅只是强调抵押权的效力范围或者强度不得高于主债权，如此，承认抵押人的注销抵押登记请求权，并不构成对抵押权从属性的违反。不过，抵押人请求注销抵押登记，并非基于抵押权消灭或者主债权罹于时效的法律事实，而是固化抵押人援引时效抗辩权的效果——永久地阻止法院执行抵押财产。如此，抵押人请求注销抵押登记，以其援引时效抗辩权为前提。作为防御性的权利，时效抗辩权的援引尚须以抵押权人主张行使抵押权为前提。由此出现的解释上的疑问在于，在抵押权人尚未主张行使抵押权的情形之下，抵押人是否可得主动请求注销抵押登记。如抵押人以诉讼或者仲裁的方式请求注销抵押登记，抵押权人通常会就抵押权的有效存续或者行使提起反诉（反请求）或者抗辩，此际，抵押人即可援引时效抗辩权，并依其效力请求抵押权人协助注销抵押登记。在学说上，时效抗辩权的援引对请求权可实现性的永久性排除，并不限于对行使请求权本身的拒绝，亦可指向请求权之替代实现手段。[②] 由于作为请求权替代实现手段的抵押权借助登记强化了其对世性，即使抵押权人尚未行使权利，该对世性对抵押人亦产生某种拘束力，在《民法典担保制度解释》允许抵押人援引主债务人的时效抗辩权对抗抵押权的前提下，承认抵押人可于抵押权人尚未行使抵押权时“提前”促成抗辩效力发生具有合理性。[③]

五、《民法典》第419条的类推适用

《民法典》第419条将调整对象限于抵押权，该条所反映的仅仅只是主债权罹于时效对抵押权的影响。但质权、留置权等其他担保物权同样从属于主债权，主债权罹于时效对质权、留置权产生何种影响，不无疑问。学界就《民法典》第419条能否类推适用于其他担保物权存在争议。《民法典担保制度解释》第44条

---

① 参见最高人民法院民事审判第二庭编：《最高人民法院民法典担保制度司法解释理解与适用》，人民法院出版社2021年版，第400页。

② 参见申海恩：《抗辩权效力的体系构成》，载《环球法律评论》2020年第4期。

③ 参见杨巍：《行使抵押权与主债权诉讼时效之关联——以〈民法典〉第419条和司法解释新规定为视角》，载《北方法学》2021年第6期。

第2款和第3款在区分登记型担保物权和非登记型担保物权的基础上，分别规定主债权罹于时效的不同法律效果，但此种规定对于性质共通的担保物权而言，并无裨益。①

（一）《民法典》第419条类推适用的学说争议

第一种观点认为，质权和留置权既不会因主债权罹于时效而受到影响，也不受其他法定的存续期间的限制，亦即《民法典》第419条不能类推适用于其他担保物权。理由在于，动产质权与留置权均属转移占有型担保物权，即使主债权罹于时效，担保财产仍处于担保物权人实际控制之下，权利人此时仍可凭占有处分担保财产以实现优先受偿。② 因此，规定这两类担保物权因主债权诉讼时效届满而消灭，不但对于担保物权人不公，甚至还与债务人不得对超过诉讼时效期间所为的履行请求返还的民法基本理论相悖。③ 况且，有关质权、留置权的行使期间问题，《民法典》已根据各自权利的特点，分别于第437条和第454条作出规定。④ 这些条款实为对《民法典》没有规定主债权诉讼时效对质权、留置权的影响所可能带来的消极后果而采取的另类解决措施。⑤

第二种观点认为，动产质权与留置权等转移占有型担保物权与抵押权同属担保物权，《民法典》第419条自可类推适用。⑥ 理由在于，一是债权人对担保物的占有，不意味着将来必然有权处分，还需满足质权或是留置权的实现条件；⑦ 二是主债权诉讼时效届满，债权人占有担保财产并不意味着债务人放弃时效利益而向债权人清偿；⑧ 三是占有（交付）和登记同为担保物权的公示方法，二者在效

① 自《民商事审判会议纪要》发布以来，就以登记作为公示方法的权利质权准用《物权法》第202条或者《民法典》第419条，学说和裁判中并无争议。准此，本书以下不讨论以登记作为公示方法的权利质权类推适用《民法典》第419条的问题。

② 参见最高人民法院民事审判第二庭编：《最高人民法院民法典担保制度司法解释理解与适用》，人民法院出版社2021年版，第398页。

③ 参见全国人民代表大会常务委员会法制工作委员会民法室编：《物权法立法背景与观点全集》，法律出版社2007年版，第661页；李永锋：《主债权诉讼时效完成后担保物权的效力》，载《人民法院报》2007年5月16日。

④ 参见黄薇主编：《中华人民共和国民法典物权编解读》，中国法制出版社2020年版，第727页。

⑤ 参见刘贵祥：《〈物权法〉关于担保物权的创新及审判实务面临的问题（下）》，载《法律适用》2007年第9期。

⑥ 参见尹田：《物权法（第三版）》，北京大学出版社2022年版，第474页；高圣平：《担保物权的行使期间研究——以〈物权法〉第202条为分析对象》，载《华东政法大学学报》2009年第1期。

⑦ 参见孙鹏：《论担保物权的实行期间》，载《现代法学》2007年第6期。

⑧ 参见张永：《抵押权法定存续期间效力及性质的二重性分析——以〈物权法〉第202条为中心》，载《政治与法律》2014年第2期；杨秋宇：《论担保物权存续期限的制度构造——兼评〈中华人民共和国民法典（草案）〉第419条》，载《东北大学学报（社会科学版）》2020年第2期。

力上不存在高下之分；[①] 四是在债务人以自己之物提供担保时，债权人能够向债务人主张实现担保物权，无异于否定了主债权诉讼时效完成的法律效果。[②]

（二）对《民法典担保制度解释》第44条第2款、第3款的评价

《民法典担保制度解释》在《民商事审判会议纪要》第59条的基础上，于第44条区分了登记型担保物权和非登记型担保物权，分别在第2款和第3款就主债权诉讼时效期间届满对留置权和质权的影响作出了规定。主债权诉讼时效期间经过对于留置权、动产质权和以交付权利凭证作为公示方式的权利质权的行使不发生影响，占有担保财产或者权利凭证的债权人有权继续占有，但是财产被留置的债务人或者所有权人以及出质人有权依据《民法典》第437条和第454条的规定，请求留置权人、质权人及时行使留置权或质权。

本书作者对《民法典担保制度解释》第44条第2款、第3款的规定持否定态度，应将《民法典》第419条的规定一并类推适用于其他担保物权。质权和留置权与抵押权同属担保物权，同样具有从属性，亦一同受主债权诉讼时效的影响。[③] 主要理由在于：

第一，《民法典》第437条第1款规定："出质人可以请求质权人在债务履行期限届满后及时行使质权；质权人不行使的，出质人可以请求人民法院拍卖、变卖质押财产。"第454条规定："债务人可以请求留置权人在债务履行期限届满后行使留置权；留置权人不行使的，债务人可以请求人民法院拍卖、变卖留置财产。"其中，"债务履行期限届满后"在解释上系指质权和留置权的实现条件已经成就。[④] 但"债务履行期限届满后"在文义上是否涵盖"主债权诉讼时效届满后"尚存疑问。在体系解释上，《民法典》第388条"担保合同是主债权债务合同的从合同"所揭示的担保物权的从属性，自然包括质权和留置权。如此，主债权因罹于时效而效力减损，作为从权利的质权和留置权，亦当效力减损。上述条款中"债务履行期限届满后"应限缩解释为"债务履行期限届满之后、主债权诉讼时效届满之前"。对于非以登记为公示手段的质权以及留置权而言，主债权罹于时效，物上保证人既不能主张返还担保财产，又不能主张时效抗辩权，其所承担的担保责任甚至重于主债务人，有违担保物权的从属性。

---

① 参见孙鹏：《论担保物权的实行期间》，载《现代法学》2007年第6期；杨秋宇：《论担保物权存续期限的制度构造——兼评〈中华人民共和国民法典（草案）〉第419条》，载《东北大学学报（社会科学版）》2020年第2期。

② 参见孙鹏：《论担保物权的实行期间》，载《现代法学》2007年第6期。

③ 参见高圣平：《担保法前沿问题与判解研究（第4卷）》，人民法院出版社2019年版，第169页。

④ 参见黄薇主编：《中华人民共和国民法典物权编释义》，法律出版社2020年版，第578页、第619~620页；最高人民法院民法典贯彻实施工作领导小组主编：《中华人民共和国民法典物权编理解与适用》，人民法院出版社2020年版，第1220、1307页。

第二，主债权诉讼时效期间届满对担保物权的影响，不应以公示方法的不同而分别规定不同的法律效果。《民法典》就登记和交付等两种公示方法维持价值中立的立场，并不赋予某一登记方法更为优先的效力。例如，同一动产之上抵押权和质权竞存之时，依《民法典》第415条之规定，效力上并不以登记为尊，而是将登记与交付等量齐观。有观点认为，《民法典》第437条第1款和第454条的规定基于质权人和留置权人占有标的财产的事实，容忍债权人不及时行使质权和留置权，如规定债权人未在主债权诉讼时效期间内行使质权和留置权则人民法院不予保护，出质人和债务人据此取回标的财产，对于质权人和留置权人而言有失公允。[①] 依据《民法典》的规定，债权人占有标的财产，既是质权和留置权发生物权变动效力的生效要件，也是债权人维系其就标的财产的质权或者留置权效力的要件。在主债权罹于时效之时，债权人虽然在物上担保人放弃其时效抗辩权之时有权保有物上担保人的履行利益，但债权人继续占有标的财产的事实并不意味着物上担保人放弃其时效利益，也不意味着物上担保人对债务的履行或者对担保责任的承担。[②] 债权人怠于行使其担保物权，自应承受相应的不利后果，此时令出质人或者债务人行使所有物返还请求权，自无所谓有失公允问题。出质人请求债权得不到实现的质权人返还质物，与抵押人请求债权同样得不到实现的抵押权人配合注销抵押登记，二者在法政策上应作相同评价。由此，《民法典担保制度解释》第44条第3款将非登记型担保物权排除在参照适用抵押权行使期间的规定之外，不具有正当性。

第三，在债务人交付自己之物以为出质或者留置的情形，主债权罹于时效，出质人或者财产被留置的债务人作为主债务人自可援引时效抗辩权，但作为物上担保人却不享有时效抗辩权。这实际上否定了债务人因主债权罹于时效本已获得的时效利益。在就同一债权既有第三人提供的不动产抵押又有第三人提供的动产质押的情形之下，主债权罹于时效之时，抵押人可以行使注销登记请求权，但出质人却须向债权人请求行使质权，债权人不行使的，还须请求法院拍卖、变卖质押财产，并不享有时效利益。如此即出现评价冲突。

第四，非登记型担保物权作为物权，在其内容存在漏洞时，只要不违反效力性强制性及担保物权本身的性质，对于物权的内容可以按照法律所规定的内容进

---

① 参见黄薇主编：《中华人民共和国民法典物权编释义》，法律出版社2020年版，第578页、第619～620页；最高人民法院民法典贯彻实施工作领导小组主编：《中华人民共和国民法典物权编理解与适用》，人民法院出版社2020年版，第1221页；林文学、杨永清、麻锦亮、吴光荣：《〈关于适用民法典有关担保制度的解释〉的理解和适用》，载《人民司法·应用》2021年第4期。

② 参见张永：《抵押权法定存续期间效力及性质的二重性分析——以〈物权法〉第202条为中心》，载《政治与法律》2014年第2期。

行类推解释。[①] 在我国《民法典》就担保物权的体系化整合不足以及立法简约的态势之下，担保物权规则之间的类推适用绝非少数。例如，为及时清结法律关系，并防免担保财产的价值贬损，《民法典》第437条第1款和第454条规定，出质人、财产被留置的债务人或者所有权人，有权请求债权人及时行使质权或者留置权，在债权人不行使时，还有权请求人民法院拍卖、变卖担保财产。但《民法典》并未明定抵押人亦享有如上权利。“若债务履行期届满后债务人无力清偿债务，抵押权人又不对抵押物进行变现，则可能导致债务人承担高额的逾期利息，而且抵押物的变现价格也受到市场影响，因此，为了平衡抵押人和抵押权人之间的利益关系，应当允许抵押人基于对自身利益的判断，当其就抵押物的变现无法与抵押权人协商一致时，请求人民法院拍卖、变卖抵押财产。”[②] 据此，《民事诉讼法解释》第359条将《民事诉讼法》第203条规定的“其他有权请求实现担保物权的人”，解释为“包括抵押人、出质人、财产被留置的债务人或者所有权人等”，是为类推适用的明证。有鉴于此，《民法典》第437条第1款和第454条的规定是可得适用于所有担保物权的担保人权利保全规则，不宜将其解读为仅适用于所谓因不受主债权诉讼时效影响的质权和留置权的规则。如此，以《民法典》已就质权和留置权设定了专门的担保人权利保全规则为由而否定其再受主债权诉讼时效的影响的观点，即无正当性。

准此以解，质权和留置权是否受主债权诉讼时效的影响，即可类推适用《民法典》第419条的规定，即质权人、留置权人应当在主债权诉讼时效期间行使质权、留置权；未行使的，出质人、财产被留置的债务人或者所有权人可以拒绝质权人、留置权人行使担保物权的请求。为固化物上担保人援引时效抗辩权的效果，物上担保人自可行使所有物返还请求权。

六、小结

《民法典》第419条在法教义学上的展开，既涉及主债权罹于时效的法律效果，也涉及抵押权的从属性，还涉及该条规范目的的实现。正是主债权罹于时效的法律效果在《诉讼时效规定》前后的变化、抵押权从属性在《民法典》置重担保物权的保全功能之下的坚守，才导致第419条解释论上的重大分歧。在《民法典》所确立的物权体系之中，担保物权系他物权、定限物权之一种。与所有权的无期限性相比，担保物权为有期限物权，否则无法说明所有权的完整性和回复力。但与用益物权相比，担保物权并不具有独立性，而仅作为主债权的从权利而

---

① 参见孙宪忠：《中国物权法原理》，法律出版社2004年版，第145页。

② 最高人民法院民法典贯彻实施工作领导小组主编：《最高人民法院新民事诉讼法司法解释理解与适用》，人民法院出版社2022年版，第793~794页。

存在。由此而决定，担保物权的期限性不同于用益物权之处在于，作为从属性的权利，担保物权本身并不适用独立的期间制度，而仅受主债权诉讼时效期间的影响。就《民法典》第419条的形成，大致可以得出抵押权不得永续存在但仅受从属性之下主债权效力状态的影响的结论。如此，主债权因罹于时效而效力减损，抵押权随之效力减损，抵押人自可援引主债务人对债权人的时效抗辩权对抗抵押权人实现抵押权的权利主张。此时，抵押权并不消灭，仅使抵押人永久地拒绝承担抵押担保责任。抵押权消灭说在行为模式上以法律绝对假定方式认定抵押人不愿承担抵押担保责任，在法律后果上采目的性限缩方法排除抵押权不消灭情形，[①]不当地排除了抵押人自愿承担抵押担保责任的意思自由，人民法院不待抵押人主张即须就主债权诉讼时效期间是否经过进行审查，直接导致债权人实现债权的不同选择之间的时效规则适用冲突。不过，抵押登记的持续存在，导致抵押权的权利外观与实际的权利现状不一致，滞碍了抵押财产的转让、出租和再融资。为固化抵押人援引时效抗辩权的效果，赋予抵押人注销登记请求权，既有利于维护交易相对人对登记外观的合理信赖，又有利于实现《民法典》第419条的规范目的。

① 参见罗帅：《目的论下抵押权期间规则的解释——以〈民法典〉第419条为中心》，载《山东大学学报（哲学社会科学版）》2020年第6期。

论保证人追偿权的发生与行使
——基于裁判分歧的展开和分析

保证人追偿权的发生依据在于保证人与主债务人之间的委托合同或者无因管理关系，保证人向主债务人提起追偿权诉讼的管辖法院原则上据此而确定，借款担保合同中就借款合同和担保合同纠纷的主管和管辖法院的约定不能拘束保证人追偿权纠纷。保证人追偿权的效力范围并不限于保证人承担的保证责任或者赔偿责任，还视具体情形包括保证人为承担保证责任而支付的必要费用、代偿金额的利息（资金占用费）等。保证人承担的保证责任或者赔偿责任超过主债务范围的，保证人向主债务人追偿时主债务人可主张相应的抗辩，以使其不超过主债务人的免责范围。与保证人的清偿承受权一样，保证人行使追偿权也不得损害债权人的利益。涉及保证合同的生效判决所确定的保证人追偿权判项仅具宣示意义，未经进一步的诉讼程序或者非讼程序明确保证人的追偿范围，不能作为执行依据。

一、问题的提出

在保证法律关系中，当主债务人不履行到期债务或者发生当事人约定的情形时，债权人自可请求保证人承担保证责任。[①] 保证人承担保证责任虽系履行其自身基于保证合同所生的保证债务，但通常将导致主债务人相应地免责。如此，保证人承担保证责任实质上是履行主债务人的债务，自得向主债务人追偿。[②] 我国民事立法自《担保法》起即规定保证人对主债务人的追偿权，以之为维护保证人利益的重要手段。[③] 《最高人民法院关于适用〈中华人民共和国民法典〉有关担保制度的解释》（法释〔2020〕28 号，以下简称《民法典担保制度解释》）第 18

---

① 我国《民法典》上同时使用“保证责任”和“保证债务”。从债法上“债务”和“责任”的区分来看，保证合同的生效仅在债权人与保证人之间产生保证债权债务关系，在保证债权可得行使之时，债权人自可请求保证人履行保证债务。不过，保证债务的内容在解释上包括代为履行主债务和代为承担主债务不履行的赔偿责任。如此，所谓“保证人承担保证责任”，严谨的表达应是“保证人履行保证债务”。本书在相同意义使用这两种表达。但涉及转述法条内容之时，维系法条本身的表述。

② 参见王利明：《合同法研究（第 4 卷）（第二版）》，中国人民大学出版社 2017 年版，第 289 页。

③ 广义上的保证人追偿权，既包括保证人对主债务人的追偿权，也包括保证人对其他共同担保人的追偿权。本书所称“保证人追偿权”仅指前者。

条第1款在《民法典》的基础上明确，“承担了担保责任或者赔偿责任的担保人，在其承担责任的范围内向债务人追偿的，人民法院应予支持。”不过，《民法典》及《民法典担保制度解释》未进一步细化保证人追偿权的适用规则，直接导致了司法实践中对保证人追偿权问题上的解释分歧。

二、保证人追偿权的发生依据

（一）法律直接规定抑或基础法律关系

保证人追偿权，学说上又称保证人求偿权，[①] 是指保证人承担保证责任或者赔偿责任之后，可以向主债务人请求偿还的权利。[②] 实定法上，我国《民法典》于两处规定了保证人的追偿权。其一，第392条最后一句规定：“提供担保的第三人承担担保责任后，有权向债务人追偿。”这里，虽然该条所规范的是保证人与物上担保人之间的关系，但在解释上，保证人和物上保证人（提供抵押担保或者质押担保的第三人）均属该句“提供担保的第三人”的文义涵摄范围。其二，第700条前句规定：“保证人承担保证责任后，除当事人另有约定外，有权在其承担保证责任的范围内向债务人追偿”。相较前者，《民法典》第700条就保证人的追偿权增加了两个限定：“除当事人另有约定外”“在其承担保证责任的范围内”。如此即产生解释上的疑问：保证人的追偿权是基于法律规定而直接发生的（前者），仅须保证人承担保证责任这一构成，即产生保证人取得追偿权的效果；抑或保证人的追偿权产生于保证人与主债务人之间的基础法律关系（原因关系），如保证人与主债务人之间另有约定，保证人即无法取得追偿权。

从立法史观察，《民法典》第392条来源于《物权法》第176条，除将“要求”修改为“请求”之外，未作修改。《物权法》第176条最后一句“提供担保的第三人承担担保责任后，有权向债务人追偿”，则来自《担保法》第57条、第72条的规定，并与《担保法》第31条保持一致。[③] 在《物权法》第176条规定

---

① 值得注意的是，《民法典》第392条和第700条使用的是“追偿”而非“求偿”，一是因为更符合中国人的心理，有助于对主债务人造成心理上的压力（参见邓曾甲：《中日担保法律制度比较》，法律出版社1999年版，第117页）；二是基于对最终责任承担者的确认。这里的“追偿权”实为担保人与主债务人之间的求偿权。参见张尧：《论担保人的求偿权——以担保人对主债务人的求偿权为中心》，载肖海军主编：《岳麓法学评论》第7卷，湖南大学出版社2012年版，第162页。

② 参见郭明瑞：《担保法（第二版）》，法律出版社2004年版，第50页；王利明：《合同法研究（第4卷）（第二版）》，中国人民大学出版社2017年版，第289页；黄薇主编：《中华人民共和国民法典合同编释义》，法律出版社2020年版，第514页；崔建远：《论保证规则的变化》，载《中州学刊》2021年第1期。

③ 《担保法》第57条规定：“为债务人抵押担保的第三人，在抵押权人实现抵押权后，有权向债务人追偿。”第72条规定：“为债务人质押担保的第三人，在质权人实现质权后，有权向债务人追偿。”第31条规定：“保证人承担保证责任后，有权向债务人追偿。”

了物上保证人的追偿权之后，其抵押权、质权等章即不再出现《担保法》的前述规定。解释论上有观点认为，保证人的追偿权来源于法律的直接规定，具有法定性，无须再从保证合同的原因关系中寻找请求权基础。[①] 本书作者以为，在体系解释上，就保证人追偿权的发生与行使，在《民法典》第392条与第700条之间，自应适用第700条的明确规定。《民法典担保制度解释》第20条规定："人民法院在审理第三人提供的物的担保纠纷案件时，可以适用民法典……第七百条……等关于保证合同的规定。"据此，物上保证人追偿权的发生与行使，亦应准用《民法典》第700条的规定。如此可以认为，保证人追偿权的发生是基于保证人与主债务人之间的基础法律关系。[②]

《民法典》第700条的但书规定表明，保证人在"当事人另有约定"时无权向主债务人追偿。由此，保证人与主债务人关于其基础法律关系的特别约定可以阻却保证人追偿权的发生。具体而言，保证人与主债务人之间系赠与关系时，保证人对主债务人则无追偿权；[③] 保证人与主债务人之间系委托关系或无因管理关系时，保证人对主债务人享有追偿权。[④] 担保实践中，担保公司为主债务人提供有偿担保服务，往往会单独与主债务人订立委托担保合同，其中大多含有追偿权

---

① 参见邹海林、常敏：《债权担保的理论与实务》，社会科学文献出版社2005年版，第95页；费安玲、龙云丽：《信用担保人权利救济之研究——以保证人权利制度完善为研究视角》，中国政法大学出版社2013年版，第136页。

② 全国人大常委会法制工作委员会民法室的释义书也认为："如果保证人系基于主债务人的委托而产生的，那么保证人和主债务人之间的关系属于委托合同关系，应适用委托合同规范处理。""如果保证人和主债务人之间为无因管理关系，保证人承担保证责任符合法律规定、社会常理及主债务人意见的，那么，保证人就此支付的成本、利息和必要费用可请求主债务人偿还，如有损害尚可请求赔偿。"黄薇主编：《中华人民共和国民法典合同编释义》，法律出版社2020年版，第514～515页。同一观点，参见谢鸿飞、朱广新主编：《民法典评注·合同编·典型合同与准合同（2）》，中国法制出版社2020年版，第122页（夏昊晗执笔）。

③ 即使是在商业有偿性担保中，担保人可能基于与主债务人未来进行商业合作、与主债务人进行债务抵销等考量，放弃担保人追偿权，这种商业安排不涉及公序良俗，应当承认其效力。参见最高人民法院民法典贯彻实施工作领导小组主编：《中华人民共和国民法典合同编理解与适用》（二），人民法院出版社2020年版，第1393页。

④ 在比较法上，《美国保证法重述》（第三次）第22条与第26条分别规定了债务人对保证人的偿还义务（duty to reimburse）与返还义务（restitution），前者来源于双方的明示或默示合同；后者则发生于双方无合同关系时，通常是主债务人不知道保证人的存在。在英国法，如果保证人履行保证债务是基于主债务人的请求，则其追偿权的基础是双方的合同关系；如果并非基于主债务人的请求，保证人追偿权的基础只能是返还关系。See Wayne Courtney, John Phillips & James O' Donovan, *The Modern Contract of Guarantee*, Third Edition, Sweet & Maxwell, 2016, pp. 688－690. 在德国法上并无保证人追偿权的专门规则，原因是可以适用委任和无因管理规则。参见［德］梅迪库斯：《德国债法分论》，杜景林、卢谌译，法律出版社2007年版，第424页。

的约定，以此作为实现风险控制的工具之一。①

（二）借款担保合同中关于管辖法院的约定能否拘束保证人追偿权纠纷

信贷实践中，债权人、主债务人与保证人一同签订三方协议的情形并不少见。其中约定债权人向主债务人提供借款，保证人为债权人提供担保；当债务人不履行债务或发生约定情形时，债权人有权要求保证人履行保证债务。但一般不会专门约定保证人对于主债务人的追偿权。当保证人以追偿权纠纷为案由将主债务人诉至法院主张偿还代偿债务时，主债务人通常会提出管辖权异议，双方就追偿权纠纷的地域管辖产生争议。实践对此主要呈现出以下两种观点：

一种观点认为，保证人与主债务人之间的追偿关系产生于保证人与主债务人之间的基础法律关系，而非借款担保合同。因此，借款担保合同关于地域管辖的约定不及于保证人与主债务人的追偿纠纷，追偿权纠纷的地域管辖应当依据保证人与主债务人之间的基础法律关系而确定。如保证人与主债务人之间在委托担保合同之中约定了或者专门约定了追偿权纠纷的地域管辖，即可据此确定管辖法院。如保证人与主债务人之间未有管辖约定或约定不明，法院应依据《民事诉讼法》第23条、《最高人民法院关于适用〈中华人民共和国民事诉讼法〉的解释》（法释〔2022〕11号修正）（以下简称《民事诉讼法解释》）第18条第2款的规定，以合同履行地（接受货币的一方，即保证人）或被告（即主债务人）住所地确定地域管辖。

另一种观点认为，既然债权人、主债务人以及保证人均为借款担保合同的当事人，表明其就约定管辖条款达成合意，约定管辖条款对追偿权法律关系亦生效力。保证人不是主债权债务关系的当事人，而只是“代为履行债务或代负赔偿责任”的第三人，当保证人使主债务在相应范围内消灭之时，基于法定的债权转让，保证人便承受债权人的地位，而对主债务人行使债权人之权利。既属债权的法定转让，债权人与主债务人之间的管辖约定亦随债权转让而约束保证人。②

以上分歧的原因在于对保证人追偿权发生依据的不同理解。本书作者赞成第一种观点。

第一，保证人追偿权的发生依据在于保证人与主债务人之间的基础法律关系。虽然《民法典担保制度解释》第21条规定，“担保合同纠纷”根据主合同确定管辖法院，但借款合同、担保合同以及追偿权关系分属不同的法律关系。借款合同法律关系的主体是债权人与主债务人；担保合同法律关系的主体是债权人与

---

① 参见云南省高级人民法院（2019）云民辖30号民事裁定书；安徽省高级人民法院（2019）皖民辖终41号民事裁定书；江苏省高级人民法院（2021）苏民辖终23号民事裁定书。

② 参见李志刚、高圣平、肖建国、田朗亮、章恒筑：《借款担保格式合同中的特约管辖与追偿权诉讼》，载《人民司法》2022年第7期。

保证人；追偿权法律关系的主体则是保证人与主债务人。此处存在三对不同的法律关系，保证人追偿权纠纷发生于保证人与主债务人之间，但如借款担保合同仅为借款合同和担保合同之联立，不涉及主债务人与保证人之间的基础法律关系，则不能以三方均为借款担保合同的当事人，就当然地认为借款担保合同中约定了保证人与主债务人之间的基础关系、借款合同或担保合同是保证人追偿权的发生依据，进而认为保证人追偿纠纷受借款担保合同的管辖权约定的约束。①

第二，依据《民法典》第700条、《民法典担保制度解释》第20条的规定，保证人为履行保证债务而对债权人为清偿或其他消灭债务的行为，导致主债务人对债权人免责的，保证人同时享有追偿权与清偿承受权。追偿权系保证人自己对主债务人的权利，属于新成立的权利；清偿承受权系保证人承受债权人对于主债务人的债权，保证人承受取得的实为债权人原有的权利，并非新成立的权利。二者同时并存，保证人自可选择行使追偿权，亦可于承受债权之后，行使原债权人的权利。二者为请求权竞合，其中一种权利因行使而达目的之时，则另一种权利于所达目的的范围内即归消灭。② 因此，保证人的追偿权与清偿承受权有不同的发生依据，如保证人选择行使追偿权，自不能再以清偿承受权作为确定保证人追偿权纠纷地域管辖法院的解释前提。

《民法典》第700条明确了保证人追偿权，但在解释上仍受保证人与主债务人之间的基础法律关系的影响。具体而言，如主债务人委托保证人提供担保，保证人追偿权基于委托合同而产生，适用《民法典》第919条至第936条关于委托合同的规定处理；如保证人并无提供保证义务，保证人与主债务人之间可能成立无因管理关系，此时应适用《民法典》第979条至第984条关于无因管理的规定处理；③ 如保证人出于赠与的意思为主债务提供担保，依据《民法典》第657条的规定，保证人则对主债务人不享有追偿权。

（三）保证人追偿权关系的当事人

保证人追偿权是保证人在代偿主债务后保障自身利益的权利，追偿权行使对象应是因代偿而获益的主债务人。如此，保证人和主债务人是保证人追偿权关系

---

① 早在罗马法时期学理即已明确，保证人不是根据保证合同拥有诉权，清偿了债务的保证人要针对债务人提出要求，必须有诸如委托或无因管理之类的根据。参见［意］彼得罗·彭梵得：《罗马法教科书》（2017年校订版），黄风译，中国政法大学出版社2018年版，第278页；［英］巴里·尼古拉斯：《罗马法概论》，黄风译，法律出版社2021年版，第239～240页。

② 参见邱聪智：《新订债法各论》（下），姚志明校订，中国人民大学出版社2006年版，第399页；林诚二：《民法债编各论》，中国人民大学出版社2007年版，第249页；刘春堂：《民法债编各论（修订版）》（下），2012年作者自版，第373页。

③ 参见崔建远：《论保证规则的变化》，载《中州学刊》2021年第1期；黄薇主编：《中华人民共和国民法典合同编释义》，法律出版社2020年版，第514～515页。

的当事人。但在借名贷款的情形下，借款担保合同或者委托担保合同中的主债务人仅作为融资平台的名义借款人。此时应秉持穿透式审判思维认定实际借款人，确定保证人追偿权的对象。[①] 实践中，应当结合案件的证据情况，考察实际借款人与名义借款人的内部协议、[②] 是否向债权人或保证人披露名义借款人或借名贷款情形等因素。如有的观点认为，虽然保证人提交了以名义借款人个人名义办理贷款的股东会决议，但该决议上仅有作为股东的名义借款人签字与公司公章，不能仅以此认定公司为实际借款人，还需要结合其他证据予以综合判断。

三、保证人追偿权的行使条件

《民法典》第700条及《民法典担保制度解释》第18条第1款规定，承担了保证责任的保证人，有权在其承担责任的范围内向主债务人追偿。保证人追偿权的行使应当具备一定的条件，前述规定仅有保证人承担了保证责任这一个要件，有观点即认为，只要保证人承担了保证责任即取得对主债务人的追偿权。[③] 但结合《民法典》的相关条文，保证人追偿权的行使应当具备以下条件。

（一）保证人已经承担保证责任或者赔偿责任

1. “保证人已经承担保证责任”的认定

在保证人向债权人承担保证责任之前，保证人对主债务人有将来之追偿权，并非既得权，不得对主债务人主张。保证人承担保证责任之后，债权人与保证人之间保证债务得以消灭，主债务在相应的范围内亦对债权人消灭，保证人对主债务人的追偿权即转化为既得权，始可向主债务人行使。[④] 保证人的追偿，必须限于保证人的给付致使有偿地消灭主债务人对债权人的债务的情形。依据《民法典》第557条规定的债权消灭情形，保证人承担保证责任并不以清偿保证债务为限，在解释上，以物抵债、提存、抵销等方式均无不可，但须以有偿方式承担保证责任，[⑤] 在后果上表现为保证人自身财产的减少或负债的增加。实践中，有的保证人以自有的股权向债权人以物抵债，或者保证人与债权人另行达成和解协议而使保证人对债权人负债的，实践中均认可保证人已承担保证责任。倘若保证人毫无给付，仅因其尽力致使主债务消灭，如说服债权人，使债权人免除主债务人

---

① 参见周春梅：《借名贷款中担保追偿权的行使对象》，载《人民司法》2020年第11期。

② 如兼为保证人的实际借款人与名义借款人约定就所借款项按比例使用，则保证人在履行保证债务之后仅能向名义借款人追偿其实际使用比例的部分。

③ 参见刘保玉、吕文江：《债权担保制度研究》，中国法制出版社2000年版，第167页。

④ 参见邹海林、常敏：《债权担保的理论与实务》，社会科学文献出版社2005年版，第95页。

⑤ 参见程啸：《保证合同研究》，法律出版社2006年版，第288页；崔建远：《论保证规则的变化》，载《中州学刊》2021年第1期。

的债务，则不得向主债务人追偿。[①]

值得注意的是，实践中有观点认为，保证人行使追偿权并不以保证人实际承担保证责任为前提，如生效裁判或者民事调解书已然确定保证人应承担相应的保证责任，法律上关于“保证人承担保证责任后”的规定，应限缩解释为“在主债务履行期届满之日后保证期间内，非经诉讼程序保证人履行保证责任后”。因此，案涉保证人不必等到实际承担保证责任之后即可行使追偿权。[②] 本书作者认为，即使保证人的保证责任已经生效裁判或者民事调解书确认，保证人的清偿能力尚不确定，但只要保证人未实际承担保证责任，保证债务并未消灭，也就不发生使债权人对主债务人的债权得以消灭的后果，保证人的追偿权自无由发生。在债权人仅起诉连带责任保证人的情形之下，即使取得胜诉裁判，其胜诉债权是否可得经由保证人责任财产的强制执行程序得以完全清偿，尚不得而知。债权人如未获足额清偿，尚可就剩余债权向主债务人求偿。此时，保证人仅得就其承担保证责任的部分取得追偿权，并无权就其未承担责任的部分向主债务人追偿。在债权人同时起诉主债务人与连带责任保证人的情形之下，债权人自可基于生效裁判就主债务人和保证人的责任财产强制执行，保证人也仅在其承担保证责任的范围内向主债务人追偿。

2. “保证人已经承担赔偿责任”的情形

担保人在担保合同无效且其具有过错时，担保人向债权人承担的赔偿责任是否属于担保人追偿权的范围？《民法典》第682条第2款规定：“保证合同被确认无效后，债务人、保证人、债权人有过错的，应当根据其过错各自承担相应的民事责任。”此处的“相应的民事责任”是指缔约过失责任，赔偿范围是债权人相信保证合同有效但实际上却无效所受的损失，即信赖利益的赔偿。[③] 对此，有观点主张，过错责任是当事人因其自身的过错而承担的责任，担保人应自担其责而不应再向主债务人追偿。[④] 不过，《民法典担保制度解释》第18条第1款肯定了此时担保人对主债务人的追偿权，原因在于：保证人缔约过失赔偿责任的承担是基于担保关系而产生，在性质上仍为代偿责任，主债务人是最终责任人，不允许

---

① 参见黄薇主编：《中华人民共和国民法典合同编释义》，法律出版社2020年版，第514页。

② 参见汪云林：《保证人未完全承担保证责任不影响行使追偿权》，载《人民司法》2014年第12期。

③ 参见崔建远：《我国担保法的解释与适用初探》，载《吉林大学社会科学学报》1996年第2期。

④ 参见程啸：《主合同无效时担保人的责任问题——兼评最高人民法院〈担保法解释〉第8、9条》，载《法学论坛》2005年第6期。

追偿不符合公平原则。[①] 由此可见，保证人追偿权的发生不仅限于保证人实际承担了保证责任，还包括保证人实际承担了保证合同无效时赔偿责任。[②]

3. 主债务人破产时的例外

在特殊情形之下，保证人即使并未承担保证责任或者赔偿责任，仍然可以行使追偿权，此即保证人追偿权的预先行使。保证人追偿权旨在弥补保证人因承担保证责任所受损失，但在主债务人破产的情形下，如保证人待债权人自主债务人破产财产分配完毕之后再承担担保责任，主债务人已无任何财产可用以清偿债务，保证人的追偿权也就无法实现。法律为避免保证人承担保证责任后不能实现追偿权，特别规定了保证人追偿权的预先行使制度，以使保证人在主债务人进入破产程序时，可在未承担保证责任之前即向主债务人就其将要承担的保证责任向主债务人追偿。对此，《企业破产法》第51条第2款规定："债务人的保证人或者其他连带债务人尚未代替债务人清偿债务的，以其对债务人的将来求偿权申报债权。但是，债权人已经向管理人申报全部债权的除外。"如此，保证人追偿权的预先行使以债权人未申报被担保债权为前提。《民法典担保制度解释》第24条规定："债权人知道或者应当知道债务人破产，既未申报债权也未通知担保人，致使担保人不能预先行使追偿权的，担保人就该债权在破产程序中可能受偿的范围内免除担保责任，但是担保人因自身过错未行使追偿权的除外。"

保证人预先行使追偿权，直接关系保证人承担保证责任后所受损失的补偿，而预先行使追偿权又以保证人在债权申报期限内知道债权人不申报债权为前提，因此，债权人应在债权申报期内的适当时间将其不申报债权的意思告知保证人。依照《企业破产法》第56条的规定，虽然债权人在破产财产最后分配前可以补充申报，但对此前已经进行的分配不得再请求补充分配，由此，保证人预先行使追偿权即受限制，补充申报阶段的保证人也就可以依据《民法典担保制度解释》第24条在相应的范围内主张免责。实践中，债权人在提起担保纠纷诉讼时，保证人依然可以预先行使追偿权，亦可视为债权人在客观上通知了保证人。[③] 如债权人在其知道或者应当知道主债务人破产后，既不申报债权，又不通知保证人，导致保证人错过债权申报期限而未能预先从主债务人破产财产中得到补偿的，保证

① 参见李国光等：《最高人民法院关于适用〈中华人民共和国担保法〉若干问题的解释理解与适用》，吉林人民出版社2000年版，第77页；曹士兵：《中国担保制度与担保方法》（第四版），中国法制出版社2017年版，第105～106页；最高人民法院民事审判第二庭编：《最高人民法院民法典担保制度司法解释理解与适用》，人民法院出版社2021年版，第214～215页。

② 参见曹士兵：《关于担保人的追偿权》，载最高人民法院民事审判第二庭编：《经济审判指导与参考·第4卷》，法律出版社2001年版，第78页；崔建远：《论保证规则的变化》，载《中州学刊》2021年第1期。

③ 参见安徽省淮南市中级人民法院（2020）皖04民终1355号民事判决书。

人如及时申报债权可从破产财产中受偿的范围内免责。[①] 同时，保证人免除保证责任以其没有过错为前提，如保证人因自身过错未行使追偿权，则不能免除保证责任。[②]

鉴于破产程序的特殊性，“任何实质上源于同一债务的普通债权，在破产程序中只能得到与其他普通债权相同的受偿比率，而不能得到二次清偿，并因此得到高于其他普通债权人的清偿比率”，[③]《民法典担保制度解释》第23条第3款后句规定，“担保人承担担保责任后，向和解协议或者重整计划执行完毕后的债务人追偿的，人民法院不予支持。”禁止担保人向和解后或重整后的主债务人追偿。而且，当主债务人、保证人均进入破产程序时，债权人向主债务人、保证人均申报全部债权的，《最高人民法院关于适用〈中华人民共和国企业破产法〉若干问题的规定（三）》(法释〔2020〕18号修正）第5条第2款中规定：“保证人履行保证责任后不再享有求偿权”。

（二）因保证人承担保证责任而使主债务人全部或者部分免责

保证人履行保证债务的效力及于主债务，保证人履行保证债务实际上发生代偿主债务的效力。虽然保证债务发生于债权人与保证人之间的保证合同，独立于债权人与主债务人之间的主债权债务关系，但保证债务从属于主债务，保证人履行保证债务之时，通常的效力是主债务人在相应的范围内对债权人免责。[④] 所谓使主债务人免责，是指主债务人对债权人的债务因保证人履行保证债务而消灭，主债务人不再负有向债权人履行债务的责任，[⑤] 并非指主债权债务关系消灭。在承认保证人清偿承受权的情形之下，保证人履行保证债务的法律效力除了消灭保证债权债务关系之外，仅能在保证人承担保证责任的范围内相对地消灭债权人与主债务人之间的主债权债务关系，主债权债务关系仍然存在于保证人与主债务人

---

① 参见浙江省瑞安市人民法院（2017）浙0381民初9440号民事判决书。

② 参见江苏省南京市秦淮区人民法院（2014）秦商初字第278号民事判决书；河南省漯河市郾城区人民法院（2020）豫1103民初1021号民事判决书；江苏省宿迁市中级人民法院（2021）苏13民终4235号民事判决书。

③ 最高人民法院在答复山东省高级人民法院《关于代为清偿的连带债务人是否有权向破产和解的债务人继续追偿问题请示的复函》(〔2010〕民二他字第15号）指出：“债权人如果已在主债务人的破产和解或者重整程序中全额申报了债权，其未得清偿的部分可以向保证人或者连带债务人主张。但保证人或连带债务人履行完剩余的清偿义务后，由于对于任何实质上源于同一债务的普通债权，在破产程序中只能得到与其他普通债权相同的受偿比率，而不能得到二次清偿，并因此得到高于其他普通债权人的清偿比率；因此，保证人或连带债务人承担清偿责任后不得向破产和解、破产重整的债务人追偿。”

④ 参见张尧：《论担保人的求偿权——以担保人对主债务人的求偿权为中心》，载肖海军主编：《岳麓法学评论》第7卷，湖南大学出版社2012年版，第155页。

⑤ 参见郭明瑞：《担保法（第二版）》，法律出版社2004年版，第50页。

之间。

保证人承担保证责任与主债务人免责之间具有因果关系，追偿权才能成立，如主债务在债权人与主债务人之间的消灭并非保证人承担保证责任的结果，则保证人不享有追偿权。如主债务人本人已经履行主债务，或者主债务因不可抗力而不复存在等，保证人不得主张追偿权；已经承担保证责任的保证人，可以依不当得利规则而请求债权人返还。

值得注意的是，如保证人未完全履行保证债务，保证人是否有权向主债务人进行追偿？保证人仅履行部分保证债务的，也发生主债务部分相对消灭的效力，保证人就被相对消灭的主债务部分应视为承担了保证责任，保证人自然有权就该部分向主债务人进行追偿。[①] 在解释上，无论保证人的履行行为是使全部主债务还是部分主债务相对地消灭，保证人均可取得追偿权，只是追偿权的范围依主债务相对地消灭的范围不同而不同。如在约定了分期还款的借款担保合同中，保证人代偿了主债务人数月的欠付借款，主债务人认为在借款未全额还清之前保证人不享有追偿权，但法院认为债权人的相应贷款已经得到足额清偿，保证人理应享有相应的追偿权。[②]

（三）保证人没有赠与的意思

《民法典》第700条前句“当事人另有约定”，包括保证人与主债务人之间的原因关系属于赠与的情形。保证人没有赠与的意思，是保证人追偿权的消极要件。保证人在行使追偿权时不必就此举证，[③] 主债务人就保证人的赠与意思负有举证责任。[④]

四、保证人追偿权的效力

（一）保证人追偿权的效力范围

在文义上，《民法典》第700条前句中“当事人另有约定”，既包括就保证人是否享有追偿权的约定，也包括保证人追偿权效力范围的约定。由此可见，保证人追偿权的效力范围可由当事人（保证人与主债务人）约定，当事人之间没有约

---

① 参见郭明瑞：《担保法（第二版）》，法律出版社2004年版，第50页；王利明：《合同法研究（第4卷）（第二版）》，中国人民大学出版社2017年版，第289～290页。

② 参见四川省宜宾市中级人民法院（2017）川15民终1633号民事判决书；湖南省永州市中级人民法院（2020）湘11民终2849号民事判决书；安徽省芜湖市中级人民法院（2020）皖02民终795号民事判决书。

③ 参见黄薇主编：《中华人民共和国民法典合同编释义》，法律出版社2020年版，第514页。

④ 参见程啸：《保证合同研究》，法律出版社2006年版，第290页。

定的，适用法定的追偿范围，即保证人“承担保证责任的范围”。[①] 解释上的疑问在于，在当事人之间未就保证人追偿权行使范围作出约定之时，保证人追偿权的效力范围是否仅限于保证人“承担保证责任的范围”？是否包括利息和其他损失在内？

保证人与主债务人的基础法律关系主要有委托、无因管理以及赠与三种类型，其中仅前两种能够产生保证人追偿权。在认定保证人追偿权的具体范围时，如保证人与主债务人之间就保证人追偿权的具体范围未作特别约定，应当根据保证人与主债务人的基础法律关系适用不同的规则加以确定，已如前述。除保证人与主债务人另有约定之外，保证人追偿权的范围包括保证人因承担保证责任所受一切损失。

1. 保证人实际承担的保证责任或者赔偿责任（通称代偿金额）

保证人承担保证责任而使主债务部分或者全部相对地消灭，主债务人在此范围内得以对债权人免责。保证人实际承担的保证责任的范围应与主债务人的免责范围相一致，如大于主债务的范围，则主债务人可以主张仅在主债务的范围内承担责任的抗辩（容后详述）。[②] 实践中，委托担保合同和担保合同中通常会对担保范围作出较为全面的约定，包括本金、利息、逾期利息、罚息、复息、违约金、损害赔偿金和实现担保债权的费用（包括但不限于诉讼费、仲裁费等）以及所有其他应付费用等。[③] 在保证人向债权人所为给付中，首先包括原本债权及其利息，此部分当然属于保证人追偿权的效力范围，对此实践中并无争议。但就逾期利息等，保证人向主债务人追偿时，主债务人往往否认保证人向其追偿逾期利息的请求，理由在于，在主债务人未能如期清偿主债务之时，保证人即应主动履行保证债务以使主债务消灭。然而，主债务人未如期清偿主债务所产生的逾期利息亦属主债务之内容，主债务人本就应对包括逾期利息在内的全部债务负清偿义务。

分歧的主要原因在于对“主债权”的不同理解。《民法典》保证规则在二者意义上使用“主债权”一语：一种是在从属性之下使用，系指与保证债权相对而称的被担保债权，如《民法典》第682条中所称“主债权”，在内容上包括了主债权（指原本债权）及其利息、违约金、损害赔偿金和实现债权的费用；另一种是在债权债务关系内部使用，系指与利息、违约金、损害赔偿金等从债权相对而

---

① 不过，有学者认为，《民法典》第700条对保证人追偿权的范围未作明确规定。参见谢鸿飞、朱广新主编：《民法典评注·合同编·典型合同与准合同（2）》，中国法制出版社2020年版，第124页（夏昊晗执笔）。

② See Wayne Courtney, John Phillips & James O' Donovan, *The Modern Contract of Guarantee*, Third Edition, Sweet & Maxwell, 2016, p. 704.

③ 参见上海金融法院（2020）沪74民终284号民事判决书；上海金融法院（2021）沪74民终1919号民事判决书。

称的原本债权，如《民法典》第 684 条中所称“主债权”。[①] 保证人代偿的“主债权”，系在第一种意义上使用，自然涵盖了原本债权及从债权，保证人与债权人在保证合同中就保证范围另有约定的除外。在解释上，只要不超过“主债务人应当承担的责任范围”，保证人代偿的“主债权”均可向主债务人追偿，而无论保证人与主债务人的基础法律关系是委托还是无因管理。主债务人和保证人之间构成委托关系的，保证人代为清偿的原本债权及其从债权属于《民法典》第 921 条的“受托人为处理委托事务垫付的必要费用”；主债务人和保证人之间构成无因管理关系的，保证人代为清偿行为属于无因管理，其所代偿的原本债权及其从债权属于《民法典》第 979 条第 1 款的“因管理事务而支出的必要费用”。[②]

2. 保证人为承担保证责任而支付的必要费用

这里的“必要费用”并不包括纳入保证范围的“实现债权的费用”。在解释上，后者是指债权人为了实现其债权而付出的费用，包括诉讼费用、仲裁费用、通知保证人的费用以及其他的合理费用，是从属于原本债权的必要负担，应属保证范围，[③] 纳入本书前项所称追偿范围。委托担保合同对纳入追偿范围的必要费用的种类与标准有约定的，自应从其约定。[④] 如无约定，主债务人和保证人之间构成委托关系的，保证人为承担保证责任而支付的必要费用属于《民法典》第 921 条规定的“受托人为处理委托事务垫付的必要费用”；主债务人和保证人之间构成无因管理关系的，保证人为承担保证责任而支付的必要费用属于《民法典》第 979 条第 1 款的“因管理事务而支出的必要费用”。

尚存争议的是，保证人因承担保证责任支出的律师费是否属于追偿范围。[⑤] 就此，观点实践中存在分歧。有观点认为，保证人追偿权的目的在于弥补其实际支出的费用和利息损失，保证人因承担保证责任支出的律师费用为履行代偿义务所发生的费用或者损失，属于保证人追偿权的范围。亦有观点进一步认为，应对

---

① 参见尹田：《物权法（第二版）》，北京大学出版社 2017 年版，第 494 页；高圣平：《民法典担保从属性规则的适用及其限度》，载《法学》2020 年第 7 期。为避免混淆，本书以下以“原本债权”指称第二种意义上的“主债权”。

② 参见浙江省杭州市西湖区人民法院（2009）杭西商初字第 2196 号民事判决书；江西省赣州市（地区）中级人民法院（2018）赣 07 民终 1124 号民事判决书。

③ 至于其中是否包括债权人支付的律师费用，尚存争议。参见高圣平：《民法典担保制度及配套司法解释理解与适用》，中国法制出版社 2021 年版，第 149 ~ 150 页。

④ 参见重庆市高级人民法院（2016）渝民终 466 号民事判决书。

⑤ 《美国保证法重述》（第三次）第 23 条评论 a 指出：保证人为了阻却债权人请求所支出的法律费用仍然属于追偿权的范围，但保证人与债务人诉讼中的有关支出就不应包括在内。See Peter A. Alces, *The Law of Suretyship and Guaranty*, Thomson Reuters, 2014. pp. 334 – 336. 在英国法上，这一问题则有所争议，但基本的原则是仅在相关费用的支出是合理且符合债务人利益，保证人对此才有求偿权。See Geraldine Mary Andrews and Richard Millett, *Law of Guarantees*, Sixth edition, Sweet & Maxwell, 2008, p. 460.

案涉律师代理费数额的合理性进行审查，就超过合理部分，保证人没有追偿权。有观点则认为，律师费用“并非其实现债权或诉讼的必要费用”，在委托担保合同未作约定的情形之下，不应纳入保证人的追偿范围。本书作者认为，在当事人就追偿范围中已经明确约定律师费的情形之下，基于意思自治，自应予以承认，但以合理和必要为限，可以参照有权部门制定的律师收费标准，根据律师的工作量等因素酌定。①

3. 保证人自承担保证责任之日起，保证人代偿金额的利息（资金占用费）

《民法典》第700条前句将保证人追偿权的法定范围限定于“承担保证责任的范围”（代偿金额），在当事人未作明确约定的情形之下，保证人的追偿范围是否包括代偿金额的利息，存在疑问。第一种观点认为，在当事人未将代偿金额的利息约定为追偿范围的情形之下，保证人追偿权的行使范围“应当以代偿的实际金额为限”，代偿金额的利息并不包括在内。不过，当事人之间虽未明确约定追偿权的范围包括代偿金额的利息，但约定追偿权的范围包括保证人因承担保证责任所受损失的，该损失在解释上主要是保证人代偿金额的资金占用损失，即代偿款所产生的利息，应属保证人的追偿范围。第二种观点认为，主债务人因保证人承担保证责任而免责，自保证人承担保证责任之日起即无须再就主债务支付利息，主债务人亦因此而获益，而保证人因履行保证债务而占用自有资金，将直接产生利息损失，对此，主债务人亦应明知。因此，代偿金额的利息亦应纳入保证人追偿权的效力范围，并不以当事人就此存在明确约定为前提。

本书作者赞成第二种观点，在当事人之间就保证人的追偿范围未作约定的情形之下，保证人和主债务人之间构成委托关系的，代偿金额的利息属于《民法典》第930条所称“受托人……因不可归责于自己的事由受到损失”的情形，应属保证人追偿权的效力范围。保证人和主债务人之间构成无因管理关系，如符合主债务人的真实意思，代偿金额的利息属于《民法典》第979条第1款后句所称“管理人因管理事务受到损失”的情形，亦属保证人追偿权的效力范围；如不符合主债务人的真实意思，依据《民法典》第980条的规定，管理人仅在受益人的获益范围内主张费用返还请求权和损失补偿请求权。② 有观点认为，就保证人与主债务人的不适当无因管理关系而言，主债务人的获益范围表现为代偿金额及必要费用，如此就保证人自承担保证责任时起的利息损失及其他损失，无权向主债务人请求补偿。③ 本书作者认为，在借款担保的情形下，主债务人作为其获益范

① 参见最高人民法院民法典贯彻实施工作领导小组主编：《中华人民共和国民法典合同编理解与适用》（二），人民法院出版社2020年版，第1340页。

② 参见黄薇主编：《中华人民共和国民法典合同编释义》，法律出版社2020年版，第1038页。

③ 参见谢鸿飞、朱广新主编：《民法典评注·合同编·典型合同与准合同（2）》，中国法制出版社2020年版，第125页（夏昊晗执笔）。

围包括了保证人的代偿金额和保证人自承担保证责任时起的利息。前者相对地消灭了主债务人对债权人的债务；后者系如保证人不承担保证责任主债务人本应负担的债务。二者均属主债务人的获益范围。

融资担保实践中，委托担保合同中就保证人的追偿范围仅约定了资金占用费的，有观点认为，当事人在收取担保费用之外按年利率24%计收资金占用费的约定在本质上属于违约金约定，主债务人未依约偿还代偿款造成的损失主要是资金占用损失，按照违约金酌减规则，将资金占用费的计算标准调整为中国人民银行同期贷款利率（2019年8月20日之前）、全国银行间同业拆借中心公布的贷款市场报价利率（2019年8月20日之后）。[①] 就委托担保合同中就保证人的追偿范围同时约定了资金占用费（利息）和违约金的情形，一种观点认为，应将二者合并计算，并受利率控制规则的约束。其中，有的未详细区分资金占用费、违约金的性质，而是将其统一视作违约金，并将其调整为24%的年利率，或者参酌案涉具体情形将其调整为中国人民银行同期贷款利率、全国银行间同业拆借中心公布的贷款市场报价利率的300%。这里明显参照了民间借贷的利率控制标准。有的虽区分了资金占用费、违约金的性质，但仍然参照民间借贷的利率控制标准将二者合计控制在年利率24%以内。另一种观点认为，应按照合同约定的标准分别支持保证人主张的资金占用费和违约金。

本书作者认为，保证人主张的资金占用费，实为保证人因代偿主债务而丧失以该资金获取其他收益的补偿，性质上属于代偿金额的利息，如当事人之间就此未作约定，则应以代偿金额为基数按中国人民银行同期贷款利率、全国银行间同业拆借中心公布的贷款市场报价利率（LPR）从代偿之日起计算至主债务人清偿之日止，不宜适用主债权债务合同中约定的罚息利率。如当事人就主债务人返还保证人代偿金额约定了资金占用费和/或逾期利息和/或违约金，在解释上，资金占用费、逾期利息、违约金的约定，均属违约金的约定，[②] 应当在尊重合同约定的基础上，对过分高于实际损失的违约金约定适用《民法典》第585条第2款予以适当调整。值得注意的是，保证人既可能是融资担保公司，也可能是其他非金融机构的市场主体，就后者而言，《最高人民法院关于审理民间借贷案件适用法律若干问题的规定》（法释〔2020〕17号修正）第29条的规定自有参照适用的价值，总计不得超过合同成立时一年期贷款市场报价利率的4倍。就前者而言，《最高人民法院关于新民间借贷司法解释适用范围问题的批复》（法释〔2020〕27号）指出，“由地方金融监管部门监管的……融资担保公司……等七类地方金融

---

① 对此种处理模式的批判，参见谭启平、周冠宇：《“贷款基准利率”与“贷款市场报价利率”的司法适用偏差及其纠正》，载《法学评论》2022年第2期。

② 参见最高人民法院民事审判第一庭编：《最高人民法院新民间借贷司法解释理解与适用》，人民法院出版社2021年版，第416~418页。

组织，属于经金融监管部门批准设立的金融机构，其因从事相关金融业务引发的纠纷，不适用新民间借贷司法解释。”这是否意味着融资担保公司可以突破上述限制？最高人民法院认为，“为促进金融和实体经济实现良性循环，有效降低企业用资成本，对于金融机构的变相利息也应予以规范。”“一般而言，金融借款利率应比民间借贷利率低，因此，金融借款的总成本应该低于民间借贷利率的上线。”① 准此，前述违约金酌减规则对于融资担保公司仍应参照适用。

4. 担保费（报酬）

主债务人和保证人之间构成有偿委托关系的，作为受托人的保证人有权依据《民法典》第928条向作为委托人的主债务人主张报酬给付请求权，② 但此项报酬是保证人完成委托担保事务的对价，而不是向债权人履行保证债务所支出的费用，因而不属于保证人追偿权的范围，③ 保证人应另行向主债务人主张报酬给付请求权。不过，《民事案件案由规定》虽将“追偿权纠纷”列为独立的案由，但同时也将“委托合同纠纷”列为第三级案由。如保证人选择提起委托担保合同纠纷诉讼，自可同时主张因其承担担保责任所受损失的追偿权以及报酬请求权。如此，即使保证人提起担保人追偿权纠纷诉讼，基于诉讼经济的考虑，亦应允许其同时主张报酬（担保费）给付请求权。

（二）保证债务的从属性对保证人追偿权效力范围的影响

就保证人的追偿范围而言，《民法典》第700条明确为“承担保证责任的范围”，即以代偿金额为限。保证人承担担保责任，属于代负履行责任或代为承担债务不履行的赔偿责任，因此，保证人的代偿金额自不得超过主债务。④ 保证人承担保证责任之后，自得向主债务人追偿，“从主债务人的角度看，是自己责任原则的一种迂回体现，同时决定了担保人追偿的范围应限于主债务人自己清偿时的负担总额。”⑤ 如此体现了保证债务的从属性对保证人追偿权效力范围的影响。

债权人向保证人的请求数额超过主债务人应予承担的数额的，保证人自应主张本属于主债务人的抗辩权，以对抗债权人的请求。保证人怠于主张该抗辩权，导致其所承担的责任超过主债务的，自不得就超过部分向主债务人追偿。⑥ 如允

---

① 最高人民法院民法典贯彻实施工作领导小组主编：《中华人民共和国民法典合同编理解与适用》（二），人民法院出版社2020年版，第1271、1273页。

② 实践中，融资担保公司与主债务人的委托担保合同之中，大多会约定一定比例的担保费。

③ 参见郭明瑞：《担保法（第二版）》，法律出版社2004年版，第51页。

④ 参见崔建远：《论保证规则的变化》，载《中州学刊》2021年第1期。在解释上，此处的“主债权”“主债务”是指主合同项下的全部债权债务，而不仅是债权债务本金。参见王利明：《合同法研究（第4卷）（第二版）》，中国人民大学出版社2017年版，第290页。

⑤ 崔建远：《论保证规则的变化》，载《中州学刊》2021年第1期。

⑥ 参见高圣平：《民法典担保从属性规则的适用及其限度》，载《法学》2020年第7期。

许保证人对主债务人的追偿范围大于主债务人应当承担的责任范围，首先即意味着保证人的责任范围可以大于主债务的范围，这将降低保证人提供担保的意愿，增加达成担保交易的难度，无助于“觅保难”问题的解决。其次，保证人因自身的原因加重了担保责任，强令主债务人一并承担，并不符合公平原则，主债务人的期待利益将难以获得保护，反而增加了主债务人的将来融资成本，对主债务人的其他债权人而言亦不公平。最后，主债务人不履行到期债务的情形，通常表明其已不再具有相应的偿还能力，此时突破主债务人应当承担的责任范围，亦仅具有形式意义，并不能增加主债务人履行义务的积极性。

值得注意的是，《民法典担保制度解释》改变了此前认定超过部分无效的司法态度。依据该解释第 3 条第 2 款的规定，如担保范围和强度超过主债务，保证人就超过部分承担了保证责任之后，也可以向主债务人追偿。如主债务人主张仅在其应当承担的责任范围内承担责任的抗辩的，保证人就超过部分的追偿请求将不能实现，但此际担保人可以请求债权人返还超出部分；如债务人没有主张仅在其应当承担的责任范围内承担责任的抗辩的，保证人就超过部分的追偿请求将予实现。

（三）保证人的过错对保证人追偿权效力范围的影响

《民法典》第 701 条规定，保证人对债权人享有主债务人所有的抗辩。保证人应当以之对抗债权人的履行请求，如保证人怠于行使主债务人的抗辩，而为大于主债务人应承担债务范围的清偿，以及保证人支出非必要的费用使得主债务范围扩大，对超过部分或者扩大部分，保证人虽仍得向主债务人追偿，但在保证人行使追偿权时主债务人有权提出抗辩。解释上可以认为，保证人对超过部分或者扩大部分的清偿具有过错，体现在就可主张的抗辩而未主张。如债权人依保证合同中专门的违约责任约定向保证人主张权利之时，保证人可以主张仅在主债务人应当承担的责任范围内承担责任的抗辩。保证人已经主张前述抗辩，债权人的此项请求将不获支持；保证人没有主张前述抗辩，将承担这一专门的违约责任。但保证人向主债务人追偿时，主债务人享有抗辩权；如主债务人主张抗辩，保证人就此的追偿请求将不获支持，保证人此时仅得向债权人主张不当得利返还请求权。① 再如，保证人知悉主债务诉讼时效已经经过但怠于主张主债务诉讼时效经过抗辩权而承担保证责任，法律上对此并不限制，但在保证人向主债务人主张追偿权之时，主债务人自可提出抗辩，否则主债务人本来享有的时效利益旋即丧失

① 参见曹明哲：《〈民法典担保制度司法解释〉对担保从属性的贯彻与适用》，载《法律适用》2021 年第 9 期。

殆尽。[①]

此际，保证人过错的认定，尚以保证人知悉相应的抗辩事由为前提。[②] 如此，保证人在履行保证债务之前，依据《民法典》第509条第2款的规定，自有通知主债务人并了解相关抗辩事由的义务。保证人在承担保证责任后，同样有义务及时通知主债务人，其实定法基础在于第924条、第983条关于受托人（无因管理人）报告委托事务情况（管理事务情况）义务的规定，以及第509条第2款的规定。[③] 如保证人怠于通知主债务人，致使主债务人无过失地又向债权人履行主债务的，保证人丧失追偿权，仅得依不当得利规则请求债权人返还。不过，即使保证人在承担保证责任后并未通知主债务人，但并未造成主债务人向债权人重复清偿的后果，保证人仍然享有追偿权。[④]

（四）"不得损害债权人的利益"是否适用于保证人追偿权

依据《民法典》第700条的规定，保证人向债权人承担保证责任后所享有的权利除了追偿权之外尚有清偿承受权。不过，在解释上尚存疑问的是，"不得损害债权人的利益"这一对保证人权利的限制，是否及于保证人的追偿权？"不得损害债权人的利益"的限制对象有两种解释可能：第一，保证人行使清偿承受权时，不得损害债权人的利益；第二，保证人行使追偿权时，也不得损害债权人的利益。[⑤] 两种解释结论的区别在于，保证人追偿权的行使是否受"不得损害债权人的利益"限制。

"不得损害债权人的利益"原为保证人清偿承受权的限制，主要适用于保证人履行保证债务仅使主债务部分相对消灭的情形，包括保证人本就提供有限保

---

① 相反的观点参见曹士兵：《关于担保人的追偿权》，载最高人民法院民事审判第二庭编：《经济审判指导与参考·第4卷》，法律出版社2001年版，第80~82页。不过，该文的分析系基于诉讼时效期间经过的法律效果为胜诉权消灭的观点而展开，且与《民法典担保制度解释》第3条的法政策选择不一致，不足可采。

② 《美国保证法重述》（第三次）第24条（1）（e）规定若保证人"知道"（had notice of）主债务人的抗辩事由仍为清偿，主债务人无偿还义务，除非保证人是基于"商业压迫"（business compulsion）而清偿。但有争议的情况在于，保证人并不确定主债务人是否有可主张的抗辩时，是课以主债务人以告知义务，还是使保证人承担主动询问的义务。《美国保证法重述》第24条第（2）项则规定，如根据具体情形保证人询问主债务人是合理的，而且通过询问可以知道抗辩，就属于第24条（1）（e）规定的"知道"。See Peter A. Alces, *The Law of Suretyship and Guaranty*, Thomson Reuters, 2014, pp. 320-324.

③ 参见谢鸿飞、朱广新主编：《民法典评注·合同编·典型合同与准合同（2）》，中国法制出版社2020年版，第124页（夏昊晗执笔）。

④ 参见海南省高级人民法院（2000）琼经终字第9号民事判决书。

⑤ 《民法典》第700条与《民法典》第519条第2款关于连带债务人追偿权与清偿承受权的规定表述一致，因此，二者可以适用相同的文义解释结论。参见谢鸿飞：《连带债务人追偿权与法定代位权的适用关系——以民法典第519条为分析对象》，载《东方法学》2020年第4期。

证，未担保主债权之全部，也包括保证人虽提供无限保证，就主债权之全部提供保证，但保证人仅清偿部分保证债务的情形。① 此际，保证人承受的部分债权与债权人的剩余债权并存，但无法主张与债权人的剩余债权平等受偿，债权人的利益不因保证人清偿承受部分债权而受影响。② 因此，在保证人和债权人均向主债务人主张债权之时，强制执行主债务人责任财产的变价款，应优先清偿债权人的剩余债权。

保证人追偿权是保证人履行保证债务之后对主债务人原始取得的新权利，在性质上亦属一般债权。保证人的追偿权与债权人的剩余债权在形式上同为一般债权，理应按比例平等受偿。但如坚持债权平等原则，将有违担保设立的目的——强化债权的实现。就保证人提供无限保证的情形，债权人的债权因保证人的部分代偿而未获全部清偿，保证人仍应担保债权人的剩余债权，如保证人追偿权与债权人剩余债权平等受偿，将导致债权人的循环求偿。例如，债权人对主债务人享有 200 万元的债权，保证人为其提供无限保证。保证人履行了 100 万元的保证债务后取得了对主债务人 100 万元的追偿权，但保证人仍应就剩余的 100 万元债权承担保证责任。如此时主债务人的责任财产价值仅为 100 万元，在债权平等受偿原则之下，保证人与债权人分别得以清偿 50 万元，但债权人仍有权请求保证人履行剩余 50 万元的保证债务。如此即增加了权利实现成本。就保证人提供有限担保的情形，债权人自可首先就主债务人的责任财产实现债权，并按照约定或者《民法典》第 561 条的规定首先清偿实现债权的有关费用、利息之后清偿原本债权，再就未受清偿的债权请求保证人承担保证责任。如此即可有效规避保证人的追偿权与债权人剩余债权的平等受偿规则。如此看来，原本旨在促进债权实现的担保反而成为了拖沓债权受偿的滞碍，影响债权人向主债务人主张债务清偿的效果。

在债权人的债权未获全部清偿之前，主债务人的责任财产应当优先用于清偿主债务，而非满足于保证人的追偿权。③ 因此，保证人的追偿权应劣后于债权人的剩余债权，与清偿承受权在行使限制方面保持一致。否则，债权人剩余债权的受偿将完全听任于保证人的权利选择，正当性不足。实际上，最高人民法院也认为，对于债权人而言，主债务人与保证人都是债权人的债务人，二者之间的关系

① 参见高圣平：《民法典担保制度及配套司法解释理解与适用》，中国法制出版社 2021 年版，第 236 页。

② 参见邱聪智：《新订债法各论》（下），姚志明校订，中国人民大学出版社 2006 年版，第 397 页；林诚二：《民法债编各论》，中国人民大学出版社 2007 年版，第 249 页。

③ 参见邱聪智：《新订债法各论》（下），姚志明校订，中国人民大学出版社 2006 年版，第 397 页；金永熙：《贷款担保诉讼（第二版）》，人民法院出版社 2002 年版，第 414 页；最高人民法院民法典贯彻实施工作领导小组主编：《中华人民共和国民法典合同编理解与适用》（二），人民法院出版社 2020 年版，第 1392 页。

属于内部关系，债权人与主债务人之间的主债权债务关系以及债权人与保证人之间保证债权债务关系属于外部关系，当内部关系与外部关系发生冲突之时，自应优先满足外部关系。[①]《民法典担保制度解释》第23条第2款关于“债权人的债权未获全部清偿前，担保人不得代替债权人在破产程序中受偿”的规定亦表明，如保证人仅清偿部分保证债务，债权人未获得全部清偿的，虽然保证人仍然享有追偿权，但此时保证人无权基于清偿承受权取得债权人的地位在破产程序中受偿。在解释上，保证人自然也不得以追偿权申报债权，否则将架空《民法典担保制度解释》第23条第2款。[②] 裁判实践亦认可保证人行使追偿权不得损害债权人利益。[③]

五、保证人追偿权的行使方式

我国《民法典》并未明确保证人追偿权的行使方式或者实现途径。在性质上，保证人追偿权是保证人对主债务人享有的债权，权利内容为请求主债务人偿还保证人因承担保证责任所遭受的实际损失，保证人自可直接以主债务人为被告提起民事诉讼而请求清偿。如保证人与主债务人之间的委托担保合同中对追偿权的范围有明确约定的，保证人追偿权的数额较为明确，保证人可以依据《民事诉讼法》第十七章所规定的督促程序，向有管辖权的基层人民法院申请支付令，主债务人应当自收到支付令之日起15日内清偿债务，或者向人民法院提出书面异议，否则，保证人可向人民法院申请强制执行。

《最高人民法院关于适用〈中华人民共和国担保法〉若干问题的解释》（法释〔2000〕44号）（以下简称《担保法解释》）第42条第1款规定：“人民法院判决保证人承担保证责任或者赔偿责任的，应当在判决书主文中明确保证人享有担保法第三十一条规定的权利。判决书中未予明确追偿权的，保证人只能按照承担责任的事实，另行提起诉讼。”最高人民法院认为，这一审判思路“符合《民法典》精神和《民事诉讼法》原理”，在《民法典》实施之后应予继续沿袭，“但第1款规定的《担保法》第31条已被《民法典》第700条所修改，说理时要予以注

① 参见最高人民法院民法典贯彻实施工作领导小组主编：《中华人民共和国民法典合同编理解与适用》（二），人民法院出版社2020年版，第1392页。

② 最高人民法院民事审判第二庭编：《最高人民法院民法典担保制度司法解释理解与适用》，人民法院出版社2021年版，第250～251页。相关裁判案例参见广东省东莞市第一人民法院（2021）粤1971民初26937号民事判决书。

③ 参见江西省婺源县人民法院（2021）赣1130民初2115号民事判决书；广东省佛山市三水区人民法院（2021）粤0607民初3264号民事判决书；浙江省绍兴市中级人民法院（2022）浙06民终214号民事判决书。

意”。[①] 这一规定的理由在于，保证人追偿权本属另外一个法律关系，但在涉及保证人的诉讼中，保证人的保证责任已经判决确认，法律关系较为简单。“在此判决中将保证人的追偿权一并以判决的形式固定化，可以减少当事人的讼累，在其承担了保证责任后，即可根据承担责任的情况，依据生效判决，直接进入执行程序，不必再经过复杂的诉讼程序。”[②] 据此，人民法院应当在判决书主文中明确保证人的追偿权，如一审法院在裁判中未明确，二审法院亦可依职权在判项中增加。[③] 原《担保法解释》公布实施之后，最高人民法院的一系列司法文件重申了这一司法政策。如《最高人民法院关于判决书主文已经判明担保人承担担保责任后有权向被担保人追偿，该追偿权是否须另行诉讼问题请示的答复》（〔2009〕执他字第4号）中亦指出，“对人民法院的生效判决书已经确定担保人承担担保责任后，可向主债务人行使追偿权的案件，担保人无须另行诉讼，可以直接向人民法院申请执行。”《人民法院办理执行案件规范》第19条据此规定：“生效法律文书已确认担保人承担担保责任后可以向主债务人行使追偿权，担保人承担责任后直接向人民法院申请执行主债务人的，人民法院应当受理。”

以上表明，基于诉讼效益的考量，保证合同诉讼的生效判决确定保证人追偿权的，保证人可以直接向人民法院申请强制执行；未确定保证人追偿权的，保证人可以另行向人民法院提起追偿权诉讼。实践中，债权人一并起诉主债务人、保证人的，判决主文和/或判决结果的相关内容一般表述为“保证人应对主债务人的案涉债务承担保证责任，保证人承担保证责任之后，依法有权向主债务人追偿”。[④] 债权人仅起诉保证人的，判决主文和/或判决结果的相关内容一般也表述为“保证人承担保证责任后，有权向主债务人追偿”，有的裁判在判决结果部分则增加了追偿范围的表述，一般为“有权在其承担保证责任的范围内向主债务人行使追偿权”。[⑤]

就这一司法政策，观点并不一致。第一种观点认为，法院在审理担保纠纷案件时，可以根据担保人的请求，对担保人的追偿权一并裁决。[⑥] 人民法院在执行程序中应将已经执行的保证责任确定为某种执行依据，保证人可依此直接申请强制执行，使纠纷在执行程序中解决，避免再次开启审判程序，并可在实践中引入

---

① 最高人民法院民事审判第二庭编：《最高人民法院民法典担保制度司法解释理解与适用》，人民法院出版社2021年版，第674页。

② 李国光等：《最高人民法院关于适用〈中华人民共和国担保法〉若干问题的解释理解与适用》，吉林人民出版社2000年版，第173页。

③ 参见最高人民法院（2005）民二终字第217号民事判决书。

④ 如最高人民法院（2021）最高法民终962号民事判决书。

⑤ 如上海市高级人民法院（2020）沪民终38号民事判决书。

⑥ 参见曹士兵：《中国担保制度与担保方法（第四版）》，中国法制出版社2017年版，第162页。

较为成熟的债权凭证制度补强执行名义。[①] 第二种观点则认为，不论是债权人单独起诉保证人，还是债权人一并起诉主债务人和保证人，生效裁判文书所确认的保证人追偿权仅具宣示意义。主债务人本可主张赠与基础关系、保证人具有过错等抗辩，从而使保证人追偿权不成立或者不完全成立。因此，保证人追偿权作为实体权利有必要通过诉讼程序确定和实现，否则即将保证人诉讼不利的后果转嫁给主债务人。[②] 在“审执分离”原则下，法院执行部门的审查并不能替代审判部门对主债务人提出的抗辩作出审理；我国未规定域外民事执行法的债务人异议制度，债务人亦难以通过异议之诉主张私法上的抗辩权。[③] 本书作者赞成第二种观点，主要理由在于以下四方面。

第一，判决书主文和结果部分确认保证人的追偿权，但未确定具体的追偿范围，没有给付内容，无法作为执行依据。依据《最高人民法院关于适用〈中华人民共和国民事诉讼法〉的解释》（法释〔2022〕11号修正）第461条第1款和《最高人民法院关于人民法院执行工作若干问题的规定（试行）》（法释〔2020〕17号修正）第16条第3项的规定，执行依据中给付内容明确，是人民法院受理执行案件的必要条件。其中，“给付内容明确”在追偿权的执行中主要对应的是追偿范围是否明确。民事执行程序的目的在于以国家强制力实现申请人私法上的给付请求权。[④] 保证人欲在执行程序中实现追偿权，尚须确认保证人追偿权是否存在及其具体范围，前者是执行的实体权利基础，后者是执行工作的必要指引。由此可见，保证人追偿范围的具体明确必不可少，以未载明追偿范围的生效裁判文书直接申请执行，在法理上尚欠充分。裁判实践中，如作为执行依据的生效裁判文书中没有明确的代偿数额，或者在判项部分未明确追偿数额，有的执行法院即将其认定为“给付内容不明确”，保证人“未取得明确具体的执行依据”。也有执行法院认为，基于减轻保证人诉累的政策选择，如结合保证人提交的申请执行材料以及执行依据，能够确定保证人行使追偿权的条件已经成就，且可以得出明确的执行标的数额，认可保证人直接申请执行的权利。

第二，即使将保证人在执行程序中的代偿金额作为给付内容，但保证人的代偿金额并不等于保证人的追偿范围。在解释上存在四种可能的情形：其一，保证人虽然按照生效裁判承担了担保责任但并无追偿权。如保证人与主债务人的基础法律关系为赠与；保证人知道主债务诉讼时效期间已经经过但放弃该抗辩权，此

---

① 参见宋春龙、高一凡：《保证合同诉讼纠纷程序的检讨——兼论〈民法典〉实施后保证合同纠纷的诉讼程序》，载《法律适用》2020年第21期。

② 参见安海涛：《保证合同诉讼的程序原理——基于〈民诉法解释〉第66条的分析》，载《华东政法大学学报》2017年第2期。

③ 参见陈杭平：《前诉与后诉视角下的连带保证人追偿之诉》，载《法学》2019年第3期。

④ 参见江必新主编：《强制执行法理论与实务》，中国法制出版社2014年版，第5页。

际，即使保证人已经承担保证责任，但并不享有追偿权。其二，保证人的追偿范围大于保证人的代偿金额。保证人为承担保证责任而支付的必要费用、保证人自代偿之日起发生的利息（资金占用费）损失等亦属保证人的追偿范围。这种情形最为普遍。其三，保证人的追偿范围小于保证人的代偿金额。如在主债务人没有参与的诉讼中，保证人没有主张主债务已经部分清偿的抗辩，导致保证人的代偿金额超过了主债务；在保证合同中约定了专门的违约金条款的情形之下，保证人在诉讼中并未主张抗辩，导致保证人的代偿金额超过了主债务。其四，保证人的追偿范围等于保证人的代偿金额。这种情形几乎不存在。至少保证人自代偿之日起发生的利息（资金占用费）损失属于保证人的追偿范围，即使保证人在执行程序中承担保证责任，自其代偿之日起至主债务人的责任财产最终被强制执行止所发生的代偿金额利息，亦应归入就主债务人的强制执行程序所保障的债权范畴。如此看来，原《担保法解释》第42条第1款所确立的司法政策以“保证人的追偿范围等于保证人的代偿金额”这一极其罕见的情形为其立论依据，正当性不足。

第三，就保证人追偿权的发生与效力范围，债权人发动的诉讼程序中并未给予保证人与主债务人以充分的程序保障，赋予保证人追偿权的相关判项以确定力，欠缺法律依据。原《担保法解释》第42条第1款的适用涉及两种情形，即“债权人将主债务人与保证人作为共同被告起诉”和“债权人仅起诉保证人”。[①]无论哪一种情形，诉讼标的均为主债权和/或保证债权，相关诉讼程序均围绕主债权债务关系和/或保证债权债务关系而进行，保证人追偿权是否发生及其效力范围的具体确定，均不属于相关诉讼程序的审理范围，法院并未就此展开法庭调查。即使在第一种情形，保证人与主债务人也不是相互对立的“两造”，就保证人追偿权的发生与效力范围，也并未展开质证、辩论。有观点认为，原《担保法解释》第42条第1款前句的适用“以保证人提出请求为前提”“担保人未提出追偿权请求的，人民法院不能在同一判决中对担保人的追偿权进行裁判”。[②]但保证人向主债务人提出追偿的诉讼请求也不构成反诉，不能在本诉中一并审理。“共同诉讼制度理论上只是在债权人和不同相对人之间谋求纠纷的相对性解决，并不解决相对人内部的关系（‘无请求则无判决’）。”[③]在这两种情形之下，判令保证人“保证人承担保证责任后，有权向主债务人追偿”，在执行程序中又无法就保

① 李国光等：《最高人民法院关于适用〈中华人民共和国担保法〉若干问题的解释理解与适用》，吉林人民出版社2000年版，第172～173页。

② 曹士兵：《关于担保人的追偿权》，载最高人民法院民事审判第二庭编：《经济审判指导与参考·第4卷》，法律出版社2001年版，第79～80页。

③ 参见安海涛：《保证合同诉讼的程序原理——基于〈民诉法解释〉第66条的分析》，载《华东政法大学学报》2017年第2期。

证人追偿权的发生与效力范围等实体争议进行裁决，无异于强令保证人和/或主债务人放弃实体权利和诉讼权利。虽然《民事诉讼法》第232条规定，当事人认为执行行为违反法律规定的，可以向负责执行的人民法院提出书面异议，但《最高人民法院关于人民法院办理执行异议和复议案件若干问题的规定》（法释〔2020〕17号修正）第7条第3款则明确，被执行人以执行依据生效之前的实体事由提出排除执行异议的，人民法院应当告知其依法申请再审或者通过其他程序解决。换言之，如保证人与主债务人的基础法律关系是赠与，或者保证人在承担保证责任的过程中存在过错，主债务人如欲实现救济，只能在追偿权执行程序后依法申请再审或者通过其他程序解决（如对保证人主张不当得利返还），徒增主债务人的成本负担。①

第四，与其他司法政策彼此冲突。《民法典担保制度解释》第18条第1款还规定，保证人在承担无效担保的赔偿责任后，享有向主债务人追偿的权利。关于此时保证人追偿权的行使方式，原《担保法解释》第9条第2款规定："担保人可以根据承担赔偿责任的事实对债务人或者反担保人另行提起诉讼。"该款所确立的审判思路因"符合《民法典》精神和《民事诉讼法》原理，已成基本原理"而得以在《民法典》实施之后继续沿袭。② 该款的理由在于，在债权人起诉主债务人和保证人的案件中，不解决保证人向主债务人的追偿权问题，"担保人向债务人提出追偿的诉讼请求也不构成反诉"。"在司法解释之前，有一些人民法院在担保纠纷案件审理中一并解决追偿的问题，以一个判决解决两个诉，节约了诉讼成本。司法解释未接受这种做法，是严格执行民事诉讼法关于共同诉讼规定的。"③ 据此，无效担保中的保证人行使追偿权的方式是"另行起诉"，而不是在判决书主文中明确保证人的追偿权。如此，同样是保证人追偿权据以发生的事由，司法政策上采取不同的处理，正当性同样不足。

综上，本书作者认为，保证人追偿权原则上仍应通过诉讼方式予以确定和实现。债权人一并起诉或者单独起诉保证人之胜诉判决中，保证人追偿权的表述或者判项只具有提示或者宣示性质，不宜直接作为执行依据。④

---

① 最高人民法院认为，执行依据生效前的实体事由，涉及执行依据错误与否，不属于执行程序的审查范围，而应通过再审、仲裁撤销或其他废弃执行依据执行力的程序加以解决。参见最高人民法院执行局编（江必新、刘贵祥主编）：《最高人民法院关于人民法院办理执行异议和复议案件若干问题规定理解与适用》，人民法院出版社2015年版，第102页。

② 参见最高人民法院民事审判第二庭编：《最高人民法院民法典担保制度司法解释理解与适用》，人民法院出版社2021年版，第667页。

③ 李国光等：《最高人民法院关于适用〈中华人民共和国担保法〉若干问题的解释理解与适用》，吉林人民出版社2000年版，第78～79页。

④ 参见安海涛：《保证合同诉讼的程序原理——基于〈民诉法解释〉第66条的分析》，载《华东政法大学学报》2017年第2期。

六、小结

“保证既是物上担保的有益补充，也是信用经济社会的主要担保方式。完善保证制度，对于优化营商环境、促进融资便捷从而推动市场经济发展至关重要”。[①] 保证法律关系虽然因债权人与保证人之间的保证合同而生，但因其形成尚涉及债权人与主债务人之间的主债权债务关系以及主债务人与保证人之间的基础法律关系，较之普通法律关系更为复杂。作为保证人权利体系中之一的保证追偿权，虽然直接指向的是主债务人与保证人之间，但对其解释论的分析不应仅局限于此，只有将其置于整体交易之中，结合破产与执行程序等周边制度综合考察，方能对裁判实践相关争议问题作出妥当解释，厘清保证人追偿权的内涵与外延，以真正发挥保证制度的增信功能。

① 王利明：《我国〈民法典〉保证合同新规则释评及适用要旨》，载《政治与法律》2020 年第 12 期。

论融资租赁交易中出租人的权利救济路径

在功能主义立法模式之下，《民法典》将融资租赁交易中出租人的所有权定性为非典型担保物权，如此即影响了出租人的权利救济路径。在承租人经催告仍未偿付租金之时，出租人可以在主张租金加速到期与解除合同、收回租赁物等两种救济路径中选择其一。如出租人主张租金加速到期，则可选择依普通民事诉讼程序或者实现担保物权案件特别程序就租赁物优先受偿；如出租人请求解除合同并收回租赁物，在承租人以抗辩或者反诉的方式主张返还租赁物价值超过欠付租金以及其他费用之时，出租人负有就欠付租金与租赁物价值之间进行清算的义务。在承租人破产之时，出租人仅得主张破产别除权。在出租人的所有权已经登记的情形之下，出租人向破产管理人申报有担保债权；在出租人的所有权尚未登记的情形之下，出租人的所有权不得对抗破产管理人，出租人仅得申报无担保债权（租金债权）。

一、问题的提出

我国《民法典》就动产担保交易采取形式主义与功能主义相结合的立法模式。① 在典型的三方交易结构之下，融资租赁交易中的出租人根据承租人对出卖人、租赁物的选择，向出卖人购买标的物，并将其购买的标的物出租给承租人使用（《民法典》第735条）。这一复合交易模式并不是买卖合同与租赁合同的联立，而体现着出租人与承租人之间经由“融物”达致“融资”的交易目的。② 由此，《民法典》上将之典型化为“融资租赁合同”，以与买卖合同、租赁合同相区分。此为形式主义立法观的明证。与此同时，基于融资租赁交易的经济功能——与标的物所有权有关的风险与收益实质上均转移予承租人，出租人的所有权仅具

① 参见高圣平：《动产担保交易的功能主义与形式主义——中国〈民法典〉的处理模式及其影响》，载《国外社会科学》2020年第4期；谢鸿飞：《〈民法典〉实质担保观的规则适用与冲突化解》，载《法学》2020年第9期；李永军：《论民法典形式意义与实质意义上的担保物权——形式与实质担保物权冲击下的物权法体系》，载《西北师大学报（社会科学版）》2020年第6期；王利明：《担保制度的现代化：对〈民法典〉第388条第1款的评析》，载《法学家》2021年第1期。

② 参见王利明：《合同法（下册）》，中国人民大学出版社2021年版，第143、165页；崔建远：《合同法（第四版）》，北京大学出版社2021年版，第527页。

担保的意义,[①]《民法典》上又将其作为担保交易的一种形式（第388条）,[②] 采取了与其他动产担保交易（动产抵押交易、所有权保留买卖交易、保理交易等）相同的公示方法——登记，并明定登记仅为出租人的所有权对抗第三人的要件（第745条）。如此，又导向了功能主义立法观。

我国《民法典》的这一立法模式置重于融资租赁交易的担保功能，将其等同于担保交易，其理论基础并非《民法典》第146条。基于调整“名实不副”交易的需要，《民法典》第146条规定了通谋虚伪法律行为与隐藏法律行为的效力。但是，在功能主义视角之下，融资租赁交易并非“名实不副”之“名”，担保交易亦非“名实不副”之“实”，而是融资租赁交易本就是担保交易的一种形式。与抵押交易、质押交易等意定典型担保交易不同的是，融资租赁交易中系以出租人保有所有权足其担保作用，实为所有权担保融资的典型形式之一。由此而决定，融资租赁合同即为担保合同之一种，出租人就标的物的权利虽名为所有权，但实质上系担保物权。我国《民法典》上所规定的所有权也就有了完全所有权和担保性所有权的区分，将融资租赁交易中出租人的所有权视为担保物权，也就不违反《民法典》第116条所确立的物权法定原则。

就此而言，我国《民法典》采纳了《联合国国际贸易法委员会动产担保交易立法指南》（以下简称《动产担保交易立法指南》）上的“非统一化的路径”，“体现了两大法系的融合、典型担保和非典型担保的融合、体系主义和功能主义的融合”。[③] 在《国际融资租赁公约》《移动设备国际利益公约》等国际文件的立法经验的基础上，《动产担保交易立法指南》认为，不同法律传统的国家对于融资租赁交易等所有权融资交易采取了不同的立法方法，各国在动产担保法制改革中即使奉行功能主义立法方法，也可以选择统一化或者非统一化的路径。前者将“凡法律行为以担保债权为目的，并得直接支配担保标的之价值，无论其权利构造或名称为何，概以担保论”,[④] 均适用共同的担保规则；而后者则遵循本国的形式主义传统，将所有权融资交易中债权人的权利仍然界定为所有权，但也应使之平等地适用与抵押权功能等同的规则。减少融资成本的有效方式是让所有潜在的融资提供人展开公开竞争，故而应平等对待不同来源的融资和各种形式的担保交易。

---

① 参见黄薇主编：《中华人民共和国民法典合同编释义》，法律出版社2020年版，第597～598页；王瑛：《论融资租赁承租人擅自转租租赁物时出租人的法定解除权》，载《法学评论》2021年第6期。

② 参见王晨：《关于〈中华人民共和国民法典（草案）〉的说明——2020年5月22日在第十三届全国人民代表大会第三次会议上》，载《中华人民共和国全国人民代表大会常务委员会公报》2020年特刊。

③ 最高人民法院民法典贯彻实施工作领导小组主编：《中华人民共和国民法典物权编理解与适用》（下册），人民法院出版社2020年版，第995页。

④ 谢在全：《担保物权制度的成长与蜕变》，载《法学家》2019年第1期。

为此，应设计一个对各种融资提供人同等适用的动产担保交易制度。[①] 这一“非统一化的路径”得到了《欧洲示范民法典草案》的遵从。[②]

毋庸置疑的是，这种不彻底的功能主义的立法方法带来了一系列的解释冲突。[③] 诸如，融资租赁交易中，将标的物的所有权明确归属于出租人，但同时规定该所有权未经登记不得对抗善意第三人（《民法典》第745条），与《民法典》所确立的物权变动规则（第224条）及所有权的效力（第240条、第114条）构成冲突；在租赁期间，承租人并不享有标的物的所有权，未经出租人同意，承租人不得处分标的物（《民法典》第237条），但又与担保功能化之下承租人并不丧失对标的物的处分权的推论不合；在承租人经催告仍不给付租金的情形之下，出租人要么请求支付全部租金，要么解除融资租赁合同、收回租赁物（《民法典》第752条），但在将出租人的所有权功能化为担保物权的情形之下，出租人即可同时主张租金债权和租赁物的所有权；在承租人破产之时，如认可出租人就租赁物享有真正的所有权，租赁物即不构成债务人财产，出租人就享有破产取回权，但《民法典》又删去了“承租人破产的，租赁物不属于破产财产”的规定（第745条），留下了巨大的解释空间。总体而言，尽管《民法典》将融资租赁合同纳入了担保合同，但其融资租赁合同一章的规则设计仍未凸显担保功能。[④]

为消解上述解释冲突，《最高人民法院关于审理融资租赁合同纠纷案件适用法律问题的解释》（以下简称《融资租赁解释》），[⑤] 以及《最高人民法院关于适用〈中华人民共和国民法典〉有关担保制度的解释》（以下简称《民法典担保制度解释》）作出了相当的努力，但融资租赁交易规则体系内部的冲突并未全部化解。在这些冲突之中，尤以承租人违约之时出租人的权利救济为重，学界为此提

---

① See United Nations Commission on International Trade Law, *UNCITRAL Legislative Guide on Secured Transactions*, United Nations, 2010, pp. 13 – 20, 63.

② See Ulrich Drobnig and Ole Böger (eds), *Proprietary Security in Movable Assets*, Oxford University Press, 2015, pp. 243 – 245. 另参见高圣平：《动产担保交易的功能主义与形式主义——中国〈民法典〉的处理模式及其影响》，载《国外社会科学》2020年第4期。

③ 参见谢鸿飞：《动产担保物权的规则变革与法律适用》，载《国家检察官学院学报》2020年第4期；纪海龙：《民法典动产与权利担保制度的体系展开》，载《法学家》2021年第1期；王乐兵：《动产担保优先顺位的立法构造与适用解释》，载《法学家》2022年第2期。

④ 参见崔建远：《合同法（第四版）》，北京大学出版社2021年版，第533页。

⑤ 该司法解释于2013年11月25日由最高人民法院审判委员会第1597次会议通过（法释〔2014〕3号），并于2020年12月23日由最高人民法院审判委员会第1823次会议修正（法释〔2020〕17号），2020年12月29日公布，自2021年1月1日起与《民法典》同步实施。为避免混淆，本书引述法释〔2014〕3号的条文时，以《融资租赁解释》原第×条予以特别提示。

出了多种解释方案。[①]“充分且易于执行的违约救济对于债权人来说非常重要，债权人必须准确预测其是否可以迅速地行使违约救济权。”[②] 本书不揣浅薄，拟就此提出自己的解释方案，以求教于同人。

二、《民法典》第752条：“先后请求”“择一请求”，抑或“同时请求”

《民法典》第752条承继原《合同法》第248条的规定，“承租人应当按照约定支付租金。承租人经催告后在合理期限内仍不支付租金的，出租人可以请求支付全部租金；也可以解除合同，收回租赁物。”这一规则与《国际融资租赁公约》相一致，同样是形式主义立法方法的产物。依据《国际融资租赁公约》第7条的规定，承租人违约时，出租人有权请求支付到期未付租金、利息和损害赔偿金；承租人根本违约时，出租人还可以请求支付全部未到期租金，也可以解除融资租赁合同，收回租赁物并请求损害赔偿，使出租人处于承租人按融资租赁合同的约定履行合同时出租人所应处的状态。[③] 这里尚存疑问的是，“请求支付全部租金”与“解除合同，收回租赁物”二者之间是“先后请求”“择一请求”，还是“同时请求”？

先后请求说认为，出租人应先请求支付全部租金，在就该请求的胜诉裁判未获清偿之时，才能再次请求解除融资租赁合同，收回租赁物。其主要理由在于：其一，基于融资租赁交易的经济功能，出租人保有所有权的目的在于担保租金债权的实现。“依据担保的一般法理，担保行为发挥的是补充责任功能。”据此，应将出租人对租赁物所有权的主张置于租金加速到期请求权之后。其二，融资租赁合同具备不可解约性，“为保障融资租赁合同的稳定，尊重其融资属性，避免影响承租人生产经营，出租人的解除权也应受到相应限制。”如此其与“请求支付全部租金”亦应存在次序选择关系。[④]

择一请求说认为，《民法典》第752条“可以”“也可以”的表述表明，出租

---

① 参见刘保玉、张烜东：《论动产融资租赁物的所有权登记及其对抗效力》，载《中州学刊》2020年第6期；谢鸿飞：《〈民法典〉实质担保观的规则适用与冲突化解》，载《法学》2020年第9期；崔建远：《对非典型担保司法解释的解读》，载《法治研究》2021年第4期；李芷君：《论融资租赁中出租人救济制度的优化》，载《江汉论坛》2021年第6期；吴光荣：《〈民法典〉背景下破产财产的范围及其认定》，载《法律适用》2022年第1期；张家勇：《论融资租赁的担保交易化及其限度》，载《社会科学辑刊》2022年第2期等。

② 参见［英］罗伊·古德：《国际航空器融资法律实务——移动设备国际利益公约及航空器设备特定问题议定书正式评述》，高圣平译，法律出版社2014年版，第36页。

③ See Herbert Kronke，Financial Leasing and Its Unification by UNIDROIT－General Report，16 *Uniform Law Review* 23，33（2011）.

④ 参见李芷君：《论融资租赁中出租人救济制度的优化》，载《江汉论坛》2021年第6期。

人在两种救济路径之间享有选择权，但不能同时主张。其主要理由在于：其一，“请求支付全部租金”以承认融资租赁合同有效存在为前提，出租人请求支付全部租金实际上是请求继续履行融资租赁合同，而“解除合同，收回租赁物”以解除融资租赁合同、否定其继续存在为前提，收回租赁物属于解除融资租赁合同的法律后果。如此，两种救济路径之间相互排斥，出租人自不得同时主张。① 其二，“从经济实质来看，未付租金与租赁物在价值上存在对应关系，如果允许出租人要求支付全部租金的同时，允许其取回租赁物，等于出租人获取了双重利益，承租人受到了双重损失，利益保护显然失衡。”②

同时请求说认为，两种救济路径的最终目的均在于使出租人的租金债权得以实现，二者之间并非非此即彼的关系，出租人自可同时行使。其主要理由在于：其一，《民法典》第752条和第766条前句均使用了“可以”“也可以”的表述，通说认为第766条前句在解释上并不限制保理人同时采取两种救济路径，③ 第752条亦应作相同理解。此时，出租人“请求支付全部租金”是主张主债权，“收回租赁物”是主张担保物权。其二，就融资租赁交易的融资属性而言，“收回租赁物”并不以解除融资租赁合同为前提，而是在承认融资租赁合同有效存在的情形之下，借由“收回租赁物”来实现租金债权。对此，《民法典》所规定的功能相当的所有权保留买卖交易中，权利人主张取回标的物，并不以解除相关交易合同为前提。④

《融资租赁解释》第10条（原第21条）采纳了择一请求说的观点，出租人同时请求之时，法院应告知其依照《民法典》第752条的规定择一行使，如出租人坚持同时请求，属于出租人没有明确的诉讼请求，自应驳回出租人的起诉。不过，出租人在驳回起诉以后另行择一请求的，法院仍应受理。如出租人请求承租人支付全部租金，在取得胜诉裁判之后仍然未获清偿的，可以再行起诉请求解除融资租赁合同、收回租赁物。此际，虽然出租人取得了两份胜诉裁判，但后一裁判系基于新的事实而产生，实际已替代了前一裁判；出租人虽可同时基于两份裁

---

① 参见最高人民法院民事审判第二庭编：《最高人民法院关于融资租赁合同司法解释理解与适用》，人民法院出版社2014年版，第17页。值得注意的是，《民法典》第752条与《合同法》《融资租赁解释》原有规则相比，并未发生改变。如此，基于后者的讨论仍然参照研究的价值。

② 雷继平、原爽、李志刚：《交易实践与司法回应：融资租赁合同若干法律问题——〈最高人民法院关于审理融资租赁合同纠纷案件适用法律问题的解释〉解读》，载《法律适用》2014年第4期。

③ 参见何颖来：《〈民法典〉中有追索权保理的法律构造》，载《中州学刊》2020年第6期；潘运华：《民法典中有追索权保理的教义学构造》，载《法商研究》2021年第5期。

④ 参见高圣平：《担保法前沿问题与判解研究（第五卷）：最高人民法院新担保制度司法解释条文释评》，人民法院出版社2021年版，第482页。

判分别申请执行，但承租人亦可对前一裁判提出执行异议，以避免被“双重执行”。[①]

这一程序设计虽然以《民法典》第752条为依据，但却是偏重于形式主义的解释，在一定程度上忽略了融资租赁交易的功能主义导向。在《民法典》之下，主债务人和担保人在负有物上担保的债权的实现中并不存在顺序利益，前述先后请求说中所谓担保责任的补充性，在物的担保关系中并无适用余地，仅在一般保证关系中有所体现，不足可采。至于择一请求说所持避免出租人双层受偿的理由，在功能主义之下自无问题。在物上担保交易关系中均存在权利人是向主债务人主张主债权还是向担保人主张担保物权的问题，无论是既有的担保物权制度安排，还是裁判实践中的诉讼结构，无不承认债权人（担保物权人）可以同时主张主债权和担保物权，只不过应在判决主文中予以清晰表述，首先判令主债务人履行主债务，其次判令担保人承担担保责任，其中说明债权人就担保财产的变价款优先受偿。此类裁判在执行程序中亦未出现债权人双重受偿问题。功能化的融资租赁交易场景下，自应作相同解释。

择一请求说的政策目标在于“降低出租人的诉讼成本，提高诉讼效率”。[②] 如出租人选择请求承租人支付剩余全部租金，从实务的视角观察，承租人既然经催告仍未给付加速到期的租金，已经构成根本违约，也就不大可能为维持对租赁物的占有而偿付加速到期的租金。[③] 如此，出租人尚须承担执行不能的风险和二次诉讼的时间成本。[④] 虽然出租人可以参酌承租人的履约能力在两种救济路径之间作出选择，并不必然导致所谓出租人“两诉”之累，[⑤] 但承租人的履约能力不仅不易判断，而且随着时间的推移可能不断恶化。即使出租人选择解除融资租赁合同、取回租赁物，但解除条件是否成就、收回之后的租赁物残值清算等，也绝非易事。因此，《融资租赁解释》第10条的法政策选择并未完全达到其目标。

不容否认的是，《融资租赁解释》原第21条形成于《合同法》时代，虽然学说和立法上已然注意到融资租赁交易的特殊性，但出租人权利保护规则的设计以

---

① 参见雷继平、原爽、李志刚：《交易实践与司法回应：融资租赁合同若干法律问题——〈最高人民法院关于审理融资租赁合同纠纷案件适用法律问题的解释〉解读》，载《法律适用》2014年第4期。

② 雷继平、原爽、李志刚：《交易实践与司法回应：融资租赁合同若干法律问题——〈最高人民法院关于审理融资租赁合同纠纷案件适用法律问题的解释〉解读》，载《法律适用》2014年第4期。

③ See David A. Levy, Financial Leasing under the UNIDROIT Convention and the Uniform Commercial Code: A Comparative Analysis, 5 *Indiana International & Comparative Law Review* 267, 283 (1995).

④ 参见高圣平：《担保法前沿问题与判解研究（第五卷）：最高人民法院新担保制度司法解释条文释评》，人民法院出版社2021年版，第482页。

⑤ 参见最高人民法院民事审判第二庭编：《最高人民法院关于融资租赁合同司法解释理解与适用》，人民法院出版社2014年版，第307页。

形式上的所有权为基础，如收回租赁物尚须以解除融资租赁合同为前提，而不是将其作为实现担保性所有权的手段和程序。在《民法典》将融资租赁交易功能化为担保交易的情形之下，《融资租赁解释》第 10 条仍然维系原有政策选择，尚未实现经由司法解释对《民法典》规则之间的冲突予以调适的作用。但在《民法典》第 752 条维系原有制度安排的情形之下，同时请求说在一定程度上忽视了法条本身的文义，基于两种救济路径发生依据的不同——维系抑或解除融资租赁合同，择一请求说就成了本书以下分析据以展开的基础。

三、租金加速到期路径：担保物权实现规则的准用

在承租人违约之时，如出租人“择一请求”租金加速到期的救济路径，是否同时可得就租赁物主张权利，不无解释上的疑问。至少在文义上，对《民法典》第 752 条所确立的两种救济路径之间作出非此即彼的解释，主张租金加速到期，就无法主张收回租赁物。因为此时出租人在利益总量上已经收回了其投入的全部成本，“由于全部租金与租赁物在价值上的对应关系，如出租人选择要求支付全部租金，等于其放弃了租赁物”。[①] 在《民法典》颁行之前，就出租人能否基于租金给付的胜诉裁判直接申请人民法院拍卖、变卖租赁物，并以租赁物的变价款优先受偿，实践中多持否定观点。其主要理由是：一是租赁物属于出租人所有，出租人尚不能诉请执行自己之物；二是收回租赁物的前提是解除融资租赁合同，是不同于主张租金加速到期的另一个独立的诉，不应在执行程序中解决；三是拍卖、变卖租赁物，并以租赁物的变价款优先受偿，涉及租赁物的清算，尚须以实体裁判为依据。[②] 这一割裂租金债权与租赁物所有权的联系的做法，受到了实务界和学术界的广泛关注。

在《民法典》所确立的担保物权实现规则之中，债权人可以同时主张主债权和担保物权。在融资租赁交易担保功能化的背景之下，如何解读其中的主债权和担保物权，就成了重构出租人权利实现规则的基础。有学者指出，融资租赁交易功能化为担保交易之后，“其担保关系隐含于融资租赁合同本身，交易的当事人既未另外订立一个从属性的担保合同，又未另外成立一个从法律关系。因此，融资租赁中出租人保留的所有权，在担保的功能构造上也是具有特殊性的。”[③] 就担

---

① 最高人民法院民事审判第二庭编：《最高人民法院关于融资租赁合同司法解释理解与适用》，人民法院出版社 2014 年版，第 303 页。

② 参见雷继平、原爽、李志刚：《交易实践与司法回应：融资租赁合同若干法律问题——〈最高人民法院关于审理融资租赁合同纠纷案件适用法律问题的解释〉解读》，载《法律适用》2014 年第 4 期。

③ 参见刘保玉、张烜东：《论动产融资租赁物的所有权登记及其对抗效力》，载《中州学刊》2020 年第 6 期。

保的从属性，《民法典》第 388 条第 1 款中的表述是“担保合同是主债权债务合同的从合同”。这一脱胎于《担保法》第 5 条第 1 款、《物权法》第 172 条第 1 款的从属性规则，并未准确传达物上担保的从属性。在物权变动的原因与结果相区分原则之下，就物上担保关系而言，仅有担保合同的成立和生效，尚不足以使担保物权得以设立。其中采行债权形式主义物权变动模式的担保物权，未完成法定的公示手续即意味着担保物权并未设立，此时讨论担保的从属性几无意义。如此，“担保的从属性是指担保权的从属性，而非担保合同的从属性。”[①]“担保合同是主债权债务合同的从合同”更为精准的表达，应是“担保物权从属于主债权”。就融资租赁交易而言，主债权是出租人的租金债权及其他费用（以下简称租金债权或者租金），从权利为出租人就标的物的所有权。准此，出租人的所有权从属于租金债权，融资租赁交易担保权构造之下的从属性，即得以证成和说明。在承租人未履行租金给付这一主债务的情形之下，出租人自可同时主张主债权——租金债权，以及从权利——所有权。在债务人违约之时，债权人是否可就特定财产主张权利，是区分是否构成（物上）担保交易的标志。[②] 但是，《民法典》关于融资租赁交易的既有规则并未完全体现这一功能主义思想，导致了形式主义规则和功能主义规则之间的冲突。

为实现其优先受偿权，担保物权应有换价权能，在债权人实现担保物权时，即可将标的物处分变价，以所得价款担保债权之优先受偿。[③] 依据《民法典》的规定，在债务人不履行到期债务或者发生当事人约定的实现担保物权的情形，除了协议实现之外，债权人可得采取的救济路径包括：其一，依普通民事诉讼程序对主债务人和担保人提起民事诉讼，同时主张主债权和担保物权；[④] 其二，依实现担保物权案件特别程序对担保人申请拍卖、变卖担保财产。既然融资租赁交易中出租人的所有权已经功能化为担保物权，出租人的权利救济路径亦应作相同理解。

在尊重《民法典》第 752 条和《融资租赁解释》第 10 条所确立的“择一请求”进路之下，《民法典担保制度解释》第 65 条第 1 款明确规定：“在融资租赁

---

① 李运杨：《担保的移转从属性及其例外——以中德比较为视角》，载《中国海商法研究》2020 年第 2 期。

② See Barkley Clark & Barbara Clark, *The Law of Secured Transactions Under the Uniform Commercial Code*, 3rd ed., A. S. Pratt, 2017, p. 4 – 7.

③ 参见谢在全：《担保物权制度的成长与蜕变》，载《法学家》2019 年第 1 期。

④ 《民法典担保制度解释》第 45 条第 3 款特别规定：“债权人以诉讼方式行使担保物权的，应当以债务人和担保人作为共同被告。”这里表明，在以诉讼方式实现担保物权之时，债权人应当同时主张主债权和担保物权。其正当性在于方便查明担保物权所担保的主债权，进而确定担保物权的优先受偿的范围，以提高诉讼效率。参见高圣平：《担保法前沿问题与判解研究（第五卷）：最高人民法院新担保制度司法解释条文释评》，人民法院出版社 2021 年版，第 318 页。

合同中，承租人未按照约定支付租金，经催告后在合理期限内仍不支付，出租人请求承租人支付全部剩余租金，并以拍卖、变卖租赁物所得的价款受偿的，人民法院应予支持；当事人请求参照民事诉讼法‘实现担保物权案件’的有关规定，以拍卖、变卖租赁物所得价款支付租金的，人民法院应予准许。”本款基于租赁物是担保租金债权清偿的担保财产，以担保物权的实现程序明确了租金未付时出租人的救济路径，使之与担保物权的实现路径相统一，体现了融资租赁交易担保功能化的基本思想。[①] 据此，承租人经催告仍不给付租金的，担保物权的实现条件成就。[②] 基于《民法典担保制度解释》第65条第1款的规定，出租人选择租金加速到期路径的，有两种程序可供选择：

第一，依普通民事诉讼程序请求承租人支付全部租金，并请求以拍卖、变卖租赁物所得的价款优先受偿。亦即，出租人可以同时对承租人主张租金债权和租赁物所有权，但所有权的内容仅限于优先受偿权，不包括所有物返还请求权（取回权）。融资租赁交易中，承租人违反租金给付义务经催告仍不按期履行的，剩余全部租金给付义务加速到期，承租人丧失期限利益。《融资租赁解释》第10条在出租人选择请求承租人支付全部租金之时，并未明确出租人是否可得同时就租赁物主张权利，《民法典担保制度解释》第65条第1款基于出租人所有权担保租金债权清偿的功能，增加了可以同时主张“以拍卖、变卖租赁物所得的价款受偿”的协同路径。[③]

《民法典担保制度解释》之所以规定为“以拍卖、变卖租赁物所得的价款受偿”，而不是“以拍卖、变卖租赁物所得的价款优先受偿”，是基于《民法典》第745条的规定。出租人的权利救济并不以其所有权已经办理登记作为前提，登记只是向第三人公示其所有权并保持该所有权的优先顺位的要件。[④] 在出租人的所有权未经登记的情形之下，“对于出租人请求以拍卖、变卖租赁物所得价款优先受偿的请求，人民法院不应支持，而仅支持其请求以拍卖、变卖租赁物所得价款受偿的请求。”[⑤] 这一解释结论值得商榷。即使出租人的所有权未经登记，其物权属性仍应肯定，否则即与《民法典》第114条第2款构成体系冲突。依据《民法典》第114条第2款的规定，我国民法上存在可得对所有人主张直接支配和排他

---

① 参见张家勇：《论融资租赁的担保交易化及其限度》，载《社会科学辑刊》2022年第2期。

② 参见崔建远：《对非典型担保司法解释的解读》，载《法治研究》2021年第4期。

③ 参见最高人民法院民事审判第二庭编：《最高人民法院民法典担保制度司法解释理解与适用》，人民法院出版社2021年版，第546页。

④ 参见［英］罗伊·古德：《国际航空器融资法律实务——移动设备国际利益公约及航空器设备特定问题议定书正式评述》，高圣平译，法律出版社2014年版，第36页。

⑤ 最高人民法院民事审判第二庭编：《最高人民法院民法典担保制度司法解释理解与适用》，人民法院出版社2021年版，第546页。

的物权与仅得对部分人主张直接支配和排他的物权之分,[①] 但不存在不能对所有人主张直接支配和排他的物权。虽然其所有权未经登记的出租人不能对抗善意受让人、善意承租人、查封扣押债权人、破产管理人(《民法典担保制度解释》第67条、第54条),但是仍得对抗除上述范围之外的无担保债权人。亦即,出租人就租赁物的优先受偿权仍得向这些无担保债权人主张。据此,出租人就租赁物的变价款,无论出租人对租赁物的所有权是否经过登记,均可主张优先受偿,只是在出租人的所有权未登记之时,不得对抗善意第三人而已。[②]

第二,依实现担保物权案件特别程序申请拍卖、变卖租赁物,并以变价款优先支付全部租金。尽管《民法典》没有规定融资租赁交易中出租人的所有权可以参照适用担保物权的实现程序,但出租人对租赁物的所有权已被功能化为担保物权,[③] 亦属实现担保物权案件特别程序中“担保物权”之一种。《民事诉讼法》上“实现担保物权案件”特别程序,即可适用于融资租赁交易。借助于实现担保物权案件特别程序的简速裁判,出租人无须经过冗长的诉讼程序,即可取得准许拍卖、变卖租赁物的民事裁定书,并据此申请强制执行,是为出租人权利救济程序的上选。不过,实现担保物权案件特别程序的适用以当事人之间对于融资租赁合同的有效成立、租赁物的范围、租金加速到期的条件是否成就、欠付租金及其从债权的数额等没有争议为前提,但凡当事人之间就此存在实质争议,即无适用该特别程序的余地,人民法院应当裁定驳回申请,并告知申请人向人民法院提起诉讼。当事人之间仅就欠付租金及其从债权的数额存在争议之时,人民法院可以询问当事人、利害关系人,必要时可以依职权调查相关事实,并可就无争议部分裁定准许拍卖、变卖租赁物。[④] 此外,依《民法典担保制度解释》第65条第1款后段的文义,即使出租人的所有权未经登记,出租人仍得申请启动实现担保物权案件特别程序,只是不能主张优先受偿而已。其失当之处已如前述。

值得讨论的是,依据《民事诉讼法》第203条和《最高人民法院关于适用〈中华人民共和国民事诉讼法〉的解释》(法释〔2022〕11号修正)第359条的规定,除了担保物权人之外,抵押人、出质人等“其他有权请求实现担保物权的人”亦可申请实现担保物权。将占有担保财产的担保人也纳入申请人范围的主要

---

① 参见高圣平:《民法典动产担保权登记对抗规则的解释论》,载《中外法学》2020年第4期。

② 参见高圣平:《民法典担保制度及其配套司法解释理解与适用》(下),中国法制出版社2021年版,第1256页。

③ 参见黄薇主编:《中华人民共和国民法典合同编释义》,法律出版社2020年版,第597~598页;最高人民法院民事审判第二庭编:《最高人民法院民法典担保制度司法解释理解与适用》,人民法院出版社2021年版,第544页。

④ 参见《民事诉讼法》第204条、《最高人民法院关于适用〈中华人民共和国民事诉讼法〉的解释》第369条、第370条。

考虑是，在担保物权可得行使之时，如担保物权人怠于主张权利，将导致担保人承担高额的逾期利息，担保财产也可能随着时间的推移或者市场因素的变化存在价值贬损之虞，为平衡担保物权人和担保人之间的利益关系，赋予担保人以实现担保物权案件特别程序的申请启动权，有利于保护担保人的利益。[①] 在赋予出租人以实现担保物权案件特别程序的申请人资格的同时，是否亦应明确承租人的程序启动申请权，《民法典担保制度解释》第 65 条第 1 款后段虽然未置明文，但在解释上，“当事人请求参照民事诉讼法‘实现担保物权案件’的有关规定”的表述，并未将程序启动申请权人限定于“出租人”，承租人亦属“当事人”。既然融资租赁交易被功能化为担保交易，占有租赁物的承租人同样面临前述风险，此时自应认为承租人亦属《民事诉讼法》第 203 条所称之“其他有权请求实现担保物权的人”，具有实现担保物权案件特别程序的申请启动权。

四、解除合同并收回租赁物路径：清算法理的贯彻

即使承认融资租赁交易的担保功能化，也不排斥出租人在承租人经催告仍未偿付租金之时选择“解除合同、收回租赁物”这一救济路径。在出租人援用《民法典》第 752 条后段的规定之时，承租人无权援用《民法典担保制度解释》第 65 条第 1 款的规定对抗出租人的请求。[②] 这一救济路径本质上也是通过实现担保物权使得出租人的租金债权得以受偿。[③] 不过，相较《民法典担保制度解释》第 65 条第 1 款所确立的租金加速到期规则，“解除合同、收回租赁物”这一救济路径略显复杂，诸如解除条件是否成就，租赁物的残值如何认定等均为司法实践中的难题，并无制度竞争上的优势。

“解除合同、收回租赁物”这一救济路径体现着形式主义的特色。在功能主义之下，融资租赁交易的融资属性被置重，在承租人不履行主债务的情形之下，出租人并不解除融资租赁合同，而是在承认融资租赁合同有效存续的前提之下，向承租人主张主债权——租金债权的清偿，同时主张从权利——租赁物的所有权，以租赁物折价或者以其变价款优先受偿。一如借款担保交易，在借款人未偿还借款本息的情形之下，贷款人并不解除借款合同，而是在承认借款合同有效存续的前提之下，向借款人主张主债权——借款本息的清偿，同时主张从权利——担保物权，以担保财产折价或者以其变价款优先受偿。亦即，在功能主义之下，

---

① 参见最高人民法院民法典贯彻实施工作领导小组办公室：《最高人民法院新民事诉讼法司法解释理解与适用》（下），人民法院出版社 2022 年版，第 793 ~ 794 页；江必新主编：《新民事诉讼法条文理解与适用》（下），人民法院出版社 2022 年版，第 936 ~ 937 页。

② 参见崔建远：《对非典型担保司法解释的解读》，载《法治研究》2021 年第 4 期。

③ 参见黄薇主编：《中华人民共和国民法典合同编释义》，法律出版社 2020 年版，第 598 页；杨代雄主编：《袖珍民法典评注》，中国民主法制出版社 2022 年版，第 715 页。

融资租赁合同作为融资合同之一种，具有不可解约性。① 但在形式主义之下，出租人的所有权并不从属于其租金债权，由此而决定，出租人主张租金债权之时，则视为放弃租赁物，也就不得同时主张对租赁物的所有权。② 出租人如欲主张其对租赁物的所有权，则仅有解除融资租赁合同一途。此时，出租人收回租赁物为解除融资租赁合同的当然效果。在兼采形式主义和功能主义的立法模式之下，“解除合同、收回租赁物”这一形式主义的救济路径也面临着解释论上的变化。

第一，解除融资租赁合同的条件。《民法典》第752条将因承租人违约而解除融资租赁合同的条件界定为“承租人经催告后在合理期限内仍不支付租金”。《融资租赁解释》第5条对这一解除条件的适用进行了限缩，仅限于根本违约的情形。将《民法典》第752条“承租人经催告后在合理期限内仍不支付租金”仅限于融资租赁合同对于因欠付租金而解除合同的情形有明确约定的情形，如融资租赁合同没有明确约定，尚须达到“承租人欠付租金达到两期以上，或者数额达到全部租金百分之十五以上”的标准，出租人才能以“承租人经催告后在合理期限内仍不支付租金”为由而解除融资租赁合同。此外，《融资租赁解释》第5条第3项还增设“承租人违反合同约定，致使合同目的不能实现的其他情形”这一解除条件。

在功能主义之下，上述因承租人违约而解除融资租赁合同的条件，即为担保物权的实现条件。③ 其体系效应在于，即使出租人主张租金加速到期，并主张就租赁物优先受偿，亦应满足这一条件。《民法典担保制度解释》第65条第1款所规定的出租人救济路径的触发也应作同一理解，而不仅仅只是“承租人未按照约定支付租金，经催告后在合理期限内仍不支付”。依据《民法典》第386条的规定，担保物权的实现条件是“债务人不履行到期债务或者发生当事人约定的实现担保物权的情形”，即主债务人违约。与此不同的是，融资租赁交易中，租金给付义务系分期履行，承租人的违约情形也就具有了特殊性。将出租人就租赁物主张权利限定于根本违约具有正当性。在解释上，承租人轻微违约尚不能触发出租人所有权的实现条件。

第二，收回租赁物时出租人是否负有清算义务。在担保物权实现条件成就之时，债权人自可同时主张主债权和担保物权。无论是就标的物折价，还是就标的物拍卖、变卖，均应贯彻清算法理，债权人无法未经清算而直接取得标的物的所有权。就此而言，《民法典》第752条后段规定的是，出租人享有的是合同解除

① 参见韩世远：《合同法学（第二版）》，高等教育出版社2022年版，第445页。

② 参见最高人民法院民事审判第二庭编：《最高人民法院关于融资租赁合同司法解释理解与适用》，人民法院出版社2014年版，第303页。

③ 参见崔建远：《对非典型担保司法解释的解读》，载《法治研究》2021年第4期。

权，而非取回并执行租赁物的权利，此与担保物权实现时的清算法理明显不同。[①]由于融资租赁交易本是功能化的担保交易，出租人收回租赁物以后则应负担清算义务。[②]《融资租赁解释》第 11 条第 1 款规定："出租人依照本解释第五条的规定请求解除融资租赁合同，同时请求收回租赁物并赔偿损失的，人民法院应予支持。"这里仅言及"少补"，并未规定"多退"。承租人就被收回租赁物的价值不足租金债权的差额负有清偿义务，但并未规定出租人就收回租赁物价值超过租金债权的部分是否负有返还义务。

就《民法典》第 758 条第 1 款的文义而言，出租人的清算义务仅限于"当事人约定租赁期限届满租赁物归承租人所有""承租人已经支付大部分租金，但是无力支付剩余租金""出租人因此解除合同收回租赁物"，且"收回的租赁物的价值超过承租人欠付的租金以及其他费用"的情形。如此，从体系解释的视角，除此情形之外，出租人基于《民法典》第 752 条的规定请求解除融资租赁合同、收回租赁物之时，并不负有清算义务。因融资租赁合同解除后的清算及超额返还义务系不同于合同解除通常效果的特别效果，因此，在没有特别规定时，即应遵循一般规定，当事人并无就租赁物价值作特别清算的必要。[③] 这些规则的设计，明显置重于融资租赁交易形式主义之下的所有权功能。[④]

从《民法典》物权编担保物权分编的规则来看，清算法理在担保物权实现之时得到了全面的贯彻，例如，担保物权实现时的归属清算（协议折价）与变价清算［协议拍（变）卖、司法拍（变）卖］、流质（抵）契约规则的修改等。其中所体现的是平衡债权人和担保人之间利益的需要——在担保物权实现之时均须对担保财产的现值与未受清偿的主债权之间进行清算，实行"多退少补"。在功能主义之下，租赁物在租赁期限届满之时的归属，既不影响融资租赁交易的定性，也不影响当事人就租赁物的清算义务。出租人的所有权具有担保功能，由此而决定，出租人所有权的实现亦应禁止流质（押）情形的发生，[⑤] 无论是基于第 752 条，还是第 758 条，出租人收回租赁物之时，应就主债权（租金债权）与担保财产（收回的租赁物）的价值之间进行清算，实行"多退少补"，出租人就收回租赁物的价值超过租金债权的部分负有返还予承租人的义务，[⑥] 就收回租赁物的价

---

① 参见纪海龙：《民法典动产与权利担保制度的体系展开》，载《法学家》2021 年第 1 期。

② 参见王利明：《合同法（下册）》，中国人民大学出版社 2021 年版，第 168 页；冉克平、王萌：《融资租赁回购担保的法律逻辑与风险控制》，载《山东大学学报（哲学社会科学版）》2022 年第 2 期。

③ 参见张家勇：《论融资租赁的担保交易化及其限度》，载《社会科学辑刊》2022 年第 2 期。

④ 参见高圣平：《担保法前沿问题与判解研究（第五卷）：最高人民法院新担保制度司法解释条文释评》，人民法院出版社 2021 年版，第 482 页。

⑤ 参见黄薇主编：《中华人民共和国民法典合同编释义》，法律出版社 2020 年版，第 598 页；杨代雄主编：《袖珍民法典评注》，中国民主法制出版社 2022 年版，第 715 页。

⑥ 参见黄薇主编：《中华人民共和国民法典合同编释义》，法律出版社 2020 年版，第 598 页。

值不足租金债权的差额有权向承租人继续请求履行，只不过，这一履行请求权已经失去了租赁物的保障而沦为无担保债权。由此可见，即使出租人选择“解除合同，收回租赁物”的救济路径，仍有清算法理的适用。在解释上可以认为，《民法典》第758条第1款仅具描述功能，并未涉及清算义务的构成要件。[①]

《民法典担保制度解释》第65条第2款即体现了这一思想，将《民法典》第758条第1款的特别效果一般化，据此实现出租人所有权的担保功能化。[②] 该款前句规定：“出租人请求解除融资租赁合同并收回租赁物，承租人以抗辩或者反诉的方式主张返还租赁物价值超过欠付租金以及其他费用的，人民法院应当一并处理。”这类似于担保物权的折价实现方式以及让与担保的归属清算方式。[③] 如承租人提出抗辩或者反诉，人民法院一方面应判决解除融资租赁合同并由出租人收回租赁物，另一方面应同时判决出租人将租赁物价值超过租金债权的部分返还给承租人。[④] 这里并未将出租人的清算义务限定于《民法典》第758条第1款规定的情形。如融资租赁合同约定租赁期间届满后租赁物归出租人所有，租金总额为2000万元，同时约定到期后租赁物残值为1000万元，如此出租人的利益为3000万元，如承租人在给付800万租金之后根本违约，出租人选择解除融资租赁合同，取回租赁物，租赁物变价2500万元。此时，出租人额外获益300万元，承租人的利益即受损害，出租人仍负清算义务。这一规则的正当性在于，既然承租人已经给付的租金并非使用租赁物的对价，而是出租人购买租赁物的成本及合理利润的对价（的分摊），在出租人收回租赁物的情形之下，租赁物的残值与承租人已经给付的租金之和，如超过了出租人在合同未解除情形之下本可获得的利益，则意味着出租人不当地占有了承租人的利益，有失权衡，将该利益返还予承租人才能实现双方的利益衡平。[⑤]

不过，也有学者认为，既然将出租人的所有权担保权化，清算法理的适用即属当然，为何《民法典担保制度解释》第65条第2款又将其适用前提界定为“承租人以抗辩或者反诉的方式主张返还租赁物价值超过欠付租金以及其他费用”？[⑥] 本书作者认为，在当事人已经全部或者部分履行的情形之下，合同解除之

---

① 参见杨代雄主编：《袖珍民法典评注》，中国民主法制出版社2022年版，第716页。

② 参见张家勇：《论融资租赁的担保交易化及其限度》，载《社会科学辑刊》2022年第2期。

③ 参见张家勇：《论融资租赁的担保交易化及其限度》，载《社会科学辑刊》2022年第2期。

④ 参见最高人民法院民事审判第二庭编：《最高人民法院民法典担保制度司法解释理解与适用》，人民法院出版社2021年版，第547页。

⑤ 参见崔建远：《对非典型担保司法解释的解读》，载《法治研究》2021年第4期；最高人民法院民事审判第二庭编：《最高人民法院民法典担保制度司法解释理解与适用》，人民法院出版社2021年版，第546页。

⑥ 参见张家勇：《论融资租赁的担保交易化及其限度》，载《社会科学辑刊》2022年第2期。

后本应对当事人之间的法律关系进行清算。[①] 出租人因承租人根本违约请求解除融资租赁合同、收回租赁物之时，可以同时请求赔偿损失。《融资租赁解释》第 11 条第 2 款并将损失赔偿范围界定为“承租人全部未付租金及其他费用与收回租赁物价值的差额”。这里即须对收回的租赁物的价值进行确定，并与承租人租金债权进行比较，本已有清算法理的适用。清算法理不仅仅意味着“少补”，还存在“多退”的情形。在出租人请求解除融资租赁合同、收回租赁物之时，可能的案型包括：其一，出租人同时请求赔偿损失，承租人对于租赁物的价值没有异议。此时无须考虑“多退”问题；其二，出租人同时请求赔偿损失，承租人对于租赁物的价值提出异议，经法院查明，如租赁物价值不足租金债权，不发生“多退”问题；如租赁物价值超过租金债权，发生“多退”问题；其三，出租人没有同时请求赔偿损失，如承租人不提出“多退”，则无须考虑；如承租人提出“多退”，则人民法院应就租赁物价值与租金债权之间进行比较。由此可见，在出租人提出解除融资租赁合同、收回租赁物的请求，承租人未予抗辩或者反诉的情形之下，人民法院不予处理契合了民事诉讼的处分原则。如此，《民法典担保制度解释》第 65 条第 2 款体现了效益原则、意思自治原则和公平合理的精神。[②]

值得注意的是，有观点认为，在出租人提起的解除融资租赁合同并收回租赁物的诉讼中，虽然承租人可以提出抗辩或者反诉，但不得主张参照适用实现担保物权案件特别程序由人民法院通过拍卖、变卖来确定租赁物的价值，也不得在诉讼程序中请求人民法院对租赁物进行拍卖、变卖来确定租赁物的价值。[③] 也就是说，租赁物价值仅得依次经由以下路径而确定：融资租赁合同中的约定、约定的租赁物折旧以及合同到期后租赁物的残值、有资质的机构评估。[④] 这在一定程度上再次体现了对出租人权利保护的形式主义进路。出租人收回租赁物为解除融资租赁合同的当然效果，系出租人所有权效力和行使的体现。[⑤] 我国参加的《移动设备国际利益公约》尊重各国内国法就融资租赁交易的定性，但无论将其定性为担保交易（如美国、加拿大、新西兰、澳大利亚等），还是将其定性为不同于担保交易的独立交易形态（如传统大陆法系国家），在承租人根本违约之时，出租人均可占有或者控制（即取回）租赁物，既可自力取回，亦可通过法院取回。只

---

① 参见杨代雄主编：《袖珍民法典评注》，中国民主法制出版社 2022 年版，第 511 页。

② 参见崔建远：《对非典型担保司法解释的解读》，载《法治研究》2021 年第 4 期。

③ 参见最高人民法院民事审判第二庭编：《最高人民法院民法典担保制度司法解释理解与适用》，人民法院出版社 2021 年版，第 547 页；刘贵祥：《民法典关于担保的几个重大问题》，载《法律适用》2021 年第 1 期。

④ 参见王利明：《合同法（下册）》，中国人民大学出版社 2021 年版，第 168 页；崔建远：《合同法（第四版）》，北京大学出版社 2021 年版，第 534 页。

⑤ 参见崔建远：《对非典型担保司法解释的解读》，载《法治研究》2021 年第 4 期。

不过，在将其定性为担保交易的情形之下，出租人尚须履行清算义务，经由出售或者出租租赁物、收取或者受领因管理租赁物所产生的收益使其债权得以优先受偿；在将其定性为独立交易形态的情形之下，基于出租人保有标的物上的完整权利，其唯一救济路径是解除融资租赁合同，并占有或者控制租赁物。① 我国兼采形式主义与功能主义的立法进路，收回租赁物仅仅只是行使担保物权的一环，是保全租金债权的手段之一，并不能据此认为收回租赁物之后就无须清算，② 只不过，清算方式不同而已。③ 前已述及，《民法典担保制度解释》第 65 条所确立的规则为，不管出租人选择哪种救济方式，均有清算法理之适用。在解释上，即使出租人不积极主张其权利，承租人亦可申请启动实现担保物权案件这一特别程序，以及时清结债务。

五、承租人破产时出租人的权利救济：破产取回权抑或破产别除权

在承租人破产的情形之下，出租人就租赁物是主张破产取回权还是破产别除权？就此，在《民法典》公布后，学界存在三种观点。其一，别除权说认为，《民法典》第 745 条删除了《合同法》第 242 条“承租人破产的，租赁物不属于破产财产”的规定，这其实给认定租赁物属于债务人财产预留了空间，这也意味着融资租赁中出租人对租赁物的所有权可以解释为担保物权。④ 如此，出租人此时仅得行使破产别除权。⑤ 其二，取回权说认为，“《民法典》虽删除了租赁物不属破产财产的规定，并将融资租赁纳入非典型担保制度，但并未改变出租人在融资租赁法律关系存续期间对租赁物享有所有权的立场。”⑥ 在承租人破产时，出租人依然可以基于其对标的物享有的所有权，按照《企业破产法》及其司法解释的

---

① 参见［英］罗伊·古德：《国际航空器融资法律实务——移动设备国际利益公约及航空器设备特定问题议定书正式评述》，高圣平译，法律出版社 2014 年版，第 38 ~ 42 页。

② 参见高圣平：《担保法前沿问题与判解研究（第五卷）：最高人民法院新担保制度司法解释条文释评》，人民法院出版社 2021 年版，第 482 页。

③ 参见张家勇：《论融资租赁的担保交易化及其限度》，载《社会科学辑刊》2022 年第 2 期。

④ 参见谢鸿飞：《〈民法典〉实质担保观的规则适用与冲突化解》，载《法学》2020 年第 9 期；高圣平：《民法典担保制度及其配套司法解释理解与适用》（下），中国法制出版社 2021 年版，第 1219 页。

⑤ 参见纪海龙：《民法典动产与权利担保制度的体系展开》，载《法学家》2021 年第 1 期；张家勇：《论融资租赁的担保交易化及其限度》，载《社会科学辑刊》2022 年第 2 期；冉克平、王萌：《融资租赁回购担保的法律逻辑与风险控制》，载《山东大学学报（哲学社会科学版）》2022 年第 2 期。

⑥ 贺小荣主编：《最高人民法院第二巡回法庭法官会议纪要（第三辑）》，人民法院出版社 2022 年版，第 364 页。

规定行使破产取回权。[①] 其主要理由在于：出租人基于其与出卖人之间的买卖合同取得了租赁物的所有权；《民法典》融资租赁合同章的现有规定（尤其是其中第745条、第752条、第757条、第760条）表明，即使允许当事人之间约定融资租赁期满时租赁物的归属，但在整个租赁期间，租赁物的所有权均归属于出租人；承认租赁物所有权的担保功能，并不能否认其法律上的所有权属性，一旦承租人根本违约，出租人可基于其对租赁物的所有权，收回租赁物，以租赁物的残值折抵承租人的欠付租金。[②] 其三，别除权和取回权选择说认为，取回权和别除权同为有担保债权人实现其权利的手段，应允许当事人自行协商并选择适用；协商不成的，可以参照适用担保物权的实现程序。但出租人权利的行使，必须在担保目的的范围内，并且受登记对抗规则的限制。[③]

上述争议在一定程度上体现着我国《民法典》兼采形式主义和功能主义立法模式之下的解释选择。在将融资租赁交易功能化为担保交易的情形之下，《民法典》维系了《合同法》上就出租人所有权的形式上的制度安排，由此引发了一系列的解释冲突。本书作者坚持别除权说，理由如下。

第一，破产取回权的基础已经丧失。破产取回权并非破产法上新设的权利，其权利基础主要是所有权，是所有物返还请求权在破产法上的体现，是出租人基于其所有权人身份而享有的将租赁物从破产管理人处收回由自己控制的权利。[④] 在形式主义进路之下，除非承租人的破产管理人选择继续履行融资租赁合同，并已就全部未付租金提供适当担保，否则出租人仍可行使破产取回权，将租赁物取回并处分。但正如前述，基于《民法典》第388条第1款的功能主义重构，融资租赁交易中出租人对标的物的所有权，仅具有担保租金债权清偿的作用，并无其他权能。也就是说，出租人仅仅享有名义上的所有权，并无法具有真正所有权的效力，[⑤] 也就没有了基于所有物返还请求权的破产取回权。出租人所有权的行使尚须符合融资租赁交易的目的——担保租金债权的清偿，如此，出租人仅得向破产管理人主张租金债权（主债权）和就租赁物的优先受偿权。

值得注意的是，《最高人民法院关于适用〈中华人民共和国企业破产法〉若

---

① 参见李伟群、尤冰宁：《从“融资”走向“融物”——新监管体系下融资租赁合规展业的实现路径》，载《华侨大学学报（哲学社会科学版）》2021年第5期；贺小荣主编：《最高人民法院第二巡回法庭法官会议纪要（第三辑）》，人民法院出版社2022年版，第364页。

② 参见贺小荣主编：《最高人民法院第二巡回法庭法官会议纪要（第三辑）》，人民法院出版社2022年版，第366～368页。

③ 参见刘保玉、张烜东：《论动产融资租赁物的所有权登记及其对抗效力》，载《中州学刊》2020年第6期。

④ 参见张家勇：《论融资租赁的担保交易化及其限度》，载《社会科学辑刊》2022年第2期；韩长印主编：《破产法学》，中国政法大学出版社2007年版，第136页。

⑤ 参见黄薇主编：《中华人民共和国民法典合同编释义》，法律出版社2020年版，第581页。

干问题的规定（二）》［法释〔2020〕18号修正，以下简称《企业破产法规定（二）》］第2条第1项、第2项将“债务人基于仓储、保管、承揽、代销、借用、寄存、租赁等合同或者其他法律关系占有、使用的他人财产”“债务人在所有权保留买卖中尚未取得所有权的财产”明确排除在债务人财产之外。在解释论上，由于第1项所规定的合同类型并未严格对应于《民法典》上的典型合同，自可认为其中所称“租赁”包括了融资租赁；即使不作文义上的扩张解释，基于第2项将所有权保留买卖的标的物排除于债务人财产之外的事实，亦应类推解释认为融资租赁交易的标的物亦不属于债务人财产范围。但如此解释并未准确把握出租人就标的物的权利属性。破产取回权以债权人就标的物享有所有权为前提，融资租赁交易中出租人就标的物的所有权功能化为担保物权的情形之下，将出租人的所有权认定为担保物权并与抵押权适用共同的别除权规则并无解释上的障碍。[①] 如此，出租人在承租人破产之时，仅得依据《企业破产法》第109条和《企业破产法规定（二）》第3条的规定主张破产别除权。

第二，出租人所有权在承租人破产程序中的处遇原则上须尊重执行法。“除非破产法的宗旨要求突破执行法，对关乎债务清理的共同问题的处理均应保持内在的逻辑一致性。”[②] 在执行法上，基于融资租赁交易的担保功能化，出租人所有权的行使应类推适用抵押权的行使规则。就此而言，尽管《民法典》第752条规定了承租人租金未付时出租人的权利救济规则，但《民法典担保制度解释》第65条仍然彻底地贯彻了融资租赁担保化的功能主义立场，[③] 以实现动产担保交易实现规则的统合。如此，在非破产程序中，出租人所有权的保护适用或者准用担保物权实现的相关规则，在破产程序中，出租人所有权的保护采行破产别除权的解释选择，更符合体系解释的要求。

值得注意的是，在非破产程序中，即使出租人基于《民法典》第752条的规定选择主张“解除合同，收回租赁物”，此时的取回权的权利基础也不是所有物返还请求权，而是担保物权实现程序之一，已如前述。同此，破产程序中，如允许出租人解除融资租赁合同并收回租赁物，在解释上出租人行使的也不是破产取回权。[④] 基于破产程序中破产管理人一体管理、处分债务人财产以最大限度地实

---

① 参见刘保玉、张烜东：《论动产融资租赁物的所有权登记及其对抗效力》，载《中州学刊》2020年第6期。

② 何欢：《债务清理上破产法与执行法的关系》，载《法学研究》2022年第3期。

③ 参见张家勇：《论融资租赁的担保交易化及其限度》，载《社会科学辑刊》2022年第2期。

④ 相反观点认为，“在出租人选择要求解除合同并取回租赁物的场合，出租人行使的是破产取回权，但在租赁物价值超过承租人欠付租金与相关费用时，应将出租人应当返还的金额作为破产财产。”吴光荣：《〈民法典〉背景下破产财产的范围及其认定》，载《法律适用》2022年第1期。

现其交换价值、维护破产债权人的整体利益的目标，[1] 应限制出租人基于担保物权的取回权的行使。如此时仍然允许出租人“解除合同，收回租赁物”，在其履行清算义务之后将租赁物的价值超过租金债权的部分返还予破产管理人，必将延缓债务人财产的处置进程，损及破产程序的效率。此即前述基于破产法的宗旨需要突破执行法的情形之一。同理，破产管理人基于《企业破产法》第 18 条的“挑拣履行权”应予限制。至于当事人约定租赁期满租赁物的所有权归属于出租人的情形，别除权说也不损及出租人利益。此时，在出租人所有权已经登记的情形之下，出租人就租赁物的变价款优先受偿，与承认出租人此际的破产取回权但仍负清算义务[2]在法律效果上并无差异。此时的解释选择也应导向别除权说。

第三，与出租人所有权的登记对抗规则相一致。依据《民法典》第 745 条关于“出租人对租赁物享有的所有权，未经登记，不得对抗善意第三人”的规定，出租人对租赁物的所有权，未经登记不得对抗破产管理人。这一规则与相关国际公约的规定相一致。依据《国际融资租赁公约》第 7 条的规定，出租人对租赁物的所有权，如已依准据法予以公示，即可对抗承租人的破产受托人[3]和债权人，包括已经取得扣押令状或执行令状的债权人。这一规则得到了多数国家国内法的支持，旨在避免将租赁物作为承租人的财产从而在其普通债权人之间进行分配。[4] 依据《移动设备国际利益公约》第 30 条的规定，在针对承租人的破产程序中，国际利益只有在破产程序开始之前办理登记，才能对抗破产管理人。

出租人的所有权如未经登记，即不得对破产管理人主张，出租人也就不得主张就租赁物优先受偿，即使主张取回权说，出租人此际也不得主张破产取回权。[5] 有观点认为，如出租人的所有权未经登记，出租人仍可凭借其所有权（须经举证证明）取回租赁物，但在租赁物上存在其他已登记担保物权的情况下，其无法取回租赁物且将面临债权无法受偿的风险。[6] 在《民法典担保制度解释》第 67 条、第 54 条第 4 项已就出租人与破产管理人之间的对抗关系作出政策选择的情形下，此观点即与登记对抗规则不合。

在出租人的所有权已然登记的情形之下，是不是意味着出租人可得对破产管

---

① 参见李忠鲜：《论担保权在破产中的别除机制》，载《河北法学》2019 年第 6 期。

② 参见张家勇：《论融资租赁的担保交易化及其限度》，载《社会科学辑刊》2022 年第 2 期。

③ “破产受托人”（trustee in bankruptcy）包括为全体债权人的利益被指定管理承租人财产的清算人（liquidator）、管理人（administrator）或其他人。

④ See Herbert Kronke, Financial Leasing and Its Unification by UNIDROIT - General Report, 16 *Uniform Law Review* 23, 32 - 33 (2011).

⑤ 参见贺小荣主编：《最高人民法院第二巡回法庭法官会议纪要（第三辑）》，人民法院出版社 2022 年版，第 370 ~ 371 页。

⑥ 参见刘保玉、张烜东：《论动产融资租赁物的所有权登记及其对抗效力》，载《中州学刊》2020 年第 6 期。

理人主张基于所有权的破产取回权？在融资租赁交易担保功能化的背景之下，出租人对租赁物仅享有名义上的所有权和实质上的担保物权。出租人的所有权可得向破产管理人主张，系指出租人就租赁物可得向破产管理人主张优先受偿权而言。《民法典担保制度解释》第65条即体现了这一功能主义导向，在一定程度上改变了形式主义所有权可能招致的弊端，已如前述。如此，在既有的司法态度之下，为与出租人所有权的登记对抗规则相协调，解释上亦应认为出租人仅得行使破产别除权。

第四，与出租人所有权的优先顺位规则相一致。由于《民法典》已经确立了融资租赁交易中出租人的所有权本质上即为担保物权，学界通说认为，融资租赁标的物上的权利冲突亦应适用《民法典》第414条所确立的优先顺位规则。① 如此，租赁物上的竞存权利将主要依据登记时间的先后确立彼此之间的实现顺序，出租人并不能依其所有权当然取得优先于其他担保物权的顺位。如出租人的所有权未经登记，因其不得对抗破产管理人而不予置论。如出租人的所有权虽已登记，但存在在先的抵押权登记，此际如允许出租人行使破产取回权，一则不利于标的物的清算，二则存在损害先顺位抵押权人利益之虞。如出租人的所有权虽已登记，但存在在后的担保物权登记，有学者主张，“若出租人的所有权已经登记且处于第一顺位，则其与破产管理人协商一致后可以行使取回权”。② 此际如允许出租人行使破产取回权，同样不利于标的物的清算，也存在损害后顺位担保物权人利益的可能。与此相反，如采别除权说，由破产管理人就租赁物的变价款（包括整体处置某类财产的价款中租赁物的应有部分）在竞存权利人之间进行分配，不足清偿的部分直接纳入无担保债权，清偿后的剩余部分纳入债务人财产，用以清偿破产费用、共益债务和其他破产债权，更有利于提高破产效率。

虽然采行取回权说或者别除权说均涉及租赁物的清算问题，由出租人还是破产管理人清算端赖于法政策选择，但在《企业破产法》已经作出政策选择的情形之下，在确定出租人是行使破产取回权还是破产别除权之时，即应尊重该选择方案。《企业破产法》修改了《企业破产法（试行）》第28条不严格区分破产取回权与破产别除权、将担保财产不列入债务人财产的规定，将担保财产纳入债务人财产范围，由破产管理人统一管理和处分，债权人仅得主张优先受偿权（《企业破

---

① 参见黄薇主编：《中华人民共和国民法典合同编释义》，法律出版社2020年版，第581页；高圣平：《民法典动产担保权优先顺位规则的解释论》，载《清华法学》2020年第3期；谢鸿飞：《〈民法典〉实质担保观的规则适用与冲突化解》，载《法学》2020年第9期；龙俊：《民法典中的动产和权利担保体系》，载《法学研究》2020年第6期；纪海龙：《民法典动产与权利担保制度的体系展开》，载《法学家》2021年第1期。

② 刘保玉、张烜东：《论动产融资租赁物的所有权登记及其对抗效力》，载《中州学刊》2020年第6期。

产法》第109条)。这一修改表明，虽然破产别除权系权利人所享有的不依破产清算程序而优先于一般破产债权人就担保财产优先受偿的权利，但其行使仍然受破产程序的约束。破产别除权的行使事涉债务人财产的稳定和构成，也攸关债务人财产的价值发现和公平分配，别除权人不仅应当参加债权集中申报，接受破产管理人的审查，且在法院裁定认可破产和解协议、裁定批准破产重整计划之前，应当暂停担保物权的行使。① 这一修改体现了由破产管理人统一管理债务人财产的基本法政策选择。② 有观点认为，融资租赁交易中，因出租人或许可能更熟悉标的物的市场行情，因而在出租人自己处置标的物时，更能最大限度实现标的物的价值，但如果通过破产清算程序实现标的物的价值，则即使出租人有权就标的物优先受偿，也因标的物价值无法获得最大化的实现，从而影响其权利的实现。③ 但是，在典型的融资租赁交易中，出租人均为专业的融资租赁公司或者金融租赁公司，系根据承租人对出卖人、租赁物的选择与出卖人发生买卖交易，其本身对标的物并不了解，上述观点即值商榷。

综上，在承租人破产的情形之下，基于破产程序的特殊性，出租人并不享有基于所有权的破产取回权，也不享有基于担保物权的取回权，仅得主张破产别除权。如此，在出租人的所有权已经登记的情形下，出租人可向破产管理人申报有担保债权，主张就租赁物优先受偿；在出租人的所有权未经登记的情形下，由于出租人的所有权不得对抗破产管理人，出租人此时仅得向破产管理人主张无担保（主）债权——租金债权。

六、小结

融资租赁交易的规制重心，并不在于其为融资租赁合同，而是在于其担保权构造。④ 虽然《民法典》将出租人对租赁物的所有权功能化为担保物权，但在承

---

① 参见韩长印主编：《破产法学》，中国政法大学出版社2007年版，第143～145页；李忠鲜：《论担保权在破产中的别除机制》，载《河北法学》2019年第6期。

② 值得注意的是，依据《全国法院破产审判工作会议纪要》第25条的规定，在破产清算和破产和解程序中，担保人权利的行使采取个别清偿为原则，以整体处置为例外。如单独处置担保财产会降低其他破产财产的价值的，则应整体处置。参见王欣新：《绝境再生——破产法市场化法治化实施之路》，法律出版社2022年版，第224～226页。但即便如此，对于担保权人的个别清偿仍然受破产程序的约束。对此尚存争议，参见许德风：《破产法论解释与功能比较的视角》，北京大学出版社2015年版，第341～343页。

③ 参见吴光荣：《〈民法典〉背景下破产财产的范围及其认定》，载《法律适用》2022年第1期。

④ 参见游进发：《附条件买卖合同之基本结构》，载《物权法之新思与新为——陈荣隆教授六秩华诞祝寿论文集》，我国台湾地区瑞兴图书股份有限公司2016年版，第410页。

认购买价金担保权超优先顺位规则的情形之下,[①] 出租人的权利并未受到实质性的影响。相反，借助于担保物权规则，承租人违约后出租人权利救济的程序保障等得以明晰地确立，增加了融资租赁交易的确定性。值得注意的是，融资租赁交易的功能化转向，并不涉及融资租赁合同中当事人之间的债权债务关系，仅仅只表明对出租人的物权保护，由所有权转向担保物权，其立法意旨在于，规制“手段超过目的”，借由功能化转向，明确出租人实行功能化的担保物权之时的清算义务，以实现出租人和承租人之间的利益平衡。就《民法典》上所确立的物权行使和保护的程序规则而言，如出租人自力实现不能，虽然在形式主义之下，出租人基于其所有权可以行使所有物返还请求权（第 235 条），但在救济程序上，尚须申请启动普通民事诉讼程序并取得胜诉裁判之后，依强制执行程序得以实现。与此不同的是，在功能主义之下，出租人实现其功能化的担保物权，自可参照或者类推适用第 410 条第 2 款，选择申请启动实现担保物权案件特别程序，在取得许可裁定之后再申请强制执行。二者相较，以后者更为简洁、迅捷。

① 参见高圣平：《民法典动产担保权优先顺位规则的解释论》，载《清华法学》2020 年第 3 期；龙俊：《民法典中的动产和权利担保体系》，载《法学研究》2020 年第 6 期；刘竞元：《民法典动产担保的发展及其法律适用》，载《法学家》2021 年第 1 期。

论机动车融资租赁交易的法律构造

——基于裁判分歧的分析与展开

机动车融资租赁交易无法在动产融资统一登记公示系统和机动车登记系统中登记。实践中采取的变通做法是，将机动车登记于承租人名下但同时为出租人办理抵押登记。这一形式抵押登记属于《民法典》第745条所称的“登记”，仅具声明登记意义，以阻断第三人善意的方式保护出租人就租赁物的所有权，但并不表明出租人就标的机动车取得了抵押权。机动车售后回租交易如兼具“融资”与“融物”属性，则属于融资租赁交易，形式抵押登记的存在并不能改变机动车售后回租交易的定性。即使存在形式抵押登记，出租人的权利实现也不是行使抵押权，而仍应遵行《民法典》第752条和相关司法解释确立的规则。在融资租赁交易的担保功能化之下，出租人就标的机动车的所有权具有非典型担保物权的性质，出租人在主张租金债权之时自可同时主张就标的机动车优先受偿，混合共同担保规则亦有适用空间。这一权利实现规则亦可适用于《民法典》实施之前的融资租赁交易所引起的纠纷。

一、问题的提出

我国《民法典》就融资租赁交易植入功能主义元素，将其纳入担保交易的范畴。如此，租赁物的所有权虽然在形式上归属于出租人，但被工具化为仅具担保功能，① 又被称之为担保性所有权。② 由此带来的体系效应就是，出租人就标的物的所有权，并不采行物权变动的一般规则，而与动产抵押权一样采取登记对抗主义，并在动产融资统一登记公示系统中登记；其与其他竞存权利之间，并非如完全所有权一样具有绝对优先效力，而是采取“先登记者优先”的一般顺位规则；其实现也并不仰赖于所有物返还请求权，而是贯彻清算法理，出租人尚须就租赁物的残值与未受清偿的租金债权之间进行清算，实行“多退少补”。③ 但是，不容否认的是，《民法典》仍然将融资租赁交易作为别异于担保交易的一种形式加以规定，保留了《合同法》基于出租人享有完全所有权的一系列形式主义的规则，

① 参见谢鸿飞：《〈民法典〉实质担保观的规则适用与冲突化解》，载《法学》2020年第9期。

② 参见张家勇：《论融资租赁的担保交易化及其限度》，载《社会科学辑刊》2022年第2期。

③ 参见高圣平：《论融资租赁交易中出租人的权利救济路径》，载《清华法学》2023年第1期。

融资租赁交易规则体系内部也就存在不少的冲突。[①]《最高人民法院关于适用〈中华人民共和国民法典〉有关担保制度的解释》（以下简称《民法典担保制度解释》）在一定程度上解决了其中部分冲突，但2020年修正发布的《最高人民法院关于审理融资租赁合同纠纷案件适用法律问题的解释》（以下简称《融资租赁解释》）仅仅只是删去了已经移入《民法典》的规则，并没有从融资租赁交易的担保功能的视角进行体系化的整合。

机动车融资租赁为融资租赁交易的一种，自应在《民法典》相关规则之下展开。但机动车作为一类特殊动产，在适用以普通动产融资租赁为交易原型而建构的规则体系之时，也就遇到了一系列的解释困境。其一，融资租赁交易中租赁物的所有权在形式上属于出租人所有。就普通动产而言，租赁物由承租人直接他主占有，由出租人间接自主占有，间接占有租赁物在公示出租人所有权的意义上明显不足。但就机动车这一特殊动产而言，物权变动规则本已不同于普通动产，改采所谓交付生效、登记对抗的物权变动模式，[②] 如此即出现了如何认定标的机动车形式上归属于出租人的困难。其二，为公示融资租赁交易中出租人就租赁物的担保性所有权，尚须在动产融资统一登记公示系统进行登记。就普通动产而言，由于其本身并无权利登记系统，以承租人为查询标准在该系统中即可探知其所占有的普通动产之上是否存在权利负担。但目前的登记规则尚不允许机动车融资租赁在动产融资统一登记公示系统或者机动车登记系统中登记，如何公示即生疑问。如采行形式抵押登记的变通做法，其效力又如何认定？如此等等，直接导致裁判结果上的实质差异。本书不揣浅薄，拟就裁判实践中的争议问题一陈管见，以求教于同人。

二、机动车融资租赁交易的公示：形式抵押登记的效力

《民法典》第745条规定："出租人对租赁物享有的所有权，未经登记，不得对抗善意第三人。"这一规则的确立旨在实现融资租赁交易担保功能化之后消灭隐性担保、优化营商环境的目标。[③] 第三人在就标的物进行交易之时，负有查询法定的登记系统以审查出卖人、担保人是否具有处分标的物权利的义务，否则难谓善意。这一规则虽然改变了《民法典》上动产所有权的变动规则，但却与动产抵押权的公示相契合。[④] 不过，动产抵押权的登记公示属于在他人之物上设立（create）担保物权的公示，而融资租赁交易的登记公示属于在标的物上规定

① 参见崔建远：《合同法（第四版）》，北京大学出版社2021年版，第533页。

② 参见王利明：《物权法（第二版）》，中国人民大学出版社2021年版，第93~94页；崔建远：《物权法（第五版）》，中国人民大学出版社2021年版，第106页。

③ 参见黄薇主编：《中华人民共和国民法典合同编释义》，法律出版社2020年版，第582页。

④ 参见高圣平：《论民法典上融资租赁交易的担保功能》，载《政法论坛》2023年第4期。

(provide for) 担保物权的公示，因为出租人就租赁物所有权的取得并非基于融资租赁合同，而是基于其他法律事实，如制造、买卖等。《民法典》就不动产物权变动多采登记生效主义（第209条），与第745条所定登记对抗规则大异其趣，第745条也因此限缩适用于动产或者动产性权利。机动车虽属特殊动产，但基于《民法典》第225条之规定，亦采登记对抗主义，自无排除第745条适用之理。

（一）机动车融资租赁登记公示制度的缺失

为配合《民法典》统一动产和权利担保登记制度的实施，《国务院关于实施动产和权利担保统一登记的决定》（国发〔2020〕18号）与《动产和权利担保统一登记办法》（中国人民银行令〔2021〕第7号，以下简称《统一登记办法》）相继出台。但是，两份文件均将“机动车抵押、船舶抵押、航空器抵押、债券质押、基金份额质押、股权质押、知识产权中的财产权质押”等特殊动产和权利之上的抵（质）押排除于动产和权利担保统一登记范围之外。这一法政策选择的原因在于，动产或者动产性权利本身已经建立登记制度的，由各该登记系统登记其上的担保负担；没有建立登记制度的动产或者动产性权利，其上的担保负担纳入动产融资统一登记公示系统中予以登记。① 这样就形成了动产融资统一登记公示系统与特殊动产或权利登记系统“二分”并存的局面。这一制度安排也与《优化营商环境条例》的既有政策选择相一致。该条例第47条第2款规定：“国家推动建立统一的动产和权利担保登记公示系统，逐步实现市场主体在一个平台上办理动产和权利担保登记。纳入统一登记公示系统的动产和权利范围另行规定。”相关金融监管规章也体现了这一点。

《融资租赁公司监督管理暂行办法》第15条规定：“按照国家法律法规规定租赁物的权属应当登记的，融资租赁公司须依法办理相关登记手续。若租赁物不属于需要登记的财产类别，融资租赁公司应当采取有效措施保障对租赁物的合法权益。”这里即依据租赁物的不同类别确定不同的登记机构。《融资租赁公司监督管理暂行办法》发布于《民法典》公布之前，就“租赁物不属于需要登记的财产类别”如何登记没有上位法的依据。在《民法典》公布之后，有的地方金融监管规章部分保留了这一表述，② 有的地方金融监管规章则明确了“租赁物不属于需要登记的财产类别”的融资租赁交易的登记机构——中国人民银行征信中心动产

① 参见高圣平：《〈民法典〉视野下统一动产和权利担保登记制度的构造》，载《浙江工商大学学报》2020年第5期。

② 如《云南省融资租赁公司监督管理实施细则（试行）》（云金规〔2021〕2号）第30条第1款、《福建省融资租赁公司监督管理实施细则（试行）》（闽金管规〔2022〕2号）第9条。

融资统一登记公示系统。①

这一“二分”并存格局带来的问题是，在《民法典》采行功能性形式主义的立法进路之下，融资租赁交易中出租人的所有权具有登记能力，但现行特殊动产和权利担保登记规则均只涉及抵押或者质押，并不涉及融资租赁等非典型担保，如此即形成了以特殊动产或权利展开融资租赁交易之时登记制度的缺失。

以机动车融资租赁交易为例。从《统一登记办法》第2条的文义来看，纳入动产和权利担保统一登记范围的担保类型包括抵押、权利质押、融资租赁、保理、所有权保留以及其他可以登记的动产和权利担保，均从担保交易的类型加以界定。但为与特殊动产或权利登记系统相区分，《统一登记办法》第2条限定了抵押和权利质押的标的财产范围，仅限于“生产设备、原材料、半成品、产品”“应收账款”“存款单、仓单、提单”；就融资租赁、保理、所有权保留而言，并未限定标的财产的范围。《统一登记办法》仅排除机动车抵押，但机动车融资租赁属于“融资租赁”，在文义上似乎并没有排除于登记范围之外。有观点即据此认为，机动车的出租人此际在动产融资统一登记公示系统中登记，亦可产生对抗善意第三人之法律效果。② 有的地方金融监管部门还直接规定，“融资租赁公司应及时在中国人民银行征信中心动产融资统一登记公示系统办理相关业务登记，未经登记不得对抗善意第三人。”③ 但如此解释，一则与构建统一动产和权利担保登记制度之初的既有政策选择不符，已经建立登记制度的动产或者动产性权利之上的担保负担，仅在特殊动产或权利登记系统登记，而不在动产融资统一登记公示系统中登记；二则将导致与互联网交通安全综合服务管理平台信息管理系统（以下简称机动车登记系统）的登记状况不一致，容易诱发交易风险。机动车的潜在

---

① 如《广西壮族自治区融资租赁公司监督管理实施细则（暂行）》（桂金监壹〔2020〕7号）第42条规定：“按照国家法律法规规定租赁物的权属应当登记的，融资租赁公司须依法办理相关登记手续。若租赁物不属于需要登记的财产类别，融资租赁公司应当按照有关规定在中国人民银行征信中心动产融资统一登记公示系统对租赁物权利状况进行登记公示。”《上海市融资租赁公司监督管理暂行办法》（沪金规〔2021〕3号）第26条规定：“融资租赁公司一般应当在中国人民银行征信中心动产融资统一登记公示系统办理租赁物权属登记，及时将相关权属状态予以公示。法律法规对有关租赁物的权属登记另有规定的，应当依法办理相关登记手续。”《江苏省融资租赁公司监督管理实施细则（试行）》（苏金监规〔2021〕1号）第11条规定：“融资租赁公司除按有关规定办理权属（含相关附属权利）登记外，应当及时在国家规定的动产融资统一登记公示系统办理租赁物权属登记。”《广东省融资租赁公司监督管理实施细则》（粤金监规〔2022〕2号）第17条第1款规定：“融资租赁公司从事融资租赁业务的，须依法在中国人民银行征信中心动产融资统一登记公示系统等渠道办理相关登记手续。法律法规对租赁物登记另有规定的，应当依法办理相关登记手续。”

② 参见刘贵祥：《当前民商事审判中几个方面的法律适用问题》，载《判解研究》2022年第2辑，人民法院出版社2023年版，第42页。

③ 《广东省地方金融监督管理局关于规范融资租赁公司汽车融资租赁业务的通知》（粤金监函〔2021〕63号）第4条。

交易相对人尚须在机动车登记系统和动产融资统一登记公示系统查询，才能完成尽职调查义务，增加了交易成本和交易风险。此外，动产融资统一登记公示系统采取人的编成主义，查询标准是相关的当事人；而机动车登记系统采取物的编成主义，查询标准为标的机动车。以标的机动车为标准无法在动产融资统一登记公示系统检索到相关信息。例如，甲欲购买乙占有的但属于丙所有的二手机动车，以车牌号、车辆识别代号/车架号为标准，在机动车登记系统中查询即可探知标的机动车是否属于出卖人有权处分，标的机动车上是否存在权利负担。但如以乙为标准查询动产融资统一登记公示系统，将无法发现这些信息。因此，在动产融资统一登记公示系统中登记机动车融资租赁交易几无意义。

《民法典》第225条规定："船舶、航空器和机动车等的物权的设立、变更、转让和消灭，未经登记，不得对抗善意第三人。"根据《机动车登记规定》的规定，就机动车而言，本条所称的"登记"是在公安机关交通管理部门车辆管理所办理的机动车登记（该规定第2条、第3条），由此而决定，机动车登记的法定登记机构是公安机关交通管理部门车辆管理所，而不是中国人民银行征信中心。该规定第二章"机动车登记"规定了"注册登记"① "变更登记" "转让登记" "抵押登记" "注销登记"，已经涵盖了机动车物权变动的大部分情形。② 机动车的潜在交易相对人应当查询机动车登记系统以探知标的机动车上的权利负担；中国人民银行征信中心并非法定的机动车登记机构，仅在动产融资统一登记公示系统中登记，并不能起到公示作用。但是，即使在《民法典》实施之后修订的《机动车登记规定》仍然只规定了机动车抵押登记和机动车质押备案（第31条至第36条），机动车融资租赁、所有权保留买卖和让与担保等非典型担保交易也就无从在机动车登记系统中登记，《民法典》第745条和第641条第2款所确立的登记对抗规则也就无法确定地展开。

---

① 依据《机动车登记规定》第10条、第11条的规定，机动车注册登记以机动车所有人取得机动车安全技术检验合格证明为前提（存在除外情形），且为初次申领机动车号牌、行驶证的前提条件，但从第12条关于申请注册登记的程序的规定、第15条关于不予办理注册登记的情形的规定来看，机动车注册登记仍然具有设立登记的性质。

② 公安部在给最高人民法院执法工作办公室和研究室的复函（公交管〔2000〕98号、公交管〔2000〕110号）中反复强调指出，"公安机关办理的机动车登记，是准予或者不准予上道路行驶的登记，不是机动车所有权登记。"《机动车登记规定》第1条所列举的立法依据也仅只有"《中华人民共和国道路交通安全法》及其实施条例"，并不包括《中华人民共和国民法典》。值得质疑的是，《民法典》第225条所规定的物权变动意义上的登记，由哪个机构办理？如果仅仅只是"准予或者不准予上道路行驶的登记"，为何《机动车登记规定》的历次文本（2004年、2008年、2012年、2021年）中均规定了"变更登记""转让登记""抵押登记"的登记类型？这些登记类型与"准予或者不准予上道路行驶"有何关系？

（二）机动车登记于承租人名下的变通做法及其法律意义

在《民法典》就融资租赁交易采取功能性形式主义的立法态度之后，出租人就租赁物的担保性所有权如何登记，即存疑问。机器设备等普通动产本无所有权登记簿，在动产融资统一登记公示系统中登记融资租赁交易之时，出租人视为担保权人，承租人视为担保人；动产融资统一登记系统采取人的编成主义，即以担保人（承租人）编制担保权的索引以供查询人查询（《统一登记办法》第26条）；登记系统所揭示的是承租人所占有的普通动产（租赁物）属于出租人所有。如此，在表象上，该租赁物登记于承租人名下，但记载该租赁物上的所有权负担。如将租赁物的所有权登记于出租人名下，拟与承租人就租赁物从事交易的相对人，以承租人为查询标准将无法探知该租赁物上的权利现状。这一制度安排之下，普通动产的融资租赁登记就不同于传统上的所有权登记，而与动产抵押权的设立登记更为接近，这也是将融资租赁交易纳入动产融资统一登记公示系统的原因之一。

与此不同的是，机动车的所有权本身具有登记能力，且机动车登记簿采取物的编成主义。机动车的所有权如登记在出租人名下，对于归属意义上的所有权或者担保性的所有权，均具有公示的意义与效力。此时，机动车融资租赁交易也就已经登记公示，适用《民法典》第745条和第225条的法律后果并无差异，均取得对抗善意第三人的效力。但是，机动车登记承载着公法和私法上的双层功能，机动车融资租赁交易实践中，出于标的机动车的属地车辆挂牌及使用、客户经营、处理交通事故及理赔、办理年检等事务的考虑，机动车的所有权大多登记在承租人名下。虽然在功能性形式主义之下，融资租赁交易中出租人仅享有名义上或者形式上的所有权，其效力也仅限于就标的物的价值优先受偿，标的物的所有权还是基于法律的拟制移转给了承租人。① 如此，机动车的所有权登记在承租人名下，在一定程度上契合了融资租赁交易的担保功能化转向。但此际出租人就标的机动车的担保性所有权无法登记，在《民法典》第745条之下，也就无法取得对抗第三人的效力。

实践中，出租人基于在机动车登记系统无法登记融资租赁交易的事实，改在动产融资统一登记公示系统登记。但正如前述，机动车的物权变动并不在动产融资统一登记公示系统登记，依据《民法典》第225条的规定，仅有在法定的机动车登记系统的登记才具有对抗第三人的效力，在动产融资统一登记公示系统登记融资租赁交易也就不具有对抗第三人的效力。拟就标的机动车进行交易的相对人，其尽职调查范围仅限于在机动车登记系统查询机动车的权属状况。在交付生

---

① 参见王泽鉴：《民法学说与判例研究》（第七册），北京大学出版社2009年版，第221页；高圣平、叶冬影：《论民法典上所有权保留买卖交易的担保功能》，载《法学评论》2023年第3期。

效、登记对抗的物权变动模式之下，可以实现机动车所有权和在机动车登记系统登记的所有权相分离。如此，机动车融资租赁交易中，出租人和承租人双方可以选择在机动车登记系统中将标的机动车登记在出租人或者承租人名下。将标的机动车登记在出租人名下，可能需要面临如下问题：出租人尚须负责取得车辆号牌、缴纳税费的义务，在承租人侵权之时可能会与承租人（车辆使用人）构成共同侵权。① 将标的机动车登记于承租人名下，出租人可能面临着以下风险：承租人处分该机动车之时，第三人自可依据《民法典》第311条的善意取得规则取得无负担的所有权或者顺位在先的担保物权。如此出租人就标的机动车的物权利益即丧失殆尽。

在《民法典》颁行之前，我国法律、行政法规层面并未建立融资租赁登记制度。融资租赁实践中采取了一些变通的做法来保护出租人对租赁物的所有权免受承租人处分行为的侵害。例如，通过授权承租人将租赁物抵押给出租人并在登记机关办理抵押登记。② 此时虽然抵押登记不是基于当事人之间真实的抵押担保交易，但就标的物拟与承租人从事交易的相对人，经由查询相关登记簿即可发现标的物上存在担保负担，以此作出理性的商事判断。基于此，《融资租赁解释》原第9条第2项规定："出租人授权承租人将租赁物抵押给出租人并在登记机关依法办理抵押权登记的"，第三人不得依据《物权法》第106条的规定取得租赁物的所有权或者其他物权。这一形式抵押登记在尚未建立融资租赁登记制度的背景之下，"有效弥补了出租人物权保护的不足，亦未给国家社会公共利益及第三人带来不利影响，同时有利于维护出租人的合法权益，限制承租人的恶意违约，确有认定其法律效力的必要"。③ 这种形式抵押登记已经接近于比较法上的动产购置款担保登记，④ 但是，一则背离了当事人之间的真实意思表示；二则出租人将其自己之物又抵押给自己，与传统民法理论寻求理论上的严谨与逻辑体系上的自洽相矛盾。⑤

《融资租赁解释》原第9条第2项所确立的交易模式，尚不能称之为"自物

① 《律师办理以个人为承租人的汽车融资租赁合同（售后回租）业务操作指引（2021）》（上海市律师协会2021年12月29日发布）第8条。

② 参见最高人民法院民事审判第二庭编：《最高人民法院关于融资租赁合同司法解释的理解与适用》，人民法院出版社2014年版，第150页。

③ 雷继平、原爽、李志刚：《交易实践与司法回应：融资租赁合同若干法律问题——〈最高人民法院关于审理融资租赁合同纠纷案件适用法律问题的解释〉解读》，载《法律适用》2014年第4期。

④ 参见刘竞元：《民法典动产担保的发展及其法律适用》，载《法学家》2021年第1期。

⑤ 参见雷继平、原爽、李志刚：《交易实践与司法回应：融资租赁合同若干法律问题——〈最高人民法院关于审理融资租赁合同纠纷案件适用法律问题的解释〉解读》，载《法律适用》2014年第4期。

抵押”或者“所有人抵押权”。第一，当事人之间并无设立抵押担保的合意，[①] 所有人也不得在自己之物上为自己设立抵押权，否则背离了我国实定法上担保物权的他物权定位。我国实定法上置重于担保物权的保全功能，采行抵押权顺位升进主义，并不承认原始的所有人抵押权。所谓所有人抵押权，是在抵押权和所有权发生混同的情形之下为保护特定抵押权人利益而设。《最高人民法院关于适用〈中华人民共和国担保法〉若干问题的解释》(以下简称《担保法司法解释》)第77条规定：“同一财产向两个以上债权人抵押的，顺序在先的抵押权与该财产的所有权归属一人时，该财产的所有权人可以以其抵押权对抗顺序在后的抵押权。”[②] 依据《民法典》第393条第1项（《物权法》第177条第1项）的规定，主债权因混同而消灭的，抵押权也随之消灭。但在抵押财产上存在数个抵押权时，前顺位的抵押权与所有权发生混同而归属于一人之时，该抵押权的存续对于所有权人具有法律上的利益。为保护所有权人的利益，阻止后顺位抵押权因顺位自动升进而得到不当利益，拟制所有权人仍然维持原抵押权的效力，成立所有人抵押权。[③] 然而，在形式抵押登记的情形并不存在多个抵押权。第二，从《融资租赁解释》原第9条的文义来看，出租人授权承租人将租赁物抵押给出租人并在登记机关办理抵押权登记，仅仅只具有否定第三人善意的功能。在动产抵押权采行登记对抗主义的前提之下，拟就动产进行交易的相对人自应查询相关登记簿，否则无法证成自己的善意。如此，在承租人未经出租人同意转让租赁物或者在租赁物上设立其他物权的情形之下，如第三人依据善意取得规则主张取得租赁物的所有权或者其他物权，出租人则可基于形式抵押登记，主张第三人的所有权或者其他物权并不成立。但这并不表明出租人就租赁物享有抵押权。“该抵押登记本身不具有设权效力，只是具有彰示权利的效力。”[④] 司法实践中，即有观点认为，融资租赁合同中约定案涉机动车所有权归出租人，案涉机动车所有权登记在承租人名下，一则并不表明案涉机动车属于承租人所有，登记仅为机动车物权变动的对抗要件，而非生效要件，机动车物权变动的生效要件是包括占有改定在内的交付；二则符合当事人的实际需求，且不违反法律规定。由于机动车融资租赁交易无法登记，承租人将案涉机动车作为抵押物登记于出租人名下，作为对出租人所享有的案涉机动车所有权的保障，亦属于当事人自治，不应因此否定出租人对案

① 参见王毓莹主编：《融资租赁合同案件裁判规则》，法律出版社2021年版，第386页。

② 该条规定符合《民法典》的精神，在《民法典》实施之后的裁判实践中仍然可以沿袭原来的审判思路。参见最高人民法院民事审判第二庭编：《最高人民法院民法典担保制度司法解释理解与适用》，人民法院出版社2021年版，第682页。

③ 参见李国光等：《最高人民法院〈关于适用《中华人民共和国担保法》若干问题的解释〉理解与适用》，吉林人民出版社2000年版，第280～281页。

④ 江苏省盐城市中级人民法院（2019）苏09民终4057号民事判决书。

涉机动车享有的所有权。

为配合《民法典》的实施，最高人民法院修正发布了《融资租赁解释》，删去了原第9条的规定。其原因在于，国务院根据《民法典》的规定已经建立动产和权利担保统一登记制度，融资租赁交易自可由当事人在中国人民银行征信中心动产融资统一登记公示系统自主办理登记，实践中不会再出现《民法典》颁布之前的形式抵押登记。[①] 但不无遗憾的是，动产和权利担保统一登记制度从其构建之日起就不统一，仍然保留了原有的特殊动产或权利登记系统，而特殊动产或权利登记规则并未就包括融资租赁交易在内的非典型担保交易的登记问题作出相应的修改或补充，《融资租赁解释》原来制定之时的无从办理融资租赁登记的情形，在《民法典》实施之后仍然持续存在。

就此，《融资租赁解释》删除原第9条的规定，“并非认为其与民法典冲突”。[②] 相反，《融资租赁解释》原第9条所据以展开的法律基础在《民法典》实施前后并未发生改变。形式抵押登记以阻断第三人善意的方式保护出租人就租赁物的所有权，所依据的是《物权法》第106条规定的善意取得制度。《民法典》第311条完整地保留了《物权法》第106条的规定。基于《民法典》第225条的规定，拟就标的机动车进行交易的相对人自有查询机动车登记系统，以规避交易风险的法定义务。否则，无法构成《民法典》第311条第1款第2项所称的善意。如机动车登记系统虽将机动车登记于承租人名下，但其上同时存在出租人的形式抵押登记，相对人与承租人就标的机动车展开交易之时，即推定相对人知悉标的机动车上的权利负担，相对人自无法基于《民法典》第311条的规定主张取得标的机动车的无负担的所有权。在体系解释上，即使《民法典》上就抵押财产的转让采取了不同于《物权法》上的立法态度，这一解释结论亦并未发生改变。依据《物权法》第191条的规定，承租人未经出租人同意即处分标的机动车，相对人无法基于《物权法》第106条的规定主张取得标的机动车的所有权。依据《民法典》第406条，形式抵押登记的存在虽然不影响承租人就标的机动车的处分权，但在《民法典》第225条之下，形式抵押登记具有对抗恶意相对人的效力。此时，相对人虽然可以基于物权变动规则取得标的机动车的所有权，但仍然应受形式抵押登记所表彰的权利的约束。

在功能性形式主义之下，出租人就标的机动车本就仅享有形式上的所有权，其功能仅在于担保租金债权的清偿。而《民法典》第745条所称的“登记”采取

---

① 参见张家勇：《论融资租赁的担保交易化及其限度》，载《社会科学辑刊》2022年第2期；刘贵祥：《当前民商事审判中几个方面的法律适用问题》，载《判解研究》2022年第2辑，人民法院出版社2023年版，第40页。

② 刘贵祥：《当前民商事审判中几个方面的法律适用问题》，载《判解研究》2022年第2辑，人民法院出版社2023年版，第43页。

声明登记制，仅具有警示潜在的交易相对人并确定标的物上竞存权利之间优先顺位的作用，并不表明登记簿上的记载是真实的。[①] 亦即，《民法典》第745条的“登记”并不具有确定机动车所有权归属的功用，第224条和第225条才是判断机动车所有权归属的规范基础。仅依《民法典》第745条所称的“登记”中记载的有限信息，并不足以确定地判断标的物上的权利负担，潜在的交易相对人尚须在登记簿之外进行进一步的尽职调查。如此，在机动车融资租赁登记制度缺失的情形之下，形式抵押登记仅具有《民法典》第745条的登记功用，[②] 其实质目的并非担保租金债权，而是为公示权利，防止因承租人擅自处分标的机动车导致第三人善意取得，并不表明出租人就标的机动车就享有实体上的抵押权，不能以抵押权来认定出租人与承租人之间的法律关系。在形式抵押登记的情形下，出租人仅有抵押权之名，而无抵押权之实。[③] 不过，形式抵押登记却使出租人的所有权取得了对抗第三人的效力。在承租人经催告未付租金或者存在其他根本违约的情形之时，出租人行使的还是担保性所有权，并可基于形式抵押登记对抗承租人的善意受让人、善意承租人、查封扣押债权人和破产管理人，还可基于形式抵押登记的时间主张其担保性所有权的相应顺位。在承租人已经依约偿付全部租金债权的情形之下，出租人应依融资租赁合同的约定转让标的机动车的所有权予承租人，因标的机动车的所有权已经登记于承租人名下，出租人尚须注销标的机动车的形式抵押登记。[④]

三、机动车融资租赁交易的认定：以售后回租为中心

通说认为，融资租赁交易关系是买卖合同和租赁合同的结合，其中包括了两个交易、三方当事人，即出卖人与买受人之间的买卖交易、出租人与承租人之间的租赁交易，其中买受人与出租人为同一人。[⑤] 此即所谓直接融资租赁（“直租”）模式。出租人基于自身税务筹划和当地优惠政策的考虑，还广泛采取了所谓“售后回租”的交易模式。售后回租，是指承租人将自有物出卖给出租人，同时再将该物从出租人处租回，并按期向出租人支付租金的交易方式。这里，仅有出租人与承租人两方，并不存在第三方当事人“出卖人”，交易结构体现出与借

① 参见谢在全：《担保物权制度的成长与蜕变》，载《法学家》2019年第1期；纪海龙：《民法典动产与权利担保制度的体系展开》，载《法学家》2021年第1期。

② 参见安徽省蚌埠市中级人民法院（2022）皖03民终612号民事判决书。

③ 参见广东省广州市中级人民法院（2020）粤01民终11609号民事判决书中一审法院的观点。

④ 参见北京市丰台区人民法院（2022）京0106民初9969号民事判决书。

⑤ 参见王利明：《合同法（下册）》，中国人民大学出版社2021年版，第143页。但也有学者对此表示质疑。参见高圣平、王思源：《论融资租赁交易的法律构造》，载《法律科学（西北政法大学学报）》2013年第1期；韩世远：《合同法（第二版）》，高等教育出版社2022年版，第446～447页。

款抵押交易相似的特征：并没有产生普通意义上的“融物”效果，仅发挥承租人自有之物的“融资”效用。① 如此即产生售后回租是否构成融资租赁交易的疑问。就此，《民法典》上虽然没有明文规定此种情形是否构成融资租赁交易，但《融资租赁解释》第2条明确规定：“承租人将其自有物出卖给出租人，再通过融资租赁合同将租赁物从出租人处租回的，人民法院不应仅以承租人和出卖人系同一人为由认定不构成融资租赁法律关系。”这就意味着，判断售后回租是否构成融资租赁交易，承租人和出卖人是否属于同一人，不是其中的考量因素之一；“融物”功能的名义化并不影响融资租赁的性质界定，属于被法律承认的规避行为。②售后回租交易中，出租人出资购买承租人指定的自有机动车交承租人使用，标的机动车虽不发生转移，但仅在承租人分期偿付全部租金后，方能重新取得标的机动车的所有权，从而实现“融物”和“融资”的目的。借由这一新型的融资交易模式，承租人可以通过盘活自有资产的方式实现融资，实现其固定资产利益的最大化。③

（一）机动车售后回租交易定性的裁判分歧

实践中，就形式抵押登记之下的机动车售后回租交易是否构成融资租赁交易，存在较大分歧。

一种观点认为，机动车售后回租交易因欠缺“融物”因素而不属于融资租赁交易。其主要理由在于：其一，在售后回租的交易模式中，机动车的所有权登记在承租人名下，出租人是标的机动车的登记抵押权人。出租人仅仅是通过与承租人之间的协议安排，在租赁期内名义上享有标的机动车的所有权，但并未办理机动车所有权转移登记手续。可见，出租人并未取得标的机动车的所有权。出租人与承租人以售后回租为名订立相关合同，然而并无租赁物的买卖事实。融资租赁交易具有“融资”和“融物”的双重属性，缺一不可。如标的机动车的所有权未从承租人处转移至出租人，无法起到对租赁债权的担保作用，应认定该类融资租赁合同没有“融物”属性，仅有资金空转，名为融资租赁实为借款，在性质上属于民间借贷合同。其二，承租人作为租赁物的所有权人，虽名为“承租人”，但实际上不可能与自己所有的机动车发生租赁关系，承租人仅仅是从出租人处借款，并将借款用于支付购车款，之后按合同约定支付“租金”等款项，其真实意思表示是借款；出租人对此应是明知的，其真实意思表示亦非融资租赁，而是出借资金。由此可见，双方之间的真实意思表示名为融资租赁，实为借款。其三，

① 参见张家勇：《论融资租赁的担保交易化及其限度》，载《社会科学辑刊》2022年第2期。

② 参见张家勇：《论融资租赁的担保交易化及其限度》，载《社会科学辑刊》2022年第2期。

③ 参见广东省高级人民法院（2020）粤民再175号民事判决书；北京市第三中级人民法院（2021）京03民终3200号民事判决书。

关于租金的约定，是按照本金及利息计算得出，并非依据租赁物的购买价格、相应费用及出租人合理利润摊提而成。其四，就债权实现保障而言，出租人在解除融资租赁合同的情况下，享有基于租赁物所有权请求承租人返还标的机动车的权利，出租人却主张行使设立在标的机动车上的抵押权，以标的机动车的抵押担保作为其物权保障，属于借款合同中的常见做法。出租人与承租人之间真实法律关系为，承租人通过登记于其名下的机动车的抵押取得出租人给予的融通资金，并以该抵押权担保融资款的清偿。

另一种观点认为，机动车售后回租交易如兼具“融资”与“融物”属性，则属于融资租赁交易。其主要理由在于：其一，出租人按照承租人的要求向承租人出资购买标的机动车，体现着“融资”的属性；承租人租回标的机动车，取得标的机动车的使用收益，达到了“融物”的效果。当事人之间存在着真实租赁物的交付使用行为，并非只有单纯的资金流转。其二，出租人与承租人之间的买卖合同属于双方当事人的真实意思表示，标的机动车真实存在，交易价格的约定未超出标的机动车实际价值的合理范畴，且标的机动车已实际交付使用。标的机动车虽然没有发生现实的占有转移，但不宜否定当事人之间占有改定约定的效力。其三，标的机动车的转让登记并非机动车物权变动的生效要件，不宜以未办理机动车转让登记为由认定出租人与承租人之间的买卖合同尚未实际履行。标的机动车的所有权已因交付（占有改定）而移转予出租人，标的机动车登记于承租人名下并不表明所有权就归其所有。其四，标的机动车抵押登记的目的仅在于避免承租人任意处置标的机动车，以保障出租人的所有权，不能以抵押合同来认定双方之间的法律关系。因此，出租人取得标的机动车抵押权的权利外观并不影响双方根据合同形成的融资租赁法律关系的认定。

（二）机动车融资租赁交易与机动车抵押借款交易的区分及其实益

原《融资租赁解释》第1条规定：“人民法院应当根据民法典第七百三十五条的规定，结合标的物的性质、价值、租金的构成以及当事人的合同权利和义务，对是否构成融资租赁法律关系作出认定。”“对名为融资租赁合同，但实际不构成融资租赁法律关系的，人民法院应按照其实际构成的法律关系处理。”就机动车融资交易而言，机动车具备可流通性、特定化、可使用性的基本要素，其作为标的物的性质同样适于融资租赁交易和抵押借款交易；标的机动车的价值只要不属于“低值高买”，对于交易的定性不发生实质影响；[①] 在允许当事人就租金的构成作出例外约定的情形之下，租金的构成也就不再属于交易定性的关键。因

① 参见四川省成都市中级人民法院（2022）川01民终1781号民事判决书。《融资租赁公司监督管理暂行办法》第17条第2款也规定：“售后回租业务中，融资租赁公司对租赁物的买入价格应当有合理的、不违反会计准则的定价依据作为参考，不得低值高买。”

此，机动车融资交易在性质上究竟属于融资租赁交易，还是抵押借款交易，取决于当事人在合同中约定的权利和义务。融资租赁交易具有“融资”和“融物”的双重属性，缺一不可。①

机动车融资租赁交易与机动车抵押借款交易具有高度的相似性：债权人提供融资，且均以标的机动车担保融资款的清偿，功能上均属机动车担保交易。《民法典》上虽然经由第388条“其他具有担保功能的合同”将融资租赁交易纳入担保交易的范畴，但并未将其交易规则与担保交易规则完全保持一致，仍然在形式上将其作为不同于借款担保交易的一种交易形式予以定性。这既是我国融资租赁交易规则体系的路径依赖使然，也与金融监管中的分类管控有关。就借款担保交易与融资租赁交易的管控措施，即使在目前统一金融监管体系之下，也存在监管目标和监管指标体系上的差异。如地方监管文件就明确指出，“融资租赁公司不得以车辆售后回租或其他形式变相开展个人抵押贷款业务，不得在业务宣传中使用‘以租代购’‘汽车信贷’‘车抵贷’‘车辆贷款’等语义模糊或不属于融资租赁业务经营范围的字样，不得为客户提供或变相提供融资担保服务。”② 仅就其中利率管制而言，抵押借款交易受到严格的利率控制，而融资租赁交易并不受此限制。《最高人民法院关于新民间借贷司法解释适用范围问题的批复》（法释〔2020〕27号）即规定，融资租赁公司“因从事相关金融业务引发的纠纷，不适用新民间借贷司法解释”。这里主要是指不适用新民间借贷司法解释规定的利率控制规则。③ 这也是实务中区分融资租赁交易与抵押借款交易的实际意义。

机动车融资租赁交易与机动车抵押借款交易在表现形式上存在以下差异：其一，机动车融资租赁交易中，债权人（出租人）享有标的机动车形式上的所有权，并以该形式上的所有权担保融资款的清偿；而机动车抵押借款交易中，债权人并不享有标的机动车形式上的所有权，而仅享有标的机动车的抵押权，并以该抵押权担保融资款的清偿；其二，机动车融资租赁交易中，债务人（承租人）占有使用出租人提供的标的机动车，以租金的形式分期偿还出租人为购买租赁物所

---

① 参见广东省深圳市中级人民法院（2017）粤03民终18040号民事判决书；广东省高级人民法院（2020）粤民再175号民事判决书；江西省安远县人民法院（2020）赣0726民初1259号民事判决书。

② 《广东省地方金融监督管理局关于规范融资租赁公司汽车融资租赁业务的通知》（粤金监函〔2021〕63号）第1条。《江苏省融资租赁公司监督管理实施细则（试行）》（苏金监规〔2021〕1号）第13条、《福建省融资租赁公司监督管理实施细则（试行）》（闽金管规〔2022〕2号）第9条有类似的规定。

③ 就此，实践中尚存不同认识。第一种观点认为，融资租赁合同中出租人的损失本质上为迟延履行期间的资金占用费，应参照民间借贷利率上限，即不超过一年期贷款市场报价利率四倍进行调整。第二种观点认为，融资租赁公司属于经金融监管部门批准设立的金融机构，其因从事相关金融业务引发的纠纷，不适用新民间借贷司法解释。第三种观点认为，根据融资租赁交易的成本及收益酌情进行调整，考虑因素包括租金中已包含的利息标准、逾期金额、逾期天数等。

付出的对价和费用，体现着以“融资”为目的、以“融物”为手段的交易特点；[①] 而机动车抵押借款交易中，机动车抵押权仅是体现担保功能，着力点在标的物的交换价值，并不以债务人占有使用标的机动车为必要。[②] 如此即存在第三人以其机动车担保债务人借款清偿的交易模式，且借款的清偿以一次性还本付息为常见类型。[③] 其三，机动车融资租赁交易中，债务人（承租人）占有使用标的机动车的对价是分期给付的租金，此时的租金水平，除当事人另有约定外，应当根据购买租赁物的大部分或者全部成本以及出租人的合理利润而确定（《民法典》第746条）。承租人支付部分价款，出租人支付剩余价款，并不影响融资租赁关系的认定；[④] 而机动车抵押借款交易中，债务人的对价是偿付借款本息（《民法典》第667条、第674条、第675条）。不过，这一区别仅具形式意义。机动车融资租赁合同约定的租金计算方式，通常也是实际购车款（购买租赁物的大部分或者全部成本）加按照一定利率标准计算租赁期内占用该价款期间产生的利息（合理利润），在表象上也是偿付借款本息，但该约定符合《民法典》规定的融资租赁合同租金确定规则。[⑤]

就机动车售后回租交易而言，上述形式上的区分更加模糊：其一，虽然在融资租赁合同中约定出租人享有标的机动车的所有权，但标的机动车的所有权却登记在承租人名下。如此，判断标的机动车的所有权归属就显得尤为重要；其二，虽然出租人享有标的机动车的所有权，但借由抵押登记却在形式上取得了标的机动车的抵押权。基于本书前述，这一形式抵押登记仅具公示作用，并不表明出租人就标的机动车享有抵押权，并不影响双方对标的机动车所有权转移的约定及所有权已经实际转移的认定。如此，形式抵押登记并不影响机动车售后回租交易的定性。争议的焦点也就集中在了标的机动车所有权的归属上。

（三）机动车融资租赁交易中出租人所有权的认定

基于形式主义上交易类型化的区分，融资租赁交易的法律构成之中，尚须出租人享有形式意义上的所有权。《融资租赁公司监督管理暂行办法》第14条规定：“融资租赁公司应当合法取得租赁物的所有权。”就机动车等特殊动产而言，形式意义上所有权归属的判断尚须结合《民法典》的物权变动规则。依据《民法

---

① 参见崔建远：《合同法（第四版）》，北京大学出版社2021年版，第527～528页。案例参见北京市第三中级人民法院（2021）京03民终3200号民事判决书。

② 参见刘贵祥：《当前民商事审判中几个方面的法律适用问题》，载《判解研究》2022年第2辑，人民法院出版社2023年版，第35页。案例参见北京市第三中级人民法院（2021）京03民终3200号民事判决书。

③ 参见四川省成都市中级人民法院（2021）川01民终17357号民事判决书。

④ 参见江西省萍乡市中级人民法院（2020）赣03民终676号民事判决书。

⑤ 参见辽宁省丹东市中级人民法院（2022）辽06民终1037号民事判决书。

典》第224条的规定，动产物权变动采行交付生效主义；依据《民法典》第225条的规定，机动车等特殊动产的物权变动采行登记对抗主义。解释上的疑问是，《民法典》第225条仅解决了机动车等特殊动产的物权变动自何时取得对抗效力的问题，但并未涉及机动车等特殊动产的物权变动自何时生效的问题。就此而言，《最高人民法院关于审理买卖合同纠纷案件适用法律问题的解释》第7条借由机动车等特殊动产一物数卖规则，已经表明机动车等特殊动产的物权变动自交付时生效、自登记时取得对抗效力。[①] 正是在此前提之下，先行受领交付的机动车买受人有权请求出卖人履行办理所有权转移登记手续；已受领交付的买受人有权请求已办理所有权转移登记的其他买受人将标的物所有权登记在自己名下。这一解释方案广受质疑：一则与债权意思主义之下的物权变动构成体系冲突。动产抵押权、地役权等均采取的是债权意思主义，合同生效，物权变动即发生效力，但未经登记不得对抗善意第三人；二则造成登记与交付两种公示方法之间的评价冲突。《民法典》上本就维系了二者之间的价值中立，并无何种公示方法更为优先的规则设计。尽管如此，本书以下分析仍然在交付生效、登记对抗的既有解释选择之下展开分析，如采行合同生效、登记对抗的物权变动模式，解释结论并无差异。

在“直租”模式之下，出租人根据承租人对出卖人、机动车的选择，向出卖人购买标的机动车，提供给承租人使用。出租人取得标的机动车的所有权，以出租人与出卖人的买卖合同为基础，再加上出卖人的交付。这里的“交付”，并不仅限于出卖人向出租人的交付，尚包括基于买卖合同的约定向承租人交付标的机动车（《民法典》第739条）。此际，承租人标的机动车的所有权自出卖人向承租人交付之时起移转予出租人。标的机动车登记于承租人名下，并不影响标的机动车所有权移转的效力。在登记对抗主义之下，出租人此时不得对第三人主张其就标的机动车的所有权。

在“售后回租”模式之下，出租人向承租人购买标的机动车，再提供给承租人使用。出租人就标的机动车所有权的取得，同样是基于出租人与出卖人（承租人）之间的买卖合同，再加上承租人的交付。这里的“交付”，如采取承租人作为出卖人向出租人现物实际交付的方式，出租人尚须在其受领承租人的交付之后，再基于融资租赁合同的约定将标的机动车交付予承租人。果若如此，交易流程即陷入概念化的困境。在采取交付生效、登记对抗的物权变动模式之下，《民法典》第225条的文义并未否定第224条中的现实交付以及第226条至第228条

---

① 参见最高人民法院民事审判第二庭编：《最高人民法院关于买卖合同司法解释理解与适用》，人民法院出版社2012年版，第175页。

中的观念交付作为特殊动产物权变动的生效要件的规定。[①]《民法典》第228条所规定的占有改定的观念交付方式为此种交易模式提供了解释空间。发生物权变动意义上的交付，在解释上并不以现物实际交付为限，包括占有改定在内的观念交付亦应涵盖其中。依据《民法典》第228条的规定，出租人与承租人之间的售后回租合同中约定，承租人将机动车出卖予出租人，但同时约定由承租人继续占有标的机动车，标的机动车的所有权自该约定生效时发生转移。此际，不发生标的机动车的现实的占有转移，不办理标的机动车的转让登记，均不影响标的机动车所有权移转的效力。[②]

四、机动车融资租赁交易出租人的权利实现：抵押权抑或担保性所有权

《民法典》就融资租赁交易功能化的转向，带来了机动车融资租赁交易中出租人权利实现的变化。在形式抵押登记之下，出租人在租金债权之外就标的机动车主张的是何种担保权利？是否有混合共同担保规则适用的空间？《民法典》实施之后是否可以适用新规则？如此等等，均存争议。

（一）出租人的权利实现途径的观点分歧

在承租人经催告未付租金或者存在其他根本违约情形，出租人自可行使其救济权利。在办理了形式抵押登记的情形之下，出租人究竟是基于《民法典》第752条的规定行使救济权，还是基于《民法典》第411条的规定行使抵押权，在解释上不无疑问。实践中就此存在以下几种观点：

第一，出租人仅能行使《民法典》第752条规定的救济权利，即“请求支付全部租金”或者“解除合同，收回租赁物”，而不得行使形式上的抵押权。其主要理由在于：其一，当事人之间欠缺设立抵押权的真实意思。《融资租赁解释》原第9条规定的形式抵押登记“系在统一登记制度尚未建立时，车辆登记于承租人名下且被承租人占有的情况下，为防止第三人善意取得、保障出租人所有权而设”。因此，出租人授权承租人将租赁物抵押给出租人并在登记机关依法办理抵押权登记的真实意思表示，并非系出租人取得对标的机动车的抵押权。在承租人偿付全部租金之前，出租人本就享有标的机动车的所有权，并不因标的机动车的抵押登记而享有抵押权。出租人“以登记在他人名下的自己财产设定的抵押并不属于担保法意义上的抵押”。其二，“当事人在设立抵押权时，抵押权的标的物应

---

① 参见崔拴林：《准不动产物权变动登记对抗规则的法理与适用——兼释〈民法典〉第225条》，载《法学家》2021年第2期。

② 参见新疆维吾尔自治区高级人民法院（2021）民申2694号民事裁定书；北京金融法院（2022）京74民终465号民事判决书；广东省广州市中级人民法院（2022）粤01民终14866号民事判决书。

为债务人或者第三人所有或者有权处分的财产，并不包括债权人自身所有的财产”“抵押权是他物权，所有权人无法成为抵押权人。”针对同一标的物，出租人不可能既取得所有权，同时又取得抵押权。虽然《担保法解释》第77条规定所有权与抵押权同属一人时，抵押权并不当然因混同而消灭，但仅涉及同一财产存在两个以上的抵押权的情形，而形式抵押登记之下并不发生两个抵押权的问题。“即使原告取得了案涉租赁车辆的抵押权，该唯一的抵押权也因与所有权同归于一人而消灭，原告对案涉租赁车辆不享有抵押权。”因此，出租人请求行使抵押权的主张，与案涉交易的融资租赁性质相矛盾，不应得到支持。

第二，出租人可以行使形式上的抵押权。其主要理由在于：其一，当事人之间签订的机动车抵押合同不违反法律规定，应为有效；双方签订抵押合同并办理标的机动车的抵押登记，出租人据此对标的机动车享有抵押权。该机动车抵押权经由登记取得对抗第三人的效力，出租人自可主张就标的机动车的变价款优先受偿。其二，标的机动车登记在承租人名下，即具有对外公示的效力，就第三人而言，承租人即为登记机动车的所有人，在完成抵押登记的情形之下，出租人就标的机动车的抵押权即取得对抗第三人的效力。出租人对标的机动车的实质所有权并不消灭或排斥其抵押权。其三，在出租人就标的机动车并未主张所有权，而是诉请行使抵押权的情形之下，参照抵押权实现程序处理，支持出租人就标的机动车优先受偿，既符合合同约定，也不会导致出租人额外获利或损害他人利益，并有利于纠纷一次性解决，应予支持。其四，买卖和抵押两个不同性质的民事法律行为产生的法律效果不同。案涉合同约定出租人同时取得标的机动车的所有权和抵押权，必然存在一真一假。出租人在合同约定购买标的机动车的情况下，实际办理机动车抵押登记，而不是办理交易安全保障更高的机动车转让登记，足以表明出租人没有买卖标的机动车并取得所有权的意愿，其与承租人之间所谓合同签署之日标的机动车所有权转移至出租人等关于买卖机动车的意思表示虚假。在《民法典》实施之后，有观点认为，《民法典》已经确立融资租赁交易中出租人的所有权本质上起到了担保的作用，出租人的所有权若能够通过登记进行公示，应认可其具有对抗效力，形式抵押登记即依法应当产生相应的法律效力。出租人依据融资租赁合同和其通过抵押登记所形成的公示效力，自可请求就案涉机动车优先受偿权。因出租人对案涉机动车享有的所有权具有担保功能，故可以参照适用担保物权的实现程序。

第三，出租人可以选择行使所有权或者抵押权。基于公示公信原则，出租人就标的机动车的形式抵押登记，系因登记足以对抗第三人，能充分保障自身权利，且其所行使的抵押权之法益并未超越其本应享有的所有权之法益范围，亦不损害他人权益。出租人作为车辆的所有权人和抵押权人，并不冲突。学说上亦有观点认为，在形式抵押登记与动产融资统一登记公示系统登记并存的情况下，出租人可择其一而主张权利，但不影响另一物权登记应有的功能。①

在《融资租赁解释》原第 21 条将《合同法》第 248 条所规定的出租人救济路径“可以……也可以……”解释为出租人仅得“择一请求”的前提之下，出租人请求支付全部未付租金，就不得同时就租赁物主张权利。由此，出租人在主张租金债权之时，同时主张形式上的抵押权，确实不失为可选的路径。同时实践中还存在着融资租赁公司转让其租金债权的情形，如认定出租人就租赁物享有抵押权，作为从权利的抵押权自应附伴于租金债权的转让而一同转让，但如否定出租人的抵押权，仅承认出租人就租赁物的所有权，该所有权是否随同租金债权一并移转，在形式主义进路之下，不无解释上的疑问。

（二）功能性形式主义之下出租人权利实现途径的解释论

解决以上争议的关键在于，如何理解《民法典》功能性形式主义之下机动车形式抵押登记的效力。功能性形式主义的立法政策之下，融资租赁交易具有担保功能。其中，出租人的所有权仅具形式上的意义，是担保性所有权，其在设立、公示、顺位和实现上，与抵押权同其意义。② 从这个角度观察，机动车形式抵押登记实际上与融资租赁交易的功能化本质相契合，出租人就标的机动车所享有的权利，实际上类似于抵押权。不过，融资租赁交易仍然具有不同于抵押借款交易的形式上的特征，已如前述。标的物的所有权尚须在形式上属于出租人所有，才能构成融资租赁交易。基于此，与标的物所有权相关的规则在融资租赁交易纠纷中仍得适用。由此而决定，在形式抵押登记均具声明登记意义、并不表明出租人就标的机动车取得抵押权的情形之下，出租人的权利实现仍应遵行《民法典》第 752 条和《民法典担保制度解释》第 65 条确立的规则。

第一，出租人可以请求承租人支付全部剩余租金，并以拍卖、变卖标的机动车所得的价款优先受偿。③ 在《民法典》第 752 条和《融资租赁解释》第 10 条就出租人的违约救济路径采取非此即彼的“择一请求”模式下，出租人选择请求支付全部租金之时，不得同时主张解除融资租赁合同并取回租赁物。融资租赁交易功能化的体系效应在于，出租人权利的实现渐趋向担保物权规则靠拢。在出租人权利实现条件成就之时，出租人即可主张主债权——租金债权，亦可同时主张从权利——担保性所有权，以拍卖、变卖标的机动车所得的价款优先受偿。《民法典担保制度解释》第 65 条第 1 款前段的这一规定，还原了融资租赁交易的担保本

① 参见刘贵祥：《当前民商事审判中几个方面的法律适用问题》，载《判解研究》2022 年第 2 辑，人民法院出版社 2023 年版，第 43 页。

② 参见王利明：《担保制度的现代化：对〈民法典〉第 388 条第 1 款的评析》，载《法学家》2021 年第 1 期。

③ 参见上海市黄浦区人民法院（2022）沪 0101 民初 23400 号民事判决书。司法实践中亦有出租人仅主张租金债权的情形，参见北京金融法院（2022）京 74 民终 465 号民事判决书。

质，有效地克服了在“择一请求”之下，出租人不得同时就租金债权和租赁物主张权利的弊端，值得赞同。

值得注意的是，《民法典担保制度解释》第 65 条第 1 款规定：“在融资租赁合同中，承租人未按照约定支付租金，经催告后在合理期限内仍不支付，出租人请求承租人支付全部剩余租金，并以拍卖、变卖租赁物所得的价款受偿的，人民法院应予支持；当事人请求参照民事诉讼法‘实现担保物权案件’的有关规定，以拍卖、变卖租赁物所得价款支付租金的，人民法院应予准许。”这里规定的是“受偿”，而非“优先受偿”。其原因在于：“出租人能否主张就拍卖、变卖租赁物所得价款优先受偿，则取决于出租人对租赁物享有的所有权是否已经办理登记。”“出租人对租赁物享有的所有权未经登记的，不得对抗善意第三人，因此在出租人对租赁物享有的所有权未办理登记时，对于出租人请求以拍卖、变卖租赁物所得价款优先受偿的请求，人民法院不应支持，而仅支持其请求以拍卖、变卖租赁物所得价款受偿的请求。”① 值得商榷的是，在功能主义的视角之下，《民法典》就出租人所有权改采登记对抗模式，使得出租人权利的救济不再是行使形式意义上的所有权。但是，即使出租人的所有权未经登记，在性质上仍属物权，出租人自可主张就标的财产优先受偿。所谓未经登记不得对抗善意第三人，依据《民法典担保制度解释》第 67 条与第 54 条的规定，仅仅只表明不得对抗善意受让人、善意承租人、查封扣押债权人和破产债权人，仍然可以对抗其他无担保债权人。出租人未经登记的所有权的优先受偿效力仍得对这些无担保债权人主张。至于其与其他担保物权之间的关系，应依《民法典》第 414 条、第 415 条等所确立的优先顺位规则予以排序，但并不宜因为未登记的出租人所有权劣后于已登记的动产抵押权，就认为其没有优先受偿效力。优先顺位规则仅仅只是同样具有优先受偿效力的权利之间的排序，并不是具有优先受偿效力的权利与不具有优先受偿效力的权利之间的排序。

第二，出租人可以申请启动实现担保物权案件特别程序，以拍卖、变卖租赁物所得价款优先受偿。就融资租赁交易中出租人的权利救济路径，尽管《民法典》没有像所有权保留买卖交易那样规定“可以参照适用担保物权的实现程序”（第 642 条第 2 款），但《民法典》将融资租赁交易与所有权保留买卖交易均作为非典型担保交易对待，出租人就标的机动车享有的所有权同样具有担保功能，属于非典型担保物权，自可适用或者准用实现担保物权案件特别程序。②

值得注意的是，《民法典担保制度解释》第 65 条第 1 款后段将实现担保物权

① 最高人民法院民事审判第二庭编：《最高人民法院民法典担保制度司法解释理解与适用》，人民法院出版社 2021 年版，第 546 页。

② 参见最高人民法院民事审判第二庭编：《最高人民法院民法典担保制度司法解释理解与适用》，人民法院出版社 2021 年版，第 544 页。

案件的申请人界定为“当事人”。这里的“当事人”即为融资租赁合同的当事人，这也表明承租人同样可以申请启动实现担保物权案件特别程序。这一规定也体现着统一融资租赁交易与担保交易的实现规则的功能化要求。依据《民事诉讼法》第203条的规定，实现担保物权的申请人可以是“担保物权人”，也可以是“其他有权请求实现担保物权的人”。《最高人民法院关于适用〈中华人民共和国民事诉讼法〉的解释》第359条将这里的“担保物权人”解释为“包括抵押权人、质权人、留置权人”；将“其他有权请求实现担保物权的人”解释为“包括抵押人、出质人、财产被留置的债务人或者所有权人等”。在功能性形式主义之下，融资租赁交易中的“出租人”即“担保物权人”，“承租人”即“其他有权请求实现担保物权的人”，二者均可申请启动实现担保物权案件特别程序。

第三，出租人可以请求解除融资租赁合同并收回标的机动车。在“择一请求”的既有解释论之下，出租人如选择本项救济路径，即无法同时主张前两项救济路径。在出租人对标的机动车享有形式上的所有权的情形之下，只要融资租赁合同被解除，出租人请求返还标的机动车，既是合同解除的法律效果（恢复原状），也是所有权效力和行使的体现。① 值得讨论的是，出租人如主张本项救济措施，是否应就标的机动车的价值与未受清偿的租金债权之间进行清算，实行“多退少补”。在功能主义之下，基于禁止流押（质）契约的限制，无论采取何种救济路径，出租人均负清算义务。但《民法典》基于形式主义而构建的规则体系中，并不能当然地得出上述结论。《民法典》第752条对出租人主张本项救济措施之时是否负有清算义务未置明文；第758条将出租人的清算义务仅限于“当事人约定租赁期限届满租赁物归承租人所有”，“承租人已经支付大部分租金，但是无力支付剩余租金”的情形。在体系解释上似可认为，在其他情形之下出租人并无清算义务。但即使当事人约定租赁期限届满租赁物归出租人所有，同样存在着承租人已经给付的租金超出相应租赁物价值的情形。就此，《民法典担保制度解释》第65条第2款将其他情形之下出租人的清算义务限定于“以抗辩或者反诉的方式主张返还租赁物价值超过欠付租金以及其他费用”的情形。由此可见，《民法典担保制度解释》并未按照功能主义的法理普遍地承认出租人的清算义务，实为在《民法典》杂糅形式主义和功能主义之下的无奈选择。

机动车融资租赁实践中大量存在出租人在承租人未付租金之时即拖回标的机动车的情形。就出租人拖回标的机动车的性质认定，实践中尚存争议。一种观点认为，出租人拖回标的机动车，将导致承租人无法继续占用、使用标的机动车，承租人之缔约目的即无法实现。该行为也就应认定为或者视为解除融资租赁合

① 参见王利明：《合同法（下册）》，中国人民大学出版社2021年版，第167~168页；崔建远：《合同法（第四版）》，北京大学出版社2021年版，第533页。

同、收回租赁物。另一种观点认为，出租人收回租赁物的行为系其作为租赁物所有人为担保债权实现的一种救济方式。出租人收回租赁物并不等同于解除融资租赁合同，在承租人付清全部租金及其他费用或者经出租人同意付清已到期租金及其他费用的情形下，出租人负有返还租赁物的义务，承租人仍有继续履行融资租赁合同的可能性。

上述争议的实质在于，出租人收回标的机动车之后是否仍然有权请求承租人给付其后的租金。如认为收回标的机动车即意味着解除融资租赁合同，则承租人已经不再继续占有、使用标的机动车，出租人即无权请求承租人继续支付此后租金，也无权就标的机动车主张抵押权以优先清偿未付租金。此时，出租人已在请求承租人支付全部未付租金和解除融资租赁合同两种救济路径之间作出了选择，出租人收回标的机动车后，可以请求赔偿损失，损失赔偿范围为全部未付租金与收回租赁物价值的差额。在《民法典担保制度解释》第65条第2款明确了出租人解除合同并收回租赁物之后的清算义务的情形之下，上述争议即可化解。如承租人以抗辩或者反诉的方式主张返还租赁物价值超过欠付租金之时，出租人即负有清算义务，无论采取哪种观点，最终裁判结果并无差异。

值得注意的是，在出租人请求解除融资租赁合同并收回标的机动车的情形之下，如承租人未就返还租赁物价值超过欠付租金的部分提出抗辩或者反诉，出租人即基于标的机动车的收回而取得所有权。此种情形在功能主义之下属于“折价”的权利实现方式，并不违反禁止流质（抵）契约的规定。在机动车物权变动采取登记对抗主义的情形之下，如机动车所有权原登记于承租人名下，承租人尚须协助出租人办理机动车转让登记。

此外，实践中还存在着出租人仅诉请确认标的机动车所有权的情形。出租人的这一诉讼请求旨在回避因标的机动车价值难以确定、评估鉴定程序复杂烦琐等因素，希冀通过及时处置标的机动车价值，给出租人和承租人带来“双赢”的结果。在融资租赁交易担保功能化的背景之下，出租人的所有权仅具担保功能，出租人就标的机动车的权利实现，尚须同时履行清算义务，出租人主张归属意义上的所有权也就没有了实际意义。出租人在确认标的机动车所有权的诉讼请求获得胜诉裁判之后，即使收回标的机动车，如认为标的机动车的残值尚不足以清偿全部未付租金，还可就该差额向承租人主张赔偿损失；如承租人以抗辩或者反诉的方式主张返还标的机动车的残值超过欠付租金的部分，出租人即有清算义务。如此又造成新的讼累。在前述三种权利实现路径之中，由于机动车存在成熟的二级市场，标的机动车的价值发现较为容易，《民法典》实施之前，出租人选择第三种路径尚属正当。但在《民法典》实施之后，第一、二种路径系属更为可取的选择。至于二者之间的选择，实现担保物权案件特别程序尽管程序简速、便捷，但其适用以当事人之间没有民事争议为前提。因此，仅在当事人之间就融资租赁法律关系的定性、效力及租金债权和其他费用没有实质争议之时，才能适用实现担保物权案件特别程序。

（三）混合共同担保规则的适用问题

就机动车融资租赁交易中出租人租金债权的保障，既存在着形式抵押登记，又有第三人保证，在表象上即体现为债务人（承租人）提供的物的担保与第三人提供的人的担保相竞存，由此而出现了是否适用混合共同担保规则的问题。有法院在认定出租人与承租人之间的真实交易关系为抵押借款法律关系的前提之下，适用混合共同担保规则，认可出租人应当先就标的机动车优先受偿，否则无权直接请求保证人承担保证责任。也有观点认为，形式抵押登记并非为融资租赁合同项下的租金债权提供担保，连带责任保证人主张出租人应先就该租赁物实现债权，缺乏依据。出租人收回租赁物后办理注销抵押登记手续，是为了使出租人取得完整所有权，与债务人以自己财产提供担保时抵押权人放弃抵押权情形有别。

在融资租赁交易功能化转向之后，出租人就标的机动车的所有权在性质上属于非典型担保物权，担保主债权——租金债权的清偿，且标的机动车的所有权已拟制地转让予承租人，已如前述。在解释上，即属于《民法典》第392条所述“债务人自己提供物的担保”的情形，如就同一租金债权的清偿另外约定了第三人提供的人的担保或者物的担保，即构成该条所称“被担保的债权既有物的担保又有人的担保”，此际自有适用该条的空间。值得注意的是，这里认可租赁物的担保作用，并非基于形式抵押登记，而是《民法典》上融资租赁交易的功能化转向。但是，就融资租赁交易，我国《民法典》并未完全采行功能主义的规制模式，而是采取功能性形式主义的杂糅模式。这一模式尤其体现在出租人的权利实现规则上。如此，如何适用《民法典》第392条，还存在不少解释上的疑问。

第一，如当事人之间就实现租金债权的顺序或者份额存在明确约定的，出租人自应按照约定实现债权。如在担保合同中约定，在承租人经催告仍不给付租金之时，不管是否存在其他形式的担保，出租人均有权向保证人或者物上保证人主张担保权利。这一约定赋予了出租人在承租人违约之时的选择权，出租人自可在权利实现条件之时径直向担保人主张担保权利，而无须先向承租人主张租金债权和/或标的机动车的担保性所有权。担保人承担担保责任之后，有权在其承担担保责任的范围内向承租人追偿，并承受出租人对承租人的租金债权和标的机动车的担保性所有权。

第二，如当事人之间就实现租金债权的顺序或者份额没有明确约定，担保人对于承租人而言即享有顺序利益，出租人应先就标的机动车的担保性所有权实现其租金债权。出租人如选择主张租金债权和以拍卖、变卖标的机动车所得的价款优先受偿，并同时起诉担保人，人民法院虽然亦应判定担保人承担担保责任，但应在判项中明确表述：担保人在就标的机动车拍卖、变卖的价款优先受偿后仍不足以清偿租金债权的范围内承担担保责任。担保人承担担保责任之后，有权在其承担担保责任的范围内向承租人追偿。

第三，如当事人之间就实现租金债权的顺序或者份额没有明确约定，出租人如选择主张解除融资租赁合同并收回标的机动车，且同时起诉担保人，应区分两种不同的情形进而界定担保人的担保责任。其一，收回标的机动车的残值足以清偿承租人的未付租金，租金债权因为收回标的机动车而消灭，无论是保证债权还是担保物权，均因主债务的消灭而消灭，担保人自无须再承担担保责任；其二，收回标的机动车的残值不足以清偿承租人的未付租金，租金债权因为收回标的机动车而得以部分消灭，承租人就剩余租金债权负有清偿义务，担保人在剩余租金债权的范围内承担担保责任。即使采行形式主义的解释路径，此时承租人承担的是赔偿全部未付租金与收回租赁物价值之间的差额的责任，担保人亦应在该损失赔偿范围内承担担保责任。担保人承担担保责任之后，有权在其承担担保责任的范围内向承租人追偿。

（四）出租人权利实现规则的时间效力问题

融资租赁交易中出租人的权利实现规则在《民法典》实施前后发生了重大的变化。就《民法典》实施之前发生的机动车融资租赁交易所引起的纠纷，是否可以适用《民法典》及《民法典担保制度解释》的相关规则，实践中存在较大分歧。多数观点认为，依据《最高人民法院关于适用〈中华人民共和国民法典〉时间效力的若干规定》（以下简称《民法典时间效力司法解释》）第1条第2款的规定，案涉法律事实发生于《民法典》施行之前，应当适用当时施行的法律、司法解释的规定。少数观点认为，当时的法律、司法解释没有明确规定出租人在主张租金债权之时是否可得同时主张就租赁物优先受偿。适用《民法典》《民法典担保制度解释》的规定并不会减损融资租赁关系中承租人的合法权益，亦不会增加其法定义务，《民法典》《民法典担保制度解释》增加的规定是对之前融资租赁法律规定的补足，与原融资租赁法律关系并不冲突，因此，也不会背离当事人的合理预期。依据《民法典时间效力司法解释》第3条的规定，可以适用《民法典》的规定。

就出租人的权利实现规则，新法与旧法之间究为何种关系，尚有可议之处。在出租人权利实现条件成就之时，出租人仅得在主张租金债权和主张解除融资租赁合同收回租赁物之间“择一请求”。此点在《民法典》实施前后并未发生改变：《民法典》第752条同于《合同法》第248条；《融资租赁解释》第10条同于原第21条。但在《民法典》实施之前，出租人不得在主张租金债权之时同时主张就租赁物优先受偿；在《民法典》实施之后，出租人可以在主张租金债权之时同时主张就租赁物优先受偿。这一新规则是“当时的法律、司法解释有规定，但民法典的规定改变了此前的规定”（“修改规定”），还是“当时的法律、司法解释没有规定而民法典有规定”（“新增规定”），不无讨论的空间。如属前者，则应适用《民法典时间效力司法解释》第2条；如属后者，则应归入《民法典时间效力司法解释》第3条。①

从融资租赁交易的担保功能化转向而言，这一新规则体现着《民法典担保制度解释》对于《合同法》和《融资租赁解释》原有规定的实质性修改，② 在解释上应当属于“修改规定”。依据《民法典时间效力司法解释》第2条的规定，在“更有利于保护民事主体合法权益，更有利于维护社会和经济秩序，更有利于弘扬社会主义核心价值观”的情形之下，可以适用“修改规定”。就机动车融资租赁纠纷而言，承认出租人在主张租金债权之时同时主张就标的机动车优先受偿，更有利于保护出租人和承租人双方的合法权益。这一新规则改变了原有规定中出租人在选择主张租金债权之时不得同时就租赁物主张权利的观点，但原有规定中同时承认，在出租人就租金债权取得胜诉裁判之后承租人未予履行之时，出租人仍然可以再行起诉就租赁物主张权利。由此可见，《民法典担保制度解释》上新规则只是简化了出租人权利的实现程序。适用这一新规则，在微观层面既有利于出租人的权利实现，也有利于降低承租人的负担，在中观层面借助于权利简速、快捷地实现，更有利于优化营商环境、维护社会和经济秩序，在宏观层面更有利于弘扬“平等”“公正”“诚信”的社会主义核心价值观。

即使认为这一新规则系在维持原有规则所体现的救济路径的基础上，在形式上增加规定了在融资租赁交易具有担保功能时可以参照适用担保物权的有关规定的内容，③ 亦应得出适用新规则的结论。依据《民法典时间效力司法解释》第3条的规定，只要没有“明显减损当事人合法权益、增加当事人法定义务或者背离当事人合理预期”，就可以适用“新增规定”。承租人根本违约之时，自应基于融资租赁合同的约定和法律的规定承担违约责任，包括但不限于偿付未付租金。承租人在无法偿付未付租金的情形之下，其对租赁物的占有和使用也就失去了法律基础和合同依据，必将丧失租赁物的保有利益。这是承租人在订立融资租赁合同时所可得预见。适用出租人在主张租金债权之时同时主张就标的机动车优先受偿的新规则，并未减损承租人的合法权益、增加承租人的法定义务。相反，借助于清算机制，在承租人不能偿付未付租金的情形之下，仍然保有标的机动车的变价款优先清偿未付租金之后的剩余价值，对承租人的权益保护更为有利。与此同时，适用新规则，标的机动车得以在一次诉讼中被变价清算，也不背离承租人的

① 参见熊丙万：《论〈民法典〉的溯及力》，载《中国法学》2021年第2期；最高人民法院研究室：《最高人民法院民法典时间效力司法解释理解与适用》，人民法院出版社2021年版，第40~43页。

② 参见最高人民法院研究室：《最高人民法院民法典时间效力司法解释理解与适用》，人民法院出版社2021年版，第42页。

③ 参见麻锦亮：《论民法典〈担保制度司法解释〉的时间效力》，载《法律适用》2021年第6期。

合理预期。

部分观点认为适用当时的法律、司法解释，可能的原因在于，《融资租赁解释》此前承认形式抵押登记具有阻断相对人善意的效力，但《民法典》实施之后，《融资租赁解释》删去了该规定。适用当时的法律、司法解释，可以直接承认出租人基于形式抵押登记取得就标的机动车的抵押权，如此，出租人可以同时主张租金债权和标的机动车上的优先受偿权，而无须二次诉讼。但是，正如前述，形式抵押登记阻断相对人善意的效力，即使是删去了《融资租赁解释》的相关规定，在《民法典》之下也未改变。无论是在《民法典》实施前后，形式抵押登记均不能使出租人取得抵押权。因此，在厘清形式抵押登记效力的前提之下，适用《民法典》和《民法典担保制度解释》的规定，更为可取。

五、小结

汽车业是我国国民经济的战略性、支柱性产业。进一步搞活汽车流通，扩大汽车消费，是助力稳定经济基本盘和保障改善民生的产业发展方向。在扩大汽车消费的汽车金融服务中，融资租赁交易的占比相较全球平均水平还是偏低。[①]“有序发展汽车融资租赁，鼓励汽车生产企业、销售企业与融资租赁企业加强合作，增加金融服务供给”，[②]无疑是发展汽车金融服务重要路径之一。在汽车融资租赁业有序发展的金融基础设施建设之中，融资租赁登记制度是其中至关重要的一环。[③]与传统所有权登记不同的是，融资租赁登记在功能上并不属于标的物所有权归属意义上的登记，而仅为担保性所有权的登记。出租人的（担保性）所有权借助于登记而得以公示，潜在的交易相对人经查询登记系统即可清楚地判断标的物上的权利负担，从而排除交易相对人善意取得的可能。同时，经由登记，出租人的所有权与其他竞存权利之间的顺位得以确定，增加了交易的确定性。[④]机动车融资租赁登记制度的缺失，形成了大量的隐形担保，给交易安全带来了严重的隐患，[⑤]也带来了实务展开和裁判解释上的一系列困难。出租人为保全其所有权，在机动车的所有权登记于承租人名下的情形之下，大多采取了形式抵押登记的变

---

① 参见阮霭倩、王妍：《详解汽车融资租赁的常见模式和法律风险》，载《上海法学研究》2019年第2卷。

② 商务部等17部门《关于搞活汽车流通 扩大汽车消费若干措施的通知》（商消费发〔2022〕92号）。

③ 参见王利明：《担保制度的现代化：对〈民法典〉第388条第1款的评析》，载《法学家》2021年第1期。

④ 参见梅夏英、王剑：《后〈民法典〉时代的融资租赁法律治理》，载《烟台大学学报（哲学社会科学版）》2021年第5期；王乐兵：《动产担保优先顺位的立法构造与适用解释》，载《法学家》2022年第2期。

⑤ 参见龙俊：《民法典中的动产和权利担保体系》，载《法学研究》2020年第6期。

通做法。但这一交易模式也面临着是否属于当事人之间的真实意思表示、是否构成融资租赁交易等方面的司法检验。唯有把握融资租赁交易的本质，从形式主义的视角理解“融物”和“融资”相结合的本源，从功能主义的视角消解既有规则之间的冲突，才能妥当地裁判机动车融资租赁纠纷，并借由裁判明确机动车融资租赁交易的行为规则，更好地为实体经济服务。

后　记

与原有制度相比，《民法典》中变化最大的莫属担保制度，不仅没有独立的“担保编”，而且其中规则也做了重大修改。尤其是其中基于现代动产担保交易制度的发展趋势，突破物权法定主义对于金融担保创新的限制，采行形式主义和功能主义相结合的立法方法，既承认各种不同担保交易在形式上的区分，同时，基于交易在担保功能的同一性，尝试统一设立、公示、优先顺位和违约救济等规则，为下一步金融实践的发展留下了足够的空间。不过，《民法典》就担保制度体系化的整合并不充分，不仅没有对保证合同和担保物权的共通规则进行立法上的抽象，而且在采行功能主义担保观之后规则之间的冲突十分明显，由此增加了解释论上的困难。

可喜的是，《民法典担保制度解释》在一定程度上解决了这些问题。虽然主事者无意对民法典担保制度进行体系化的整理，但从其结构安排——“关于一般规定”“关于保证合同”“关于担保物权”（下分“担保合同与担保物权的效力”“不动产抵押”“动产与权利担保”）“关于非典型担保”来看，《民法典担保制度解释》已经做了体系化的努力。同时，该司法解释对功能主义担保观之下融资租赁交易和所有权保留买卖交易的规则作了部分整合，举其要者有，标的财产的概括描述（第53条）、未经登记不得登记第三人的范围（第54条、第67条）、优先顺位规则（第56条、第57条）、违约救济（担保权的实现）规则（第64条、第65条、第45条）。此外，《民法典担保制度解释》对司法实践中已经出现的难点、疑点问题作了积极的回应，消解了裁判实践中的解释分歧，对于统一裁判思路，规范法官自由裁量权，增强担保纠纷审判的公开性、透明度以及可预期性，提高司法公信力具有重要意义。

本书是我学习《民法典》《民法典担保制度解释》的心得体会，包括担保物权的功能化、公司担保等几大专题，其中涉及的均为民法典担保制度的解释和适用。这些专题的内容大多形成于民法典担保制度及其司法解释的起草和讨论期间，且均已发表于各大期刊，收入本书之时，我又结合学说和裁判的发展进行了全面修正，回应了文章发表后的多数批评意见。

本书是我承担的中国人民大学科学研究基金（中央高校基本科研业务费专项

资金资助）重大项目“民法典担保法的解释与适用”（项目批准号：20XNL003）的阶段性研究成果。在本书撰写过程中，我的学生罗帅、范佳慧、叶冬影、李子乐、陈南成、陈睿凝、陶鑫明和赵子诚协助我整理书稿，备极辛劳，在此一并致谢。

书是出版了，遗憾也就留下了。《民法典》和《民法典担保制度解释》刚刚实施，我对其中规则的理解还有待进一步深入，书中失当之处也就在所难免。欢迎各位理论家和实务家的批评！我将在本书再版时予以修正。

高圣平
2024 年 10 月 15 日
于中国人民大学法学院教授工作室